北京宣传文化引导基金
BEIJING CULTURE GUIDING FUND

北京宣传文化引导基金资助项目

百年英秀堂

和宝堂 著

绵延近二百年，堪称一部浓缩的中国京剧史

北京出版集团
北京出版社

图书在版编目（CIP）数据

百年英秀堂／和宝堂著. — 北京：北京出版社，
2023. 3
ISBN 978 - 7 - 200 - 13892 - 4

Ⅰ. ①百… Ⅱ. ①和… Ⅲ. ①家族—史料—中国
Ⅳ. ①K820. 9

中国版本图书馆 CIP 数据核字（2018）第 031200 号

百年英秀堂
BAINIAN YINGXIUTANG
和宝堂 著
*
北 京 出 版 集 团 公 司 出版
北 京 出 版 社
（北京北三环中路 6 号）
邮政编码：100120
网　　　址：www . bph . com . cn
北 京 出 版 集 团 公 司 总 发 行
新 华 书 店 经 销
北 京 建 宏 印 刷 有 限 公 司 印 刷
*
787 毫米×1092 毫米　　16 开本　　35 印张　　437 千字
2023 年 3 月第 1 版　　2023 年 3 月第 1 次印刷
ISBN 978 - 7 - 200 - 13892 - 4
定价：98. 00 元
如有印装质量问题，由本社负责调换
质量监督电话：010 - 58572393
发行部电话：010 - 58572371

目　录

Contents

一　开篇

中华上下五千年，以"二十五史"为鉴。

公元1927年，83岁的清史馆馆长赵尔巽历经14年，修订《清史稿》到最后的第536卷，心力已竭，老病危笃，却放不下他手中的笔，思忖许久终掷笔抚卷惊叹：原来这近270年的大清朝竟然是唱完的……

嗯……？是谁把偌大的清王朝给唱完的呢？

时有市井流传狄楚青所记竹枝词《庚子即事》曰："家国兴亡谁管得，满城争说叫天儿。""叫天儿"亦称"小叫天"，即当时誉满京、津、沪的京剧宗师谭鑫培之艺名，他的表演艺术深受观众钟爱，从慈禧太后到王公大臣，从商贾大亨到黎民百姓，无不为之倾倒。因此市井中有"无生不谭"之议，皇宫里亦有"无谭不欢"的说法，以至到庚子事变，也就是说在那八国联军和义和团大闹北京城的恐怖气氛中，北京的街头巷尾依然不时地传出市民模仿谭鑫培演唱"在黄罗宝帐领将令……"或者是"店主东带过了黄骠马……"等谭氏在徽班中的经典旋律。

而当时街头巷尾的所谓"流行歌曲"多为模仿谭鑫培所唱之京

剧唱段，为此，更有人形容当时的北京城是"有匾皆作垿，无腔不学谭"。宣统元年，有兰陵忧患生者又称："供奉内廷恩遇隆，金钱屡赐未医穷，就中最有愉心事，确是堂堂四品翁。"这"供奉内廷"是谁？这"无腔不学谭"的"谭"又是哪一位？谁又是这"堂堂四品翁"呢？

诚然，如果说一位京剧演员能够左右中国历史的进程或朝代的更迭，显然过于耸人听闻，但是他能够使当年至高无上的慈禧太后与光绪皇帝沉醉于皮黄之声，甚至到"无谭不欢"的程度。就是在慈禧、光绪病入膏肓之际仍然念念不忘欣赏谭鑫培、杨小楼主演的一出汉室刘备为二弟关羽、三弟张飞举丧复仇的三国戏《连营寨》，而且一看再看，竟在临终前连续观看了八次，一直看到光绪皇帝、慈禧太后分别于光绪三十四年十月二十一日和二十二日先后驾崩，满朝文武"摘缨子"……

事先"老佛爷"还亲自张罗着为谭鑫培、杨小楼在苏杭赶制演出《连营寨》所用的全部黑白色相间的行头、切末，在国库空虚的情况下，一次就花费了52万两白银，可谓中国京剧"大制作"之开端；"万岁爷"尽管被囚禁瀛台，却依然琢磨着为杨小楼的《青石山》中"四边净"司鼓的节奏与曲牌的配合。有人查过清宫的档案，光绪朝最后一道谕旨是在光绪皇帝临死前两周发出的，内容竟然是关于如何演奏曲牌《福禄寿》的细节之疑义。如此因戏误国，在世界的艺术史上可称闻所未闻。足见当年大清朝的皇宫中"无谭不欢"，与社会上"无生不谭"一说并不为过。就是当年"康梁变法"的领袖人物梁启超于1915年在北京湖广会馆请谭鑫培为其父祝寿演戏《一捧雪》后，并特为之挥毫题诗曰："四海一人谭鑫培，声名廿纪轰如雷……"

谭鑫培，何许人也，有何惊天伟业而能被梁启超先生称之为"四海一人"呢？且让我们把时光和地点推移到公元1847年，也就是清王朝道光二十七年，湖北武昌江夏小东门外的田家湾和武昌的沙湖……

二　家世之谜

公元1847年4月23日，这一年，这一天，住在湖北江夏谭姓家族聚集的村落中，有一户开米粮店的人家诞生了一个新的生命。

当然，生儿育女，家家如此，也没有什么可大惊小怪的。所不同的则是这个娃娃的父亲已近不惑之年，母亲也已过了而立之年，这在当年农村风行"早得子，早得济"，尤其热衷于娃娃亲、早婚早育的湖北农村自然让乡亲们感到诧异。有的说闲话，怪这家娃娃的祖父在江夏县的县衙里当了一名捕快，亦非慈善行业，因此难得有后。但是大多数乡亲都来祝福，说这家老年夫妇和中年夫妻两代人都老实巴交的，祖父就是做捕快也是行为端正，积德行善，其子中年得子，非常难得，应该算是全村的大喜事，满月的时候可要好好庆贺一番……

总之，村子里没有什么大事，这婚丧嫁娶、生儿育女就成了头号新闻。而这家喜得贵子的人家是村里姓谭的老乡亲，孩子的祖父叫谭成奎，虽然在县衙当了捕快，但是待人厚道，谁家有什么为难之事他都乐于帮助，被称为衙门口里的活菩萨。他的独子名志道，原来做米粮生意，因酷爱当地民间流行的戏曲艺术——汉调，闲时就到汉调的戏班子玩票，又因为他天生一副响遏行云的好嗓子，数年后俨然成为武昌江夏一个戏班的台柱子，而且还因为他的嗓音高亢嘹亮，酷似当地"叫天子"的鸟鸣之声，从而获得"谭叫天"的艺名。他的戏班子来唱戏，武汉三镇的乡亲们便会奔走相告："谭叫天来啰，唱大戏啰！"

乡亲们则闻"谭"而动，踊跃前来捧场。

说起在谭志道家乡所流行的汉调，当时亦称楚调（目前流行的楚剧则是以小旦、小生、小丑"三小"行当为主的秧歌花鼓戏），本是湖北的地方戏。现在均称为汉剧，是以西皮、二黄的唱腔曲调为主的大剧种，很早便流行于九省通衢的武汉三镇和全国十几个省份。汉剧号称十门角色，即一末、二净、三生、四旦、五丑、六外、七小、八贴、九夫、十杂等行当组成，既能演出以小旦、小生、小丑"三小"行当为主的生活小戏，亦可演绎三皇五帝等春秋大戏。

早在乾隆年间，高宗皇帝曾六下江南，均在扬州由富可敌国的徽州盐业巨商江春等人接驾，并以其家中的戏班演唱昆腔和源自安庆一带的徽调剧目招待高宗皇帝。不料，圣上见喜，龙颜大悦，特召江春等进京参加高宗寿宴，又钦赐龙头拐杖以示恩宠，并传下圣旨，特准三庆等徽商所办的戏班于乾隆五十五年进京演唱昆腔和徽调、汉调等戏以祝贺高宗皇帝八十寿辰。尽管那一年，江春已不幸病故，但许多徽商所办之徽班皆奉旨踊跃进京。从皇宫内院到京城的西直门大街两旁都搭起了戏台，到处檀板清音，锣鼓铿锵，昆乱不挡，好不热闹。由于徽班背后有徽州盐业巨商的财力支撑，从剧目、演员、乐队到服装道具均非常正规，亦称大班派。许多徽班在祝贺乾隆皇帝寿诞之后便开始长住京师，来自苏州、扬州、武汉、安庆、潜山、罗田、沙市等各地的戏班也相继进京演出，且连年不断，便逐渐形成了三庆、四喜、春台、和春四大徽班称雄京师与天津卫的局面。他们不仅活跃了京师一带市民的戏剧文化生活，也给长江流域各地来京的官员、商贾、学子等提供了家乡的乡土艺术享受，缓解了他们的思乡之情，遂开始了徽班长驻京、津一带演出的历史，同时也奠定了昆腔、秦腔、徽调、汉调京化，进而以国剧之名称雄朝野的根基。

当然，这些都是后话，再说谭志道天赋佳喉，又身兼汉剧"三生"和"九夫"两个唱工吃重的行当。而"三生"即唱工老生，又称安工老生。所谓"九夫"，相当于后来京剧舞台上的老旦，例如主演《太君辞朝》的佘太君、《天齐庙》的李太后、《望儿楼》的窦太后、《钓金龟》的康氏和《朱痕记》的朱老夫人等，都是谭志道在汉调戏班中最为拿手的好戏。不过，当时的老旦以及后来随徽班进京的老旦，在声腔方面则与老生几乎都没有什么太大区别。直到多年后老旦宗师龚云甫亲自设计并开创了"青衣腔老生唱"的老旦专用唱腔以及老旦的手眼身法步等系列表演程式规范，京剧老旦一行才自成体系。现保留有当年略晚于谭志道的著名老旦前辈谢宝云（号称"谢一句"，是与谭鑫培、梅兰芳都合作过的最原始唱法的一代老旦前辈）灌制的《甘露寺》唱片，听起来与老生唱腔极其相似，即可知老旦一行的来龙去脉了。而谭志道本身是湖北人，一口浓重的湖广乡音，到北方的时候就已经四十多岁了，可谓乡音难改，就是后来到天津和北京与余三胜、程长庚合演《朱砂痣》时，说是京剧，其实与他当年在家乡演唱的汉调也没有什么区别。这是他的后代谭富英、谭元寿都亲口承认过的。

不过，在谭志道正式下海唱戏之前，他还是以经营米粮生意为主的庄稼人，每到冬闲时才跑到戏班子来玩玩票，过过戏瘾。

值得一提的是当年秋收季节，稻米丰收，他都要和乡亲们推着独轮车，或挑着扁担，即所谓"打贩挑"，从小东门外的田家湾往沙湖的熊家湾米粮行来籴米，虽然是个苦累的活儿，但终归是一年劳动的丰收季节，大家或车载，或肩挑，从一清早把这一包一包的稻米送到沙湖，这一来一往总要大半天的时间，一年之中往往要集中送上十天半月。而沙湖既是江夏米市的中心，也是籴米人晌午打歇，吃干粮外加采购日常用品的集市。这无形中也促进了田家湾等地与沙湖地区的人际交往与货物交流，为沙湖平添了许多热闹。年复一年，每当籴米时节就自然形成了武昌沙湖一带老乡们聚会的重要集市。

年轻人聚会，总是少不了要轧闹猛。不知是谁知道来自田家湾的谭志道经常到汉戏班子玩票，甚至有人知道了他的艺名，带头喊着"谭叫天，唱段《金龟记》吧"，不少人也都跟着起哄，看来不唱是不行了，谭志道当时还没有下海，亦常犯戏瘾，也就半推半就地叫起板来："张义，我的儿呀！"想不到，他这一嗓子，出奇的高亢有力，其中还夹杂着悲咽之音，很是动听。这时，热闹得几乎要翻了天的米粮行门口，却立即安静下来。谭志道便接着唱起了二黄原板："小张义我的儿听娘教训……"

随着谭志道唱得起劲，沙湖的乡亲住户，不管男女老少也都陆续从家中跑出来看热闹。唱完之后，大家都给他喝彩，在大家的要求下，谭志道又唱了几段，人们才逐渐散去。其中就有一位沙湖的老乡一边夸他唱得好，一边问他家中境况，问得很是详细。谭志道感到有点儿蹊跷，那人就说对他仰慕已久，想跟他拜把子，说着就把他拉进自家的大门，而门口正好站着一位姑娘，见谭志道进了她家大门，跟着也满脸通红地跑进了里屋……

原来，这沙湖的少女们每年看到来自外乡的庄稼汉，一个个身强力壮的，都在想着自己的心事。刚才找谭志道要拜把子的这位老乡就是这位少女的长兄，正是按着自己妹子的要求来找谭志道说亲的。他们一家姓熊，兄弟四人，只有胞妹一女，而且兄妹五人都是很早就看上了谭志道，父母也没有异议，今天听谭志道这么一唱，小妹更加动心、着急，就推举她的长兄去跟谭志道提亲。谭志道看一家人如此热心，很是感动，也没有了主意，只说回家跟父母说说，再来回话。

当时的谭志道已过而立之年，在那个年头就属于超龄未婚中年了。他的父亲谭成奎早就在为儿子的婚事着急了。如今听说有人家主动与儿子相亲，自然喜出望外，便满心欢喜，一口答应。

第二天一早，谭成奎夫妇便与谭志道一起来到沙湖熊家湾来相亲了。两家人一见面，熊家人热情接待，谭家人为儿子亲事着急，自然更加客气，气氛尤其融洽，这亲事也就顺水推舟，一拍即合了。

然而意想不到的是，前一天谭志道在沙湖米粮行门口这么一唱，就有个汉戏的戏班子找到谭志道，说他有一条可遇不可求的好嗓子，不但又高又亮，情感充沛，而且韵味难得，特请他下海唱戏。谭、熊两家一听，这唱戏总比经营米粮行能赚钱，也都很赞成谭志道下海唱戏。

原来，谭、熊两家本想着谭志道唱戏，也不过就在这江夏的田家湾和沙湖熊家湾一带，朝夕皆可见，成亲之事随时可办。更何况田家湾很多人家都娶的是熊家湾的媳妇，往来频繁，成婚的日子也就不在话下了。不料，这谭志道很快成了戏班的台柱子，名气越来越大，武汉三镇都来约请，就是河南的洛阳、开封也是月月有人来相邀。这样一来，谭志道的演出日多，难得闲暇，不但很少回家，沙湖的熊家更是数月难得一见。这一晃竟然就是三年五载，熊家的姑娘本来爱听谭志道唱戏，知道乡亲们喜欢他，爱听他唱，亦很是理解。但是她的四位兄长却越来越沉不住气了，说这一年到头不见个人影，眼看自己妹子的亲事总没有个准日子，什么时候才能嫁出去呀？还是另找婆家吧。他们跟妹妹一说，想不到，这位小妹妹却很能沉住气，说："我看准的男人不会有错，如果你们嫌我长年在家白吃哥哥的饭，也没个头，我靠编织丝绦也可维持生计，养活自己，绝不会拖累你们。"兄长们一听，怕兄妹间产生隔膜，惹得小姑奶奶伤心，也就不敢再说什么了。

眼看妹子快到而立之年了，整天眼巴巴地等着自己的郎君来迎娶，四个兄弟就决定分头寻找谭志道的戏班子，让他们尽快成亲。您想，这四位舅爷一齐寻找，而这戏班子又每日锣鼓响亮，名声在外。谭志道的艺名"谭叫天"更是藏不住、躲不开的，很快就被熊氏四兄弟找到，催促谭志道尽快娶亲成家。其实，谭志道也为自己年将不惑未能成亲而焦虑，怎奈自己作为一个戏班的台柱，不能不考虑整个戏班的生计，也就一拖再拖。现在亲家找上门来，戏班的同人自然也很同情他们这门耽误了多年的亲事，都催促他们尽快完婚。为此，谭志道回到田家湾，跟父母定下迎亲的日期，准备好花轿即迎娶熊家的小姐过门。才使这一对当年少见的大龄男女终于完成了花烛。

婚后，由于熊氏本来就对谭志道一见钟情，又坚持非谭志道不嫁，如今凤愿得偿，自然满心欢喜。而谭志道几年来四处漂泊演戏，居无定所，如今总算有了自己向往已久的家庭和心仪的伴侣，自然极为珍重，格外爱惜。婚后一年，也就是道光二十七年三月初九，即公元1847年4月23日这一天，39岁的谭志道被父亲召回了田家湾，一到家门口就听到内室传出婴儿的啼哭声，便迫不及待地跑进内室，把妻儿抱在了一起……

按当地的习俗，谭成奎请来谭姓大家族的族长，并按谭氏家谱为新生儿起了名字。

按谭氏家谱记载，自元末明初，谭姓孟荣、孟仁、孟华三兄弟自江西迁徙到武汉，同为湖广谭氏各分支始祖。分别居住在江夏金口镇、大东门外大冶镇。大东门外这一支谭氏后裔大都聚居在大谭湾、张谭湾、西谭湾、谭左湾，以及流芳岭田家湾一带，所有谭氏后人均须按家谱排列名字。但是，为调查谭家的祖籍，武汉、北京等有关人士曾经多次前往查证，证实这一带确实是谭姓家族的聚居之地；证实这一带喜唱汉调者比较集中，且曾有一个汉调的戏班在湖北武汉三镇以及河南一带演出，演唱颇出色，远近驰名。甚至有说戏班中有名谭大头者，唱工出众，享有盛名，等等，但是自谭志道与谭鑫培父子后来到京、津一带搭班演出，却再没有回过家乡，只是偶尔有家乡人到北京看望过谭志道与谭鑫培父子。自1917年谭鑫培逝世，北京的谭氏一族就与湖北家乡的谭姓家族完全失去了联系。

　　1935年，即谭志道父子离开家乡80年后，谭门第三代谭小培与第四代谭富英曾搭梅兰芳的戏班到武汉演出，因当年挑班的梅兰芳老板对谭小培说："谭五爷，我看我的富英兄弟足以自己挑班了，别总跟着我，让我再把兄弟给耽误了。"谭小培一听，知道梅先生是诚心支持谭富英独自挑班了，寻思这是谭家复兴有望了，这也是家乡父老佑护呀！第二天一早，遂与谭富英爷儿俩特意过江到武昌江夏一带寻访家族遗址，却是杳无音信，谭小培只好根据早年经常到谭家看望谭志道与谭鑫培父子的一位老乡亲，即《洪宪纪事诗本事簿注》一书的作者、中华民国湖北籍议员刘成禺先生所经常说的他与谭鑫培为"同邑同里"的沙湖人，故而与谭富英又同到沙湖岸边祭奠，一起焚烧了一些纸钱，面向沙湖祖居遥拜，以表达对先祖的缅怀之情。当然，这已是后话了。

　　再说当年，一是只知道谭志道当时因为太平天国攻打武昌甚紧，人心慌乱，戏班无以谋生，遂匆匆北上，今已年久，无从查起。二是当年谭鑫培尚年幼，记忆模糊，时光荏苒，自谭氏父子从家乡北上后再未返乡，更无从确证。如今只知道当年族长确认谭家新生儿五行缺金，故起名金福，号鑫培，以补五行之缺。因企盼多子多福，又起乳名望仲，意在得昆而望仲也。显然，谭成奎与谭志道父子既无出人头地之奢望，更无盼子成名，荣获"一代京剧宗师"之"明星梦"的祈盼。

当时更无人想到，正是这一天，随着这个婴儿的哭声，在湖北江夏的一个小村落即田家湾中，一位湖北汉调的老生演员，即后来享誉全国的国剧宗师出世啦！一个甲子以后，随着他在《连营寨》中那哀婉的"哭灵牌"唱腔，当年的大清朝画上了句号。谁又能预料到他就是后来那位"国家兴亡谁管得，满城争说叫天儿"的小叫天，并被梁启超先生誉为"四海一人"的谭鑫培呢？

那么谭鑫培真是江夏小东门外田家湾的人吗？90岁高龄的谭元寿曾经说，这是他亲耳听祖父谭小培讲的。而谭门七代中经历了六代人的谭小培也曾说这是他听祖父谭志道亲口说的。如此世代相传，又经笔者多年来无数次南下湖广江夏，深入辗转于长江两岸，遍访当地汉调艺人，应该是无可置疑的。

关于沙湖说的来源，则是在民国初年，一位来自湖北的历史名人慕名到和平门外的大外廊营英秀堂专程拜访同乡谭鑫培。此公见到谭鑫培以浓重的湖北乡音连称老乡，甚是亲切。尤其是谈起他们幼年时各自在江夏沙湖附近游玩的情景，二人感同身受，似乎都回到了童年时代，甚是投缘。后来此人多次撰文称，他与谭鑫培都是湖北沙湖人，当年他们互相谈起沙湖的情景都好似旧景重现，如数家珍。此公就是赫赫有名的民国志士，孙中山大总统麾下名士刘成禺（1876—

1952）。此公生于广东番禺，所以后改名成禺，返乡回到湖北武昌沙湖，投身辛亥革命后又由湖北来到北京，一度担任国民政府临时参议院湖北籍参议员，由于当时的参议院（即所谓的罗汉堂，至今旧址仍存）在宣武门内大街路西，与大外廊营谭家的英秀堂老宅相隔不远，两位湖北籍名人时有往来，说起自己在沙湖的各自童年生活感受更是趣味盎然且畅谈不休，尤其对他们充满了儿时童趣的年月和沙湖的景致亦充满了情谊。当然刘成禺也对他的这位老乡如何学艺，如何成名，如何在宫廷中供奉慈禧太后充满了兴趣。因此在刘成禺后来所著《洪宪纪事诗本事簿注》中，对他们当年的对话有非常详细、准确的记述，他首先强调："内廷供奉谭鑫培，亦名小叫天，湖北武昌省城小东门外沙湖人。幼随父叫天入京，习须生，奉二黄圣手程长庚为师，长庚亦鄂人，此谭须民国初年对予自述，因予与鑫培同邑同里人也。"您看他们这亲热劲儿，是不是有点儿情同手足的意思？其实他们当年在沙湖并不相识，甚至没有任何相遇的机会，而且可谓忘年之交，只不过这乡土之情和他们当年不约而同地拥护共和、反对帝制的志向使他们一见如故，亲如手足也。

说到这里，您一定会问，谭鑫培的家乡到底是小东门外的田家湾，还是沙湖的熊家湾呢？其实这种事情在许多历史名人出身的记载中都出现过。例如京剧四大名旦之一的荀慧生，曾自刻闲章"河北东光是我家，荀词慧生是我名"，但又多次自称自己的老家为河北阜城县谷庄。其实，谭鑫培所说的沙湖和荀慧生所说的谷庄一样，不是老家，而是姥姥家。沙湖是谭鑫培母亲熊氏的娘家，谷庄是荀慧生母亲及氏的娘家。他们有一个共同之处，就是与母亲的娘家更亲，对外祖父母印象更深。特别是谭志道与熊氏生下谭鑫培后不久，其祖父谭成奎夫妇年事已高，不久即相继病故。其父谭志道又长年在外演出，家中人口单调，无人照料，难免寂寞冷清，而其母熊氏家中有四家娘舅及其子女为伴，可以朝夕相处，并替代外出唱戏的谭志道照顾于左右。而四位舅舅家的子女更是谭鑫培理想而亲近的少年玩伴儿，沙湖自然也就成为他最惬意的少儿娱乐场地，给他幼年留下的印象也就更为美好，以至进入暮年仍念念不忘。

在他的晚年，身为半个世纪没有回过家乡的游子，又在他人生的巅峰时，遇到能解开他少年情怀的家乡人自然兴趣盎然。当一代辛亥志士名流、祖籍沙湖的刘成禺先生与他谈起当地的风土人情，情感所至，谭鑫培也就错把沙湖当作田家湾了，这也正好揭示了谭鑫培的少年情怀。以至刘成禺事后逢人便说他与谭鑫培"同邑同里人也"，既然是刘成禺著书立说可考，又源自他与谭鑫培面对面的交谈，都是当时名士，金口玉言，让你不得不信，真可谓机缘巧合。

所以，谭鑫培既可以称为小东门外田家湾人，亦可以称为沙湖熊家湾人，一个是老家，一个是姥姥家，都是自己少年的家乡，也都是谭志道、谭鑫培父子亲口认定的。更重要的是刘成禺与谭鑫培为同一时代、同一地点的历史名人，而且所说、所记均早已正式成书出版，并被当今史学家、剧学家列入百年的重要史册，因此更为可靠。

三　辗转津京

话说1853年1月12日（咸丰二年十二月初四），太平天国的军队北上攻克武昌，与当地清王朝的驻军对垒，使武汉三镇一时沦为战场，人心惶惶，各戏班无以谋生。谭志道所在的汉戏班子自然一时难以为继，只好带着熊氏夫人和独生儿子谭鑫培千里迢迢北上津京了。

对于谭家的这一重大变故，历来史学家和谭氏本家都是这样描述的，笔者也自然照说不误。但是偌大的湖广省并没有因为这一次战乱而满目疮痍或荒无人烟，甚至在《中国戏曲志·湖北卷》和《江苏卷》中均有记载称：太平军占据武昌后，"于当年度岁之际，洪秀全召汉口戏班十余部，优伶两百人连日演唱"。更有"太平军初以演戏为邪教……回金陵，乃召优伶装演，筑台于清凉山腰大树下，东王观之甚喜，于是太平军中遂皆尚戏剧"。所以只能说，面临战乱，当时当地的戏曲等娱乐生活自然一时难以为继。可以想象，总不能舞台上锣鼓铿锵，歌舞升平，而舞台下炮火连天，血溅平民。因此，谭志道所在的戏班子虽难免一度辍演，然而这并不能造成全省汉调演员的大逃亡，更不可能让乡土戏剧汉调从此绝迹于湖广地界。

那么谭志道一家为什么在这战乱之际，背井离乡，北上京、津呢？显然，这是因为谭志道多年来耳闻目睹汉调的前辈同人继1790年随徽班进京为乾隆皇帝祝寿演出以来，身居京师，轰动朝野，身价倍增，眼界开阔，从而促使湖广两地的安庆、潜山、罗田等有志于汉调发展的艺人以及江苏的昆腔艺人陆续北上，搭入京城财力比较充沛的并隶属于徽州盐商所经营的徽班，既能得到官府的青睐和管辖，又有内务府下属戏曲行会之"精忠庙"的经营，从而得到比较正规的发展，甚至可经常进宫献艺，或参加各种王府、商会和各地方驻京会馆的堂会演出。尤其是一旦进入皇宫大内演戏，更是一跃龙门，身价百倍。从早年常驻京师的以高朗亭为首的三庆班，仅仅几十年就发展到以三庆、四喜、春台、和春等四大徽班为首的十几个戏班同在京师争奇斗艳的局面，同时又有嵩祝成、四箴堂、小玉成、金奎班、小荣椿等以戏班带科班作为培育学徒的学、演联合机构的成立，从而趋于正规、稳定发展的局面。尤其是江苏扬州与原属湖广，后于康熙年间划归安徽省的潜山、石牌坊、安庆等地方的汉调与昆腔艺人齐聚于京师与天津，形成了全国戏曲的演出中心。特别是高朗亭、米应先、余三胜、王洪贵、李六、龙德云等汉调艺术前辈的陆续进京，以及他们多次往返于北京与湖广、罗田、安庆、潜山等地，也都给两地的昆腔与汉调艺人带来了徽班在京师的发展与演出盛况的等等信息，尤其是天子脚下、首善之区中的徽班，一举一动都牵动着全国各地戏班同人的神经，特别是戏曲同人所称颂徽班的"大班派作风"，尤使他们对京、津一带的徽班产生了越来越强烈的向往。您想，这能不使自幼钟情于汉调艺术的谭志道、谭鑫培父子产生步余三胜、程长庚之后尘而北上京、津等地，以提高和发展自己汉调艺术的梦想呢？

当时北京城的各大徽班正处于汉调京化的演变期间。有市井流传的竹枝词为证：

时尚黄腔喊似雷，

当年昆弋话无媒。

而今特重余三胜，

年少争传张二奎。

四喜有个张二奎，

三庆长庚皱皱眉。

和春段二不上座，

急得三胜唱两回。

凡是关注京剧发展历史的人都会知道，自1790年为庆贺乾隆皇帝八十寿诞，由富可敌国的徽州籍盐商自江苏扬州组织各大徽班进京为乾隆祝寿。当时最受欢迎的徽班红角则是旦角演员高朗亭。但是到了道光二十五年，由杨敬亭为外地客商到北京旅游时编写的《都门纪略》中所记载下的这首竹枝词，其中尤其强调"而今特重余三胜，年少争传张二奎"，说明当年的徽班已经由旦角当家演变成以老生行演员为主的局面。

说起余三胜，约在道光初年自湖广罗田进京，一度入驻四大徽班之一的春台班。与程长庚、张二奎形成三足鼎立的局面，并一度到天津"群雅轩"演出尤其大受欢迎。可知余三胜当时在北京与天津各大徽班中的实力。特别是当时流传着一个余三胜为著名旦角胡喜禄救场，临时编唱近百句新词以拖延时间的故事。据说余三胜演出《四郎探母》，约定胡喜禄扮演铁镜公主。余先生上场时，才得知胡喜禄因事迟到。后台管事者眼看前面余先生的西皮慢板已经开唱，这慢板一旦唱完，胡喜禄就应该在上场门内喊一句："丫头，带路哇。"紧接着就要跟着丫头上场了。可这胡喜禄依然不见踪影。再看那余三胜先生在舞台上却是不急不慌，一边唱，一边看着后台，等着胡喜禄的到来。原来余三胜应该在唱"杨延辉坐宫院自思自叹，想起了当年事好不惨然……"后连续唱四个排比句"我好比……"结果余先生那天竟然连唱了七十四句"我好比……"直到得知胡喜禄来后台开始化装了，他才接着往下唱，使当天的演出衔接得天衣无缝。

原来，余先生精通《杨家将》，可以在舞台上现编现唱，且流畅自如，使不知胡喜禄因误场而使得余三胜现编现唱以救场的观众都以为余老板今日大卖力气，大过戏瘾，也使误场的胡喜禄对临时救场的余老板感恩不尽。

按当时京都的徽班阵容，与民国后的"四大名旦"主导皮黄界截然不同。正如当时的《梨园原》一书所强调："生者，主也。"因此前为春台班、后为广和成班班主的余三胜；同来自潜山的三庆班大老板与四箴堂（即附属科班）堂主程长庚，以及张二奎即为徽汉合流转化为京剧的三位开山鼻祖，号称京剧须生"前三鼎甲"，也就形成了老生行一时独占鳌头的局面。

在须生前三鼎甲中，余三胜年龄最大，成名最早，技艺非凡。所以有一次，程、余、张三位在观众的要求下，同台合作了一出当时最为流行的老生戏《取成都》，这也是非常典型的老徽班的汉调剧目，唱腔与后来谭鑫培改革后的《四郎探母》《红鬃烈马》等老生戏在风格上曲调上均明显不同。特别是剧中刘璋唱的"皇儿奏本欠思论""适才王累进宫报""听说一声要践行"等唱段真是直腔直调，实大声宏，可谓早期京剧唱腔的典型剧目，豪迈而粗犷。由于当时没有留下任何实况音像资料，唯一可资借鉴并切身感受到其特色的则是现存中央人民广播电台的一盘录音带，即1962年，由北京市戏曲学校的副校长，早年为谭鑫培、梅兰芳伴奏的琴师徐兰沅在艺术讲座中模仿同仁堂的经济周子衡学唱程长庚的录音。现存邓远方先生的老唱片《取成都》以及刘曾复先生的全剧清唱录音均可资鉴证。其实，该剧早在60年前，与其他剧目教学依然保持着一定的规模，笔者当年也曾得到喜连成喜字科著名须生陈喜兴老师亲传此剧，至今仍记忆于心，只是由于后来谭派、余派的盛行，使这出戏渐渐失传。

话说当时，程长庚、余三胜、张二奎这老生的三大巨头要联合演出此剧，可是全剧只有刘璋、刘备两个主要老生演员，三人如何调配呢？结果是程长庚饰演刘璋，张二奎饰演刘备，而余三胜因为一向不擅演此剧，所以在这次大合作中只演出一个配角马超。而马超在剧中没有吃重的唱腔和表演，演出前许多观众都担心余三胜在这场演出中很难与程、张媲美。但是当演到余三胜登场，刘璋质问马超为何背信弃义投降刘备时，余三胜有一大段念白来表述对刘璋的偏听偏信与懦弱无能的指责，接着又夸赞刘备的仁厚大义，特别是马超在葭萌关与张飞夜战后，刘备亲自下城给马超赔礼，表示对马超的敬重与喜爱来说明刘璋与刘备不同的为君之道。这段念白侃侃而谈，节奏时缓时紧，旋律时而委婉，时而铿锵，一气呵成，博得了整个戏园子"炸窝"般的喝彩声。演出后，观众都说余三胜的马超丝毫不比张二奎扮演的刘备、程长庚扮演的刘璋逊色，感到三人旗鼓相当，难分高下，均不愧为徽班汉调的开山鼻祖。

余三胜最擅长的剧目有西皮唱腔为主的《击鼓骂曹》《桑园会》《卖马》《定军山》，二黄唱腔剧目如《二进宫》《黄金台》《琼林宴》；反二黄唱腔为主的《李陵碑》《乌盆记》《牧羊卷》，反西皮唱腔为主的《鱼肠剑》《哭灵牌》，先西皮后二黄的剧目《捉放曹》《文昭关》等。

由于余三胜在天津、北京都唱得很红火，特别被天津观众所青睐，为此，天津有名的"泥人张"还曾为余三胜制作了《黄鹤楼》之刘备的泥塑像，非常逼真，极受人喜爱，遗憾的是这一泥塑被余叔岩在练功时不慎碰坏，没有能够保留下来。为此梅兰芳先生知道后感到非常遗憾，曾专程到中央工艺美术学院拜访"泥人张"第三代传人张景祜先生，向他打听关于余三胜泥塑的始末根由。张先生遂对梅先生说："余三胜当时在天津红得不得了，许多票友都学他的唱工和做工。他额上有三道纹，别人捏的泥像都不像，我祖父张明山才十八岁，他捏的余三胜戏像，传神逼真，从此得名。"他还对梅先生说，他祖父捏像时，眼睛看着人，两手在袖管里捏，但是，现在这种神奇的捏塑法却早已失传了。

不过余三胜、余紫云和后来在天津"下天仙"唱得大红大紫的"小小余三胜"即余叔岩这三代人都给天津的乡亲们留下了极为深刻的印象。由于余老前辈多在天津演出，天津也就成了余家三代人的福地，余三胜的父母百年之后也合葬于天津佛寿宫安徽义地。多年后，其孙余叔岩以"小小余三胜"的艺名在天津"下天仙"戏园子演出，可谓大红大紫，并且以"小小余三胜"的艺名在天津灌制了第一批唱片，目前仍在流行或被收藏家视为珍宝，尤为余派戏迷们所珍爱，不时地用来与他后来灌制的十八张半经典唱片加以比较、对照，真可谓"等价齐观"也。

话说谭志道为了领略当时徽班汉调最高的艺术境界，一家三口艰难跋涉，从湖北辗转天津投靠当时正在此处演出的同乡余三胜。遂得到这位湖广籍汉调前辈的特殊关照，不但特许他搭班演出，而且由于他的技艺特长和如同云雀一般高亢脆亮的好嗓子，特安排他主演《天齐庙》《太君辞朝》《岳母刺字》《探寒窑》《游六殿》《掘地见母》等老旦戏，或与余三胜合演《沙桥饯别》（此戏特由老旦应工饰演出家人唐三藏）、《断臂说书》等老生剧目，当然，亦演出一些唱工老生戏。同时，谭志道也随着余三胜的"群雅轩"戏班到达天津、北京以及河北各地演出，使他学习到许多过去在武汉三镇看不到的新戏、听不到的新唱腔，遂眼界大开。

谭志道在余三胜的戏班安定下来以后，经同行介绍，谭志道带着谭鑫培到天津的金奎科班立下字据，正式送儿子入科学艺，进行严格、正规的各种基本功的系统训练，从而为他奠定了全面扎实的从艺基础。有记载说，在科班学艺，谭鑫培是非常刻苦的，不但腿功、毯子功、把子功，文戏、武戏，甚至是老生、武生、文丑、武丑、花脸、反座子（即摔打花脸）、文武小生以及文堂、武行、狮子老虎狗，什么都学，什么都演，而且从不挑肥拣瘦，且任劳任怨，他后来就对自己的儿子小培说："别看我现在是挂头牌的好角了，可是想当初我除了没有贴过片子（即没有扮演过旦角），什么行当角色都是演过的。"因为在京剧舞台上只有旦角梳头化装才贴片子，而且用"小嗓"，其他行当角色都不用贴片子，可知当年谭鑫培在科班学习的范畴是何等宽泛和全面了。

不过有些人物传记说当年谭鑫培在科班或搭班演出时，戏班的管事竟然让他在《钟馗嫁妹》一戏中扮演那个被钟馗踩在脚下的小鬼而受尽凌辱。这种说法就有点儿不分戏里戏外了。其实这个小鬼在五个小鬼中恰恰是最为重要的角色，他之所以不拿道具上场，主要是便于他翻跌跟头，说明他在五个小鬼中翻跌功夫最为出色且吃重，非其他四个小鬼可比。又有人说谭鑫培扮演被踩脚下的小鬼是受到同行欺负的证明，这恰恰说明此公没有看懂此戏，而且不知表演艺术水平的高低与剧中人物的身份高低贵贱本没有丝毫关系这一基本常识。

在天津演出过一段时间以后，余三胜就带着谭志道与谭鑫培到河北各县市巡回演出了。同治二年到达北京后，成立了以余三胜为头牌生行主演，谭志道为头牌占行主演，经励科以周凤梧为组班人的"广和成"戏班。以老旦演员为占行之首，这在京城的戏班历史中可谓绝无仅有。足见余三胜对谭志道的器重以及乡情的深厚。更为兴奋的则是谭鑫培，因为他越来越喜欢上了余三胜的精湛技艺，尤其是余先生的《空城计》《卖马》《托兆碰碑》《定军山》等戏，就像磁石一样吸引着谭鑫培。每天只要余老板登台演出，谭鑫培就在舞台上下的某一个角落紧盯着余老板。开始他以为偷学即可成功。看过一段时间后，才感到看了多次，却只知其然而不知其所以然，就向父亲提出拜请余三胜大老板亲自传授这几出戏。

谭志道深知余老板对他们父子已经是格外施恩，不好得寸进尺，但小叫天求学心切，又不好给他泼冷水，就转请班主周凤梧先生代为向余老板说项。不过也请周先生斟酌行事，切不可勉强。结果，出乎意料，周先生转告谭氏父子说："余老板说了，要学戏就递门生帖子来，我不是教戏匠，但是我早就发现这个小叫天总在我演戏时做'偷儿'，是个很有心的后生，我当年跟米喜子学戏也是这样子偷过的。"

谭氏父子听周先生转达了余老板的回答自然喜出望外。很快就邀请有关梨园同业会聚一堂，当众由小叫天向余老板举行了拜师大礼。

学戏为什么非要行拜师大礼呢？原来过去学戏有两种方式，一种是花钱请师傅教戏，明码标价，学一出戏多少钱，包教包会，按价付款，可谓市场行为。还有一种就是拜师学戏，行拜师大礼后，师徒如父子。学戏虽不收费，但是每逢三节两寿，徒弟都要像亲生儿女一样孝敬师父和师母。而徒弟对师父亦有半子之劳。更重要的是今后，徒弟即可以师父的名义立身于梨园行。既是名门之后，又是正宗余派弟子了，这对谭鑫培可谓格外施恩，喜上加喜。

诚然，余三胜得到小叫天这样虔诚、明理的弟子，也是由衷高兴，特别是因余三胜只有一子余紫云，虽然享有盛名，但本工青衣与花旦，遂把余派须生艺术的继承与发扬光大均寄希望于谭鑫培了，所以对谭鑫培可谓倾囊相授，视若亲生。果然，这对师徒不负众望，余三胜所传授给他的《卖马》《四郎探母》《捉放曹》《定军山》《桑园寄子》等许多戏都成为了后来谭鑫培的拿手戏，薪火相传到今天依然是京剧舞台上的重要保留剧目，至今久演不衰。足见余三胜技艺非凡，更可知谭鑫培承上启下，用心良苦，功不可没。

然而，令人遗憾的是这一对师徒在艺术上志趣相投，感情上真挚无二，却相处了仅仅三年，余老先生就被病魔夺去了宝贵的生命，使余派的传承就此中断了……

四　乡班历练

　　谭氏父子在余三胜的京师广和成戏班那里搭班时，谭鑫培的母亲熊氏因病在北京不幸辞世，这使谭氏父子的家中倍感凄凉、空旷。恰恰在这个时候，从天津又传来消息说，谭鑫培原来与武旦名家侯幼云之妹侯玉儿签订的婚约，由于谭氏父子生活陷入困境，侯家遂提出解除婚约。当天津来人把这个消息告诉谭鑫培后，谭鑫培没有二话，立即雇了一辆骡车来到天津，直奔侯家。他见到侯玉儿的父母，便据理力争，说："大丈夫何患无妻，但是你们单方面撕毁婚约，就是对我谭家之大不敬，有损我谭家的名声。你们必须尊重我的为人，要言而有信地继续履行我和玉儿的婚约。"当侯家长辈表现出很不以为然的态度时，谭鑫培则从怀中抽出一把钢刀，说："如果你们不能履行我们当年共同订下的婚约，不能让我在今天迎娶我的妻子，我又何以在世上为人？也就只有一死以谢先祖养育之恩啦……"

　　正在说话间，从里屋走出一个姑娘，正是当年答应许配给他的侯玉儿。只见侯玉儿手拿着一纸婚约，正色言道："我的父母毁婚，但是我自己从来没有变心，我只知道遵从父母签订的婚约，一女不嫁二夫，我生是谭家人，死是谭家鬼，这也是我父母的初心。我不管你家贫穷与否，我都愿意随你前去。"

谭鑫培闻言，不等侯玉儿的父母答应与否，便拉着侯玉儿走出了侯家，乘着事先准备好的骡车，直返京城，当晚即租一旅店入住，成婚合卺。

婚后不久，侯玉儿即告诉谭鑫培，自己已有身孕，谭氏父子自然满心欢喜，但是也不能不为自己家中增加人口而为吃穿犯愁。为此谭氏父子经过商议，考虑到三庆班的班规，也考虑到程大老板对他们父子的情谊不薄，已经是多方关照，更考虑到自己嗓音正在"倒仓"即"变声期"，一时无法够上舞台上的调门，也应不了繁重的唱工戏。自己学的武戏不少，但是缺乏舞台上的历练，直接在三庆班演出，唯恐有损三庆班的声誉，显然是不切实际的，也更不愿意给程大老板增加麻烦了，遂决定由谭鑫培拉着几个师兄弟到京东一带跑乡班，既能赚钱，解决家用，又能借台练功，将来回京也好为三庆班效力。虽然说是先斩后奏，但是也要谭志道在他们走后向大老板说明自己不愿意给大老板添麻烦的本意，请大老板体谅。

经过一番准备，一天早晨，谭鑫培与身怀有孕的侯玉儿郑重告别并托付她照顾好自己的老父亲，然后到父亲的房间给老人家下跪辞行，要他多多保重身体。之后，又到邻居家中请一位大婶帮忙照看侯玉儿坐月子。原来他与花脸行的何桂山，老生刘景然、李顺亭，司鼓的柏如意等同门师兄弟早已商定好在京东广渠门外九龙山的一个茶棚碰面，再一同扛着行李和靴包（即装有演员在外搭班唱戏必备的铺盖、水衣、胖袄、彩裤、薄底与厚底靴、髯口等所谓私房行头的包袱），前往京东遵化县的马兰峪投奔关四阎王所组织的万胜"粥班"。按今天的行政划分，马兰峪已经不属于京都，而隶属河北遵化，他们的"粥班"活动范围则包括了平谷、香河、蓟县、宝坻、兴隆、三河等各县村镇。

所谓"粥班"，又称"乡班"，也叫"跑帘外"，甚至可叫"跑野台子"，有的村子有用砖瓦建造的简易戏台，更多的是用芦席或杉篙搭建的临时戏台，一个戏班在一个村口一般演出四天，一天演出三场，分别是午前、午后和灯晚。演出的最后一天，演至十点钟前后，演职人员就要连夜收拾戏箱，坐着骡车赶往下一个台口，而且在翌日午前就又得开锣演出。如果两个村庄相隔较远，就都要在大车上睡觉了。那种骡车，梆硬的木头车轮，走在冻得硬邦邦的土路上摇摇晃晃又颠颠簸簸，在数九寒天，西北风一刮，寒风刺骨，那种滋味如果不是身临其境，真是难以想象啊！

在"粥班"演出与戏园子唱戏可谓完全两回事，因为是在空旷的露天舞台唱戏，唱念声音小了，台下听不清楚，乡亲们是不会答应的，所以演出时首先要保证唱念的声音灌进每一位乡亲的耳朵，把舞台下的观众吸引住，把观众的嘈杂声压下去才行。另外就是表演要特别卖力气，甚至要夸张、过火；扯着嗓子喊才好。遵化一带属于半山区，平时说话都要高声，拉长音，唱戏更要像拉火车汽笛一样。至于武打戏就更要火爆，打把子、翻跟头都要让观众不停地叫好、喝彩。而不能像戏园子里看戏的观众一边嗑着瓜子，一边摇头晃脑品味着唱腔的韵味。当然，武戏更不能"文唱"，唱得太瘟了，观众就会说你不卖力气，这个村口今后你可也就再别来了。

据说在跑"乡班"时，谭鑫培的班社也遇到许多意外的风险，例如在演出时摔伤腰腿，更有兵痞捣乱，拳棒相加，胡作非为，甚至鸣枪恐吓。在过去的戏班中就流传着谭鑫培在演出时勇斗那些砸场子的旗兵，拳击过欺负妇女的地痞流氓等，由于谭鑫培总是仗义执言，或在危难时挺身而出，在乡班赢得了很好的口碑。一次，他后背长了脓疮，疼痛难忍，但是在他主演的《界牌关》中有一个在桌子上翻串小翻后再摔锞子的高难技巧，就是在翻完最后一个串小翻后，全身腾空而起，四肢向上，用后背直接落地的动作。同班的武行都知道他背后正长一脓疮，都劝他别走这个锞子了，他嘴里答应着，可是到舞台上却照走不误，而且又高又脆，以致当即脓水迸流。事后同行们都心疼地责备他，他却说，这出戏卖的就是这一下，乡亲们也就是来看我这一下的，我怎能让乡亲们失望啊！所以跑乡班多年，谭鑫培在同行中有很好的人缘，在京东一带的乡亲们中也留下了很好的名声与信誉。

当地的大户人家在农忙时，因乡班的演出相对减少，知道谭鑫培身手不凡，便邀请他协助看家护院，或请他传授技艺，切磋护身武术，等等。后来在《翠屏山》一剧中有一个石秀单刀下场，他当即耍了一套"六合刀"，很引人注目，就是他根据当年在当地学习的武术刀法按戏曲的表演刀法进行改编的。据说后来进宫演出《翠屏山》一剧，慈禧太后看了他这套单刀下场连说好，称他是"单刀小叫天"。这套流传至今的"六合刀"就是当年请遵化县的武术师父特意传授给他的。

看到这里，您一定会说，如此江湖故事不过信口传说，无从对证。其实不然，在前些年，谭鑫培的重孙谭寿昌先生曾亲身前往京东一带考察，在河北的《三河县文化艺术志》中的上册第二编第一章，戏曲卷的第三部分中就亲眼见到如下记载说："清光绪三年（1877年）记载：谭鑫培先生应温姓财主所聘，教习皮黄科班。次年，谭鑫培之父谭志道先生（艺名谭叫天）也来三河县与谭鑫培共同执教。谭志道老先生教老旦和老生，谭鑫培教武生、武老生，历时二年半，于光绪五年离三河返京。"

其实，在这一重要史料背后，还有一段更为动人的故事。

原来，在谭氏父子接到三河县温家邀请他们筹办科班的信件后，谭氏父子没有推诿，很快便签订了合约，而且做了精心的筹备。首先他们知道科班传艺，首先是唱工，而京剧的唱是以字行腔，因此吐字发声最为紧要，按科班的规范，必须奠定昆腔的基础。为此，临行之前，谭鑫培特邀大内升平署内学处（今景山公园）的昆腔教习普阿四老先生为他传授群曲，如《泣颜回》《点绛唇》《风入松》《五马江儿水》等四十多支常用唢呐曲牌，一是通过学习群曲规范学生的吐字发音，如念大字时的反切，以掌握字头、字腹、字尾的念法；二是通过群曲的演唱提高全剧的整体感，增加舞台气氛。用了十几天的时间，谭鑫培就学好了这四十多支常用曲牌，普老先生曾惊讶地说："这谭鑫培学东西实在是太快了呀！"

我在此还要特别遗憾地加一句话，过去的科班和"文化大革命"前的戏曲学校都有群曲课，所以使学生凡唱念的吐字发声都要比现在的学生规范和讲究，在主帅"发点"对阵，列队或"闹妖戏"的舞蹈场面都有相应规定演唱的曲牌，其场面是非常壮观并富有意境的，能立即给人全场"一棵菜"的整体感，就是慈禧太后和光绪皇帝对此也都极为重视。甚至由于光绪皇帝有一次为群曲《朱奴儿》司鼓，结果在演唱时提前划分了段落，亦称"合头"，使《朱奴儿》曲牌提前"打住"，从此少唱了一个段落，即后来所称的《御制朱奴儿》。可知宫廷中对群曲的普及与规范。遗憾的是这样的必修课程在如今京剧表演团体和戏曲院校已经很少见了，可知当前京剧艺术的偷工减料、忽视规范已经到了何等地步。

当谭氏父子学好群曲后，才知道当地办班人，只提供场地，却不管邀请教师。而教学最关键的恰恰是教师，没有好的教师是不可能教出好的学生来的。而邀请教师则是一笔很大的开销。为此，谭鑫培与父亲商议，办班教学，必须邀请京城最好、最专工的教师，既然办学是为祖师爷传道，我们又签订了合同，就是赔钱也要办好。为此谭氏父子登门拜访了以古道热肠、急公好义而闻名的梅巧玲先生，说明了借钱办学的来意。梅巧玲先生一听，先是非常高兴，随之不由得眉头紧锁，但是没有说出半个不字，只说："你们到京东替祖师爷传道，这很难得，我一定大力协助，只是要略等两天，我准备一下，然后我会把钱送上门去，你们就放心吧。"

果然，两天后，梅巧玲先生登门造访，亲手交给他们一张银票，足以解决他们办学的资金问题。谭氏父子接过银票，感动万分，遂一再追问这些钱是如何筹集的。但是梅先生却始终不肯说明。直到他们把三河县的科班办起来了，头科学生登台演出后，他们才打听到，原来找梅巧玲先生借贷的同行很多，特别是同治皇帝驾崩后国丧期，戏班无法正常演出，演员只能靠借贷为生，而梅先生从来都是有求必应的，如果遇到困难无法奉还者，梅先生都是当场将借据烧毁，在扬州就流传着某借贷人死后，梅先生拿着借据前去吊唁，并当场将借据用供桌上的蜡烛烧毁，然后再献上可观的"奠仪"以安抚家属的故事。而谭氏父子借贷时，即正遇梅先生因国丧期间戏班无法正常演出，又刚刚周济四喜班同业而手头空空的时候，为此，在谭氏父子走后，梅先生特意将一所房产卖掉，然后将这一笔房款全部交给了谭氏父子。

由于谭氏父子所办科班成绩斐然，三河县的温姓主人得知谭氏借贷才请来京城教师，并专门向宫中升平署内学太监学习群曲以力求教学之规范，深为之感动，特意交给谭氏父子一张银票以表谢忱。为此谭氏父子回京之后，立即将所借之钱如数奉还给梅巧玲先生。从此以后，谭、梅两家来往更为密切。以至1882年11月27日，四喜班班主梅巧玲先生病逝，谭志道闻信，就带着谭鑫培赶到梅家帮助料理后事。

在梅家迁居到大外廊营后，谭、梅两家只隔一条胡同，真正的"门当户对"。1887年后，谭志道老人虽然病故，每年的大年初一，谭鑫培仍然坚持一早第一个赶到梅家拜年，成为每年春节最早必给梅夫人拜年的至亲挚友，且几十年如一日，代代相沿，从未间断。

后来谭鑫培被称为"伶界大王"，遂特聘梅巧玲的长子大锁，也就是梅雨田先生为自己的琴师。两人感情笃深，只是在艺术上各持己见，永远争论不休。奇怪的是在舞台上他们惺惺相惜，且配合极为融洽。特别是1903年左右，由谭鑫培演唱，梅雨田操琴，李奎林司鼓，由百代公司灌制的《洪羊洞》《卖马》两张唱片就是他们两家共同心血浇灌的艺术珍品，也是永载京剧史册的早期的京剧艺术巅峰之作，且至今无人能与之媲美。当然更是梅、谭两家真挚情感的象征和互相帮衬百年的历史见证。

至于一百年后，北京的老戏园子正乙祠特邀谭门第七代的谭正岩演唱《四郎探母》欢庆春节，却一时找不到合作的旦角演员，为此谭正岩特意打电话给梅葆玖，说："玖爷爷，我今天在正乙祠演出《四郎探母》，请您陪我清唱《坐宫》好吗？"

梅葆玖一听，没有丝毫的犹豫，一口答应，说："没问题。什么时候？"

谭正岩一听梅葆玖答应得特别痛快，突然想起梅葆玖的出场费可不低，怎么办？一时无法回应。正在犹豫时，梅葆玖突然说："我陪你唱，可是无条件的，你别胡思乱想，我这个当爷爷的怎么能跟你这个孙子辈的要钱呢？"

"那怎么行？"正岩说。

"谁让你姓谭，我姓梅呢。叫声爷爷就全都有了。"

是呀！当年谭鑫培一再陪梅兰芳唱《四郎探母》，不就是冲梅先生那一声"爷爷"吗？两家一百五十多年的交往与合作，又是多少钱能买来的呢？

那次演出的一周后，是春节的大年初一，谭元寿与梅葆玖在长安大戏院联袂演出《御碑亭·金榜乐·大团圆》，在后台，谭元寿一见梅葆玖就说："你看我这孙子，真没谱，怎么能让你这位当爷爷的陪他唱戏呢？真是岂有此理。我这儿给玖弟道乏了，祝玖弟新年大吉。"说着还一再给梅葆玖作揖……

"嗨，咱们两家还说这个干什么？我在北京、上海，哪一次登台唱戏，还不都是元寿大哥您带着我唱的嘛，我这心里一直愧疚着呢。后来家父病逝一周年时，谭大叔（即谭富英）正重病在身，他却坚持一定要参加纪念演出。当时我母亲怎么也不同意，为此，北京阜外医院的心脏病科专家遵照周恩来总理的指示，把全套医疗监测仪器都装置在人民剧场后台的化装间，于演出前给谭大叔做了全身检查和随身监测，才允许谭大叔化装演出的。那天谭大叔的演出特别精彩，在台帘里一句导板'龙凤阁内把衣换'声如天籁，神韵饱满，赢得观众掌声如雷，经久不息。出场后在九龙口一个双抖袖后再接唱原板'薛平贵也有今日天'更使全场观众欢呼雀跃，掌声更如潮水一般。那天北京电视台（即今中央电视台）现场直播，全北京的电视观众看了都说，谭富英先生那天真是把这出《大登殿》唱绝了，空前绝后呀。这次正岩正好给了我这么一次机会，我真是求之不得呢，您怎么倒跟我客气起来了呢？……"梅葆玖更对元寿先生一再作揖拜年。

当然，从谭志道到谭正岩，从梅巧玲到梅葆玖，这样的故事都已历经数代人，足有一百多年了，三天三夜也说不完哪！

五　砥砺奋行

话说当年京剧的鼻祖、谭鑫培的磕头师父、余（三胜）派须生创始人，"京剧前三鼎甲"之一的余三胜先师不幸病故后，谭鑫培在师父灵前竟长跪不起，那如丧考妣、痛不欲生的情感，让在场主持这一葬礼的程长庚大老板深为感动。念及他与师兄余三胜的情谊，发丧后，程大老板遂特许谭氏父子立即转入三庆班，戏份照旧。

初入三庆班时，由于谭鑫培的老生戏和武老生戏已经得到了先师余三胜的真传实授，从艺的基础还是比较扎实的，但是当时谭鑫培的嗓音正在"倒仓"之际，虽然得到了演出实践的机会，一是嗓音够不上当时舞台上的调门；二是按当时戏班的规矩，像他这样刚出科的学徒，与三庆班下属的"四箴堂"弟子何桂山、陈德霖、钱金福、王长林等一样在戏班演出等于借台练功，应该是没有戏份的，出于照顾梨园子弟的生活，只能象征性地给他一些生活费，还谈不上戏份。不过，他父亲谭志道则以正式演员的身份按戏或按技艺水准和受观众欢迎的程度领取相应的戏份。曾有记载称"当时各大徽班中，名伶佳剧不知凡几，独老旦一行，实少超群出众者。唯有三庆班的老叫天，口操鄂音，纯唱汉调，其擅长之《探寒窑》《断太后》《太君辞朝》等剧情致缠绵，韵味醇厚，尤其是其《胭脂虎》一剧，扮演李景让之母，白口以鄂音出之，字字清晰，做派庄严，极肖贤母，力持大礼，安抚众心，可称上品，与程大老板合演的《朱砂痣》，更是感人肺腑，被人称为'双绝'。一名老旦演员能在天子脚下与余三胜、程长庚同台演出，获此殊荣，可谓老旦行中之佼佼者。此外各班殊少满意之选，因此很引人注目"。

在当时的环境下，很多同行以及许多后来的戏评家都说程长庚作为三庆班班主和精忠庙首，并以老生行鼻祖称雄于北京艺坛，所以不愿意谭鑫培出头，不许谭鑫培唱老生戏，只让他唱武生戏；后来经旁人或说是谭志道本人的极力请求，程长庚才允许谭鑫培唱了一出《战北原》。其实，这些推论也是没有任何根据的。研究过京剧历史的人都应该知道，程长庚一向以"活鲁肃"著称于梨园，诸葛亮则由"活孔明"卢胜奎或王九龄扮演。哪怕程长庚没有合适的角色，也不可能去演诸葛亮，因为那是卢胜奎的专工。而卢台子与晚辈谭鑫培本是同乡，始终循循善诱，不吝赐教，所以最讲戏德之程长庚是没有不许谭鑫培演老生戏特别是诸葛亮戏的意向的。也不可能只允许他演出《战北原》，岂不知《战北原》本是一出非常精致、经典的剧目，很能讨巧，为什么独让谭鑫培演出此剧呢？既然程长庚是看在师兄余三胜的情面上收留谭氏父子，更何况他与谭志道合作了《断臂说书》等戏，很受好评，又怎么可能容不下年轻好学的谭鑫培呢？

话说谭鑫培初入三庆班，因为是实习性质，程长庚又知道他在科班除了没有贴过片子什么行当的戏都学过、演过，所以什么武生戏、老生戏、武老生戏，甚至花脸戏、丑角戏都可以演。有一次看谭鑫培演出《骆马湖》的黄天霸，程长庚认为都很好，就是扮相应该设法改进一下。因此对他说："你的口大，脸瘦，扮黄天霸不太好看，不如唱《战长沙》《定军山·阳平关》《战太平》《洗浮山》等戴髯口（即胡须）的戏，一定能够更受欢迎。"这一类武老生戏难道程长庚不能唱，才要谭鑫培唱？足见程长庚不许谭鑫培唱老生戏的说法完全是无稽之谈，无中生有。

其实，程长庚对于谭鑫培，不但不限制，反而是很爱惜的。当谭鑫培刚由京东跑粥班返回北京，以当时三庆班的声誉和谭鑫培的资历，当然只能唱前三出戏。程长庚便常常对同行说他小叫天不愧为余三胜入室弟子，能戏极多，文武昆乱不挡，是个好后生，传其衣钵者唯"小叫天"也。同时，谭鑫培学程长庚、王九龄、卢胜奎，也学山西梆子老生老元元红（即郭宝臣）等等。总而言之，在三庆班时期的谭鑫培，是博采众长的时期，也是得程长庚扶掖、教导以深造的时期。所以据早年梅兰芳身边的一位资深秘书言简斋先生（后曾被周恩来总理请至中央文史馆担任馆员）证实说："谭鑫培后来在三庆班由学徒升为主演，25岁后即开始工武生兼老生，在一次程长庚演《战长沙》饰关羽时，特派谭鑫培扮演黄忠，那次演出很成功，受到观众和程大老板注意，地位就提高了。"入民国后，谭鑫培已经年逾花甲，言简斋先生还说："我曾幸运地亲眼看到谭鑫培在总统府与北京西四牌楼庆升茶园演出《战长沙》中的关羽，系金秀山饰魏延。谭鑫培扮演的关羽与他平常演出的谭派戏大不相同。揉红脸，身段简练，凝重有威。我的印象可概括为四个字：'骨重神寒'，看来名家模仿前辈的表演，自有他独到的见解，不是依样画葫芦的。"为此言简斋先生特别指出："谭鑫培的转折点是从京东回京，受到程长庚识拔，回到三庆班效力，因演武生拿手戏《恶虎村》《翠屏山》《五人义》崭露头角。"后来又是程大老板告诉他，说他的脸形扮演戴胡须的角色比光嘴巴的角色要更好看。足见程长庚对谭鑫培始终是千方百计地识拔以重用，这是谭志道、谭鑫培父子均没齿难忘的。

其实，言简斋此论与湖北沙湖老乡刘成禺所说非常吻合。如刘成禺说："谭鑫培幼年随父叫天入京，习须生。奉二黄圣手程长庚为师。常谓鑫培发奋，每长庚出台，他必背台而坐，凡长庚演唱声音清浊、高下、疾徐之度，简练而揣摩之。年余，自得理味，曰可以出台而献音矣，然神技犹未也。又向台而坐，凡长庚手足须眉动态与声音高下疾徐轻重自然神合之处，出则默韵，居则演唱，有不恰于心者，明日即前往改正，于是者又年余，鑫培亲对长庚曰：'老师神艺，弟子已略得端倪。'长庚使一演奏，大惊曰：'鄂人二黄，吾子可得老夫衣钵也。'遂广为延誉。鑫培又入升平署外班习艺，得洞悉有清一代剧曲及先正典型。此谭须民国初年对予自述，因予与鑫培为同邑同里人也。"

刘成禺又称："谭鑫培，鄂人，父为徽班须生，无短长，暇弄叫天鸟，故艺名叫天。谭袭父号，为小叫天，初学武生。后改唱须生，声名大起。时汪桂芬负盛名，嫉其逼己，又轻其新进也。一日微服往观。值谭演《卖马》，貌清癯，声尤悲壮，舞锏一段，更能将英雄末路，侘傺无聊之状发挥尽致，不禁失声叹曰：'此真天生秦叔宝也，竖子成名矣。吾终身再不演此剧也。'"

"汪桂芬擅长如《取成都》等，亦谭所不演也，二人争雄长达二十年。"

不久，程大老板病逝，三庆班易主杨月楼，一般舆论认为谭鑫培很不服气，他不能不另寻出路，于是改搭四喜班。这只能说是旁观者的猜测。一是谭鑫培与杨月楼本是磕头拜把子的兄弟，非常友好，多年互相关照，感情深厚。他们经常合演《连环套》等戏，轮换扮演黄天霸或朱光祖，互相配合默契。杨月楼临终前又将杨小楼托孤于谭鑫培，收为谭门义子，并按谭家兄弟排名嘉训。杨小楼在谭家竭力扶持下，成长为京剧历史上的武生泰斗、国剧宗师。以至在谭鑫培病故的第三年，杨小楼领班赴上海演出，又特邀谭鑫培之五子谭小培同闯上海滩，使小培声誉鹊起。可以说谭、杨两家堪称两代君子，这是英秀堂的几代人至今都说不完的话题。

至于谭鑫培和孙菊仙轮流在四喜班唱大轴，红极一时的情况，则是杨月楼病故以后的事情了。关于谭鑫培与孙菊仙的长短，程长庚在世时早有比较和定论："孙菊仙的声音固然雄壮，但是其味苦，难合今后大众口味。而谭鑫培嗓音极润，甘而且柔，使人听了如饮醇醪。我死之后，老生的盟主一定不是孙菊仙，而是谭鑫培。"

随后谭鑫培又与张胜奎、余紫云同起胜春班，再与迟韵卿合起同春班，这是谭鑫培尽力往上走的初期。在这个时候，老生名宿先后凋谢，只有孙菊仙、汪桂芬与他共为须生"后三鼎甲"。不过孙菊仙以票友下海，汪桂芬以琴师扶正。根基之深、戏路之广，显然都难与谭鑫培媲美，而且柔曼圆转之音也以谭鑫培独擅。庚子事变之后，孙菊仙久居上海，汪桂芬早逝，于是乎"太平歌舞寻常事，到处风飐五色旗。家国兴亡谁管得，满城争说叫天儿"。谭鑫培"伶界大王"之徽号也就实至名归了。

在同春班，谭鑫培虽居班主之位，但是为他配演的花旦田桂凤因表演细腻生动、扮相优美而名声大起。田主演的《送灰面》和《活捉三郎》等开场戏放在大轴演出竟然可以压住场子，他与田桂凤合演的《乌龙院》尤其受到欢迎。后来谭鑫培与王瑶卿合作于同庆班，虽然谭鑫培演大轴戏，而王瑶卿的风头却也不亚于谭鑫培，他们合作的《打渔杀家》《汾河湾》《走雪山》竟然都可以屡演不衰。谭鑫培也曾给王瑶卿配演《玉堂春》中的蓝袍刘秉义，谭迷反而欢呼雀跃。那时候，谭鑫培已知旦之将兴，才子佳人之戏将兴，假使不是他那样的老生演员在当年的舞台上坐镇，也许那时就已是旦角的世界了，而老生也早就给旦角"挎刀"了。后来谭鑫培不在人世了，所谓名老生何尝没有？然而哪一位不是给梅、程、荀、尚四大名旦挎刀助阵呢？

再说谭鑫培离开同春，又进了一趟三庆班，但是发现三庆班终不能入他的掌握，因而又跳出来，不久三庆班就报散了。以后，谭鑫培在北京先后自组同春班、同庆班并自为领班。后班改为社，最后一次便是与王瑶卿等人合作的同庆社。从宣统年间到民国，他的大名已声震大江南北，他也日入老境，就组自由班，散唱而已。例如从宣统二年七月二十三日到宣统三年十二月二十二日，他在这一年半的时间里就在新街口南的庆升茶园以庆寿和班的名义做阶段性的演出，每月大约演出八场。因开始仍在国丧期，所以还标注着"说白清唱"四个字，表示他们演出并没有涂抹胭脂粉彩。演出的剧目为《朱砂痣》《失空斩》《奇冤报》《捉放曹》《武家坡》《托兆碰碑》《战太平》《法场换子》《探母回令》《洪羊洞》《击鼓骂曹》《战长沙》《打棍出箱》《桑园寄子》《定军山》《阳平关》《卖马》《火烧连营》《状元谱》《八大锤》《举鼎观画》《珠帘寨》《清官册》《鱼肠剑》《黄金台》等，但大都是连演三天或五天，再休息三天到五天，其间多堂会戏，外请的营业戏穿插其中也是很频繁的。

至于当时名角戏份之大，更是谭鑫培开其先路。有一个名叫春梦生的人曾撰《谭氏戏份调查表》以证明：当同治至光绪初年，谭鑫培的戏份，仅当十钱四吊至八吊，也就是大铜元二十个至四十个。到光绪中叶，增加到二十四吊至四十吊，到庚子年则增加到七十吊至一百吊，后来又由一百吊增至二百吊。到光绪末年与宣统初年，就增至二百吊以上，这也只是二十千文，为数也还不多。唱堂会呢，那就有惊人的增加了。光绪中叶一般不过十两银子，庚子以后就猛增至一百两，宣统初年则增至二百两至三百两。临时演唱呢？戏份则由三百两增至四百两，堂会则比此数当然更多。以前堂会，外串，普通名角是各人二两银子，较优等的是四两，再名头大的也只十两为限，间有给二十两的则很少。从庚子以后，谭鑫培外串就要五十两，这是从来未有的新纪录。再由那琴轩的一跪一揖、一吹一捧，就由五十两加至一百两；随后乃至二三百两，甚至五百两。在那家花园刘宅堂会，唱一出《武家坡》，竟拿了七百二十两的代价，这在当时是很罕见的。有交情的，每次堂会送他三百五十两或四百两。梁任公的父亲做寿，谭鑫培唱一出《一捧雪》，只送了二百五十两，这算是一个例外；但梁启超那"四海一人谭鑫培，声名廿纪轰如雷……"的八句题诗画幅，已经成为百年英秀堂惊天动地的广告词，如果收广告费恐怕就不是几千两银子的价钱了。

入民国后，池座能卖上八九毛钱一张，也是谭鑫培开其先例，足见谭鑫培的声名已登峰造极。

六　六下江南

　　自清同治、光绪年以后，京、津等地的京剧演员都以闯上海滩为拓展自己艺术领域的重要举措。当然一个重要原因就是上海演出的票房收入显著高于北方，确有捞金之嫌。当年梅兰芳先生总是救济同业，慷慨解囊，在梨园中成了穷苦同业的救济专业户。他的老搭档、谭派老生王琴生先生就曾对梅大爷说："每逢咱们同业过年，总是要您破费，真是难为您了。"梅先生就说："没关系，去一趟上海就全有了。"再者，当年从北京跑一趟上海、苏、杭，从交通上来说真非易事，甚至可以说当年从北京到上海比现在越洋出国都要难得多。据说早年多走海路，就是经天津从塘沽港上船至渤海、黄海、东海，再从吴淞口进黄浦江到十六铺下船，一走就是好几天，那时没有大邮轮，颠簸辛苦可知。尤其到冬天，塘沽一旦冻海，船不能靠岸，供给、联络中断，那是非常恐怖的事情。曾为谭鑫培和王又宸、梅兰芳等人伴奏的著名琴师徐兰沅就曾对笔者说，他从上海回来，在塘沽口遭遇冻海，被困船上半个多月，苦不堪言。回到北京后就向梅兰芳提出辞班退隐了。后来津浦线通了火车，一走也要好几天，到浦口还要下车步行乘轮渡过江到南京，非常麻烦。到了20世纪40年代，大主演、有钱人可以乘飞机了，但是要用半天的时间先到青岛，飞机加油两个小时后再飞上海，总算当天可以到达了，但是费用之昂贵，那是普通人承受不了的，就是二路角色也不会提出自己"飞到上海"。而且当时各种交通工具都是不能与今天的交通工具相提并论的。后来修建了南京长江大桥，往返京、沪之间也要二三十个小时。足见北京的戏班去一趟上海可真不是一件容易事。

然而，尽管如此，京、沪两地的京剧艺术交流却从来没有中断过。谭鑫培首次闯上海滩，从清光绪五年即1879年就开始了。据说系受上海盛军小班瞿善之所开金桂茶园之聘，偕青衣孙彩珠、丑角真秃扁一起南下，当时谭叫天33岁，以主演《南阳关》《战太平》《镇潭州》《太平桥》《战长沙》等武老生戏和红生戏；《长坂坡》《冀州城》《挑华车》《恶虎村》《十一郎》等武生戏；《黄金台》《问樵闹府·打棍出箱》《武家坡》《击鼓骂曹》《御碑亭》《盗宗卷》《王佐断臂》《空城计》《李陵碑》《汾河湾》等老生戏为主。在金桂茶园连演五十余日，剧目从不翻头，即无一出戏雷同。如此能戏之多，演艺之精，令上海滩的观众可谓叹为观止。

当时上海与北京不同，北京是班社制，以演员为中心组班，然后与戏园子合作后分成，所谓剧场、剧团并力求财也。而上海是剧场班底制，每个剧场都配备各行演员，一般演员到剧场演出都用剧场的班底，或曰底包制。例如梅兰芳到上海演出《霸王别姬》，原请北京大武生孙毓堃扮演霸王，孙先生因故未去，到上海发现了黄金戏院的底包花脸演员金少山，经梅剧团的管事李春林加以指导，结果大红大紫，成为梅剧团雷打不动的金霸王。再说谭鑫培在金桂茶园演出后，接着又在吴蟾青所开之大观茶园等处继续演出，也是借用该茶园的底包演员（即配角演员）和随手（即乐队）。前后共演了半年多，特别应该说说在上海傍着谭老板的打鼓佬牛相和张阿牛两位，都是从不排练，场上见，却又都合作得严丝合缝，说明他们真是把京剧演出过程中的起承转合之规律运用得娴熟自如了。其实20世纪五六十年代马、谭、张、裘、赵领导的北京京剧团就从不排戏，都是台上见，却从不出错。首先是戏的编排本身，起承转合都有固定的规律与章法；其次是演员在舞台上的一举一动、一唱一念也都有明确交代，为互相的衔接做出铺垫。谭老板当年六次到上海，大多用上海底包，从来没有发生过任何技术上的碰撞、差错。而且演出效果明显高于上海本地剧团，以至被上海各茶园争相约请，还多次发生争抢或请他救场、"暖场"的事情，可见其受欢迎的程度。所以这次演出不但收入不菲，演出剧目丰富，达到了借台演出、借台练功的目的，而且还遇到一位甘愿以身相许的痴情少女张秀卿，每天主动照顾谭老板的起居。

当然，对谭鑫培来说，金钱、美女虽然说明他在上海滩大受欢迎，但是令他最为振奋的却是遇到一位艺术上的知音，为他所关注的唱腔艺术之探索与变革提供了至关重要的帮助。这个人就是比他年长一岁，早年在天津就与他非常要好的师兄孙春恒先生。

为什么谭鑫培跟孙春恒如此投缘呢？因为当年他们在天津谋生的时候，就对北京、天津一带戏班中"时尚黄腔喊似雷"的唱法表现出不屑一顾的态度，但是当时的京、津一带，哪一位老生演员不是扯着嗓子喊呢？没有正宫调，甚至是乙字调的嗓子，没有高亢激昂的旋律，要想登上京城的舞台几乎是不可能的。一个"喊"字足以说明当时唱腔的高亢激昂，实大声宏。例如当时老三派的代表剧目《取成都》，一句"适才王累进宫报"的散板，几乎全在高音区，就是数字，或者说是喊字，没有任何旋律美感可言。而谭鑫培这次在上海发现，孙春恒的演唱调门顶多在趴字调，而且曲调委婉低柔，没有丝毫"喊"的痕迹，由于整个音域都在中低音区，因此在表现激昂的情绪时，所谓高腔、嘎调，实际也比当时京城舞台上的普通音调低得多。然而不但没有人认为这样的唱法是大逆不道或偷工取巧，反而大受上海戏迷欢迎。啊！原来皮黄戏还可以这样唱？这使谭鑫培极为惊喜。不但没有人指责，反而让观众如醉如痴，这不正是自己多年所追求的理想唱法吗？当然，谭鑫培是不能立即把这种唱法照搬到北京和天津的，他致力于唱腔的变革也不是一天两天了，且早已碰得头破血流。但是谭鑫培坚信孙春恒的唱法一定会在北京唱开的。为此，他在上海演出之余，几乎每天都与孙春恒深入探索研究，请他密授机宜。他们互相交换修改编唱新腔的经验，密谋着京师一带京剧唱腔的全面大变革。

到光绪六年，谭鑫培在上海的一年之中，得到了充分的展示和磨炼，又得到孙春恒在唱腔变革方面的具体指教，带着演出的丰厚收入并偕其上海夫人张秀卿满载而归。据上海报刊报道，他是乘招商局之保大轮船返京的。上海伶界中前往码头送行者就有三百余人，足见谭鑫培首次赴上海演出一炮而红，而且从谭鑫培在上海演出的票房收入和离开上海滩后的约请不断，无疑可称旗开得胜，且无可置疑。

更重要的是，天津的孙春恒与北京的谭鑫培在上海相遇，为谭鑫培酝酿多年的京剧老生唱腔的全面变革形成了巨大的推动力。他对后来足以支撑京剧演出市场的一百余出经常演出的剧目所进行的全面变革，彻底改变了京剧老生唱腔"实大声宏"和"喊似雷"的现象，以至到今天一百多年来亦无人再行改动和超越。可知他付出了多少心血，显示出他多么超越前人的思维与远大抱负。例如一出代表程长庚、张二奎、余三胜时代的热门戏《取成都》就因为唱腔老化，调门高亢，不但再没有人唱，甚至内行中到20世纪50年代也就很少有人知道了。如果不是笔者幸遇恩师陈喜兴先生亲传此剧之真本，恐怕很难有人在今天再来描述此剧之面貌，并加以对比来说明当年京剧舞台上的这一重大历史变革了。

在此我们也应该认真认识一下这位对京剧艺术，特别是对谭鑫培的谭派老生艺术的形成做出卓越贡献的孙春恒先生。说起孙春恒，戏班里的人可能比较陌生，其实，如果提起他的另一个名字：孙小六，恐怕不用介绍，京、津一带的戏迷就都知道了。孙先生在上海的师兄和密友是邵寄州，而邵寄州的徒弟就是有"北方麒麟童"之称的王荣山。后来王荣山到北京搭班，一提是邵寄州的弟子，谭鑫培则马上热情地说："这可不是外人，来吧。咱们有戏一块儿唱，有饭一块儿吃。"可谓相识恨晚。

孙小六自1872年到上海搭班唱戏，在丹桂茶园唱老生，以《捉放曹》《法场换子》《打严嵩》《一捧雪》《请宋灵》《风波亭》等戏红极一时。据说他演出时还经常穿插一些上海的马路新闻、时髦语言做噱头，很受欢迎。不久因嗓音失润失去叫座能力，园主鉴于他久为茶园效力，顾念旧情，不忍辞退，遂将其戏码前移，并减少其包银，使他得以继续谋生。孙小六根据当时的收入情况，急将父母妻子送回天津，忍辱安居于上海。一方面日夜在寓所就自己的嗓音条件，研究南方的曲调新腔，以求生存。另一方面运动后台管事，于坐唱时为之延长片刻，得以场面配合新腔新调尽其所长，并请鼓佬、琴师相商，迁就其嗓音，勿操之过急，并奉以酬金数元，暗中协助设计新腔，以便出台时得心应手。顾曲家颇觉耳目一新，原来一向厌弃者，反而大加赞美。谭鑫培到沪与之同台演出，闻其音虽少雄壮激昂，但新颖别致，很惊讶其已经出于己上，于是虚心求教，尽得其指授。这对多年后谭派新腔风靡北京、流行全国，以至"无生不谭"均奠定了重要的基础，实不可小视。

孙春恒在上海打开了一片新天地，一度春风得意。但未能持之以恒，将近不惑之年就因身体原因不幸离开了人世，为此，谭鑫培大有痛失子期之憾。

谭鑫培第二次到上海，是应刘维忠的福州路新丹桂茶园之聘，偕大奎官同来。其妻侯玉儿因怒于谭鑫培前次赴沪纳妾张秀卿并偕同北上，故相随南下以监视之。登台未久，因流行病等细故与园主龃龉，刘维忠亦愿将已付包银之余奉送，盖尚未满合同也。来时为光绪十年甲申秋八月，归时农历十月，犹未封河，送行者较前更众，大有依依不舍之意，谭鑫培时年三十八岁。

这次赴沪演出，时间比较短，但是演出还是很受观众欢迎的，否则也不会有那么多观众亲往码头送行。对谭鑫培本人来说，这次却还有着一层特殊意义，就是在演出中谭鑫培结识了夏奎章先生的三位公子。

说起夏奎章先生，其实对谭鑫培来说也不是外人，夏氏早年从安庆怀宁进京，长期在京城三庆班担当武生演员，生有八个儿子，均为舞台上之佼佼者，凡与谭鑫培交好者均知其重女轻男，八男二女，最爱其女。故为女择婿亦甚苛。这次来沪隶新丹桂，恰与夏奎章之次子月恒、三子月珊、八子月润等同班。见月润品行端庄，颇有轩昂磊落之气。且文武两工，在侪辈中均自斐然不俗。盖武戏为其兄月恒所教，文戏为其兄月珊所授，知异日必列名角队中。乃言之于月恒、月珊，愿以爱女许配月润。月恒遂与谭氏夫妇为二人订婚于上海。约异日艺成，成婚于京师。

未数年，月润艺成出台，月恒乃函告谭鑫培。月珊应邀送月润进京入赘，成礼后月珊回沪。月润即留京与岳父同搭三庆班。都中各戏园知月润乃英秀堂之新女婿，且是沪上新角，均不待介绍，俱来邀请。三庆大轴一向系谭老不可，而谭老竟让予月润。凡有不到之处，随时在后台做身段工架指教之。早晚在家，父子翁婿相聚一堂之时，叫天儿常赞月润而詈诸子。如此数月，月润技艺果然大进。

一日，谭鑫培为夏月润传授《一箭仇》中史文恭与卢俊义的枪架子（又称对枪），夏月润一直不解：一套对枪有什么艰难可言？想不到，翁婿二人对打起来，夏月润却总是落在后边，老丈人还总说："别忙，每一下都要打得清楚、明白、简洁。脚底下不能有碎步、废步，要两步并一步。"夏月润不明白：为什么他紧赶慢赶，却总是跟不上老丈人，总是被动挨打？打了两遍，累得新姑老爷气喘吁吁。这时老丈人才说："我们常说打把子要干净利落，要慢，别赶落，你看我并不快，为什么你总想快，却总是落后呢？这就是步法简洁，眼睛和神气引领的作用，例如我扎你的马腿，我一起范儿，手眼身法步同时引领着你，给你一种对方在进攻的意识，使你就只有招架之功，而无还手之力了。把你引过来了，你的思路和动作就永远在我的带动之下，所以你处处被动，而且越来越被动……"夏月润打了多年的把子，终于恍然大悟！

更出乎女婿意料的是，老丈人反过来也虚心跟他学习了一出北京当时还没有的戏《战宛城》，而且是张绣、典韦、曹操、胡车、邹氏、贾诩都学，他那好学的精神和善于改进技艺的劲头很让这位新姑爷由衷钦佩。不久，这出《战宛城》经过谭鑫培重新整合，竟然成为他的拿手好戏之一，至今在北京和天津仍广为流传。

在京时，夏月润还曾随谭鑫培和三庆班多次进宫演出，笔者在清宫档案中就发现光绪二十二年十二月三十日，慈禧加赏三庆班的升平署档案中有如下记载："赏三庆班，张紫仙10两、郑二奎10两、谭嘉祥7两、董凤岩6两、夏月润8两、曹文奎6两、谭嘉荣6两、陈琴等50名每人2两、蒲昌林等60人每人1两、场面管箱等50两。外加切末100两。连同已入选升平署的谭金培14两，王桂花8两、罗寿山8两，朱文英12两，共430两。"从这一赏单中可以看出进宫演出者不仅有谭鑫培的三子嘉祥、四子嘉荣，也有上海来的新女婿夏月润。后月润返沪，技艺明显进步，竟得沪上菊榜武状元之称号，因此伶界人称盖借泰山之余势也。谭鑫培则曰：我对月润，实取其平日言语，颇有社会思想，举动颇有英武气概之少年。吾辈中实难见之，故决计以女妻之也。后月润不仅成为上海文武老生之杰出人才，而且被上海戏剧界推举为上海伶界联合会会长。

遗憾的是数年前，谭元寿应邀赴沪出席上海戏曲博物馆中的"谭派艺术在上海展"，曾当面恳请上海各有关方面负责人协助查找原上海梨园公会会长夏月润的资料及其后人，但音信全无，令谭元寿先生遗憾终生矣！

再说重女轻男的谭鑫培对幼女翠珍更为钟爱。特别是其母侯玉儿过世后，父女互相怜悯，谭鑫培常对女儿翠珍说，你是孤，我是苦，甚至千方百计哄女儿高兴。一次谭鑫培带翠珍进宫面圣，与慈禧太后聊起家常，引起这位"老佛爷"大发善心，特赏赐一银盘作为她日后的嫁妆，祝愿她早日出嫁。银盘上特镌刻有慈禧太后在各年代所加封的徽号，即"慈禧端佑康颐昭豫庄诚寿恭钦献崇熙皇太后上赏谭鑫培之女"。而谭叫天又不欲以女嫁行外人，唯恐一旦自己逝世后，为女婿家所轻视。"然侪辈又绝无出类拔萃之人才。故标梅三赋，竟尔愆期。其女尝谓父亲曰，不得佳婿，宁终身不嫁。及癸丑年，即1913年，谭鑫培在京都闻王又宸在沪断弦。遂告知其女曰：王又宸近遭庄缶之戚。佳婿在此矣。遂请正乐育化会副会长、小玉成班班主田际云出面为女儿撮合此事。其女闻言，口虽默然，而私心亦窃喜。叫天乃托田际云致书又宸。盖因又宸系际云之高足。又宸得书，商之其兄铁夫曰可乎？铁夫曰，前清诸王公大臣，皆为谭老之密友。尔区区一部曹小吏，做彼之娇婿，其荣当不啻入赘于监司太守也，煞是良缘，何不可之有。子可复田公，允其年终回都纳聘可也。至入冬又宸乃回京纳聘，定于甲寅四月成礼。又宸入赘后，叫天知又宸以时事多故，无意再入政途，将终隐于伶。乃日夜与又宸研究剧理，当时又宸各剧于谭派已升叫天之堂，入叫天之室。所未得者，惟谭调中之神髓耳。自是得叫天将生平秘诀和盘托出后，业乃大精。试演于文明、天乐两茶园，句句皆能惬谭迷之意。都中学谭者，一齐大惊色沮。叫天亦无日不往亲听，而极口赞许之。一时又宸之名顿加十倍。盖学谭者，不得叫天亲为之耳提面命，腔调中总是隔靴搔痒，故又宸亦恍然知以前各剧，实未得叫天之精华，至今日方不愧称为'谭派须生'四字，心甚德之。叫天尝谓其女曰：'我之所以让我的爱女为王又宸续弦，实在因为又宸的嗓音天下无二，那是真正的洋钱嗓子，有我传之谭门秘籍，我死后，又宸必享大名，胜我十倍。女其志之，切勿小视尔夫也。'"

需要说明一点，谭鑫培嫁大女儿在光绪二十五年前，嫁二女儿则是在庚子事变之后了。当时谭氏夫人侯玉儿已病故，为讨女儿高兴，谭鑫培几乎把全部家当作嫁妆赠予女儿，当时用六匹骡子驮了六个大皮箱，谭鑫培手指皮箱对王又宸说，这里可称是我一生的积蓄，足以保证你们几辈人衣食无忧也。

应当说王又宸以他优越的天赋，又得岳父精心培育，取得了非常显著的成就，在京、津、沪、汉等地长期自组鸿庆班演出《连营寨》

《洪羊洞》《托兆碰碑》《失空斩》《清风亭》《打渔杀家》《打棍出箱》《乌龙院》等谭派戏，同时在上海也经常演出《诸葛亮招亲》《宝莲灯》等具有海派特色的剧目，也曾一度与余叔岩、言菊朋、高庆奎并列谭派四大须生或在重要演出中与四大名旦合作之戏列于大轴，或在重大义演中名列余叔岩之后，马连良之前，可谓炙手可热也。京、津、沪、汉的戏迷都说，当年其岳父谭鑫培确有眼力，再过数年，王又宸实不可限量，真乃谭家之幸也。

数十年后，有短视者说，王又宸晚年潦倒，嗓败身隐，艺无特色，按部就班而已。此话出于高等戏曲院校之学者，众人闻之愕然，实为孤陋寡闻也。其实真相恰恰相反，只是因为王又宸实在成绩显赫，观众过于偏爱其声色，以致劳累过度，英年早逝而已。而后人又自以为是，殊不知他仅在1938年春节应天津新落成的中国大戏院经理孟少臣之邀请，从大年初一一直唱到正月十八。一千八百人的场子不但场场爆满，而且要天天加座。最后观众还是不满足，以至正月十七、十八又加演两场，直到正月十九才从天津乘火车回到北京家中。在回京的火车上，他对儿子王士英说，这次演出实在吃力，但台下盛情难却，等于蜕我一层皮，足见其辛苦。回到北京家中，他就感到胸闷，呼吸困难，请名医董子鹤到家中出诊，用药之后感觉略好。不想过了一段时间病情加重，大夫赶到已经无法救治。

谭老精心培育的京剧谭派老生接班人，亦是谭门贵婿，在天津连续演出20天后，不幸因体力不支，把自己最精湛的艺术，全部奉献给了热情的天津观众，以致英年早逝。

噩耗传到大外廊营一号的英秀堂，让谭五爷实在无法接受。因为一周之内，即1938年的上元佳节那天，国剧宗师、武生泰斗、谭鑫培的义子杨嘉训，即杨小楼大师也因年迈体衰，连续应邀带病在北京新开张的"长安大戏院"演出了整整一年后不幸病故。一周后,谭鑫培的爱婿王又宸又驾鹤西去。英秀堂连失一文一武两员大将,实在使英秀堂雪上加霜,让人难以接受。不过无论如何,王又宸没有辜负老岳父的期望,为继承发扬谭派须生艺术可谓鞠躬尽瘁,死而后已。杨小楼遵循义父"武戏文唱"的宗旨,做到唱念做打舞并重,把京剧的武生艺术提高到一个极度完美的巅峰,成为京剧老生和武生后辈所效仿的楷模,永传后世。当然这都是后话了。

让我们再回到1901年,即北京因庚子事变,八国联军入京,慈禧、光绪逃往西安,义和团又烧毁了大栅栏一带的好几座戏园子,以致京都戏班无法正常演出。谭鑫培应上海马夫阿六所开三马路大新街的三庆茶园之聘,商定以两千元一月的包银演出三个月。为此谭鑫培第三次南下来沪演出。谭老仍偕其妻、姜同来,时正六月,天气炎热。七月初登台,唱一月,售洋达一万二千元,戏园子却仍付谭鑫培一行人全部收入的一个零头,即两千元,显然是三庆园暴利欺生,用心太黑。

谭鑫培是一位重义轻财的人,有一次陈德霖接洽了一次堂会戏,演出后他专程把谭老板的戏份送到大外廊营,不料一进门就被他的一个儿子拿走一半,陈德霖也不敢说什么,就把剩余的钱交给谭老,而谭老一见钱就说:"咱们就唱那么两段,怎么给这么多钱,如果这样岂不是要把人家都要跑了。咱们可不能光认钱不认人呀!"陈德霖当时很受感动,知道谭老是从不在金钱上计较的人。

不过谭先生有一位长期管账的贤内助,即夫人侯玉儿,她一看丈夫演出一个月,剧场净收入一万二千元,而戏院老板却只付给谭老和所有随行人员一个零头,明显的是欺负他们不了解上海的行情,暴利欺生,便以赴杭州进香为名准备脱离三庆园。彼时谭家的新姑爷夏月润适掌管丹桂前后台事,其兄月恒虽不赞成谭之毁约行为,而表面上当然表示异常欢迎，一面悬牌登报，一面在泥城桥福缘里租定三层楼洋房，请小叫天全家抵埠即住进新屋，较之三庆阿六所备之德人里房屋，竟有云泥之判。月恒日备马车三辆供其出行。每日两餐，如魏武之待壮缪侯，虽未三日一小宴，五日一大宴，然已异常丰盛。馆内日留包厢一间，以待其妻妾子女看戏。本人到馆，则令众管事及大小角色在馆门口恭迎。戏散则恭送如仪。候其登车后，众人先由小路抄至其寓所，照前站班，如是者一月风雨无间。一方面又妥善地料理了三庆纠葛。因阿六见丹桂挂牌，知叫天言而无信，即托强有力者递呈控告。幸丹桂事先预防，早有好事者居间调处，令叫天在三庆补唱三日平息了后患。

谭鑫培在丹桂唱满月后，天仙茶园则对谭妻侯玉儿提出更为优惠之条件，遂又改就天仙茶园。由此可见三庆所做之甚为苛刻也。谭叫天在天仙登台，已在十一月中旬，天寒岁暮，生意却依然红火。但谭先生心不自安，遂暂停演出，与女儿、姑爷一家得以欢度新年。至次年正月初三夜始再补唱。此时春仙也向谭夫人提出更高的优惠条件，便要谭先生待天仙期满后再搭春仙。当时上海仅丹桂、天仙、三庆、春仙四家茶园，谭先生已搭其三，如此不断提高戏份，必然造成各戏院之间的矛盾，俱不欢而散，将来必难有回旋余地，何苦复搭春仙？于是他对妻子说："刘永春排我八字，说我流年不利，故我颇有戒心，切勿在异乡见利忘义，为人取笑。此次赴沪，吾之不明上海行情，他们为富不仁，抬高票价，压低戏份，亦难怨及旁人。他们不仁，我们岂能不义。"

顷闻北京和议已成。八国联军撤出京师，慈禧、光绪两宫亦将回銮。为此谭老决定开河以后，立即北返，遂于二月中回归京师。来时为光绪二十七年辛丑六月，归时为壬寅二月，谭鑫培时年五十六岁。就这样结束了他的第三次上海之行。

谭鑫培第四次赴沪，系为夏月润爱妻用苦肉计求来的。彼时丹桂茶园已全部迁往南市十六铺新舞台。适北市大舞台新落成，大受影响。于是，夏月珊央其弟妇入京敦请其父赴沪演出以扭转乾坤，时在清宣统二年己酉。往返数次，谭叫天究因父女之情，勉强允唱二十天，于十月二十六日出台，首场演唱了《失空斩》，翌日系《乌盆记》，接着陆续演出《天堂州》《黑水国》《群英会》《天雷报》《状元谱》《王佐断臂》《讨鱼税》《黄金台》《定军山》《南阳关》《翠屏山》《朱砂痣》《八义图》《洪羊洞》《李陵碑》《琼林宴》《取帅印》等戏，特别是两场《琼林宴》均卖满座，且均特别加价，包厢官厅均售两元。二十天期满后，叫天亦不肯再唱，夏氏昆仲亦知其魔力如是，听其北去，遂于十一月二十日乘津浦线火车北返，时年六十三岁。

　　谭老这几次赴沪演出，都不带自己的专用鼓师，均用上海的张阿牛。第一次演出，夏月润怕张阿牛与谭老配合不严谨，要求张阿牛与谭老事先过排一下。张阿牛很生气，认为夏月润轻视他，坚决不去对戏，演出时张阿牛集中精力，与谭老配合得严丝合缝，谭老十分满意，说上海茶园的班底见得多，真诚配合演员表演，最善于随机应变，所以茶园老板硬气，夏月润也是心悦诚服，从此凡北方戏班到上海滩演出，多倚仗张阿牛的场面。大家一致认为上海的剧院班底水平高超，值得信赖。

　　谭鑫培第五次来沪，为黄楚九所开之新新舞台（即天蟾原址）开台。由后台经理四盏灯介绍，遣筱业祥等专程北上聘之，乘海轮南下。舟抵埠时，前后台咸往恭迓。登岸时，各伶排班请安。寓所借小花园西首对面之宝相里，俨然如王公大臣之排场，很有伶界大王的架势。偕来角色有净角金秀山、武二花金少山、青衣孙怡云、小生德珺如、老旦文蓉寿、丑角慈瑞泉等。显然，上海戏院已接受教训，不敢再以暴利欺生，主动提出包银一万六千元，临时需费两千元，供给及杂项一切约三千元，所演主要剧目《空城计》《琼林宴》《群英会》《李陵碑》《翠屏山》《乌龙院》《胭脂褶》《连营寨》《白帝城》等，颇可人意。据说当时上海有一小报，称为《黄浦潮》者，每天在报纸上评论谭叫天演出之短长，而新剧大家郑正秋先生亦出全力以监视舆论之风气。对此，谭叫天甚为注意，故与金秀山曾两次公演最吃功夫的《连环套》以满足上海观戏者之望。演出之余，谭老仍不忘观摩学习海派同行的特色剧目。曾多次观摩女老生恩晓峰主演的《马前泼水》《骂阎罗》《张松献地图》等戏，以及女老生露兰春主演的《李陵碑》《洪羊洞》和女刀马旦粉菊花的《泗州城》《阴阳河》等，以感受海派京剧的风格特色。同时，经徐志奎介绍，上海的青年演员周信芳、刘斌昆等前来求教，谭老也是有求必应，曾当场指导周信芳全出的《琼林宴》。当刘斌昆为谭老配演《桑园寄子》的娃娃生的时候，谭老更是耐心指导，临上场前还告诉刘斌昆不要害怕，你不要迁就我，那样我反而不安，你唱你的，我照顾你反而方便，使刘斌昆非常感动。曾回忆说，在舞台上细听谭老唱戏，真是醇厚苍凉，韵味十足。习惯于昂头看戏的上海观众竟然也大都垂头侧身细听，池子里头没有一点声音，非常安静。可知谭鑫培唱腔之魔力，足以征服上海观众。

对于京剧来说，早年的北京是听韵味，看好角；而上海滩是看热闹，求刺激，猎奇而已。他们久慕伶界大王的名气，以为谭鑫培一身绝技。其实到剧场一看，也不过是西皮二黄、生旦净丑，遂感失望。所以谭老就曾感叹黄浦江上难觅知音。梅兰芳也说，初看谭老演戏，很是平常，然而或异峰突起，或循循善诱，最后则余音绕梁。确有慕名而往观谭老演戏者，初看谭老之戏，无刺激可言，很是平常，不像有些演员一上台便仿佛给观众打一针兴奋剂，所以怀着如此期望的观众就难免失望。谭老也因此总感到上海观众有别于北京观众。直到民国后，北京已然是"无生不谭"，则南北上下人士无不尊谭老为戏圣。以至晚年第五次赴沪，上海人听戏资格渐深。已知当今之时尚，小叫天之戏剧实为皮黄中之绝唱。于是新新舞台乃崇尚正宗之皮黄，以"伶界大王"为号召，广告一贴，煞是轰动。其他茶园一时黯然失色。然而，顾此失彼，全上海不过四五个戏园子，"伶界大王"既然独占新新舞台，其他戏院则相形见绌，只能望洋兴叹。枪打出头鸟也就在所难免了。

一日，谭老应邀为迎合上海观众喜爱"闹猛"的心理，也贴出了《盗魂铃》一剧。这是谭老多次在皇宫大内为慈禧太后演出过的玩笑戏，以戏内串戏之多，衔接之巧妙而引人发噱。唱至"盗铃"一场，上高台盗铃时，谭老按惯例，左右两看，做了几个欲翻跟头的姿势，然后摇摇头，说一声"我还是保住老命要紧"，便一步一步爬了下来。当年慈禧看到此处也是一笑而已。谭老则说，如果猪八戒能从三张桌子上翻跟头下来，那就不是猪悟能了。结果，演出当天竟然有人为此表演大声报之以倒彩。演出有人喝彩，有人喊倒好，其实也是常情，因现场百分之九十九的观众都很满意。而且剧场中也有人对叫倒好者大打出手，引发众怒，各报又群起攻之，竟然把矛头对准谭老。看似因高台翻跟头之原因，实际为新新戏院给谭鑫培的演出广告加上了"伶界大王"四字，严重影响其他戏院之生意所致。最后甚至诉诸公堂，致使谭叫天被迫登报声明，自愿取消"伶界大王"的尊号，以谢社会，才平息此事。其实彼时叫天之遭此种恶魔，实由于该前后台经理推崇叫天过甚，借机发财心切所致。事后一明白者说：座客中叫倒好者实李本初一人,其余叫好者甚多。得此现象本是万幸,不应再招风惹臭。殴辱座客,惹出众怒。且李本初不过一时戏谑,并非有意为难。一声倒好,大众鲜有注意者,更无妨害叫天声誉与该舞台营业。而该前后台经理不明事理。竟野蛮处置,激成众怒,给诋毁伶界大王名声,居心叵测地破坏演出者造成机会,以致形成了一件轰动上海滩的重大事件。

合同期满后,谭老与他的班底同人即搭"新铭号"海轮北去,当时系民国元年壬子,谭叫天年已66岁。

1915年夏末,谭鑫培往普陀山进香还愿,路经上海看望女儿、女婿和外孙,在女婿家停留,夏氏昆仲恳求老泰山助他们一臂之力,谭老疼爱女儿,怎能说不管。遂应允帮忙十日,因无配角,故唱工戏居多。而第一日之《空城计》,因没有带行头服装,夏家昆仲只好四处拼凑。那天是夏月珊、邱治云饰老军,潘月樵饰王平,夏月润饰赵云,毛韵珂、周凤文饰琴童,曹富臣之司马懿,林树森演马谡,均临场现学顶替上场。

末日演出谭鑫培晚年根据花脸戏《沙陀国》改编的老生戏《珠帘寨》,其实是花脸腔,老生唱。尤感新颖。当时花脸改老生的演员刘鸿声与谭鑫培唱对台,因刘鸿声的嗓音高亢无比,一时上座甚佳,谭鑫培式微但越老越不服输,因此排演出以花脸戏《沙陀国》改编的《珠帘寨》,为避免刘鸿声用《沙陀国》与他唱对台,为此在"解宝"后加上起霸、点将、对打、接箭、收威等情节,从而使"刀枪不入"又腿有残疾的刘鸿声甘拜下风。再加上"数太保"和"昔日有个三大贤"等精美唱段,一经演出,看客之盛为上海三十年来所罕见,场场关铁门(即表示客满再无票可售之意)。时民国四年乙卯夏末秋初,叫天年69岁。自此叫天之音遂不复闻于海上。

七　入宫承应

皇宫演戏娱乐，古来有之，唐明皇的梨园传说很广。上有好者，下必甚焉，对戏曲本身的发展大为有益。清朝则从顺治朝就已经开始了。康熙平定三藩、收归台湾后，天下太平，宫中演戏渐成规制，并建立了以内学太监学习戏曲的学艺处和隶属内务府的南府（后改为升平署）等学戏、演戏机构。

到乾隆年间，可谓宫廷演戏的第一个鼎盛时期，不但在紫禁城皇宫大内建有"重华宫戏台""宁寿宫戏台""漱芳斋戏台""风雅存小戏台"，在宁寿宫建起畅音阁三层大戏楼，在西苑即中南海建起纯一斋和春藕斋戏台外，还在河北承德避暑山庄建立了福寿园清音阁三层大戏楼，在京西圆明园建起了同乐园清音阁三层大戏楼和慎德堂戏台等。但是，当年乾隆要想欣赏由徽商筹办的徽班组织来自安庆、罗田一带徽调、汉调艺人演出的徽调、汉调以及江苏艺人演出的昆山腔，却要专程到常驻扬州的徽商江鹤亭家中去一饱耳眼之福。到1790年乾隆皇帝才下旨由徽商组织徽班进京演出。

1860年圆明园被英法联军烧毁后，慈禧太后又在清漪园的基础上兴建了颐和园内规模最大的带有机关布景的德和园三层大戏楼以及听鹂馆等小戏台。

到清朝末年，戏台越建越多，可谓处处檀板清音，天天歌舞升平。但是实际上看戏的只有一个人，那就是慈禧，其他王公大臣和文武百官，包括光绪皇帝都是陪同看戏的。

在宫中什么时候看什么戏也是有规定的。自乾隆皇帝首倡月令承应戏，就是按节令演出。演戏不仅是娱乐活动，而且已成为朝廷典仪，为其后历朝所遵循。如元旦，即春节，承应剧目有《喜朝五位·岁发四时》《放生古俗》等。立春：是二十四节气之一，承应剧目有《早春朝贺，对雪题诗》《春应风和》等。上元：即元宵节，承应戏有《紫姑占福》《玩灯走桥》《上国观光》等。燕九：农历正月十九日，是长春真人丘处机诞辰日，承应剧目有《圣母巡行·群仙赴会》等。花朝：农历二月十二日是百花诞辰日，承应剧目有《千春燕喜，百花献寿》《百花献舞》《万花献寿》等。浴佛节：即佛诞节，承应剧目有《六祖讲经》《鹿苑结缘》《佛诞因缘》等。端阳：即端午节，承应剧目有《混元盒》《马祖称觞》《东湖饶饮》等。

朔望承应，即每月初一和十五，前后三天演出剧目以连台本戏为主，如《劝善金科》《升平宝筏》《昭代箫韶》《鼎峙春秋》等。七夕承应要举办盂兰盆会，承应剧目有《迓福迎祥》《三元显迹》。中秋承应的剧目有《丹桂飘香，霓裳献舞》《广寒法曲》等。重阳承应的剧目有《九华品菊》《登高览胜》。此外还有冬至承应、腊日承应、除夕承应等等。当然更重要的是皇帝、皇后的生日即万寿节承应等都要唱戏，总之宫中唱戏是整个朝廷都非常看重的事情。不过，皇帝与皇后驾崩，不但不能唱戏，还要在两年多的国丧期之内禁止全国百姓娱乐。

《劝善金科》《升平宝筏》《昭代箫韶》《鼎峙春秋》等清宫连台本戏原来都是昆腔剧目，由于慈禧太后晚年热衷于皮黄，就要把《昭代箫韶》改为皮黄，即改曲牌体唱腔为板腔体唱腔。殊不知昆曲是现成的曲牌，只要严格按曲牌的固定格律、平仄填好词即可演唱。皮黄戏不但要按平仄和二二三或三三四的格式编好唱词，还要请皮黄的伴奏人员和演员，即文武场面设计唱腔，一套《昭代箫韶》是一部浩繁的杨家将系列剧目，于嘉庆十八年（1813）由王廷章所编。共10本240出，计57万余字，相当于明清四部传奇名著《琵琶记》《牡丹亭》《长生殿》《桃花扇》字数的总和，堪称规模宏伟的中国古代戏曲巨著。全剧情节始于北汉灭亡，而终于宋辽议和。其中，主体剧情是天门阵，共97出，可想而知曲牌体的昆曲改为板腔体的皮黄腔谈何容易。

为此，慈禧太后可谓不辞辛劳，亲自督办此事，召集宫中太医院和翰林院中通晓戏曲的文人墨客分别编改。然后每一编改者都要将自己编改的剧本在慈禧的便殿中朗读给慈禧太后亲自审听，甚至还要由她亲自修改。可知慈禧太后对京剧艺术的痴迷和用心到了何等程度。所以后人称是谭鑫培的艺术使慈禧痴迷，而慈禧则是因无戏不乐，无谭不欢而因戏误国。果不其然，当有人称当慈禧正与众翰林们探讨用何武打套路来演绎杨延景与穆桂英大破天门阵时，八国联军已经长驱直入兵临城下了。

不过什么事情也都有个例外，光绪七年三月，慈安太后即东太后暴卒，国丧期本应两年，理应歇学、斋戒，更不能动响器，唱大戏。实际上在国丧期还有三个月才能开禁演戏时，慈禧太后就迫不及待地命大内各位总管招兵买马，不但要求内学太监加紧排练剧目，同时开始请旨召集外籍教习刘长喜、李顺亭、陈寿峰、杨隆寿等名演员和场面、随手进宫应差，与内学的太监一起频繁地唱起戏来。

原升平署太监刘德印（即戏班里常说的"印刘儿"）升为慈禧寝宫长春宫总管，内学首领何庆喜升为升平署总管，李连英（即戏班常说的皮硝李）升为大内总管，而戏班的演员都知道他是演出时的后台总提调。虽然官不大，却是权力通天。他们摸透了慈禧的脾气，慈禧一个眼神，他们就能心领神会，很讨慈禧喜欢。他们勾结在一起，上欺下瞒，从中渔利还两头讨好。例如他们发现慈禧太后因为总听内学太监唱戏，兴致不高了，便开始注重挑选民籍教习的演出。为此，升平署总管何庆喜还特意到慈禧面前煞有介事地跪奏道："本署内、外籍学生实不够应差，奴才叩恳天恩，传外边各班角色进宫以备庆典承应，为此请旨。"听，说得多么真诚、可怜，其实当时宫内的内学、外学早成规模，显然，这是慈禧太后与总管太监串通一气表演的双簧，因为最渴望看戏的人就是慈禧，正是她任命的升平署总管向她提出选各戏班名角陆续进宫应差，甚至京城各个戏班的整班演员都依次序进宫应差，一次一班的开销就是四百多两的白银，显然他们是摸透了慈禧的脾气，或者是受命于慈禧的暗示，卖一个顺水人情而已。

由于慈禧太后的戏瘾越来越大，多好的角儿、名演员，时间一长也就不那么新鲜了，便开始让他们在外边寻找更好的角儿进宫。如寻找不到"老佛爷"喜欢的角儿，她眼前的印刘儿、皮硝李等以及他们下面的管事太监就免不了被罚、被打。虽然也选进了杨隆寿、李顺亭和第二批的孙菊仙、时小福，也有第三批的杨月楼、王桂花（即三庆班的小生演员王楞仙）等名演员，却偏偏没有将当时最受观众欢迎的三个大班的头牌主演谭鑫培、侯俊山、田际云选进宫中。甚至召进了他们所在的三庆、四喜和玉成班集体进宫演出，却仍然没有谭鑫培、侯俊山和田际云这三大班主的影子。如：

七月初一日　纯一斋承应　三庆班伺候戏　十四出

初五日　纯一斋承应　四喜班伺候戏　十二出

初六日　纯一斋承应　玉成班伺候戏　十一出

初八日　纯一斋承应　宝胜和班伺候戏　十三出

十三日　纯一斋承应　义顺和班伺候戏　十二出

十四日　纯一斋承应　小丹桂班伺候戏　十出

十五日　纯一斋承应　同春班伺候戏　十一出

　　后来这些班社也是多次进宫演戏，每次每班进宫演出一天，内务府都要支付四百多两银子，如光绪十九年的朔望承应各班赏银：

八月十五日　四喜班纯一斋承应，共赏银四百三十两。

十六日　同春班纯一斋承应，共赏银三百六十两。

十七日　玉成班纯一斋承应，共赏银四百三十二两。

九月初一日　小丹桂班纯一斋承应，共赏银三百四十两。

初九日　四喜班纯一斋承应，共赏银四百一十两。

　　京都的各大戏班都是多次进宫演出，却仍然没有谭鑫培、侯俊山和田际云三位梨园领袖进宫的消息。这到底是为什么呢？据大内总管兼后台总提调的李连英后来向谭鑫培透露：慈禧太后看什么戏都有看腻了的时候，所以他们也得留有后手。采取一批一批地挑选各个戏班能人进宫的办法，直到光绪十六年五月初十日，升平署才传旨选民籍教习谭鑫培、孙秀华、陈德霖、罗寿山、李双寿（谭的箱倌）、李奎林（谭的鼓师）六人进宫。随后又分别召进了侯俊山、田际云和杨小楼等。结果却出乎内务府升平署各位总管的预料，慈禧太后看了谭鑫培的第一出戏就格外欢喜，不但相识恨晚，从此更是无谭不欢，再加上梆子泰斗侯俊山、梆子名旦响九霄（即田际云）、京剧历史上的武生泰斗、国剧宗师杨小楼的高超技艺，使慈禧痴迷陶醉，叹为观止，从此再不用他们到处去挑选演员了。

那么谭鑫培进宫给慈禧演的第一出是什么戏呢？

这得从慈禧与谭鑫培第一次见面谈起：既然是第一次进宫，第一次拜见当时大清朝至高无上的皇太后，当年已经43岁的谭鑫培和孙秀华、陈德霖、罗寿山、李双寿、李奎林等在宫内总管李连英的带领下来到颐和园的德和园，在颐年殿，也就是专供慈禧太后看戏楼演出的宫殿前觐见慈禧太后，行宫中大礼。礼毕，他们依然跪在颐年殿前，只见慈禧太后一边看着花名册，一边问道："小李子，这三个金字念什么？"

李连英忙回道："回禀老佛爷，奴才问过，这个字念"心"，就是跪在您面前的谭鑫培的鑫。"

只听里面说："他要这么多的金子干什么？我看有一个金字就足够他花的啦。告诉他改名谭金培。"

李连英忙回道："太后老佛爷说的是，谭金培谢恩哪。"

谭鑫培一边叩头一边高声道："谭金培谢太后隆恩！"

接着，慈禧太后又问了陈德霖等其他演员的情况，在提出要陈德霖改名陈得林后，就问："谭金培今天准备给咱家唱出什么戏呀？"

谭鑫培忙回道："奴才准备的是《失空斩》，请老佛爷定夺。"

慈禧太后点点头，说："我看你长得挺瘦，挺像诸葛亮的，为国辛劳的前朝老臣嘛。就这么定了。"

这时，谭鑫培后退着站起身，到颐年殿对面德和园大戏楼的后台化装去了。

那天是黄润甫的马谡，金秀山的司马懿，李顺亭的王平，王福寿的赵云，钱金福的张郃，罗百岁、柯福寿的二老军，都是谭鑫培多年的老搭档，阵容整齐，合作严谨，无论是调兵遣将的谨慎和稳重，还是失守街亭后的懊悔和冷静，包括见到马谡后的愤怒和惋惜等复杂的心情都被谭鑫培表现得真挚而深邃，让人陷入剧情之中难以释怀。

演出后，皮硝李李连英正在下场门的门帘里面等着谭鑫培，急切地对谭鑫培说："不用卸装，老佛爷要你上前答话呢，跟着我来吧。"说着，谭鑫培跟着皮硝李由后台转到颐年殿前，面向宝座上的慈禧急忙叩头，称："请太后老佛爷指教。"

"起来吧，叫咱家好好看看你这个诸葛亮，我怎么总感到你这身上缺点什么呀？"说完，慈禧仔细端详了好一会儿，说，"既然是前朝老臣，国家栋梁，怎么只穿一身八卦衣，也太简陋了吧？"她转身看见了滢贝勒，便说，"我说滢贝勒，咱家跟你借一样东西可以吗？"滢贝勒忙说："请老佛爷吩咐。"

"借你的朝珠一用。"慈禧说着一指他胸前的朝珠，说，"小李子，把滢贝勒的朝珠给谭金培戴上克。"

皮硝李一边答应着，一边急忙接过滢贝勒的朝珠，亲自戴在谭鑫培的脖子上，然后退了两步说："哎呀！这串朝珠可真是提神哪。老佛爷您看，这朝珠一戴上，这身份立刻大不一样啊！"

慈禧看着谭鑫培，高兴地说："果然不同。诸葛亮这样的大功臣，日夜辛劳，鞠躬尽瘁，连串朝珠都没有，也太寒酸了。当然，今天谭金培果然唱得好，处处有戏。来呀，看赏！古月轩鼻烟壶一个，尺头两匹，再嘉奖五十两银子。"

谭鑫培马上跪下磕头，连说："谢老佛爷大恩大德。"

"等会儿，我还得问问你，你唱的这出戏与别人的怎么都不一样啊？是你自己改的吗？"原来慈禧看戏是很仔细的，演出前先要升平署呈上《失空斩》的安殿本，就是专门为她看戏时查对戏词的剧本。她是要一边看本子，一边看戏，以防演员偷工减料或戏中有不敬之词。

　　"回禀老佛爷，这个戏是奴才自己改过的，唱词、唱腔和念白也有一些改动，奴才没有上过私塾，读书有限，有不妥之处请老佛爷多多赐教。"谭鑫培战战兢兢地答道。

　　"唱的是少了点，不过原来这出戏的唱腔也太多，动不动就是一百多句，我听着也累。不是你偷懒，减得在理就好。过几天你再给咱家唱一次，咱家再好好听听，就知道你的用心啦。行啦，回克吧。"谭鑫培见慈禧太后没有责怪之意，才一块石头落了地，赶紧谢恩告退。

　　原来这出《失空斩》确实被谭鑫培做了很大的改动，谭鑫培知道宫中演戏的规矩很大，随便改动剧本加词减词都是犯忌的，但是他当时演出的剧本在程长庚和王九龄、卢胜奎等前辈故去以后都已做了很大的修改。当时王九龄演出时，司马懿和马谡都由老生应工。四喜班的张二奎演出时，马谡虽然改为花脸，但是三庆班是勾红三块瓦脸，戴黑满（胡子），四喜班是勾粉红色老脸，戴黪满（胡子）。这些老本的特点是上下衔接，剧情合理，连贯性强，属于连台本戏的套路，纯属歌舞演故事，而忽略了京剧的观众都是来欣赏歌舞的韵律，品味其中的奥妙，情节已经退居次要地位了。当时的老本人物太多，枝节繁杂，特别是唱腔太多，"空城计弄险"与"挥泪斩马谡"的精彩表演，以及经典唱段反而不突出了。谭鑫培在不断的演出过程中，一再"立主脑，剪枝蔓"，在《失空斩》演出过程中就陆续去掉了高翔、魏延、苏埔、万顺、关兴、张苞、邓芝、杨仪等众多人物，并删掉了"复夺街亭""列柳城失守"等情节，只派赵云镇守列柳城，在司马懿惊魂未定时，让赵云出场，如神兵下界，只一通报姓名，就使司马懿抱头鼠窜。这样一来，诸葛亮的帐下就只有与剧情相关的赵云、马岱、马谡、王平四将，各有派遣，保持了剧情的完整，简洁并顺理成章。

据曾经为谭鑫培伴奏并撰写《说谭》一文，又帮助过余叔岩、言菊朋等学习、研究谭派艺术的琴师陈彦衡先生说，那是因为在谭鑫培之前，凡唱《失空斩》，一上场必然都是打一般的小引子"掌握兵权，扫狼烟，全图归汉"。而现在这一双虎头引子"羽扇纶巾……"就是谭鑫培从另一出诸葛亮的戏《战北原》（又称《斩郑文》）中调换来的。也有一上场就唱西皮慢板的。再有，诸葛亮原来大帐出场时的锣经就像岳飞、张飞等武将出场一样用"四击头"打上，而谭鑫培认为他扮演的诸葛亮是一位运筹帷幄的军事指挥员，属于文职官员，同时又是一位道家和隐士出山，官居丞相，性格沉稳，用节奏强烈的"四击头"出场显然过于刚烈，所以谭鑫培汲取众位前辈的表演经验，经过反复雕琢，改为以《水龙吟》的曲牌为前奏，由杨仪、马谡、王平、马岱等众将起霸分列两旁（后杨仪改赵云，因为谭鑫培认为只有赵云的出现才能在心理上打乱司马懿的战略部署，否则观众亦难以信服）。后诸葛亮在"一锤锣"的锣经中打上，尽管少了三分武气，却更显庄严肃穆，气势恢宏。现在凡京剧舞台上的《失空斩》均如此出场，如此打引子，已无一例外者。

《失空斩》是徽班中卢胜奎、王九龄擅演的剧目，谭鑫培在向余三胜学习此剧后又向卢胜奎、王九龄学习，并成为他经常演出的剧目，在他进入中年时开始对剧中的表演和剧本进行了大幅度的整合。

例如原剧在看到王平送来地理图以后，还有二次派人去街亭劝阻马谡，要求他立即移兵山下。甚至还有杨仪主动要求去街亭助阵以扭转败局等情节。就是诸葛亮弹奏"七弦琴"时也还有唱词"建业兮叹高皇，贼臣兮宇宙荒，无周勃兮安庙堂，凭幕逆兮事差伤……"然后大笑之。在探马事先的报告中甚至有街亭、列柳城尽失，十五万铁甲军直奔西城等等，都被谭鑫培"剪枝蔓"了，所以演遍各地，均受到好评。在他进入宫中第一次为慈禧太后演出的就是这个修改本，慈禧太后夸奖他为"活孔明"。后在北京、天津、上海演出时以此剧为其代表作，并由其后人演出至今，全剧的唱腔，哪怕是慢板、二六、散板都原封未动，流行百年并脍炙人口。

当然，谭鑫培在整合这出戏的时候，每一点变革都是结合自己长期演出实践中发现的问题，从全剧结构加以考虑的。之所以一上场就改"唱上"为打"虎头引子"，就是出于为了不与后面城楼上的慢板重复，亦有别于《战北原》第二场诸葛亮唱上的考虑。据曾经给他伴奏的琴师陈彦衡说，谭鑫培念这一引子，极有分量，真是字字千钧，特别是最后改"两代贤君"为"两代贤臣"的"臣"字，用气往下一沉，收束得非常有力，回味无穷，充分显示出诸葛亮在观众心目中应有的分量和气度。

如果我们用以前的剧本与谭鑫培后来的演出剧本相比较，就会发现头场大帐中的定场诗和自报家门之后还有许多介绍自己战绩的念白被减掉了，直接说"自先帝爷托孤以来，扫荡中原，扭转汉室"，便立即转入街亭一战的部署。这是他在长期的演出中字斟句酌，力求简明扼要，不断削减赘词的重要成果，真可谓立主脑、削枝蔓，精益求精。这也是谭鑫培整合百余出剧目最为成功的经验之一。

在大帐一场，谭鑫培重在表现统帅的从容和威仪，唱念都是为体现诸葛亮的必胜信心，但是当马谡不屑一顾地说了一句"不过是小小的街亭"，则引起他的高度重视，立即郑重地对马谡说："街亭虽小，干系甚重呀。"在说最后一个"呀"字时，他的声音不大，却拉得很长，同时用眼睛逼视着马谡，充分表现出诸葛亮的另一个重要秉性——谨慎。为此他先让马谡立军令状，又让王平做马谡的副将，实为监督，以保万无一失，并要他安营扎寨之后立即绘制地理图送回来。在派遣王平时，至今有的演员仍然在王平表示"王平愿往"后，诸葛亮还要再追问一遍："王将军愿往？"王平无奈，只好加上一句："当报国恩。"如此蛇足，谭鑫培自然毫不客气地将之删除。

因为诸葛亮最不放心的是马谡，所以又把马谡召进大帐叮咛。旧本在这里，由诸葛亮命令"转堂"，即由四个龙套"一翻两翻"，大座改小座，即大帐改为后帐，以表示诸葛亮与马谡既是将帅，又是挚友，可在非公共场合交谈。诸葛亮对马谡唱完"两国交锋龙虎斗"一段之后，马谡接唱四句原板，诸葛亮再唱：

"将军素日韬略有，文武全才马参谋，
此番带兵街亭走，靠山近水扎营头。
你待三军要宽厚，赏罚公平莫要自由，
得胜回来凯歌奏，在凌烟阁上美名留。"

八句二六板唱腔，马谡再接唱四句散板后下场，诸葛亮然后也唱四句散板下。谭鑫培感到这样反复地唱来唱去，都是重复的内容，而且这段二六板与后面在城楼唱的二六板也显重复，遂把这段二六板毅然删掉了。只说道："今逢大敌，非比寻常，我有一言，将军听了。"仅仅这十六个字，谭鑫培就进行了反复的字斟句酌，据说最后是请清室兵部郎中孙春山敲定的。接着是一段西皮原板，短短六句唱腔，旋律非常简洁，几乎每句的最后一个字都没有拖腔，曾为谭鑫培操琴的陈彦衡说，这段唱腔格调极高，简洁而严谨，绝不用任何甜俗的花腔来表现统帅对下属和部将严肃而庄严的关系，更何况是在派兵遣将的关键时刻。

谭鑫培此剧与老本第三个重大区别是第二次上场时，原有大段念白，接着又是大段慢板，而谭鑫培认为在马谡失守街亭，司马懿大兵长驱直入，即将兵临城下的紧急时刻，让诸葛亮又念又唱，则严重地影响了诸葛亮看图，闻听"三报"和战事的深入进展，等于使全剧中断。所以谭鑫培果断地取消了大段的唱和念，改为小锣打上，简单地念一上场对："兵扎祁山地，要擒司马懿。"表示诸葛亮对自己的调兵布阵，特别是重用马谡镇守街亭是志在必胜的，所以非常安闲平静，而这种平静也正是为诸葛亮看地理图时的陡然变化做好了反衬。当演到诸葛亮看地图时，交代得也非常清楚，他是由下往上看，先看马谡如何在山下安营扎寨，再往上看，当看到马谡竟然在山顶安营扎寨，才开始露出惊慌之色。

军情的陡然恶化，为"山雨欲来风满楼"的紧张气氛做好了铺垫，可谓张弛有度，剧情的衔接也显得紧凑很多。

尤其是对探马三次报告敌情时的表情，谭鑫培没有因为司马懿一次比一次逼近西城而让诸葛亮一次比一次紧张。当他看到了王平差人送来的地理图，已经得知马谡完全违背他的命令在山顶扎营，首先感到的是震惊与气愤，也知道街亭必然失守，所以当探马一报："马谡失守街亭。"时诸葛亮没有任何诧异，只有三报："司马懿大兵离西城不远。"时才表现出惊讶的神色，快速答道："再探。"然后惊叹，"啊！司马懿的大兵来得好快呀……"接着一看左右无人，遂道，"……难道叫我束手被擒，这束手……"因为诸葛亮知道司马懿之所以急速追击，是因为他知道自己街亭失守，没有做好第二步防犯。而诸葛亮非常惊讶司马懿已经摸准了他的底牌，使他闪躲不及，这是对诸葛亮军事才能的严重挑衅。为此他必须重新调兵遣将，以空城之计，险中弄险扭转败局。

城楼一场，首先是诸葛亮大敌当前与打扫街道的老军们调侃对话的摇板和散板，谭鑫培随着紧打慢唱的节奏，唱得镇静、安闲，若无其事，凸显出诸葛亮在赤手空拳又兵临城下之际沉着冷静的统帅气度。一是让部下相信"我城内早埋伏十万神兵"；二是安抚部下，"把宽心放稳"。

因为此时他与司马懿不能比兵、比将，只能进行个人的心理较量，比谁计高一筹；所以当司马懿率兵来到城下，诸葛亮以他身经百战的气魄和胆识要让多疑胆小的司马懿思维混乱。让他在掌握非常准确的情报下开始怀疑自己，完全被诸葛亮的假象所左右、征服，下面这段轻松安闲的大段慢板，以非凡的气度唱出诸葛亮在大兵压境时，依然呈现出信心百倍又悠闲自在的精神状态；显然这是在全剧博弈最激烈而关键时的核心唱段，谭鑫培是经过了非常精细的整合，将原来以"活孔明"而闻名的前辈卢胜奎所创一百零八句唱词只保留了前面的六句和后面的四句，大刀阔斧地删减了九十八句，仅留十句。从而使这段唱腔成为流行百年的经典唱段。

> 我本是卧龙岗散淡的人，凭阴阳如反掌保定乾坤。
> 先帝爷下南阳御驾三请，算就了汉家业鼎足三分。
> 官封到武乡侯执掌帅印，东西战南北剿博古通今。
> 周文王访姜尚周室大振，汉诸葛怎比得前辈先生。

闲无事在敌楼我亮一亮琴音，我面前缺少个知音的人。

这十句慢板不但表现出诸葛亮轻松悠闲的情绪，如唱"散淡的人""执掌帅印"的旋律都很轻快活泼，如唱"博古通今""周室大振"这两句唱腔又唱得颇有气势，唱那个"通"字时他用喷口尤显遒劲，似有立体感，能把老生戴的髯口中间一缕吹起来。"大振"的"振"更是神完气足，以表示对姜太公的赞美，同时也是对自己治国理政的肯定。谭鑫培最后的琴师、笔者的校长徐兰沅先生曾说，前面的散板唱腔中"我城内早埋伏"的"伏"字，"退司马保空城"的"城"字，唱腔的结尾用音低压，显示出含蓄醇厚的韵味，也唱出了诸葛亮在紧迫之际的沉稳风度，而这样的唱腔在当时的北京很少听到，都是谭鑫培从上海的孙春恒先生那里学来的。如果不是孙先生创造出如此低回婉转的唱腔，在这里依然靠"喊似雷"的旋律，试想，还能体现出诸葛亮的沉稳风度吗？

紧接着后面"二六板"唱腔则是要耍着板唱，好整以暇，酣畅淋漓，一泻千里，表现出诸葛亮胜券在握的信心。

这段几乎没有使用任何花腔的"二六"唱腔，谭派讲究把每个字、每个音节都发挥到极其自然又极其饱满，把节奏与普通人说话的情绪语气融为一体，实际上尺寸的把握非常精准，仿佛这段唱腔的板眼都在谭鑫培先生自己的掌握之中，确实如顾曲者说，他是唱出了"人拿着板，而不是板拿着人"的高度自由状态。今天要想领略这种"人拿着板"的唱法，可以听一听谭鑫培的嫡孙谭富英于1962年在中央人民广播电台的录音，足可领略谭派在唱腔上高度的自由王国状态，堪称中国京剧老生唱腔的又一高峰，后学之圭臬。现北京京剧院有一位年近百岁的老人说，百多年来，天下的老生不管你学的是哪一派，凡是唱《失空斩》一出场均念虎头引子"羽扇纶巾，四轮车……"的，不用说，你就是谭派。至于慢板唱腔中的唱词是"博古通今"还是"保定乾坤"，怎么颠来倒去，都不过文字游戏而已，与谭鑫培制定的此剧的表演法则没有丝毫妨碍。至于谭鑫培在"斩马谡"一场的绝妙之处，陈彦衡前辈的描述也很细腻，与周信芳先生早年在观看这出戏时的感受都很精细，值得研究学习。陈彦衡在叙述谭鑫培"打王平，斩马谡"的过程中也有许多细腻的描述：在武乡侯令带王平上场后，特意将羽扇交左手来做许多动作，如唱"责打四十棍"用左手比画四十，伸出四个手指，手向上抬，越举越高，显示出怒责的情绪，然后放下手，用惊堂木一拍，同时喝道："打！"打完王平，诸葛亮没有间歇地接唱"再带马谡无用的人呢"。然后用惊堂木连连拍案，表示武侯对马谡的愤恨已达到极点。在见到马谡后，武侯更是以右手直接用羽扇指着马谡唱"……快斩马谡正军法"。显然是与对待王平不同的。前者将羽扇交左手，用手指王平，后者则直接用羽扇指着马谡痛斥，都体现出谭鑫培对整合这出《失空斩》的匠心独运，精确细腻。特别是在唱完"……正军法"后念的那个"斩"字非常干脆，没有丝毫犹豫，但是当马谡哭诉家中老母无人奉养，想到他与马谡往常的交谊，不由悲从中来，安排好马谡的后事以后，即起双叫头，呼叫"马谡""幼常""参谋"……再下令发出这个"斩"字的时候就充满了悲音，真是泣不成声了。

由于谭鑫培在广泛而长期的继承和实践中，对全剧有了越来越深刻的感悟，逐渐起了改进、加工的念头，所以在他40岁以后，从剧本结构、唱腔表演做了全面的整合以及大幅度的删减，使剧本结构更趋于合理、简洁，唱腔更加生动感人。在他43岁第一次进宫当差，为慈禧太后和光绪皇帝演出时，就以此剧首次登上德和园的大戏楼，演出后慈禧太后极为兴奋，又多次赞誉并厚赏，更对左右王公大臣说："这个谭金培真是活孔明。"

当时，宫中有个知名的大戏迷爱新觉罗·溥侗，字厚斋，别署红豆馆主。世袭镇国将军、辅国公，兼理民政部总理大臣。因酷爱剧艺，对于昆、京艺术，生、旦、净、末、丑兼工，无戏不演。对戏剧音乐如笛、笙、京胡、弦子、琵琶等无所不通，世人尊称为侗五爷。在梅贻琦任清华校长期间，曾聘任其为清华客座教授，传授戏曲于朱自清教授夫妇、闻一多教授夫妇等。他的旦角戏《金山寺》之《水斗、断桥》受自陈德霖，小生戏《牡丹亭·拾画》《镇潭州》等为王楞仙前辈所传，《定军山》《奇冤报》等得谭鑫培亲授。在《奇双会》一剧中，则兼擅赵宠、李桂枝、李奇三个角色，在《群英会》中能扮演周瑜、鲁肃、蒋干三个不同人物。那天他看完谭鑫培的《失空斩》，不几日即携银百两前往大外廊营谭宅拜访谭鑫培，请教如何演好指挥千军万马的诸葛亮，特别希望谭老在台步、身份和举止中指导他如何演出大丞相的举止动作。结果谭鑫培告诉他，别的问题我可以告诉你，唯有这个问题你应该告诉我，怎么反倒问起我来。因为你是亲眼看到李合肥、张之洞到乾清宫、养心殿行走，那是多么好的老师，怎么还用我来教呢？我也是通过观察你们王公大臣的举止才找到规范的，这不是要我班门弄斧吗？说得侗五爷五体投地，连说"领教，领教"。足见谭鑫培所以成功，绝非信手拈来，而是无时无刻不在揣摩着舞台上的每一细节，随时改进。

有意思的是谭鑫培首次在德和园大戏楼演出，颐年殿和东西配殿（当时均设有活动门窗）都坐满了前来看谭鑫培演戏的王公大臣，使谭鑫培首次进宫演出的气氛非常热烈。演出后，他们奔走相告，也起到了超级广告的作用，所以很快传遍北京城，使谭鑫培名声大噪。更有意思的是光绪皇帝的老师、翰林院的翁同龢不但多次在场看戏，还在他的日记中记下了每一位王公大臣的名字和位置，看看这个名单，其中许多王公大臣后来都成了谭鑫培的超级戏迷，均以结识谭鑫培为荣耀，大都走动频繁。

翁同龢日记摘录如下：

今在西苑颐年殿听戏。五十八位王公大臣在颐年殿东西配殿接连听戏三天，座位的分配：东边：恭王、礼王、滢贝勒、澍贝勒、濂贝勒一间；润贝勒、漠贝勒、载澜、溥侗、载瀛、载振、溥僎、溥伟、溥倬一间；翁同龢、李鸿藻、刚毅、钱应溥一间；李中堂、麟中堂、昆中堂、徐中堂、荣中堂一间；熙敬、敬信、怀塔布一间；徐郙、薛允生、孙家鼐、裕德、许应骙一间；西边：庆王、克王、那王、端王一间；熙贝勒、那公、符珍、八额驸、桂祥一间；福森布、明安、色楞额一间；松桂、启秀、崇光、立山、文琳、世绪一间；陆宝忠、张百熙、吴树梅、高广恩、张仁黻一间。

从以上这个名单中，我们可以看到许多超级谭迷的名字，如恭王、翁同龢、溥侗、那公等，后来都成了谭鑫培的铁杆戏迷。这个在恭王和袁世凯当总统的堂会上为谭鑫培做戏提调的那公，传说因主人希望谭鑫培能够演唱双出而唯恐谭鑫培不允，后因谭氏提出要那公给他请安始可，结果那公竟然真的屈膝一跪，使谭氏无奈而破例演了双出。对此很多人质疑，很多人觉得可笑。但也有人认为，在戏迷看来，京剧面前人人平等，看好戏是一生之缘分，酷爱京剧与尊重名角是必然之因果关系。

应当引起我们今天的京剧从业者注意的是，谭鑫培整合的这出《失空斩》剧本、唱腔、念白和表演，都被后人一直传承演唱到今天，屡演不衰。而且从此再没有人改动过，百年间为全国各代、各派、各地京剧须生原封不动地效仿，堪称谭派艺术第一经典也。

谭鑫培第一次进宫为慈禧太后演出的情景到底如何，是真是假，大家各执一词。但是自从谭鑫培在慈禧面前演过《失空斩》，京剧舞台上则出现了一个变化，并保持至今，那就是1800多年前的蜀汉诸葛亮戴上了一百多年前大清朝滢贝勒的朝珠，却是真实的。所以"谭贝勒"也成了谭鑫培的新名片，传到了今天。而且在京剧舞台上，凡是再演出《失空斩》的诸葛亮，则一律戴上了莫名其妙的朝珠也是我们今天亲眼可见的。如从谭鑫培到谭小培、谭富英、谭元寿、谭孝曾和谭正岩，这六代人扮演的诸葛亮，无论是画像，还是照片，都戴上了朝珠，不论你是谭派还是余派、言派、马派、高派的诸葛亮也都戴上了朝珠。本书说的是光绪十七年的事情，到如今又过了一百多年，在北京，在戏班里，这事儿谁不知道呢？所以也不能说是空穴来风。

谭鑫培初进皇宫，以他精干的神气、优雅的台风、生动的念白和绕梁三日的唱腔韵味演绎的《失空斩》赢得了慈禧太后的赏识。当听说是谭鑫培本人统筹改编的台本，尤其是以极大的魄力把一百多句的唱腔删减为十句，全本不但极为干净，而且衔接紧凑，扣人心弦时，慈禧太后不由得对眼前这位没有上过私塾的艺人感到不可思议。

第二天，慈禧又让谭鑫培与汪桂芬合作了一出《战长沙》，因为汪桂芬的戏，慈禧早就看过，那响遏行云的嗓子、豪放苍劲的唱腔，曾使慈禧认为他是当下最好的须生演员，如今，汪、谭和孙菊仙三人齐聚一堂，到底谁更好一些，她想让这三位须生艺人在演出时一起比较一下，看看自己原来的眼界是否有些狭隘。

然而，也许是因为汪大头（即汪桂芬）给慈禧留下的印象太深、太好了，也许是因为这位汪大头是三庆班大老板程长庚的亲传弟子，又为程长庚操琴伴奏多年，深得大老板之真髓，都认为是程长庚之第二，慈禧一直在想：这谭鑫培怎么能比他还好呢？特别是汪大头那穿云裂帛般的嗓音和那高亢激扬的唱腔，真似余音绕梁三日不绝于耳，这无论如何，也是稀世奇才呀！慈禧太后琢磨了半天也找不到答案。为此，在第三天，慈禧又亲自点名要看谭鑫培主演《定军山·阳平关·五截山》，要再看看谭鑫培与汪大头到底谁好。

　　谁想，这出《定军山·阳平关·五截山》又给了慈禧一个意外惊喜。那天是黄润甫的曹操，钱金福的夏侯渊，刘春喜的严颜（宫中称严欢），大李五的刘备，沈金奎的孔明，李连仲的张郃，麻得子的大报子。报子，即军事中为主帅报告军情的人员，本属于旗锣伞报的下手活，而这个报子为什么非麻得子不可呢？原来这《阳平关》曹操大帐一场，当时已经位加九锡的魏王，不可一世。当时曹操正在担心族弟、镇守定军山的夏侯渊（曹操本姓夏侯，后过继姓曹）的情况，突闻报子来报："今有定军山失守，夏侯将军被黄忠刀劈马下！"曹操不肯相信，急问："那老贼怎样斩孤的夏侯将军？你、你、你起来讲！"这时的报子必须以清脆的念白，充满情感地报告："夏侯自得军令，仗威便欲提兵；张郃苦谏不肯听，独自领兵逞胜。彼军射伤我将，我军追赶不停。门旗闪出黄汉升，哗啦啦人头如瓜滚。"这一描述使曹操大惊失色，"哎呀"一声即昏迷不醒。同时曹操帐下的将军徐晃气极后踢翻报子，接着报子要翻一个抢背，再与全军将士连唱一段《风入松》曲牌：

　　真果是天崩地殒，使得俺将军丧命。

听言来怒火如焚，这愤恨，怎能平！这愤恨，怎能平？

由于这一段是引发魏、蜀双方阳平关大战，五截山曹、刘对骂的导火索，也是剧情起承转合的关口，所以这里的报子一角至为关键。为此谭鑫培总是特聘名丑麻得子、王长林或者老旦行的谢宝云扮演这个无名无姓、只有两句半台词的报子。尽管角色在剧本里无足轻重，但是在舞台上，如果这个报子勾不起曹操的怒火和伤痛，后面《阳平关》一剧就没有了看点，在情节上也就无法引起观众的注意力。由此可知谭鑫培统筹全剧的功力之一斑。所以以后各个戏班都很看重这个报子，都派的是名丑担当。

下面再说《定军山》第一场的"激将"。诸葛亮为夺取葭萌关，要施激将法，以借调三将军回营为由，激起黄忠斗志并主动请缨。谭鑫培扮演的黄忠果然闻言大怒。竟然在帐外，即下场门搭架子喊道："慢着！"旗牌问："何人阻令？"黄忠答："黄忠！"旗牌喊："随令进帐！"只听黄忠回应一声："来也！"声音未落，谭鑫培扮演的黄忠就从下场门冲出台口，满脸的怒气和不满。直接进帐面见军师孔明。面对军师的蔑视，黄忠禁不住当场表功，念道："末将年迈勇，血气贯长虹。杀人如削土，跨马走西东。两膀千斤力，能开铁胎弓。若论交锋事，还看老黄忠。"这八句念白，一句一组优美而遒劲的舞蹈动作，念完八句，他几乎是舞满全台，如苍龙出海，似猛虎下山，让人感到这位白发将军如同困兽，又似箭在弦上了。接着是一段请战、表功的二六唱腔和三次拉开铁胎宝弓"晒肌肉"的动作，配合曲调激昂流畅的快板，让观众感受到真是虎老雄心在的老黄忠啊！

这时慈禧看着谭鑫培暗想：就这几下，"汪大头"恐怕还真不行。

再往下看，谭鑫培连续十五场的出场动作，竟然采用了十五种套路，一次一个模式，一次一种精神面貌，无一重复。但是有一个统一规范，就是从不拖泥带水。

话说黄忠夺取葭萌关后，诸葛亮调黄忠回营另有差遣。黄忠与严颜分手时起叫头念道："老将军，你我就此一笑而别了哇，哈哈哈……"只见谭鑫培笑声未住，即扳鞍认镫，翻身上马，又立即回身向严颜拱手，随着一串连贯的单腿后退的颠步，又随着一声"请"急速转身打马下场。这一串连续动作非常流畅，一气呵成，难度极大且美不胜收。当观众发出由衷的喝彩声时，黄忠已然跑进下场门的台帘里面去了。

尤显功夫的是奉命征讨定军山前一场的马趟子，谭鑫培身扎大靠，手挥马鞭边唱快板，边跑着八卦太极图形的圆场，脚下步伐如流星飞驰，快板唱腔似疾风劲草，舞台上完全是一幅急行军的写真图，一幅载歌载舞的画面。这时慈禧才注意到，谭鑫培扮演的黄忠格外精神，原来他没有按老规矩戴帅盔，而是现打的"扎巾"，显得全身上下都那么挺拔、干练。

在"定计"一场，谭鑫培所唱的一段流水板唱腔使慈禧太后尤感兴趣，那就是黄忠所唱的"头通鼓，战饭造。二通鼓，紧战袍。三通鼓，刀出鞘。四通鼓，把兵交……"，这一排比句的唱法，按规范应该避免雷同，而谭鑫培却出其不意，完全采取了一顺边的唱法，不但没有因为曲调雷同而使人厌烦，却感觉非常新颖别致。慈禧太后听完不由得哈哈大笑，对身旁的皮硝李说："这个谭金培可真会造魔，不过这几句可真挺有意思的。一会儿下来，让他再给咱家唱一遍这几句。"

在黄忠最后与夏侯渊见面对阵时，慈禧发现黄忠本应该唱四句快板，实际上却只唱了"劝你马前归顺我，少若迟延命难活"两句。

慈禧太后的脸上显然不高兴了，说："小李子，这谭金培不是明显着偷工减料了嘛，他为什么就唱两句哪？这不是欺负咱们爷们儿外行了吗？"这皮硝李一边说"是呀，这可不像话……"一边打开了安殿本，一看，就说："老佛爷，您看看，您这本子上写的可也是两句呀！""是吗？那咱们爷们儿可别给人家没事找事。让人家说咱们真丸子（至今戏班人员对票友的称呼）了呀。"

"斩渊"之后接着就是《阳平关》曹魏王的大帐，这黄润甫的曹操一上台就与《战宛城》《群英会》的曹操不同了，他明显地表现出"加九锡"的魏王气概，稳步走到台口，目不斜视，步伐坚定，威慑全场。站在台口后，台下鸦雀无声，只听见锣声的余音慢慢消失，这时全场一片肃静，仿佛地上掉一根针都能听得见。突然，黄润甫扮演的曹操念引子："只手独擎天，功勋早已建……"这个"建"字的尾音立即回荡在德和园的三层大戏楼上下，如声震九霄，两旁配殿的王公大臣立即报以高声喝彩。慈禧也得意地说："好你个黄三……"

然而，随着报子报告黄忠在定军山刀劈夏侯渊的情报，曹操的威风顿失，手足情使他立即哭成泪人，不顾一切地率领二十万大军前往阳平关欲为族弟复仇。接着是黄、赵争功迎敌。您看一边曹操复仇大军压境，一边黄忠、赵云争先恐后，乘胜迎击，阳平关大战在即。接着就是黄忠越战越勇，赵子龙暗中助阵，长坂坡威风再现，曹操闻"赵"丧胆。你想，谭鑫培的黄忠，特别是黄忠临战前的唱腔，是闷帘导板："我越杀越勇精神好。"后接一段十几句的快板。唱到这里，不但慈禧太后情绪高涨，王公大臣也都看着兴奋，就是后台的内行也感惊奇。因为都发现黄忠唱到这里，不但没有疲惫之感，反而涨了一个调门，格外精神，这是为什么呢？其实这是谭门六代相传至今的一个小秘密。原来他们在舞台实践中发现，唱到这里，黄忠在这出戏中的任务已经基本完成了，心里也没有负担了，而嗓子也唱热了，但是观众听到这里却有点视听疲劳了，所以在这个节骨眼，必须涨一个调门，给观众一个醒脾、提神的感觉，才能使这出戏呈现虎头、熊腰、豹尾之势。

当然，慈禧太后之所以喜欢这出戏，还因为谭鑫培的义子、原三庆班主杨月楼的儿子杨小楼在剧中扮演赵云。当黄忠被困曹军重重包围时，是杨小楼扮演的赵云如猛虎下山，枪挑曹军数员大将，使黄忠虎口脱险。接着又枪挑曹军数员大将，扭转了战局。尽管这出戏的赵云重在情感、情节和形象的体现，而不是单纯武打技巧的卖弄，所以一举一动都要注重艺术形象的雕塑。就是两个枪下场也不能以难度和数量取胜，而是从动作的节奏快慢中找到俏劲和爆发力，给观众以四两拨千斤的震撼效果。难得的是杨小楼以他飒爽英姿的工架和韵律优美的动作，铿锵有力且响遏行云的唱念来塑造出赵云的八面威风与儒将的风度，给慈禧太后和王公大臣以非常伟岸的艺术形象。尽管杨小楼当年还很年轻，但是他进宫不久就与他义父谭鑫培一样成为宫中戏台上一日不可或缺的重要演员。当时宫中都说慈禧是无谭不欢，其实也是无杨不乐，一直到慈禧与光绪驾崩前所看的最后一场戏的最后一出，即是由谭鑫培、杨小楼主演的，慈禧太后亲自修改的剧本，并斥巨资往江南特制的全新行头道具的《连营寨》，甚至把这出哭丧的灵堂戏特意放到光绪皇帝的万寿节演唱，既是借机发泄她对光绪发动戊戌变法的愤慨与报复，也是对谭鑫培、杨小楼演出的戏百看不厌的印证。

至于民间传说的慈禧迷恋杨小楼，做出许多苟且之事并纠缠不休，吓得杨小楼竟躲到白云观出家的消息，甚至编成各种小说广为流传则是一万个不可能发生的事情。因为杨老板的坦荡性格和谨慎做人、急公好义的作风是戏班内外广为称颂的。而且杨老板信奉道教，非常虔诚，每年都要到白云观修行倒确有其事，就是梨园行最重视的每年一度的九九重阳节，杨老板与丑角王长林等都是要装扮大、小老道，每天在松柏庵（原北京戏校旧址）做道场、吃素食，谢绝演出连续九天不断，所以杨小楼在戏班的为人有口皆碑。

根据慈禧太后的旨意，印刘儿和皮硝李两位总管太监很快就拟定出谭鑫培在宫中演出的剧目表及其演出时间：自1890年（清光绪十六年）至1908年（光绪三十四年）就是按着如下这个演出剧目表执行的：

《平顶山》二刻　　　《绝缨会》四刻　　　《李陵碑》三刻

《伐东吴》三刻　　　《琼林宴》四刻　　　《状元谱》二刻五

《除三害》三刻　　　《珠帘寨》七刻　　　《失街亭》四刻十

《打严嵩》三刻五　　《清官册》三刻　　　《辕门斩子》二刻十

《卖马》二刻　　　　《盗宗卷》二刻十　　《三娘教子》二刻十

《银空山》四刻十　　《赶三关》三刻五　　《磐河战》三刻五

《樊城·昭关》四刻五　《牧羊卷》四刻　　《捉放曹》四刻

《洪羊洞》四刻　　　《雄州关》四刻　　　《法门寺》四刻十

《乌盆记》四刻　　　《战长沙》四刻　　　《战太平》四刻

《朱仙镇》六刻　　　《探母回令》六刻　　《九更天》七刻

《一门忠烈》三刻　　《庆顶珠》三刻十　　《定军山》三刻十

《阳平关》四刻五　　《胭脂褶》三刻　　　《战蒲关》二刻十

《一捧雪》三刻十　　《桑园会》三刻　　　《汾河湾》三刻十

《南天门》二刻十　　《搜孤救孤》二刻十　《黄金台》一刻五

《芦花河》一刻五　　《宝莲灯》三刻　　　《桑园寄子》三刻

《天雷报》四刻　　《审刺客》二刻　　《审头刺汤》三刻五

《雪杯圆》三刻　　《太白醉写》二刻　　《武家坡》二刻十

《连营寨》六刻五　《七星灯》二刻　　《骂王朗》一刻五

《法场换子》二刻　《善宝庄》二刻五　《绑子上殿》二刻

　　显然，谭鑫培这个剧目表并不完整，许多在宫中已经演出过的剧目都没有记录在案。但是我们看到宫中的承应演戏的管理确是非常严谨的，有的甚至是慈禧亲自过问的。谭鑫培进宫后，因为已过不惑，所以多演老生、武老生戏，极少演出武生戏，以防因年事已高，体力不支。

　　慈禧除酷爱京剧外，亦喜民间歌舞小调，以调剂她的兴趣，如：漱芳斋承应巳时一刻开戏，代戌时初一刻戏毕演出内容为：高跷、秧歌、《斗柳翠》、太平锣鼓、太平歌词、什不闲、跑旱船、舞狮子、五虎棍等。

　　不过自谭鑫培进宫，慈禧大有无谭不欢之意，而且每天演戏，只要见到谭鑫培就有说不完的话，而对皮硝李、何庆喜、印刘儿等总管太监也多了一些笑容，少了一些斥责。为了在慈禧面前讨好，皮硝李总是在谭鑫培的身上做文章。一天，他在慈禧的耳边嘀咕："这几天，谭金培和孙菊仙可长本事了，竟然唱上了反串戏，一出接一出。"

　　"都唱什么啦？你说说，咱们爷们儿也乐乐。"慈禧太后问。

　　皮硝李这一回禀，让谭鑫培、孙菊仙在旁大吃一惊。原来他说这两位正工老生要唱《探亲家》。这完全是小李子心怀叵测，要为难谭鑫培和孙菊仙。因为这出戏根本不是皮黄腔，唱的是银纽丝，属于杂腔小调，而且剧中两个角色，一个城里妈妈由花旦扮演，穿旗装、旗鞋；一个乡下妈妈，按丑婆子扮相，穿裤子袄，裹绑腿，当年刘赶三最拿手，为表示她从乡下进城，特意骑着真的毛驴上台。戏中两位亲家见面，互相挑眼，争吵不休，很有乡土气息。这出戏谭、孙二位是不可能会的。两人一听这出戏真傻眼了。因为如果说一声不会，就等于得罪了皮硝李；要说一个会字，可却连一句台词也念不上来。为此，他们赶紧找慈瑞泉、余玉琴给他们说一个大概套路，然后就上台造魔。到底他们舞台经验丰富，按着提纲戏的套路现演现编，好在此剧唱的银纽丝曲牌，就是上下句接龙，曲调一听就会，总算对付下来了。下台后这两位须生大师急得满头大汗。只见皮硝李也忍俊不禁。慈禧看着两个老生演员出洋相，乐得合不上嘴，但是她也明白是怎么回事了，指着皮硝李说："好你个小李子，竟然如此编派他们两个，你真是缺大德了。"遂又说，"真难为他们了，我要好好赏他们……"

庚子事变后，慈禧太后与光绪皇帝一度逃往西安避难，回銮后，慈禧太后被戏瘾憋坏了，立即召集外籍教习开锣唱戏，却不见谭鑫培来报到，很不高兴。一问，说是卧病在床。慈禧就说，什么病也不能误了我的差使，就是背，也要给我背来。第二天，谭小培果然背着他父亲前来见驾。慈禧一见谭鑫培果然病容满面，也就心软了，要太医赶紧给谭鑫培治病，又把她专用的保养药丸送给谭鑫培，还说："你好好养病，你可不能死，我不许你死，我还要好好听几年你的戏，享你几年福。我是金口玉言，我不让你死，你就准死不了。"从此就传出来说慈禧太后是"无谭不欢"。

当时的八国联军虽然撤出北京，但每天仍有各国使节来朝见太后，企图扩张他们的在华利益。一天，一个英国代表团要谒见慈禧，请教文化艺术的交流问题。慈禧就想到让他们也见识一下我们的京剧艺术。双方见面时，慈禧首先提出要谭鑫培唱一段京剧。谭鑫培就当场唱了一段《乌盆记》中被残酷害死的刘世昌鬼魂所唱的一段反二黄唱腔。那凄凉悲吟的旋律使在场的英国使节不由得潸然泪下。唱后，慈禧问他们有何感受，那位英国使节说，你们的艺术家所唱的歌曲我们没有听懂所唱的内容，但是我们都深切地感受到是一个屈死的幽灵在悲吟，使我们深受感动。谒见后，慈禧对谭鑫培充满感情色彩的演唱感到特别满意，遂对谭鑫培给予特别嘉奖，认为他的演唱，已经突破了语言障碍，征服了外国使节。

由于光绪皇帝支持康有为、谭嗣同的戊戌变法，与慈禧太后决裂。但是在看戏的问题上他们却依然兴趣一致。特别是光绪皇帝喜欢司鼓，有时还亲自为演员司鼓，能指挥伴奏一出完整大戏。当光绪被囚禁瀛台后，就经常找几位场面上的锣、钹、京胡、南弦子、唢呐、笛子等乐手，借打鼓解忧。凡是京剧界的人都知道，有一支曲子叫《朱奴儿》，有一次光绪皇帝打了一个段落就打住了，其实各种曲牌都分几个合头，可以分着打，但是光绪皇帝打在腰子上就停了。从此在京剧的曲牌中就出现了一支《御制朱奴儿》，传至今天仍有案可查。

当年尽管国运式微，但有全国权势最大的戏迷当家，清宫大内的承应大戏还是照常进行。仅光绪二十九年的差使档记载，谭鑫培这一年演出的剧目就有《卖马》《空城计》《一捧雪》《磐河战》《打严嵩》《乌盆记》《洪羊洞》《庆顶珠》《伐东吴》《黄鹤楼》《定军山》《乌龙院》《战长沙》《四郎探母》《二进宫》《御碑亭》《捉放曹》等十几出，而且其中许多剧目都是一演再演，使全国最大的戏迷慈禧极为尽兴。

就在这一年，著名梆子艺术大师侯俊山因双腿浮肿麻木，申请辞去升平署的差使，结果慈禧竟然传旨不允，并急召太医为侯俊山先生调治。

光绪三十一年，慈禧下令由谭鑫培等赶排一出现代戏《双铃记》，即根据前门大栅栏的一件真人真事改编的《马思远》，由谭鑫培扮演刑部问官，王桂花扮演汉都，郎德山扮演马思远，王长林扮演干子千，陆华云扮演旗都，鲍福山扮演德喜，周长顺扮演瞎子，訾德全扮演跑堂的，罗寿山扮演货郎。足见当年皇宫里唱戏之一斑。

不过，再优美的皮黄之声也掩盖不住当时帝、后之间的明争暗斗。而慈禧为了教训忘恩负义的光绪皇帝，在光绪二十六年三月特安排谭鑫培与慈瑞泉演出《天雷报》的时候，竟然提出在表现惩罚忘恩负义的张继保时要大力表现惩罚的内容，如添加五雷公、五闪电。在张继保的鬼魂见雷祖打八十大板后，由小生改为小花脸，添开道锣，旗牌各四个，中军一名。众人求赏，白："求状元老爷开恩，赏给二老几两银子，叫他二老回去吧。"二老碰死后，状元白："撇在荒郊。"显然，这是借状元张继保对养父母忘恩负义的故事影射被慈禧扶上皇位的载湉。可能慈禧看着仍不解气，二十天后再演《天雷报》时又添加风伯雨师。

就在这京剧的檀板清音中，大清朝也走到了光绪三十四年，也就是光绪与慈禧生命的最后一年。在这一年，慈禧做了一件自以为最重要、最得意的事情，就是在宫中由谭鑫培、杨小楼排演了一出大戏《连营寨》。这是一出演绎三国时期的刘备哭祭二弟关羽、三弟张飞，然后伐吴报仇，却反被东吴陆逊火烧连营大败蜀军，刘备也险些被大火烧死，幸亏诸葛亮派四弟赵云赶来搭救，撤退白帝城，刘备悲愤交加，临终托孤于诸葛亮的戏。

谭鑫培扮演刘备，杨小楼扮演赵云。在哭祭关羽、张飞一场，刘备有精彩的两段反西皮二六唱腔，在《白帝城》一场，刘备托孤时也有大段二黄唱腔。再加上火烧连营的扑火等表演，是一出唱、念、做、打、舞非常繁重的大戏，也是象征蜀汉厄运开始的一出悲剧。开场是关羽、张飞的灵堂，末场是刘备告别人间的病房，充满悲剧色彩，可见是多么不吉利的大戏。

然而，慈禧为排演这样一出戏，特意在江南制作了全套新行头。如谭鑫培饰演刘备所穿的白缎金边绣黑龙图案的男蟒，杨小楼扮演赵云所穿的白缎金边绣黑色鳞纹花蝶的男靠，另有一面大幅白缎金边绣着"常胜将军赵"黑字的大纛旗，八面斜纛旗、八面飞虎旗，蜀国所用的全部桌帷、椅披、台帐，蜀国将士所穿的开氅、箭衣、坎肩等，一概为白缎金边绣黑色图案，极其铺张富丽。

首演之后不久，即光绪皇帝的万寿节，应该是皇帝的万寿吉日，慈禧又特意安排了这出哭丧戏《连营寨》，同时在颐和园三层大戏楼展示全套传统古典丧服。天子寿辰前夜演出哭灵戏，曾被看作不祥之兆，大清王朝即将覆亡的象征。但是慈禧直到死期临近，仍对光绪帝耿耿于怀。仅从万寿节开始，不到四个月的时间内，这出哭灵戏就演出了八次之多。如六月十八日、二十日、二十五日、八月初六日、初八日、十六日、九月十七日、二十八日海内（海内或西海均指中南海）排《连营寨》，外学所有角至海内排演，十月初一日望日承应演出的也是《连营寨》的日子，但是十月二十一日戌时，仅仅二十天，南海就传出知会帖子：摘缨子，光绪皇帝龙驭上宾。

第二天，即二十二日未刻，慈禧仙驭升遐。

也就在演出《连营寨》第十三场之后的第二十天，颐年殿伺候戏的六天以后，光绪与慈禧先后驾崩。

尽管此后末代宣统皇帝大婚又召原来升平署的杨小楼以及候补

的梅兰芳等京剧演员到紫禁城内唱戏，但是宫中的演戏高潮即随着光绪、慈禧二人的驾崩而画上了句号。

对于慈禧的逝世，谭鑫培本人还是很遗憾的，尽管他很支持光绪皇帝的变法，也曾经在演戏时表示对慈禧的劝谏，甚至有血谏之举。他也曾经与梆子艺人田际云一起暗中表示对光绪皇帝变法的支持，借戏衣箱运送过变法时需要的物品，甚至变法后光绪指挥军队要穿戴的元帅服等。特别是后来公开反对袁世凯复辟帝制，拒绝演出支持袁世凯称帝的劝进戏《新安天会》。辛亥革命后，谭鑫培代表正乐育化会带头欢迎黄兴、陈其美等辛亥革命的领袖进京，特在贵州会馆举办京剧界的盛大欢迎会。这些足以说明他对国民革命的鲜明态度。同时他也认为慈禧是他艺术上的知音，支持他修改剧本。他在唱腔、舞蹈、服装等各个方面的重大变革，都得到过慈禧太后的认可和支持，无疑也在社会舆论上造成了重大影响。为此，在慈禧逝世后，他曾经恭请北京二十四座庙宇中的和尚、老道、喇嘛到大外廊营的谭家私宅诵经，为慈禧超度，以报慈禧对他艺术上的知遇之恩。

客观地说，鉴于当年社会上信息传播媒体的局限，没有宫中的"无谭不欢"，哪来社会上的"无生不谭"呢？对此，谭鑫培心知肚明。可见谭鑫培是一位知恩图报的人，并不因时事变迁而趋炎附势。而且，同样是入宫承应，同样是在紫禁城的西海子唱戏，只因为是窃国大盗袁世凯要听戏，谭鑫培的演法、做法则迥然不同，甚至当面罢演。

八 承上启下
——亲手栽培"杨、梅、余"

从谭鑫培老先生逝世到2017年，整整一百年。传承其艺术之衣钵者已是七代薪传。不过，在晚年，他却清醒地告知自己的八个儿子："诸儿皆无我嗓音，安能传我之声调？"足见谭鑫培对这件事有些失望，却又是非常清醒。他也知道票界学谭者甚众，如溥厚斋（即红豆馆主）、王君直、王颂臣、王庾生、陈子田、韩慎先（即夏山楼主）、张毓庭、吴铁庵、顾赞臣、乔荩臣、恩禹芝、莫敬一等，均有一定造诣，影响很大，甚至有天坛、地坛、日坛、月坛、社稷坛的所谓"五坛之说"，享一时之誉，雄辩地证明了广大观众对谭鑫培和谭派艺术的酷爱。内行学谭者则以余叔岩、王又宸、言菊朋、罗小宝、贾洪林、王月芳、沈三元、孟小如、王雨田、贵俊卿等最为著名，也证明了谭派艺术在京剧史中举足轻重的地位。

至于谭富英，则是他在八个第二代和众多三代子孙中最早发现的可以造就的唯一的一棵幼苗，因此从少年时期就以他独特的眼光特意为他聘请陈秀华先生给他开蒙执教。《鱼肠剑》《黄金台》《捉放曹》三出戏学罢，连唱带比画让爷爷看了，爷爷一边认为全好，很有希望，但又愁从中来。因为他此时此刻才认识到，培育一个好演员有其不可抗拒的规律，实无捷径，作为"四海一人"之谭鑫培，亦概莫能外。为此他不顾谭富英母亲哭得昏天黑地，寻死觅活地加以阻止，仍坚持将爱孙送到富连成科班，接受"六年大狱"的磨炼。一边从《弹词》、《仙圆》和《探庄》、《夜奔》等昆腔文武戏入手，一边以毯子功、腿功、把子功奠定形体动作的基本功。然而，当谭富英第一次登台演出《黄金台》的时候，这位亲手描绘英秀堂后世中兴蓝图的先人已然寿终正寝。

下面系辻听花先生在《顺天时报》所发表的有关谭富英在富连成科班学习的记录与报道，可窥之一斑：

> 谭小培长子谭升格入富连成社一事昨日业已议定，不久入社学戏。闻升格在家时曾聘陈秀华（其父陈啸云即景和堂主人，梅兰芳师伯也）学过《文昭关》《黄金台》《鱼藏剑》《洪羊洞》四出云。
>
> （1917年3月1日《顺天时报》听花）

> 《谭升格入学志》
>
> 丁巳二月十二日，为谭君鑫培第七爱孙升格入学富连成社之佳辰，是晚七点钟其父小培君设席李铁拐斜街宴宾楼，特开喜筵，邀请宾客藉行入科之礼，来会者有富连成社社长叶君鉴贞，该社教员蔡君荣贵、萧君长华、苏君毓卿，鼓手唐氏，介绍人退庵居士（即文瑞图）及《顺天时报》主笔辻听花、汪君隐侠亦列席。
>
> 届时宴开，宾主入席，佳肴美酒，杂然前陈，鲜果盈盘，清

香扑鼻，时谭小培恭向众宾客郑重致辞，升格（即富英）亦正襟施礼，客咸举杯称贺，谈笑如涌，干杯之声不绝于耳，和气蔼然亲如一家，退庵居士酒意微醺，谈论风生，自称余本浅学菲才，叨蒙小培君不弃鄙陋，负荷介绍升格之名誉招列筵末，欢迎非常，深为庆祝。

继而玉山既倒，筵席将撤，小培君与叶君社长于介绍人之前订立合同毕，宾主尽欢而别，是晚大家深喜升格入社，英才可造，乃择书韩昌黎《进学解》中语"业精于勤"四字装裱奉赠，藉为纪念。且表规勉升格之微意云。

（1917年3月7日《顺天时报》听花《谭孙入学记》）

谭君小培长子升格（本名豫升）此次入学富连成社，今晚小培开喜筵于宴宾楼，请客畅叙，且与该社长叶君鉴贞订立合同，举行入科典礼，并择于阴历二月廿二日吉辰，命升格入社就学，其合同样式如左：

关书大发

立关书人：谭小培

今将长子豫升年十二岁，情愿投在叶师名下为徒，学习梨园六年为满，言明四方生理，任凭师父代行，六年之内所进银钱俱归叶师收用，无故不准告假回家，倘有天灾病症，各由天命，如有私自逃走两家寻找，年满谢师，但凭天良，日后若有反悔者，有中保人一面承管。空口无凭，立字为证。

立关书人 谭小培画押 中保人 文瑞图画押 中保人 辻武雄画押

中华民国六年阴历二月十二日吉时

是夜余归寓之后，闲坐啜茗，颇有所感，爰笔而志之，其言如次：

按谭氏剧界名门，家学渊源，资产亦丰，教育子孙，绰绰有方，今特送其所爱之升格入富连成社学戏，是知升格之祖若父知重箕裘旧业，颇有深意存焉。余深感佩服，祈升格严守社之规则，谨听师训，专心学艺，孜孜弗懈，忍苦耐劳，誓期大成，用传乃祖之衣钵，且发扬谭门之名誉，万勿浮夸怠慢，荒于艺事，以不负诸戚友之厚望。

富连成社基础巩固，规则谨严，教育有方，英才云集，海内唯一之科班也。今叶氏复收谭升格为徒，实为该社之荣誉，切祈叶氏及教员诸君勿辞劳苦，热心教育，成升格以酬谭氏父子之依托，并望其平日待遇升格与他学生一视同仁，毫无厚薄，是所以真教升格也，是所以真报谭氏也。

余不惴鄙陋，明膺中保之任，名誉固钜，责任亦重，而升格入社之后，自宜孜孜矻矻，热心学戏，俾技艺日进，声誉渐起，以安乃祖乃父之心，耀叶氏之门，昌谭氏之业，余虽不敏，亦愿竭力，提携奖掖，以观其大成，升格其勉乎！

（1917年3月8日《顺天时报》听花《谭升格入科感言》）

阴历二月二十二日，为谭君鑫培七孙、小培长子升格迁入富连成社就学之吉辰，是日天朗风和，埃尘不起，盆梅放香，林鸟和鸣，上午九钟余因负两中保之资格（退庵居士此晨有事不能来会，昨晚寄信特托余代理）乘车出城迤至大外廊营谭宅门口，有升格出迎，导入内室，小培及夫人并道寒暄毕，闲谈少刻，茶点心备陈，余与小培特于其夫人面前谆戒，升格入社以后宜孜孜勤学以期大成，而显家门，誓勿浮夸怠慢，荒于艺事，升格正襟俯允，至十钟十分，升格辞别乃母，乃母颇有惜别之意，盖此亦人质恒情耳。余以吉事可庆慰释之。遂与小培拉升格出门，共坐车赴富连成社，至则社长叶君鉴贞、教员萧君长华出迎，入室茶叙，少焉叶君导升格至神牌前，余等随之，升格恭供香火，行跪礼，余等继之，升格又跪拜，于叶君及余之前行礼，礼毕，叶引导余等入升格住房及各室仔细参观，时正亭午，余等将兴辞他之，忽被叶君招车赴煤市街致美斋午餐，一钟半乃偕赴广和楼，云闻此日下午二钟，小培携带日用品数件再赴富连成社，以供升格日用，其新制之寝具系退庵居士所赠，其意在表微意并为纪念。并闻升格入社隶籍三科，其学名曰富英，盖取诸社名及谭氏堂号（堂号曰英秀）云。

（1917年3月18日《顺天时报》听花《谭升格就学记》）

已故名优谭鑫培之孙谭富英自入富连成社以来，倏将二月矣，富英每日在社恪遵师训，热心学戏，颇有进步，兹闻阴历十九日富连成社在浙慈会馆演估衣行戏，是日富英与翟富夔合演《黄金台》一出，是为富英出台之第一次。

闻是日富英饰田单，扮相极佳，一做一唱，亦颇有可取之处，座客均赏赞不已，足见富英资性聪慧，而该社教员教授得宜矣。并闻富英出台广和楼之期亦不久云。

余告尔富英，乃祖鑫培君现已逝世矣，尔宜奋发自强研究斯艺，以传乃祖之衣钵而尽孝道矣。

【按："阴历十九日"，即1917年5月9日，谭鑫培故于5月

10日。】

《顺天时报·谭富英出台志喜》（1917年5月15日听花）

谭老演《战长沙》曾分别扮演关羽、黄忠。饰黄忠供奉清廷时，曾与汪桂芬在颐和园演唱，可谓功力悉敌。惟在外面扮演黄忠仅湖广会馆一次也。余观谭氏演此剧饰红脸居多数，雍容大度，令人敬仰，惟据老顾曲者云谭氏饰云长不如黄忠恰合身份，此说吾亦云然。因其面庞较瘦之故。富连成社近演此次以小小谭（谭富英为谭老之孙，多有谓其为"小小谭"者）饰关公，程富云饰黄汉升，陈富瑞饰魏延。第一次演唱仅观末尾，深以为憾。本星期三复演是剧，到时较早，得观全出，甚合所望，小小谭之声调台步颇称工稳，拖刀计及接箭之数场亦甚得体。富云神情武功均好，富瑞喉咙沉着念白清朗，年龄尚幼，殊非易事。总之，三伶此戏虽不能十分完备，然前后场颇有可观也。

（1918年7月10日隐侠《顺天时报·小小谭战长沙》）

已故谭鑫培之孙、小培之子豫升入富连成社学戏，学名富英，今年十八岁，在社六年，热心学习，技艺精妙，声誉日隆，夙有谭孙之徽号，凡须生之剧，不问文武，无不通晓，今日毕业，新出科班，余为富英喜，为谭家贺，又为剧界前途祝。

富英龄甫十三，乃祖鑫培，为豫升前途起见，忍割慈爱，与乃子小培谋，托老友退庵居士及余两人为保人，令富英入富连成社，余不顾浅陋，欣然诺之，入社之日，早朝余偕小培联车送富英至该社，恭跪神前，行入社兴礼，此事犹昨，恍在目前，而鑫培继逝，忽阅五载，富英亦年齿渐长。期满出科，鑫培若尚在世，必应笑抚富英，雀跃不已，呜呼人生不如意事恒多，感慨奚匮。

余劝诚富英，刚今出科，可喜可祝，而尔在该社间，善守规矩，孜孜学戏，不与人争，六年之久，毫无累及余等保人之事，是余所欣悦不措者也。惟尔为鑫培君之孙，绝非寻常人家之子弟，而人在斯世，志须远大，业精于勤荒于嬉，自今以后，尔宜益尊重名誉，精研技艺传乃祖之衣钵，以尽艺员之本务，耀乃祖父母之誉，扬富连成社之名，予有厚望焉。又富英入学以来，学会之剧颇多，兹将其重要剧目，列举于左，藉饷阅者：

《珠帘寨》《定军山》《战太平》《南阳关》《阳平关》《宁武关》《战长沙》《翠屏山》《连环套》《殷家堡》《大八蜡庙》《溪皇庄》《骆马湖》《三侠五义》《取南郡》《取帅印》《文昭关》《鱼肠剑》《战樊城》《失空斩》《斩子》《洪羊洞》《托兆碰碑》《卖马》《戏凤》《乌龙院》《赶三关》《汾河湾》《武家坡》《寄子》《御碑亭》《捉放曹》《教子》《八大锤》《桑园会》《朱砂痣》《乌盆记》《举鼎》《四郎探母》《牧羊卷》《盗宗卷》《打棍出箱》《打渔杀家》《开山府》《铁莲花》《黄金台》《黄鹤楼》《仙圆》《弹词》《南天门》《青石山》《击鼓骂曹》《战蒲关》《群英会》《祭东风》《搜孤》《四进士》《镇潭州》《银空山》《回龙鸽》《打金枝》《金水桥》《二进宫》《甘露寺》《回荆州》《连营寨》《法门寺》《上天台》。

（1923年3月28日《顺天时报·谭孙今日出科志喜》）

不过，我们从谭富英以后崛起的事实中，不难看出这位谭氏老掌门人辨才、识才、育才的远见卓识。唯独遗憾的是他却不能亲力亲为。好在谭富英的父亲谭小培能够完全尊重并领会其父谭鑫培的心意与长远规划，为英秀堂的奋起、中兴奠定了根基。

那么谁来直接继承与发展谭鑫培对京剧艺术的全面变革呢？谁能举起继续让京剧艺术"声名廿纪轰如雷"的接力棒呢？为此，由谭鑫培亲自指导、培育了承上启下的杨小楼、梅兰芳、余叔岩，即后世公认的"三大贤"，作为京剧艺术坐标的三大标杆，使他身后的京剧艺术之水准得以维持在"声名廿纪轰如雷"的状态。足见谭鑫培不愧为承前启后之里程碑与一代宗师。

我们看到最早，也最能领会谭派艺术精髓的人正是梅兰芳先生。所以他曾经反复地说："我所敬佩的人很多，但是我最敬佩的人却只有两个人，一是谭鑫培，一是杨小楼，我认为谭、杨二位的戏确实到了这个份儿，我认为谭、杨的表演显示着中国戏曲的表演体系，谭鑫培、杨小楼的名字就代表着中国戏曲。"

梅兰芳为什么把谭鑫培、杨小楼的表演艺术提高到如此至高无上的程度来认识呢？重要原因就是他在第一次观看谭鑫培的演出时所受到的艺术震撼。

梅兰芳先生说："我初看谭老板（鑫培）的戏，就有一种特殊的感想。当时扮老生的演员，都是身体魁梧，嗓音洪亮的。唯有他的扮相，是那样的瘦削，嗓音是那样的细腻悠扬，一望而知是个好演员的风度。

"那天，他跟金秀山合演《捉放曹》，曹操出场唱完了一句，跟着陈宫上场接唱'路上行人马蹄忙'，我在池子后排的边上，听得不大清楚。吕伯奢草堂里面的唱腔和对话也没有使劲。我正有点失望，哪晓得，等到曹操拔剑杀家的一场才看出他那种深刻的表情。就说他那双眼睛，真是目光炯炯，早就把全场观众的精神掌握住了。从此一路精彩下去，唱到'宿店'的大段二黄，愈唱愈高，真像'深山鹤唳，月出云中'。陈宫的一腔悔恨怨愤，都从唱词、音节和面部表情中深深地表达出来。原来乱哄哄的戏园子，沏茶的，卖糖豆大酸枣的，扔手巾板的，帮助找座位的，突然全部停止，满园子静到一点声音都没有，台下的观众，有的闭目凝神细听，有的目不转睛地看，心灵上都到了净化的境地。我那时虽然还只是个小学生的程度，不能完全领略他的艺术高度，只就表面看得懂的部分来讲，已经觉得精神上有说不出来的轻松愉快了。"

　　同时，因为梅兰芳从小是骑在杨小楼的肩膀上去上学的，一直管杨先生叫大叔，所以也有点"不识庐山真面目，只缘身在此山中"。后来到上海遇到盖叫天先生，盖老对梅兰芳说："当杨老板第一次到上海，我们武行演员都以为他就是嗓子好，扮相好，腰腿功夫不见得比我强，要讲翻，大概比不上我。头一天《青石山》，杨老板的关平、钱金福先生的周仓，他们两人那一场'四边静'曲牌中的身段，那份好看我是想到了。惊人的是他和九尾狐打的那套把子，最后一绕、两绕、三绕，突然一个躺身'铁板桥'踹了九尾狐的一个原地起落又高又飘的抢背，他自己的靠旗都扫着台毯了，就这一下，后台的武行全服了。他跟迟三哥、傅小山演《水帘洞》中闹海那一场在曲子里的跟头翻得那叫漂亮、整齐，落地那叫轻，简直像猫似的，我是真服了。后来我们就拜了把兄弟。"这就说明，没有看过杨小楼，就不容易理解杨小楼的艺术境界。记得茹元俊问他父亲茹富兰："杨小楼到底哪里好？"茹富兰说："就他演赵云，往刘备后边一站，就让你感觉到他在时刻赤胆忠心地保护着刘皇叔，特别引人注目。别人就做不到，就傻。"从此，梅兰芳多次强调他所敬佩的人很多，但是最敬佩的人只有两人，就是谭鑫培与杨小楼。

梅兰芳说："我陪谭鑫培老板演戏，已经是在民国以后的事了。至于段宅堂会的《汾河湾》，这还不是我们最初的合作。我第一次陪他在馆子里唱的是《桑园寄子》，好像是陈喜兴先生扮的娃娃生。民国六年以前我们俩没有搭过一个班，我陪他演出，多半是在义务戏、堂会戏里，晚上出台，每次也就只一两天。不过这种借用义务为名的演出，倒也是不断举行的。有一次陪他在天乐园唱《四郎探母》，真把我急坏了。这件事从发生到现在快四十年了，当时前后台的情形，我倒还记得很清楚。

"那天谭老要陪我演《四郎探母》的海报已经贴出去了，他那天早晨起床，觉得身体不爽快。饭后试试嗓音，也不大得劲，就想要回戏。派人到戏馆接洽，这个人回来答复他，园子满座，不能回戏。他叹了一口气说：'真是要我的老命啊！'

"据陈彦衡先生说，谭鑫培到了晚年，有许多人跟着他，等着他一出台就可以拿钱花用，他不得不唱。是含有种种复杂因素的。从上边这一句话里面，就可以想到这一位老艺人的晚境，也是无限苍凉的。

"那天晚上到了戏馆子，我看他精神不大好，问他可要对戏？（演员们在出台以前，深怕彼此所学不同，往往先把台词对念一遍，身段对做一遍，内行称为对戏。）他说这是大路戏，用不着对。我还再三托付他，请他在台上兜着我点儿。他说：'孩子，没错儿。都有我哪。'他上场以后，把大段西皮慢板唱完以后，台下的反映就没有往常那么好。等我这公主誓也盟了，轮到他唱'未开言不由人泪流满面'这句导板的时候，坏了！他的嗓子突然发生了变化，以致一字不出。我坐在他的对面，替他干着急，也没办法。对口快板一段，更是吃力。只看他嘴动，听不清唱的词儿。这一场'坐宫'就算草草了事。唱到'出关、被擒'，他抖擞精神，翻了一个'吊毛'，又干净，又利落，真是好看，才得着一个满堂彩声，见完了六郎以后，就此半途终场了。

"谭老板的人缘，素来是好的。那天台下的观众，大半都对他抱着一种惋惜和谅解的心理，没有很显著地表示他们的反感。可也免不了有的交头接耳在那里议论。他是向来有压堂的能力（演员一出台，台下立刻进入肃静无哗的境地，内行称为压堂）。在他一生演出的过程当中，那天这种现象，恐怕还是绝无仅有的。

"我在后台看他进来，心里非常难过，可也找不出一句话来安慰这位老人家，只好在神色间向他表示同情。他也看出我替他难过，卸完了装就拍着我的肩膀说：'孩子，不要紧。等我养息几天，咱们再来这出戏。'从他说话时那种坚定的口气，就知道他已经下了挽回这次失败的决心。他觉得嗓音偶然的失润，虽然不算是唱的错误，但他是一向对观众负责的，不愿意在他快要终止他的舞台生涯以前，给观众留下一点不好的印象。

"谭老板休息了一个多月，没有出台。有一天他让管事来通知我，已经决定某天在丹桂茶园重演《四郎探母》。我听到这个消息，立刻兴奋起来。等到出演那一天，馆子里早就满座。老观众都知道这个老头儿好胜的脾气，要来赶这一场盛会。我早就上了馆子，正扮着戏，谭老板进来了。我站起来叫他一声'爷爷'（谭鑫培与梅巧玲同辈，所以如此称呼）。他含着笑容，仍旧拍着我的肩膀说：'不要招呼我，好好扮戏。'我看他两只眼睛目光炯炯，精神非常饱满，知道他有了精神上充分的准备。过了一会儿，台上打着小锣，他刚上场，就听到前台轰的一声，全场不约而同地叫了一个碰头好。跟着就寂静无声了。头一段西皮慢板，唱得聚精会神，一丝不苟。他是把积蓄了几十年的精华一起使出来了。我那天兴奋极了，慢板一段也觉得唱得很舒泰。等又唱到'未开言……'的一句导板，这老头儿真好胜，上次不是在这儿砸的吗？今儿还得打这儿翻本回来。使出他全身家数，唱得转折锋芒，跟往常是大不相同。又大方，又好听，加上他那一条云遮月的嗓子，愈唱愈亮，好像月亮从云里钻出来了。余音绕梁，三日不绝，这种形容词用在这里是再合适不过了。不要说听戏的听傻了，就连我这同台唱戏的也听出了神。往下'扭回头来叫小番'一句嘎调，一口气唱完，嗓音从高亢里面微带沙音，那才好听。后面的场子，一段紧一段，严密紧凑，到底不懈地进行着，始终在观众的高昂情绪当中结束了这出《四郎探母》。

"我看他到了后台，是相当疲劳了。但是面部神情，透露出异样的满足。每一个演员，当他很满意地演完了一出拿手好戏，那种愉快的心情，是找不着适当的词儿来形容的。

"我看过他晚年表演的好多次《四郎探母》，也陪他唱过几次，唯有这一次真可以说是一个最高潮。

"我很幸运地还赶上跟这样一位有高度表演艺术的前辈老艺人同台演出。我们俩合作过的戏虽说只有三出，《桑园寄子》《四郎探母》《汾河湾》。但是他能在台上启发我、陶铸我，不知不觉地把我也带进戏里去了。因此，我跟他配一次戏，就有一次新的体会，这对我后来的演技是有很大影响的。至于唱工方面，他的吐字行腔，也早就到了炉火纯青的火候。尤其'拿尺寸'的本领，谁都比不了他。譬如《托兆碰碑》的反二黄、《洪羊洞》的快三眼，那种尺寸拿得让你听了好似天马行空一般，不到他的功夫是表现不出这种精髓来的。再说他这条嗓子也真古怪，越到晚年，越是脆亮。我听陈德霖老夫子说：'谭老板在五十来岁跟田桂凤合作的时候，嗓子不如现在。'我的姨父徐兰沅给他拉过胡琴，也说他晚年反而长了调门。"

谭鑫培到了晚年，还特意陪着梅兰芳唱过几次《汾河湾》。说到谭鑫培老先生陪梅兰芳唱《汾河湾》，外界有过两种说法，都是说谭老板在舞台上跟梅兰芳开玩笑，使梅兰芳受窘。岂不知，谭老是有名的老前辈，梅兰芳是初出茅庐的后生晚辈，这出戏里除了一个娃娃生，就是他们两个人，梅兰芳是陪谭老唱，也是谭老为了提携梅兰芳，如果谭老在舞台上难为梅兰芳，台下一起哄，不等于开他谭老板自己的玩笑吗？哪有这种道理呢？有时谭老站在剧中人的立场上，倚老卖老地临时加一点儿科诨，来博得观众一笑，那倒是常有的事。梅兰芳特意把这经过的情形做过细致的说明。

首先，梅兰芳说他们在念白里的问题。薛仁贵进得窑来，先跟柳迎春吵嘴。吵完了嘴，接着就向柳迎春要茶要饭。这时候的台词，他们夫妻二人，照例有两次问答。第一次薛问："口内饥渴，可有香茶？拿来我用。"柳答："寒窑之内哪里来的香茶，只有白滚水。"薛说："拿来我用。"第二次薛问："为夫的腹中饥饿，可有好菜好饭？拿来我用。"柳答："寒窑之内，哪里来的好菜好饭，只有鱼羹。"薛问："什么叫作鱼羹？"柳答："就是鲜鱼做成的羹。"薛说："快快拿来我用。"谭、梅祖孙二人合作过几次，都是这样念的。

有一次，梅念完"寒窑之内只有白滚水"，谭老临时加了一句"什么叫作白滚水"的问话。梅回答了谭老一句"白滚水就是白开水"。下面谭老说"拿来我用"，就收住了。因为北京话里只有白开水，这白滚水是上韵的戏词，或与湖广方言有关，谭老一时高兴就加问了一句，谭老也一准儿知道梅兰芳会这样回答，一来一往，就把台词的意思解释明白了。

下面梅又念道："寒窑之内，哪里来的好菜好饭？"谭老紧跟着又加了一句："你与我做一碗抄手来。"梅先生当然要问："什么叫作抄手呀？"谭老冲着台下的观众一指梅兰芳说："真是乡下人，连抄手都不懂。这抄手就是馄饨呀！"说得观众大笑。梅兰芳则接着说："无有，只有鱼羹。"下面他们仍照原词对念完毕。

　　"抄手"是四川土话，谭老板对白中借用的四川话，不要说梅先生不懂，就是满戏园子的观众，恐怕也没有几个人能够听懂。所以谭老叫梅做抄手，梅可以答复他"没有。只有鱼羹"，也就过去了。可是这样一来，观众对鱼羹、抄手，就永远是一个闷葫芦，失去了台词的风趣。

　　台下的观众听了，觉得这天的台词跟以前不一样，以为他们的对答里面出了问题。就有人说谭老板是故意难为对方，使梅发窘。其实像这种触景生情、随话答话，有舞台经验的老演员都能够随机应变、从容应对，不算什么稀奇的事情。当然这种随话答话，也不能离开剧情太远。谭老那天加的问话，拿剧中人的身份来说，一对久别的夫妻一旦相见，增加一点调笑取乐的气氛，应该还在剧情范围内，是说不上谭老有意跟梅兰芳开玩笑的。

　　其次，是身段上的问题。陈十二爷在《旧剧丛谈》里面记载过这样的一段故事："民初段宅堂会，外串谭鑫培、梅兰芳《汾河湾》，接近梅兰芳者以初次合作，面托谭鑫培格外关照，谭说诸大佬如此热心，余敢不竭力？况兰芳晚伊两辈，在理尤其应该照顾，情词极为真挚。及演至'闹窑'一场杀过河时，与梅兰芳里外走错，不免相撞，仓促之间殊无人理会。谭老于末场念白中搭救孩子后下，忽然加念'叫他这边躲，他偏往那边去'一句，即景生情妙语解颐。鑫培受人之托，有言在先，乃临时竟不为之回护，想亦积习难忘，忍俊不禁了。"梅兰芳为此曾特意回答说："此说指责谭老板对同台演员有了错误不肯替他们遮护。这未免冤屈了谭老先生，你想，这杀过河是两个演员对做的身段，一个往里走，一个必然往外边走，谁唱也不会走错的。"梅兰芳又说，"我是一个极笨拙的人，在台上从不敢大意，尤其跟谭老配戏，他本意是提携我、爱护我，我感激尚且来不及，更是处处留神，所以这个身段是不会错的"。

关于陈十二爷所说有人托付谭老关照梅兰芳的事情，梅兰芳曾郑重回答说：没有这回事。因为谭老与梅家三代关系密切非常，用不着外界朋友从中再来请托。

陈十二爷专门研究谭派唱腔艺术，在唱腔方面，特别是伴奏方面具有很高造诣，而且具有较高的理论水平。但是除唱腔外，他对做工、武功、舞台表演则因为没有登过台而所知有限。当年谭老要请他一起到上海演出，他没有答应。后来他在北京给谭老伴奏《托兆碰碑》，因谭老临时改变唱腔，他就认为是谭老故意阴他，又认为谭老在演出中故意为难梅兰芳。岂不知，舞台上"阴人"的做法，受伤害的不仅是对方，而是双方，所以他指责谭老是没有道理的。更何况像《汾河湾》这种戏，台词很碎，但是要求不是很死，大多是灵活掌握的。据说当年梅兰芳与马连良合作此剧，马提出到梅府对词。其实他们见面只是商量了一下服装的颜色、图案的搭配问题，因为马先生极为重视与梅大爷的合作，特意为这次演出定制了新的箭衣、马褂，专门向梅兰芳先生说明一下而已，以使二人服装颜色的协调。对台词则一句没说。据说后来荀慧生到南京，曾特邀谭派须生王琴生合演《汾河湾》，观众反映他们合作得非常默契，像谈家常一样。有人问他们如何排练，二人一致说，这种戏是不用排练的，都是活词，看的就是生活的自然与演员的火候。可见陈十二爷对谭鑫培的指责纯属外行，只不过梅先生不便说明也就是了。

还有人指责梅兰芳与谭老合作《汾河湾》，在窑内倾听薛仁贵演唱离家后的经历时，应该在表情上有所反应，而不该无动于衷。当时是谭鑫培演唱全剧最重要、最精彩的核心唱段，此时在场的旦角，即便是梅兰芳也不能有任何语言和动作的表演以影响谭鑫培的演唱。旦角在进窑门后只给观众一个背影就可以了，因为下面谭鑫培有大段西皮导板、原板、流水等成套唱腔，为全剧的关键所在，也就是观众当晚看戏的几乎全部最高艺术价值所在。一般演员都是背向观众而坐，不能对谭鑫培的唱腔有丝毫影响，否则观众是不会答应的。要等到老生唱完这段成套唱腔后，旦角才能站起转身，向观众点头，表示理解了丈夫离家十八年的原因，使剧情继续发展。

梅兰芳先生曾回忆说，他记得辛亥革命后，北京梨园行有进步思想的田际云先生等创议成立行会性质的"正乐育化会"，以代替"精忠庙"的旧行会。1912年（民国元年）冬，同业发起为"正乐育化会"募款义演两日，地点是天乐园。第一天由正乐育化会会长谭鑫培唱《桑园寄子》，第二天《托兆碰碑》。因梅雨田先生病故，由承办人名票陈子芳（学余紫云）、王君直（学谭鑫培）、丁缉甫（学陈德霖）和李丙庵（丑角票友）等约请陈彦衡为谭老操琴，约梅兰芳唱《桑园寄子》里的金氏。当时王大爷（瑶卿）的嗓子，已经开始往下坡走，尤怕唱二黄，所以当时谭老说王瑶卿是"西皮旦"。

唱《桑园寄子》时，多半是陈德霖的金氏。那次陈老夫子刚好有事不能参加，所以谭老就点中了梅兰芳。这是他第一次陪谭老唱戏，朋友们都替他担心，其实梅兰芳并不发怵，因为他搭双庆班时，经常和贾洪林、李鑫甫唱这出戏，他们都是谭派路子，所以他心中有底。当然他要随着老生的调门唱，唱完了，向谭老道乏。可是几天后，报纸上纷纷评论《桑园寄子》，都针对着旦角。有人认为谭老选择配角一向甚严格，这次忽然挑一个后生晚辈配演，未免有失身份；也有人称赞他提携后进的美德；另一种说法是介乎两者之间的中立论调。

梅兰芳从演过那场戏后，觉得与谭老合作，唱念盖口，身段地位，老生给旦角留的尺寸、地方均恰到好处，非常舒服。特别是逃难时"手攀藤带娇儿忙登山界"的身段，他一手拉着小孩，一手做攀藤上山的样子，同时甩髯口，李五的鼓点子，紧密地烘托着他的身段。描摹山路崎岖、艰难跋涉的情景，就好像比真事还要紧张动人。梅兰芳跟在小孩身后，一同登山，所以看得非常清楚。以前和贾洪林、李鑫甫二位演《桑园寄子》，登山攀藤的身段，也做得很到家，但比起谭老来，就不如他的既准确，又自然。以后梅兰芳和余叔岩在喜群社也唱过《桑园寄子》，在对戏时，梅兰芳谈起与谭老合演的印象。余叔岩说："那天我也在台下听戏，又要学腔，又要学做，耳朵、眼睛一刻都不得休息，比自己唱一出还要累。回家后，倒在床上就睡着了。睡到半夜里，我想起'手攀藤'这句的身段，就到客厅里点上煤油灯（当时电灯尚未普及），连唱带做地练习，一边做甩髯口，拉小孩的身段，一边从椅子上再登上桌子，表示爬山的时候，不留神把条案上的瓷帽筒碰到地上砸碎了，都顾不得收拾打扫碎瓷片，接着做完了这些身段。"足见余叔岩那时真成了谭迷。

据刘砚芳先生说："谭派《寄子》的'手攀藤带娇儿'的'儿'字唱完，老生就到了大边，在'忙登'的唱腔里，左手预备起范（准备动作的劲头）。'山界'的界字上，有一铙钹底锣，左手在这个底锣上往上一抓。第二个'忙登山'，唱完，在'搓锤'的底锣上，把髯口甩到右臂上，右手向小孩一招，换过手来，用右手向上一抓，把髯口甩在左臂上，左手向小孩一招。当又换过左手抓的时候，谭老板还有个右脚蹬空，左脚一滑，往后一仰的身段。我陪谭老唱过小孩，他还教给我，他往后闪腰时，小孩得双手赶紧扶住老生的腰，同时念京白：'您慢点！'谭老板这场戏认真细致，与众不同。叔岩是照谭派路子演的，他的基本功好，所以准确到家。谭老的艺术，晚年已入化境，程式和生活融为一体，难以捉摸。一个不满30岁的年轻人，要想学他是很不容易的。叔岩天资聪敏，加上眠里梦里的揣摩，所以能够吸收运用。有一次，我到他家里对戏，叔岩正开着留声机听谭老的《洪羊洞》《卖马》唱片。他从唱机上取下唱片对我说：'这是我的法帖，必须学而时习之，但到台上我却不能完全照他这样唱，因为我的嗓子和老师不一样，得自己找俏头。'"

当叔岩学谭老有了门径，入迷到废寝忘食的程度时，就托人介绍打算拜师。谭老生平不喜收徒，没有答应。后来碰到一个机会，叔岩为谭老解决了一桩困难，才得入门受业。

事情经过是这样的：清宫传外班演戏，叫作"传差"，钱是随他们赏的。袁世凯做了总统后，仍仿旧例，传谭老唱一出戏，只给二十元。谭老的儿子谭二（嘉瑞）说："总统府怎么和皇宫一样，也要传差？可是钱又给得那么少，从前宫里还给四十两呢。"这句话，传到总统府管剧务的王文卿耳朵里，就暗中叫军警方面的人对谭老说："您年高望重，应该保养身体，不宜常常露演。"于是，戏园、堂会中有几个月看不到谭老的戏码，许多谭迷大为失望。

余叔岩早年在天津"下天仙"搭班时，王文卿正在直隶总督袁世凯衙门里当差，曾叫叔岩拜他为义父。谭二知道他们的关系，就拜托叔岩从中疏通斡旋，叔岩慨然答应，但也托谭二给他办拜师的事。以后，谭老到总统府演了《珠帘寨》，算是赔罪，才又允许他照常演唱，接着叔岩也就拜进了谭门。

梅兰芳先生曾说，谭老入总统府演《珠帘寨》那天，心里憋了一口闷气，但表面上却要佯装欢笑，敷衍他们。这种痛苦滋味，凡是从旧社会过来的人，都能体会到的。

1915年（民国四年）冬，蔡松坡（锷）在云南起义，反对袁世凯做皇帝，其他各省先后响应。袁世凯被迫取消帝制，一气成病，1916年6月6日，死于中南海总统府。那天是星期日，谭老白天在西珠市口路北的文明茶园（解放后改华北戏院，今萃华楼饭庄）唱《击鼓骂曹》。登台前，他已知道这个做了八十三天皇帝"驾崩"的消息。谭老扮祢衡，唱到"昔日里韩信受胯下"的快板，口齿锋利，精神愤慨。后边骂张辽的道白，突然增加了"你狐假虎威，狗仗人势，你是个什么东西"等台词，骂得扮张辽的汪金林垂头丧气，仓皇失措。有些观众从他激越的声容中，知道谭老借题发挥，吐出了胸中的一口怨气。

余叔岩拜师后，谭老师就对他说："你还年轻，我先教你'五块白'扎根。"五块白就是《凤鸣关》《汜水关》《太平桥》《南阳关》《武昭关》五出扎白靠的靠把老生戏，一般都派在开场前三出。结果只教了一出《太平桥》，谭老就逝世了。当时有人说，谭老脾气古怪，不肯轻易传艺，叔岩虽列门墙，收获不大。梅兰芳先生觉得这种说法并不符合实际情况，据他推测是谭老怕说戏。至于《太平桥》也不是普通的靠把老生戏，唱腔虽然不太多，但是念白、动作、技巧都很复杂，符合余叔岩当时的嗓音条件，正好是台上练功的戏，更无敷衍余叔岩的意思。而且余叔岩与李春林一起练功时，余叔岩还特意向李春林求教过此戏，作为他们互帮互学的交换条件。因为这出戏有一个史敬思过太平桥时从椅子上往后倒的"僵尸"的动作技巧，余叔岩不敢走，所以走票时没敢唱这出，后来谭鑫培的检场刘十告诉他，其实谭老当年演出也有窍门，就是在往下摔的时候，刘十在后面用椅子垫给他垫头之际，在背上托一把，就保险摔不着了。当年谭鑫培在四喜班演出《太平桥》时，最精彩的就是最后一场，史敬思拉马上桥（椅子），预备过太平桥，左腿刚跨上桌子，桥下躲着朱温的将官卞应遂突然起来，一枪扎在他肚子上，史敬思扔马鞭，拔宝剑漫卞应遂的头，卞踢掉他的宝剑，史敬思又扔盔头，起甩发，双手攥住枪头同时把蹬在桌子上的脚撤回到椅子上，往后仰着下腰。最后，靴子踢椅子背，身子蹬出去，起"僵尸"。仰面躺在台上大边。这个身段，史敬思下腰时，左腿的劲儿虚着，完全右腿吃劲。卞应遂也是右腿吃劲，左腿虚着。但是检场的却要在椅子后边紧紧地抓住卞应遂那只蹬在椅子背上的左脚，因为史敬思攥住卞应遂的枪头后下腰，卞应遂必须顺着他的枪头，一点点往前送，静等着他撒手，是一种既往前送又要揪住他的劲头，如果后边没有人帮忙，一不留神会摔出桌子去的。后来余叔岩在梅兰芳的喜群社搭班还正式演出过此戏。

足见谭老教余叔岩学这出戏是经过认真考虑的。而且这也是当年谭鑫培与孙菊仙同搭四喜班时经常演出的剧目。余叔岩自己也说："我拜师后，还是得到不少好东西。谭老师的脾气有些高傲，那是无可讳言的，但他也因人而施，起初是试探我是否真心学艺，后来知道我的确爱他的玩意儿，才把许多道理教给我，譬如有一次，我当着许多客人面前问他：'《天雷报》末场，张元秀什么时候扔掉竹棍子？我在台下没看清楚，请您说一说。'老师对我笑了笑，接着就和别人谈话，始终没答复我。于是在座的都觉得老师故意抛徒弟，让我下不了台。我却耐心等候着。两小时后，客人都散了，他见我还没有走，就说：'你刚才不是问扔棍子的身段吗？《天雷报》里要紧的东西多着呢。好吧，过两天，我在台上唱一出给你看。'几天后，老师果然贴出《天雷报》，唱得十分精彩。第二天，我到谭家，谭老问我：‘看清楚了没有？张元秀手里的棍子，不是故意扔出去的，因为他下亭子时，看到老旦死在亭下，大吃一惊，不由自主地撒手，棍子就掉在地下了。这和《打侄上坟》里，陈伯愚看见陈大官那种狼狈落魄的样子，一生气，手里的书掉在地下是一样的道理。不过张老头是打草鞋的手艺人，和有钱的陈员外是不同的，必须有点武功底子，尽管张元秀出场引子念"年纪迈，血气衰……"但是腰腿时时要露出倔强不服老的神气才合适。’我紧跟着追问老师：‘扔棍子是看清楚了，但张元秀临死时应该摘了帽子，还是戴着帽子？’谭老师对我笑了笑说：‘你如果真打算死，戴着帽子也死得了；如不打算死，摘了帽子也是装死。’"

余叔岩认为，这些闲谈中包含着许多哲理，老师说得很含蓄，因为他知道我作为他的学生是能够悟出其中的许多道理来的。更因为老师知道这个徒弟已经有了相当程度，所以他说的都是节骨眼儿、紧要关子，普通的一招一式、一腔一调是无须细说的了。但叔岩却谦虚地说："谭老师晚年已经到了随心所欲，无一毫做作的境界，我花那么大的力气，也不过学到他几成而已。"实事求是地说，谭鑫培教余叔岩"五块白"，是因材施教，因势利导。后来余叔岩与梅兰芳排演《游龙戏凤》和《打渔杀家》也是因势利导，为他后来独自挑起谭派的大旗，甚至另立一派都是有着密切关系的。

谭先生的舞台生活六十年没有中断。他晚年还经常演出，演出前必须养精蓄锐，以便到台上去发挥他的艺术才能。而授徒说戏，对他来说相当吃力。他对儿子、女婿，也没有掰着手教过他们，不过偶尔指点而已。他曾说："你们应该用心听我的戏，我唱戏也是给你们看的。"

余叔岩拜师后，谭老先生知道他因为嗓子正在恢复期间，一直没有演出，就借堂会演出的机会设法安排余叔岩登台演出。唱不了主演，就让他在自己主演的《失空斩》中扮演王平，因为王平的戏以大段念白为主，讲究的是吐字和表情，不像唱腔受调门局限，与嗓子关系不大。后来看余叔岩嗓音见缓，遂在演出《四郎探母》时设法让他扮演杨六郎。因为在"见弟"一场，师徒扮演的四郎与六郎有一段对唱，为照顾徒弟，师父竟然在这场对唱时给自己降低了半个调门以迁就徒弟。那天一起导板，杨六郎在幕后唱"一封战表到东京"，大家感到耳生，但是吐字发声、唱腔的劲头都很讲究，遂有人说唱者是贾洪林，结果出来一看却是余叔岩。接着他与谭鑫培扮演的四郎对唱，竟然有人说："这个六郎的嘴里挺讲究，真像谭老。"当然，对余叔岩来说，别人如何议论倒无妨，关键是能够与师父一起对唱"见弟"一场，在闪转腾挪的技法、劲头上别有一番收获，可谓天赐良机，使他对师父感恩不尽。

再说早年程长庚大老板逝世，杨月楼与谭鑫培正同时搭班在三庆，但是最为程长庚所器重的是杨月楼，以至大老板临终前把班主宝座让位于杨月楼。不过杨月楼与谭鑫培互相帮衬，互相敬重，合作默契。例如当时杨月楼与谭鑫培都唱《连环套》，总是一个演黄天霸，一个演朱光祖。两个人轮流替换演出。杨月楼扮演的朱光祖虽然身段敏捷，念白脆爽，很为观众所认可。但是杨月楼终归身体魁梧，扮演朱光祖比较吃力，后来两人演出前一到后台，杨月楼就对谭鑫培说："贤弟，今天还是你帮我扮朱光祖吧，别让哥哥我为难啦。你看我这么富态……"

谭鑫培一听就说："您是朱仁兄，我是黄贤弟呀！"

"那就别难为哥哥我了。"杨月楼也忙用朱光祖的戏词给谭鑫培道乏。

应该说这老哥俩台下情深，台上默契，从不分彼此。这出《连环套》，一个扮黄天霸，一个扮朱光祖，互相替换，轮流打铁，都没有二话。

而杨月楼最记挂的是自己的儿子杨小楼，在他临终前则毫不犹豫地请谭鑫培到病榻前，情深意切地说："小楼的将来，我只有交给你才放心，台上走你的路子，台下当你的儿子，我也就闭眼啦，千万可别推辞呀！"

"既然这么信得过我，我还能说什么？"

"小楼过来，给你干爹叩头。"

小楼赶紧上前叫道："干爹。"

看着谭鑫培含着泪水把杨小楼扶起来，杨月楼才心无挂碍地闭上了眼睛。

按英秀堂的家谱，谭鑫培的儿子名字中都有一个"嘉"字，分别为嘉善、嘉瑞、嘉祥、嘉荣、嘉宾、嘉乐、嘉瑚、嘉禄，所以谭鑫培为小楼排名嘉训。因嘉瑚早逝，实际上谭鑫培七子二女，加一义子，与天波府的杨老令公的七郎八虎、八姐九妹一样，这也就是谭鑫培之所以最爱唱《托兆碰碑》，而又最怕唱《托兆碰碑》的原因所在。

谭鑫培为了完成杨月楼的临终嘱托，就把杨小楼带在身边，总让他在自己的前面唱倒第二的压轴戏，颇为引人注目。

一天，原定谭鑫培演出大轴戏《洪羊洞》，演出前，谭鑫培突然对杨小楼说："嘉训，我一会儿要到蟠桃宫去参加赛马大会，只能提前上场，我唱完大轴子去就晚了，只能唱倒第二，你就替我盯着唱大轴子吧。"

"唱大轴子？我能行吗？"杨小楼感觉突然，不知所措。

唱大轴子其实谁都可以，但是要分谁唱压轴。其实杨小楼经常唱大轴子，然而就是不能在谭鑫培的后面唱大轴子。因为大轴必须是这一台演员中堪称领袖的演员。既然是谭鑫培挂头牌，这观众都是冲谭鑫培才来买票看戏的，且轮不到他杨小楼唱大轴子呢！唱大轴子，也是许多优秀演员的终极奋斗目标，而且伶界大王谭鑫培的大轴子，更无人可以替代。然而今天竟然落到杨小楼的头上，这怎么可能呢？杨小楼当然明白，演大轴子的演员本应是挑班的班主，而倒第二唱压轴戏的是傍角的。谭老不唱大轴子，而要傍着他唱压轴戏，这可是不得了的面子和机遇。

不过，谭鑫培要去马会赛马，也是实情，每年三月三，在东便门外的蟠桃宫庙会可是北京最热闹的庙会之一，可能这个庙会也是距离北京城最近的庙会，出哈德门，过护城河，沿着河边往东走上一里多地就到了，走不动的香客还有骡车接送。蟠桃宫外面临时支起的许多大棚、戏台更是博人耳目。拜王母娘娘，抽签卜卦，买香草，看蹦蹦戏《王少安赶船》，这也是大家都知道的热闹，其中规模最大的就是赛马了。

据梅兰芳先生说，北京的风俗，每到一个季节，都会有一种应时点缀，这里面尤其以跑马、赛车最为热闹。如元宵节的白云观、三月三的蟠桃宫、端阳节的南顶都是赛马者的节日。跑马是选择一个宽阔的空场，长一里，宽两丈，临时用土填平，两旁有茶棚，聚集着赶庙会的商贩、看客助兴。当时跑马人的姿势，要求腰杆挺直，不许倾斜，从头到尾，马跑如飞，一气贯穿。如果双腿搂箍，便属犯规，两旁的看客当报以倒彩。不过当时纯属表演性质，不用下注，没有赌博。当年参赛的大半都是社会闻达，最有名的当数清宫的贵族。其中最引人注目的当数当时的皇叔爱新觉罗·载涛，号称涛贝勒，他不但是京剧舞台上的奇人，曾与杨小楼一起跟着张淇林学戏。翻跟头，打把子，专演《安天会》《金钱豹》等大武戏，有名的武生李万春曾经跟他学戏三年。清朝末年加封郡王，任总司稽察、禁卫军大臣。宣统二年（1910）二月，赴日、美、英、法、德、意、奥、俄八国考察陆军；五月，派任英国专使大臣。宣统三年（1911）五月任军咨大臣，1918年，徐世昌任命他为将军。1929年，将贝勒府卖给当时的辅仁大学。日本侵华期间，他拒绝到"伪满洲国"任职。新中国成立后，毛泽东主席亲自任命他为中国人民解放军炮兵司令部马政局顾问、总后勤部马政局顾问。就是这样一位奇人，在赛马会上怎能不引人注目。当时还有同仁堂乐家的少东家。但是最令人注目的还是京剧界的谭鑫培。在马场上，只见他一下场子，观众就叫好不绝，虽然年逾花甲，但是精神矍铄，头戴黑缎瓜皮小帽，上缀红结，正面镶一帽正，身穿梅花鹿皮坎肩，下穿皮套裤，足蹬快靴，荷叶袜子，腰系褡包，神采飞扬，观众的喝彩声震动整个赛场，这也是谭老板最为得意的时候。

所以说，谭老板每年都要去蟠桃宫赛马，杨小楼也是很能理解的。但是谭老板要借机把大轴子的位置让给他，却是他万万也没想到的。您想，一个演员混到挂头牌，混到挑班，那是多么难得的机会呀！怎么可能拱手相让呢？再说杨小楼对自己在谭老板的后面唱戏也是犯嘀咕。头天快扮戏的时候还问谭老板："干爹，我明天贴什么戏呢？"谭老板不假思索地说，就贴你的《铁笼山》不是很好吗？

话说第二天，谭老板唱完一出《洪羊洞》，跟着就是杨小楼的《铁笼山》开锣了。大家不是都知道谭老板到蟠桃宫赛马去了吗，敢情这是谭老板设下的迷宫。其实他唱完《洪羊洞》，压根就没有离开后台，而是躲到台帘里边，看了一整出《铁笼山》，背着杨老板还很是夸奖了他几句后才离开后台的。有人还就把谭老板说的几句话传给了杨小楼。你想，一个后生晚辈听到老前辈赞许他的艺术，还给他让位，这是多么兴奋的事情啊！他卸了装，兴冲冲赶回家，刚进门，就听说谭老板已经派人来找过他了。他扭头就走，赶到谭宅，谭老板见他就说："你这出《铁笼山》是真不含糊，但是我要问你，'观星'这场有个牌子，你怎么光比画不张嘴唱呢？"

"干爹，我不会。"杨老板很直爽地答复。

谭老板说："这个牌子的名字叫《八声甘州歌》，它的词是'扬威奋勇，看愁云惨惨，杀气蒙蒙，鞭梢指处，神鬼尽觉惊恐，三关怒冲千里振，八寨雄兵已成空。旌旗摇，剑戟丛，将军八面展威风。人似虎，马如龙，伫看一战便成功'。场面打的曲牌名儿又叫'三换头'，这里面包含着'风入松''泣颜回''排歌'三种牌子的打法。去（扮演）姜维的演员不但应该会唱牌子，而且锣经更要熟悉。这里的身段跟唱词都有联系，少唱两句是可以的，如果根本不会唱，那你的身段也就只能瞎比画两下，没有准地方了。来吧，我给你说吧。"那天谭老板特别高兴，拿过一双筷子，嘴里连唱牌子，带念锣经，手上还打给杨老板看。最后又站起来说，唱完了这句"扬威奋勇"，等场面打的"冲头"收住，这才接唱"看愁云……"同时从上场门领着龙套走到舞台中间，牌子里的"杀气蒙蒙""鞭梢指处"……都有一定的身段。他边唱边做，把身段、步位，也都比画给杨老板看。这样的认真指点，还有学不会的道理吗？有人总说谭老板自己有一身好本领，只是不肯教人，这话也不尽然。遇到像杨老板这样有天赋的后辈人才，他还要亲自找上门来主动地教呢！这也不是净为了谭、杨两家交情厚的关系，大凡一个有高度艺术水准的艺人，让他教开蒙的小学生，不一定准教得好。程度高的演员，经他一指点，那真是"画龙点睛"，收效可就大了。上面这段故事就是茹派武生宗师茹莱卿先生告诉梅兰芳的。茹先生是听杨老板亲口说的。茹、杨二位是师兄弟，都是梅兰芳外祖父杨隆寿先生的学生。

现在演出《铁笼山》的武生，唱到这儿，牌子照样吹，打鼓的也照老路子打。可是姜维嘴里能唱出词儿的实在不多见，一半是因为它的调门太高，除了杨老板这条嗓子，一般武生是够不上这个调门的。学会了不能唱，等于不会，这样慢慢地教的和学的，对这个牌子都马马虎虎，不甚注意了。其实这种观念是非常错误的，记得茹大师的后人茹元俊先生，也是谭元寿的拜把兄弟，就曾对笔者说，他当年在上海参加武生擂台赛，就是根据高盛麟先生建议凭他在《铁笼山》一剧中唱的曲牌载歌载舞，而剑走偏锋，一举夺魁的。

念完大字，谭鑫培又说："这是原来昆曲《麒麟阁·扬兵》一场的曲牌，你的嗓子很能唱，但是不会这个牌子怎么行，那不成练把式的了？今天学，明天就要台上唱。一唱你就知道，我们与练把式的不同啊。"

后来，谭鑫培又看了杨小楼的《挑华车》，就说："你这是跟俞先生学的，我看很好，但是你的念白和头场唱的曲牌《泣颜回》的唱要特别加强，不能上台就打，头场闹帐一定要交代清楚，你是高王爷，就是要表现出奋勇杀敌的气概。唱念必须要加工，要念出意思来，还要有味道，要让人知道你是要挑华车，最后是为国尽忠，而不是让人看完了说你的大枪耍得真好，摔叉很高，打得多热闹，我们是唱华车，不是练华车呀！"

"哦！干爹，我明白了。我是把劲头都用在玩意儿上了，总想多要几个好，就忘了这高宠是干什么来了。"杨小楼很诚恳地表示要正视过去，谭老板遂连连说好。

杨小楼晚年在台上也常常偷懒，显然是年纪大，累不了的关系。后来看他两次《铁笼山》，唱到"扬威奋勇"一句，真是神完气足，非常有劲，下面"看愁云……"几句就不是每句都唱了。但是动作边式，身段上是一点不走样，这就是因为他会这个牌子的缘故。可见谭老板受杨月楼老先生的临终嘱托，是做到了受人之托，忠人之事，最后把自己大轴子的位置让给杨老板，把杨小楼培育成国剧宗师。笔者认为，作为同行，作为故友之子，作为竞争对手，谭老板对待杨小楼能够如此想方设法，千方百计，足以说明谭老板的心胸之开阔是无可比拟的。如果说杨老板虔诚信佛，他始终对义父感恩戴德，以至到后来的1919年，杨小楼与谭小培、尚小云和白牡丹以"三小一白"的名义并挂头牌去上海演出，后又傍着师侄谭富英合演《断臂说书》，为谭富英捧场，则说明杨老板传递给我们的何止是艺术，实际上更是一颗知恩图报的心。至于谭老板当年受梅兰芳之祖父梅巧玲的救济能够终生不忘，再三再四地陪同孙辈的梅兰芳同台演出《四郎探母》以示提携。因为嗓子失润，没有演好，一个月后他又重新再陪梅兰芳演出，这难道仅仅是朋友之交吗？

总之，谭鑫培通过在剧本、唱腔、技巧和服装道具等多方面的变革，整合出数百出经典剧目支撑着我们百年来的演出市场；并把京剧从地方戏提升到国剧的地位。他以不凡的眼力和能力培育出国剧水平的接班人，从"五坛"到"三大贤"，从四大名旦到四大须生，从北京京剧团的马、谭、张、裘、赵五大头牌到今天北京京剧院以谭孝曾为首的九大头牌。从谭鑫培1917年离世到2017年的百年间，谭字大旗不倒，桃李满园，再次证实了梁启超的断言：四海一人谭鑫培，声名廿纪轰如雷。

九　无腔不谭

　　在谭鑫培的晚年，先后为他伴奏的琴师是梅雨田、孙佐臣和徐兰沅。徐兰沅是谭鑫培艺术生涯中最后一任琴师。当时，谭鑫培的艺术已经是炉火纯青、登峰造极，而徐先生不过刚刚20岁，初出茅庐。当然，徐先生也出身梨园世家，祖父徐承翰、父亲徐宝芳都是著名的小生演员。他本人从小学戏，九岁就陪同谭鑫培、汪桂芬、孙菊仙演出，扮演娃娃生。在他的记忆中，陪这三位大师演出《桑园寄子》中的娃娃生叫天赐，在拜见大老爷时，谭鑫培叫他念"晚生拜揖"，陪汪桂芬演出时又要改为"小可拜揖"，而孙菊仙则要求念原词"小人拜揖"，三者很容易混淆，曾使童年的他大费周折。尽管他生旦净丑都学过，但是兴趣都不大，偏偏对操琴感到极大的乐趣，后终成为谭鑫培、梅兰芳两位伶界大王的专用琴师，所以他也成为京剧琴师中的泰斗级琴师。

　　当时的戏班已经从班社制时代向以角儿为中心的明星制时代转变。程长庚早年制定的戏班中人一律不许外串的班规早已废止，所以演职人员的流动已经成为常态，且非常活跃。每一位挑班的名角都有自己的私房琴师。徐兰沅第一次为谭鑫培操琴就是因为当时为谭鑫培操琴的孙佐臣同时也是孟小如先生的琴师。那天谭、孟同时都有演出，按理说孙佐臣应该优先为谭鑫培操琴，但是当时谭鑫培已近古稀之年，虽然还能演出《大八蜡庙》《五人义》等武戏，戏份也高，可是每月平均的演出次数却比孟小如少得多，孟与孙又是长期合同，所以孙佐臣就把天平倾向到孟小如一边了。当时的场面头（乐队负责人）陈嘉梁先生就让徐兰沅准备一下，到庆升茶园为谭鑫培与陈德霖两位大师伴奏《武家坡》。

同时为两位卓越的艺术大师操琴，这对刚刚20来岁的徐兰沅来说，实在非同小可。机会是给有准备的人的，就看徐先生能不能抓住这千载良机了。

要知道，徐先生要为两位大师操琴，在演出之前是没有排练机会的，甚至连见个面、对对唱腔都是不可能的，只能台上见。然而，这丝毫也不能成为影响演出艺术质量的理由，却只能促进演员与乐队的山后练鞭，以保证自己的经济收入和艺术水准的提高。

而和今天不同，在很长的历史时期，戏曲院团是从来不排戏的，几乎都是"台上见"，但却保证了演出质量的高度提升。这种组织管理看似松散，其实非常严谨而科学。从清朝的内务府到民国时的社会管理局，只有一个下属行会组织。清朝称精忠庙，设庙首，通过"庙会议事"。高朗亭、程长庚、杨月楼、谭鑫培、田际云都当过庙首。1912年改为正乐育化会，谭鑫培为会长，田际云为副会长。1928年成立梨园公益会取代正乐育化会。再后来就是1936年成立，由梅、杨、余所主管的北平梨园公会，以及后来由尚小云、沈玉斌等先生负责的国剧公会和1949年后成立的京剧公会。直到1956年才改组的北京京剧工作者联合会以及北京剧协，等等。

京剧公会为社会上七十二行行会组织之一。像木匠公会供奉鲁班爷一样，国剧公会供奉的就是老郎神，据称即唐明皇。公会下属七行七科，即生、旦、净、丑、小生、文堂、武行七行和经励科、音乐科、剧装科、容妆科、盔箱科、交通科、剧通科七科。因为当天演出的剧目也是演职人员到后台，看见候场桌上的"戏圭"后才知道的。因此演出前排练是不可能的。您可能会问台上出问题怎么办、遇到自己不会的戏怎么办，新年伊始你收不到戏班继续聘用的聘书怎么办？戏班是每年一聘，年底唱完封箱戏，转过年来，戏班都是根据演职员在戏班的表现来决定今后是否录用。所以演员乃至伴奏人员都要会得多，尤其要通晓戏剧起承转合的规律，善于随机应变。很多戏都要想在前面，才有搭班演出的资格与机会。如果一问三不知，派给你的戏你接不住，就等于给自己解除了聘用合同。所以您想，既然搭班唱戏如投胎，能有不会的吗？不会，是无法搭班的，只能去挨饿了。

那么如何证明你是一位合格的演员或演奏员，或箱倌或梳头师傅、检场师傅呢？原来从精忠庙到新中国成立初期的京剧公会都奉行严格的注册制度，不过不用考试，也没有试用期，唯一的要求就是要填写被聘用者所拜师父之大名，只要七科七行的师父是公会认可的，并举行了拜师仪式，就自然可以注册为公会的正式会员了。大家都知道王瑶卿、李洪春、陈喜兴、赵绮霞、赵桐珊先生的徒弟最多，就因为他们在京剧界威望高，会得多，会得杂，是"戏包袱"。有了这样的师父不但徒弟可以搭班，就是挑班演出都会顺利通过的，所以过去演员、随手（即文武场面）、箱倌等在演出中发生问题，人家首先就要问："你师父是谁？"当然，如果演员在搭班前知道该班社的主演是谁，是什么戏路子，就要随时向师父请教一些自己不会的戏以留备用或以防突然袭击。

至于徐兰沅为谭鑫培、陈德霖两位艺术大师伴奏，更不可能事先让两位大师为你排演一次，或者让大师跟你对唱腔了。所以当徐兰沅听说要他给谭鑫培、陈德霖伴奏《武家坡》，首先感到特别光彩，但是随之而来的则是极度不安，犹如背上了千斤大石一般沉重，总怕自己火候不够，把两位大师的唱腔给搞砸了。他就是以这样忐忑的心情把一出《武家坡》平平安安地伴奏下来。第二天的《问樵闹府·打棍出箱》也是如此。第一天，唱到薛平贵与王宝钏进窑后，薛平贵念"三姐听封"时，第二天唱到"出箱"时，孙佐臣满头大汗地赶到剧场，徐兰沅赶紧起身，把琴师的位子让给孙先生。

从此，谭鑫培和陈德霖都对这个20来岁的"小胡琴"产生了好感。不少观众，尤其是谭迷也说："哪里来的这么一个临时救场的小孩，上台也不慌，拉得尺寸还挺瓷实。"通过给两位大师伴奏，徐兰沅也深刻地领悟到，说谭鑫培的表演艺术炉火纯青，真不是徒有虚名，从一出场的西皮导板起，就把薛平贵背井离乡、思念妻子的心情唱得情真意切。唱"提起当年泪不干"一段时，感情尤其充沛，气氛尤显悲凉。那一大段流水板唱腔滔滔不绝，感人肺腑，口齿清晰，字字千钧，但是又让你找不到他换气的气口，真是一气呵成，回味无穷。他也发现，陈德霖先生嗓音初听似无特色，但是越听越美。他的吐字和喷口都很有力，却又不失淑女的婉约与温存。按今天的女性化装来说，陈德霖老先生的化装是很难让现代观众接受的，可是，通过耳濡目染，他却能给人强烈的亲和力，使坚守贞洁十八年的王宝钏很快得到同情，得到承认，表演功力可见一斑。这使徐兰沅尤其感到陈老先生的艺术感染力。

不久，谭鑫培应田际云的玉成班邀请，又要在前门外鲜鱼口的天乐戏园演出《武家坡》《天雷报》《击鼓骂曹》《托兆碰碑》《别母乱箭》等五天大戏，戏报一贴出，五场演出戏票就被一抢而空。不巧，孙佐臣因事外出。田际云准备邀请谭家老二即谭嘉瑞操琴，但陈德霖先生认为不合适，遂向田际云郑重推荐了徐兰沅。

当田际云当面向徐兰沅说明公事（即演出任务），提到《托兆碰碑》时，徐兰沅不由得一愣。田际云马上心领神会地说："如果《托兆碰碑》不行，咱们就换一出戏？"徐兰沅思虑再三，便坚定地说："不必换，我可以拉。"他所以下决心要拉这出《托兆碰碑》，一是他已经多次在给谭小培吊嗓的时候练过这出戏，而谭小培这出戏是他父亲的真传实授，在谭宅吊嗓时，谭鑫培发现问题时甚至会当即提醒，而且每次提示都给他留下难忘的印记。

他记得有一次为谭小培吊嗓，吊的就是《托兆碰碑》，谭老先生推开门就说："你们要忙着去抢前门楼子，那就等你们从前门回来再接着唱好不好？"显然，这是谭老先生告诫他们演唱的节奏太快了，跟忙着抢前门楼子似的，要他们把节奏放慢一些。所以徐兰沅对谭老先生这出《托兆碰碑》唱腔的把握不会有什么出入，再说距离演出还有几天，他还可以抓紧时间再找小培先生练练，如果这出戏闯过去了，老生、青衣戏也就没有什么更大的障碍了，所以他决心闯一闯。

同时他也发现，谭鑫培老爷子名气很大，据说还经常翻场，所谓"翻场"，就是在舞台上，他看到同台的演员出错，或者乐队出错，他总是"当场揭发"，甚至利用戏词说出错误的根源，弄得对方下不来台，引得观众哈哈大笑，所以大家都说他脾气大，不好合作。可自从徐兰沅给谭老拉了两次以后，每到后台，谭老都要拍拍他的肩膀，说："孩子，放心，我会兜着你的。"这种来自大师的特殊关照，不但使他信心倍增，而且特别温暖。

几十年后，他还清楚记得当年演出《托兆碰碑》的细节。那天一早，他就抱着胡琴练上了，饭也不想吃，临上场前他更是如坐针毡。当他上了台，定好弦，心情好像倒平静了，胡琴也特别得心应手，琴音也亮，字儿也干净。他知道，原来这出《托兆碰碑》，又称《李陵碑》，只是一出前轴①的小戏。但是经过余三胜先生的真传和谭鑫培的研究与加工，这出戏的唱腔和表演都有了很大的改动和创造。例如余三胜先生当年唱那段反二黄总要一百多句，杨七郎的"托梦"也有大段唱腔，谭鑫培都做了精简和压缩，听起来精致而洗练，让人感到美不胜收。谭派名票王庚生则认为谭老唱到二黄三眼"腹内饥身寒冷遍体嗖嗖哇"一句，打破原来的格律，把两个"嗖"字都落在眼上，第一个嗖字长一些，然后像被冷风一灌，略一吸气，再喷出第二个嗖字，很短促，随即用"哇"字收音，唱来不但节奏紧凑，也形象地唱出了被风噎住、寒风猛灌、噤不能言的感觉。谭门弟子余叔岩先生就说："谭老师的这段反调一开始的'叹杨家'三个字就让人感动，可是谁也找不到他的那个劲头。"梅兰芳先生也说："谭老先生唱反调前，一出场，被冻得那个抱肩哈手的动作就跟真的一样。我自己是演员，六月伏天坐在台下看此戏却觉得浑身发冷。"正是此剧的精湛、生动与细腻所在，使之一跃而成为大轴子戏。可见谭老先生这出戏是如何精雕细刻、引人入胜了。

谭鑫培作为梨园界出类拔萃的艺术大师，脾气又有些古怪，很多同行都不敢接近他，但是年龄上与他相差半百的徐兰沅先生却认为这个老人家非常和蔼可亲。为照顾他的胡琴，谭老先生不但在演出前把

---

① 原来过去的戏园子一唱就是多半天，有时十几出，有时七八出，就像一幅画轴，分前轴、中轴、大轴，倒数第二出叫"压轴戏"，最后一出叫大轴子戏，有时最后再安排一出武戏，叫送客戏。好角、名角、好戏都是放在后三出唱，前轴子就是凑数的，因为观众还没有到齐，这出《托兆碰碑》就应该是前轴的戏。后来，谭鑫培把这出戏唱红了，就成了大轴戏了。

他叫到家里，告诉他几个特别要注意的地方，有时怕他接受不了，就临场改成简单的旋律来适应他的拉法。下来后，再把原来的唱法教给他。特别是他为谭鑫培伴奏过《托兆碰碑》以后，获得好评，谭老先生又一再鼓励，更激发了他好学的兴致。有一次演出《辕门斩子》，当穆桂英上场时，杨延昭应该有一个伏在桌子上打瞌睡的情节，恰好谭老的脸正对着徐兰沅的胡琴（这里必须解释一下，当时的乐队位置在舞台的后面，鼓师的位置在九龙口，琴师的位置在相对的白虎口，杨延昭在舞台上伏桌瞌睡，正好面对琴师），他看看徐兰沅的胡琴就说："你的弦太细了。"徐兰沅马上领悟到是说他按弦的力量不够，要他多练练按弦，加大力度。后来他就在练功时换上粗弦练习手指按字的力量。

那次演出的第五天戏是《别母乱箭》，是一出非常吃功夫的昆腔戏。有了这样的机会，徐兰沅马上想到教他昆腔的师长，便特意向玉成班班主田际云提出请他的师父，在京昆史上著名的笛师方秉忠先生出山担任主笛，由他担任副笛。戏一结束，谭老就说："年纪轻轻的孩子能这样爱护师长很好，除给方先生一份钱，还要给这年轻人一份。"田际云马上就同意了。

这说明，谭鑫培不但看重徐兰沅的琴艺，更看重他如何为人处世。他能不忘方秉忠先生对他的教诲，在关键的时候想着自己的老师，做到尊师重教，这对于一个从艺人员的品行来说尤其重要。同时也说明徐兰沅在仔细观察谭鑫培对他的看法，而谭鑫培也在密切地观察着徐兰沅的一举一动。

不久，谭鑫培发现徐兰沅并没有因为给自己操琴而骄傲自满，总是在演出之余照常来给谭小培吊嗓子，以提高自己对谭派须生唱腔艺术的认识。而每当小培给他纠正错误，或者说哪里不合适的时候，他也总是很感激，并愉快地接受。

谭鑫培、陈德霖晚年在天乐戏园的这五场演出，在谭迷看来实在非同小可。如有鸣晦先生当时记录称："癸丑十月，重走京师，闻谭英秀将登场于天乐，奏技凡五夜。都人仕女，倾城往观。融融然有承平之想。英秀老矣，奇思状彩，乃不复当年，座中故老咸为感叹，知《广陵散》尚在人间也……"

可知，谭鑫培连演五场，谭迷何等关注，何等珍惜！

天乐演出后的一天，谭鑫培推开他儿子小培的房门，对正在给小培吊嗓的徐兰沅问："你怎么又不给我拉了？拉得挺好的啊，跟着我多么体面，你的琴也能有起色。"

徐兰沅忙说："谭老先生，孙先生比我强多了，我给您拉，实在是给您添麻烦……"

谭鑫培忙说："不要紧，你一次抓不住我的腔，第二次不是就好多了吗？"

徐兰沅答道："我拉坏了，对不起您老人家呀！"

谭鑫培又说："就是拉错了，难道人家就不认我谭鑫培了吗？不要紧，还是跟着我拉好呀。"说完这句话，谭鑫培就回到自己的房间。这时，在场的谭五爷（即小培）和他的岳父、三庆班的著名小生德珺如先生都转过来劝徐兰沅，说："兰沅，你可要走红运了，你给老板拉琴，多美呀！他自己的儿子要求多少次了，老板就是不吐口，你怎么还犹豫呢？"见徐兰沅不说话，德珺如着急地说："你看老板多么器重你，这是多好的机会呀！你被老板看中，说明你的手里好，他信得过，虽然老板年纪大了，现在演出少一些，但是跟了老板，你的身份和名气就上去了。将来谁都得用你。这可是鲤鱼跳龙门呀！"

谭小培接过话茬说："你将来给我们老爷子拉琴，如果哪天老爷子不满意了，把你辞了，你就把胡琴撅了，我养活你一辈子。"

徐兰沅忙说："谢谢德爷，谢谢五爷，你们为我好，我当然知道，但是孙老元那里我得当面讲清楚，他必须当面吐口。我这是刚刚出道，不能让老先生说我挡他的道，欺师灭祖，您说是吧。"虽然当时徐兰沅没有答应，但是他心里也很明白，是做官中胡琴，还是傍好角儿，成为名角的私房胡琴，这是截然不同的。

大约在1914年初秋，谭鑫培从避暑的京西潭柘寺回到城里。天高气爽，正好唱戏。因此丹桂茶园特邀谭鑫培演出，第一天是《托兆碰碑》，第二天是《辕门斩子》，不料又与他当时的琴师孙佐臣为孟小如在广和楼伴奏的《四郎探母》碰到一起了。孙佐臣先生一人不能分两下，因此谭鑫培让谭五爷（即谭小培）来找徐兰沅。记得徐兰沅当时正在广和楼拉琴，舞台上是高百岁的《斩黄袍》，大轴儿是《艳阳楼》。谭五爷轻轻地走到了徐兰沅的身后，说："老板要你去。"徐兰沅回过身来说："孙老元哩？我不行啊。"谭五爷说："老板很急，把大轴儿换人，赶快去吧。"徐兰沅见谭五爷的眉宇间显得很焦急，加上谭鑫培先生那是当年最有声望的演员，指名要自己去，就不得不去。徐兰沅让谭五爷先走一步，连忙把琴弦换了新的，烧了松香，又把琴装进布袋，交代好大轴戏的代替人，悄悄地出了后台门直奔城里，跑得汗流如注，幸好还没有误场。

这是徐兰沅第二次给谭老的《托兆碰碑》伴奏，虽不能称驾轻就熟，然而终比第一次好多了。首先是没有了第一次的心慌意乱，加上徐兰沅对唱腔又熟悉，因此唱腔与胡琴颇能糅合在一起。大家都异口同声地说拉得很齐整。散戏后徐兰沅正要回家，谭三、谭五弟兄二人就把徐兰沅拉到天兴居，请徐兰沅吃饭。谭三便把谭老先生希图徐兰沅跟他长期操琴的原意告诉徐兰沅，叫徐兰沅马上答应。徐兰沅怕见怪于孙老，一再推辞。他们说孙老也同意了。结果终究在盛情难却下答应了。情形跟孙佐臣一样两头兼顾，因为徐兰沅并未辞去富连成的工作。

有一次富连成唱义务戏，谭也唱义务戏。戏码的排列两下又搞在同一时间了，到底应该照顾谁，徐兰沅拿不定主意。有人对徐兰沅说应该照顾谭老板，徐兰沅想也对，因为他是梨园界有名的老前辈，应该以他为重，这一次徐兰沅便毅然选择了谭老板。

自此以后，徐兰沅心里经常想到究竟跟谁这件事。因为他觉得两头兼顾，绝非长久之计。虽然自己在台上已初露头角，可是与名家们相比还有一定差距。为了艺术上的进取，徐兰沅选择了跟谭老板操琴的道路。以后，便干脆辞了富连成，专为谭老板操琴，直到老人家逝世前最后一场的《洪羊洞》为止。

在为谭鑫培先生多年的伴奏中，徐兰沅自然在谭老板身边发现更多使他终生难忘的故事，得到更多艺术上的启迪，而且是最真实可信的。就是在晚年，他依然以钦敬的心情说："谭鑫培先生是京剧界早年的一位艺术大师，有着惊人的才艺，无论是唱工、做工、武功都有极深的修养。单就武功来说，在他的晚年时尚能演出《五人义》《大八蜡庙》《翠屏山》等短打武生戏和《战太平》《定军山》《南阳关》《珠帘寨》等靠把老生戏。可见他的武功基础之深厚了。"

当然最让他敬佩的是谭老板的艺术个性，也就是所谓的革新精神。谭鑫培在集中了诸多前辈的艺术精华，并经过潜心研究加工锤炼后，创立了至今流行最广泛的京剧老生的谭派艺术，使京剧老生的艺术向前发展到了一个全新的高度。京剧老生唱腔今日之所以能这样动听，跟他的天才创作有着不可分割的关系。

徐兰沅回忆说，谭鑫培当年曾住在北京前门外百顺胡同。由于他父亲对儿子的管束非常严厉，谭鑫培年少时常挨打骂，特别是倒仓以后更是经常在同桌吃饭时遭到父亲的痛骂，有时近乎羞辱："看你将来成个什么东西！"但是年轻的谭鑫培并未因此而丧失进取心，相反更加勉励自己，夜以继日地不为人知地在苦学苦练。每天上馆子演戏时，任何一出戏他都是仔细地观摩学习，熟记每一个演员的台词、唱腔、做工，不是只学程长庚，就连底包演员的一举一动也要学。他在这一时期真是无所不包地广泛地汲取知识。自古有句箴言，叫事在人为。经过较长期的学习以后，肚子里装的戏不计其数，任何一个戏里的演员有多少，每个演员的台词、唱腔的板眼、身段以及场次甚至场与场连接的锣鼓经莫不记得滚瓜烂熟。

当谭家从百顺胡同迁走了以后，徐兰沅的祖父就把徐家搬进了谭家的原住宅。记得他常对家里人说："这就是小叫天的发祥地，要不是他父亲管教得严厉，哪有今天的小叫天哩！他可是从苦海里钻出来的。"

徐兰沅先生以他的所见所闻，曾系统地介绍过谭鑫培先生创立谭派艺术的过程。他说在从前，老先生也讲究派别，所谓派别就是要与众不同，自成一家。梨园界里讲"不群"，人家怎样唱，绝不能依样画葫芦，一成不变地拊叶子。简单地说就是要在自己的所长上下苦功。比如嗓子好的注重唱工，表演好的注重表演，然后再根据这些基本功在几出戏的唱腔或身段上下大功夫进行独创。经过长期的锤炼，形成自己特有的表演风格，变成观众喜闻乐见的好戏，同时也成为一种艺术上的派别。像程长庚、张二奎、余三胜、卢胜奎、冯瑞祥等这些有名的老先生，都是根据自己的唱腔和表演特点各自成了一派，即在前人的基础上开拓发展自己的艺术特色。

当时京剧老生的演唱艺术都是遵循着程长庚、余三胜、张二奎这三位老前辈为源流向前发展的。学程长庚的是汪桂芬，人称汪大头，原学老生，后改为琴师，专为程长庚晚年操琴，因此程的唱工和做工他学了不少。程死后他又改唱老生，是当时有名的程派老生，后来他又根据自己特有条件创立了汪派，学汪的后人有王凤卿先生（即王瑶卿先生的弟弟，"官称凤二爷"），还有一位是邓远方先生，都有唱片传世。

学奎派的是孙菊仙先生，他继承了张二奎先生的衣钵。孙菊仙有一条好嗓子，真是实大声宏，因此人称其孙大嗓，当时他在三庆茶园唱戏，站在大栅栏大街上都听得见。又因为他唱哭腔悲音最好，被人称道。后来他自己也形成了孙派。学孙派的有双处、韦久峰和时慧宝。谭鑫培学习的应该说以余三胜的路子和唱法为主，同时又汲取了程长庚、卢胜奎的唱法，更重要的是他在上海发现了孙春恒一反京都各位须生实大声宏喊似雷的唱法，打破了非正官调、乙字调不能上台的旧传统，把调门降低了，旋律丰富了，从而一新北方观众的耳目。尽管一开始也有些内外行人的反对和讥讽，说他是青衣老生，但是慢慢耳音顺了，越来越受欢迎。此外他经常给一些唱腔加上一些新花腔，这就是他的创造。因为他七岁时带着一口湖广方言来到京都，童年乡音易改，不过两年就开始在语言上京化了。尽管汉调京化是大势所趋，但是方言的调整必然影响到唱腔的旋律，他加上花腔后，四声就可以准确了。像《四郎探母》"见娘"一场的回龙"千拜万拜也折不过儿的罪来，孩儿被困番邦外，好一似明珠土内埋"。这个"好"字按京音是上声字，按湖广音是阴平字，为了使它完善而准确地按京音唱出来，他便加上了花腔，这样一来上声字的

"好"就显露出来了。这样的例子很多，为此他做了大量工作，从而比较全面地解决了湖广音向京音转化的问题，这对京剧字音的最后形成是很重要的贡献。同时，他又一改当时老前辈们翻高音、拉长腔、喊似雷的特点。谭鑫培先生在这方面的革新与创造是很显著、很成功的。他用原老生的唱腔为基础，又吸取了青衣唱腔旋律和花脸唱腔的气势，使这些有机的变革合为一个整体，从而丰富了老生原板、慢板唱腔的旋律，赢得了越来越多的观众。

创作、改革的道路总是不平坦的，特别是谭鑫培老先生初在舞台上唱新腔，不知受了多少故步自封的老先生们的责难和攻击甚至辱骂。如当时守旧者说："小叫天尽搞些青衣腔来糊弄人，这些唱腔都是外造天魔。"其实他的创作所汲取的素材岂止是青衣，就连老旦、花脸的唱腔他也都有所汲取。拿《朱砂痣》里的一句唱腔来看，就运用老旦腔弥补了老生腔的不足。如"借灯光暗地里观看姣娘，我看他与前妻一样的风光"。在这"风光"两字的拖腔上他就借用了老旦的腔儿，虽然是取之于老旦唱腔，然而非常舒畅，甚至美得让你找不到"家"。如《桑园寄子》中老生唱的"山又高水又深无计可奈"，就是借鉴了青衣的唱腔；如《珠帘寨》几乎就是花脸腔，老生唱。当时他到处都受到保守者的反对，可是他不气馁，仍然是不懈地努力来创造与变革。后来人们听了他的新腔都称赞不已，继之，观众的耳音顺了，也就是欣赏的习惯改变了，特别是彻底改变了"时尚黄腔喊似雷"的老派唱法，从而使谭腔越来越受欢迎。由于谭老先生的创造给京剧老生的唱腔推进了一大步，更由于他在表演上的革新，有些冷门戏也被他演活了，如《失街亭》《定军山》《托兆碰碑》等戏一跃而为特别叫座的热门大轴戏。

自此谭派唱腔，人人爱听，风行全国。学谭最早的名家是王雨田，继之是贵俊卿，票友是王君直，王是当年的盐业巨子，学谭腔，深得三昧，从而也影响了许多人。发展到后来如余叔岩、王又宸、言菊朋、红豆馆主、夏山楼主以至他的嫡孙谭富英等这些著名老生，尽管他们各有千秋，然而唱腔的基础源流都是沿着谭鑫培老先生的道路而发展起来的。

再以《托兆碰碑》为例，这出戏在后来真是家喻户晓，尽人皆知的。他对《托兆碰碑》唱腔的创造，从开头的二黄导板"金乌坠玉兔升黄昏时候"来看，他创造这导板的腔儿是先从词义上去理解剧情，然后再去创造旋律的。既不是唯"新"主义，也不是投机取巧。杨继业悲壮凄凉的结局，从这句导板的唱词中就能得到一个概括的暗示，整个情绪都是向着低沉的调子发展的。所以每当琴师徐兰沅定弦的时候，谭老都来告诉徐兰沅要从六字调再降低半个调门。第一次徐兰沅没有领会他的意思，他便很认真地告诉徐兰沅这出戏里老令公的处境就等于是"西山的落日"，导板的唱词"金乌坠玉兔升黄昏时候"，也就是老令公所面临的命运与结局的写照，也是这一段唱腔的基本格调，弦定低些可以显得更深沉些。由此可见这位老先生对词义与曲调是有过深刻研究，并且做出了相应的特殊处理。

另外在化装上他能尽量结合杨继业这个具体人物的具体处境，同时他又利用这些条件来突出他的唱工。例如戴髯口，过去一般人演时戴一口厚厚的白三绺一直到底。他就不同，到后场《托兆碰碑》时他就换上一口稀薄的白髯口。因为剧情发展到临碰碑前唱那段反二黄时，也正是杨继业处于绝境的时候，反二黄的唱腔需要给人以秋风黄叶的感觉，同时在形象上又强烈地给人以日落西山、暮色苍茫之感。每唱到此，胡琴又要降下半个调门，低沉忧郁的过门，加上他悲壮凄凉的唱腔就会更加动人了。特别是唱到"大郎儿"这一句时，"大"字一出口音阶便翻叠数次，再喷出"郎儿"两字，真是凄凉之至。当年观众最喜欢的就是这段反调，一经问世便脍炙人口。

其次就是看他的表演。杨继业头上戴的是"金大镫"，上有绒球，当他双手一抱肩、全身一哆嗦，不见头摇，但见绒球嗖嗖地长久不息地颤动，使人如置身于塞外寒风飒飒之中。他要那一个软大刀花，虽然简单几个身段的翻转，给人的感觉却是征战多年的沙场老将，虽在饥饿寒冷的胁迫下，那种忠于祖国、坚强不屈的英雄气度却未因此而减弱。给人的印象是极深刻的。

谭鑫培在《托兆碰碑》的身段表演上，更是令人称绝的。有一次梅兰芳和余叔岩就说当年看谭鑫培在唱"叹杨家秉忠心大宋扶保"那段反调时的出场，明明是在夏天，可是一见谭鑫培出场，抱肩、搓手、哈热气暖手，眼睛看着漫天的风雪那畏缩的神情等一连串动作表情，使他们浑身都感受到天寒地冻的环境，不由得打起寒战来。当杨继业遇到一所庙，发现庙内有一块石碑，便用袖子拂去了尘土，举目一看，上有五言四句："庙是苏武庙，碑是李陵碑。令公来到此，卸甲又丢盔。"由他念出，那悲痛的情绪，一句比一句强烈。念白的节奏与身段表演整齐得犹如快刀斩乱麻！当时为他检场的是刘十，配合得也十分严谨。当然，这一组动作虽谈不上什么高难技巧，更不像有些小报记者吹嘘的那么神乎其神的绝活儿。只能说他的做工特别精美，干净利落，并有鲜明的节奏感，显示出老将视死如归的神威。

谭老先生这出戏是人人爱听，可他却很不愿意演唱此剧，因为他本人和杨老令公的身世相仿佛，也有七个儿子、两个女儿、一个义子。故而他不爱唱，这也是可以理解的。封建社会里的人，思想里或多或少都沾有些迷信色彩。而他最喜欢唱的戏是《击鼓骂曹》，他的《击鼓骂曹》在台上真是准步位、准尺寸，无一不美，看到他大骂奸曹时更是如饮甘泉。

　　《卖马》这出戏以前是丑角与老生并重的戏，由他起始便成了老生的正工戏了。在唱腔上他的与众不同处，仅是几个音的差别，而情绪就显然不同了。例如在西皮慢板的唱腔上第一句"店主东"，一般的老生处理方法是：听起来觉得圆滑，似软弱无力，这种唱法在情绪上只是注意了秦琼落魄江湖、贫病潦倒的一面。可是他毕竟是一个顶天立地的英雄好汉，要从贫病的形象里透露出英雄本色方算妙处，原来的唱腔就缺乏刚毅的一面。谭鑫培处理这一段唱的不同之处恰恰就是能将秦琼这个人物从外表到实质用唱腔体现出来。腔儿虽然较上面的简单，然其效果却胜过原来的唱法，使人能听出柔里含着刚劲，因此情绪就不同了。在托这句唱腔时，胡琴绝不带花字，琴和唱腔同样简洁，但是"店主东"的"东"字这个音要逐渐增强，这样可以更丰富角色的情绪，即身体虚弱但性格刚强，所以谭鑫培先生当时对徐兰沅这样的托腔法感到特别恰如其分，因此是非常圆满的。

　　民国四年的夏天，谭老在天乐园贴演《辕门斩子》，这本是刘鸿声的拿手戏之一，谭久未演此戏，大家知道此老好胜，必有可观。许多研究谭派的人如红豆馆主（溥侗）、陈彦衡、言菊朋都到场观摩。叔岩约了恒诗峰同往观看。那天，谭的唱腔、做工，异常精彩，与刘鸿声迥不相同，见宗保、见佘太君、见八贤王、见穆桂英，神情变化，层次分明，并且处处照顾到杨延昭的元帅身份，大家觉得耳目一新，应接不暇。那天，叔岩看完戏就约恒诗峰到正阳门小吃。在吃饭时，恒诗峰看他心不在焉地嘴里哼腔，就问他琢磨什么？他说："刚才《辕门斩子》里那句：'叫焦赞和孟良急忙招架'，我觉得'和孟良'的腔很耳熟，仿佛在哪儿碰到过，但一时想不起来。"饭毕，同到余家聊天，叔岩躺在炕上，还是翻来覆去琢磨这句唱腔。

第二天，恒诗峰又到余家去串门，余叔岩从客堂里迎出来，带着笑，拍着手对他说："昨儿那个腔，我可找着准家啦，敢情就是《珠帘寨》里，李克用唱的'千里迢迢路远来'的腔移过来的。"接着他就把"和孟良""路远来"两个腔对照着唱给恒诗峰听。叔岩还说："谭老板的腔所以难学，就是拆用巧妙，他把七字句的末三字，挪到十字句的唱腔当中，所以不好找了。"

后陈彦衡之子陈富年说："1916年冬，谭老与陈老夫子（即陈德霖）在吉祥园合演《南天门》。适先父去沪未归，我二人去听戏，找不到座位。那时吉祥还是茶园式，每桌六人，可以包桌，叔岩托他岳父留了一张桌子在小池子里，他邀我到他身旁坐下。座中有谭派票友王君直、莫敬一。那天，陈德霖唱第一句帘内导板'急急忙忙走得慌'，满宫满调，唱腔迂回曲折，得了一个满堂彩。大家觉得谭老怕要相形见绌，哪知他在第四句'虎口内逃出了两只羊'特别铆上，使炸音，高亢雄健，出人意表，观众的彩声又超过了前面的导板。当时叔岩对我说'谭老板的本钱真足，我可不能照他那么唱，得悠着点儿才保险'。徐兰沅先生说：那次《南天门》是我拉的，虎口下不唱'虎口内'字，而代以'哦'的衬音，比'下'字更难唱。谭的嗓子高音宽亮，所以可贵。我为谭拉《南天门》前后三次，吉祥那天是末一次。当曹福唱到'轻轻刺破红绣花鞋'忽然下面加了四个字，是跨句性质，例如《珠帘寨》里'贤弟休回长安转，就在沙陀过几年'的下面又跨上了'落得个清闲'一样，仓促间都没听清楚，叔岩得意地说我听出来啦，是'好把路挨'四个字。大家都说这句加得好，不但腔儿收得有味，并且把刺破绣鞋是为了好赶路的道理也讲清楚了。以后叔岩也就照这样唱，成为准词。其实谭老生平只唱过这一次，陈彦衡听谭戏最多，可是没有听到过，后来我把那天的情形告诉他，他说：'叔岩可谓有心人。'"

创造唱腔，应不拘一格，但应以清新大方，不落窠臼为宜。陈富年介绍他父亲陈彦衡的看法："先父常说，青衣、老生的唱腔，可以互相借鉴，但要善于运用、剪裁得当，有些泥古不化的人，认为破坏成规，真是坐井观天。谭老就采用过青衣、老旦的腔，例如《桑园寄子》'山又高水又深难以忍耐'的长腔，来自青衣；《洪羊洞》里'又谁知焦克明他私自后跟'的'后跟'二字的腔，就借用了老旦的腔，由于融化得好，没有纤巧的毛病。而王大爷（瑶卿）在《宇宙锋》的反二黄中'有许多冤鬼魂站立在面前'，就借用了谭老《托兆碰碑》的反二黄'马前英豪'的腔，安在'站立在面前'。听上去就觉得耳目一新，异常紧凑自然。王瑶老曾对先父说：'马前的英豪'的腔，悲壮苍凉，最能发泄老令公压在心里的一腔怨气，我加了几个工尺，多用柔音，就有凄凉婉转的味道了，但采用这个腔的意思，还不仅为了别致好听，因为下面有'打鬼'一句念白，老腔比较长，'打鬼'二字只好另起，显得松懈。现在改用这个腔，紧接着念'打鬼'同时转身，往后退，三抖袖，可以和身段一气呵成。先父赞成这种修改，认为他把唱腔、白口、身段糅在一起，既有俏头，又合戏情。因为赵女说看见鬼魂，应该立刻做出恐怖的神气，紧接'打鬼'二字，合情合理，使赵高相信她是疯癫后的胡说八道，精神恍惚。"

从戏曲历史的发展来看，京戏不是北京土生土长的戏曲，而是由汉调为主流的湖北地方戏徽汉合流且京化演变而来，在北京受到欢迎，站定了脚跟，发展起来的。初期的京剧，不可避免地带有较浓重的乡音，以后才由中州韵逐渐规范下来。它在音韵、音乐、表演方面，为了适应北京观众的需要，竭力吸收昆曲、梆子等姊妹剧种的精华，才一天天走向丰富成熟的阶段。京剧的特点，语言文字虽然粗浅，但比较通俗，贴近大众。表演方面具有较大的灵活性，给演员以发挥创造的机会。同时善于向各方面艺术学习，例如，武打一门，吸收武术的不少招式而加以变化，并大量采用昆曲的牌子，但也都难免经过重新组合拆兑的过程，使整体表演更趋于自然合理。这就不能不归功于谭鑫培等前辈长期的旁搜博采，精心创造。

今天的舞台上，演员的唱念都带有湖广音，就是因为谭派（鑫培）、余派（叔岩）艺术流行不衰。谭老先生是湖北人，他的唱工、做工，吸取程长庚、王九龄等各家之长，受余三胜的影响更多，晚年常演的《定军山》《卖马》《桑园寄子》《捉放曹》《托兆碰碑》《琼林宴》就都是余老先生的拿手戏。余叔岩没有看过祖父余三胜的戏，可是从继承谭派中又间接继承了家学，成为新的余派。谭老先生的孙子谭富英，继承家学，又曾拜叔岩为师。多年来，谭、余二家不断交流、汲取，不断发展，所以至今谭、余两派在京剧舞台上的影响还是最大的。

当时谭老（鑫培）虽已年近古稀，但每月还有几次演出，余叔岩是每场必到。从前的习惯，内行在池座听戏是犯忌的。叔岩那时参加春阳友会票房，因此以票友身份包桌，还约了懂戏的朋友同看，帮他记词记腔，他自己则注重身段、表情。散戏后，同吃小馆，彼此印证核对，朋友们看他如此发奋用功，都乐于襄助。

幸好当谭鑫培到了花甲之年，不但继续活跃在京、津、沪的舞台上，或参加各种大型堂会演出或赈灾义演，而且在北京各个戏园子应同业或京津一带观众的要求坚持演出，甚至在国丧期以"说白清唱"的方式坚持演出于北京四城，仍然获得了"满城皆唱叫天儿"的轰动效应，可知当年"有匾皆作垿，无腔不学谭"绝非浪得虚名。就是在宣统三年，辛亥革命的炮声已然宣布了清王朝的覆灭，我们的谭老依然活跃于京城的各个戏园、堂会、赈灾义演中，应接不暇。而且在广告上注明"每日准演·说白清唱"，依然场场客满。下面所列谭老在花甲之年后即宣统二年的演出日程表就是最好的证明。

宣统二年、三年谭鑫培之"庆寿和班"于新街口南新丰市场"庆升茶园"说白清唱剧目单：

　　　　七月二十三日谭鑫培、陈德霖、谢宝云《朱砂痣》

　　　　七月二十六日谭鑫培、刘春喜、麻穆子《失街亭》

　　　　七月二十七日谭鑫培、麻穆子、罗寿山《奇冤报》

　　　　十月四日谭鑫培、金秀山、汪金林《捉放曹》

　　　　十月五日谭鑫培、陈德霖《武家坡》

　　　　十月六日谭鑫培、金秀山、汪金林《托兆碰碑》

　　　　十月七日谭鑫培、金秀山、陈德霖、韩乐卿《战太平》

　　　　十月十七日前门外广德楼义务戏

谭鑫培、汪金林、麻穆子、谢宝云《法场换子》

十月十九日广德楼谭鑫培、陈德霖、谢宝云、沈三元

谭小培、程卿芬、高小宝《四郎探母》带"回令"

庚戌冬月廿七日谭鑫培、沈金奎、谢宝云《洪羊洞》

庚戌冬月廿八日谭鑫培、金秀山《击鼓骂曹》

同庆班（无日期）谭鑫培、金秀山《战长沙》

宣统二年腊月初七日广德楼义务戏

谭鑫培、慈瑞泉、韩乐卿、萧长华《打棍出箱》

宣统二年腊月初九广德楼谭鑫培、陈德霖《桑园寄子》

宣统二年腊月初十广德楼谭鑫培、刘寿峰《托兆碰碑》

庚戌年十二月十七日庆升茶园谭鑫培、刘春喜《定军山》

庚戌年十二月十八日庆升茶园谭鑫培、杨小楼、黄润甫

董凤岩、钱金福、李顺亭《定军山·阳平关·五截山》

庚戌年十二月十九日庆升茶园谭鑫培、杨小楼、董凤岩、

钱金福、张淇林、李顺亭、谢宝云《八大锤·断臂说书》

庚戌年十二月廿日庆升茶园谭鑫培、杨小楼、黄润甫、

许德义、汪金林、黄小山、全武行《火烧连营》

宣统三年（国丧期已过）正月十二日福寿堂谭鑫培、冯蕙林、罗福山、萧长华《状元谱》

宣统三年正月十五日福寿堂谭鑫培、萧长华《打棍出箱》

宣统三年正月廿四日庆升茶园谭鑫培、慈瑞泉《卖马》

宣统三年正月廿五庆升茶园谭鑫培、德珺如《举鼎观画》

宣统三年正月廿八庆升茶园谭鑫培、冯蕙林《珠帘寨》

宣统三年六月八日庆升茶园谭鑫培、杨小楼、张淇林、李顺德、许德义、钱金福、傅小山《战猇亭·火烧连营》

宣统三年六月十七日同乐园谭鑫培、冯蕙林《状元谱》

宣统三年六月十八日广德楼义务夜戏谭鑫培、李顺亭、

刘寿峰、黄润甫《洪羊洞》

宣统三年闰六月十九广德楼谭鑫培、律喜云《桑园寄子》

宣统三年七月初三庆升茶园谭鑫培《清官册》

宣统三年七月初四庆升茶园谭鑫培、穆春山《鱼肠剑》

宣统三年十二月廿日三庆园谭鑫培《黄金台·盘关》

（宣统三年即1911年辛亥革命之年）

以上记载表明，谭先生的舞台生活六十多年没有中断，晚年仍经常演出，但必须养精蓄锐，到舞台上去发挥他的艺术才华，而授徒说戏，相当吃力。他对儿子、女婿，也很少掰着手教他们，不过偶尔指点而已。

有人说谭老不爱教学，可是他为徐兰沅先生说《南天门》唱腔的情形就使徐先生很是感动。谭派《南天门》有五个回龙腔，所以徐先生请谭老亲传其中之秘籍。哪知道谭老拿一根鼓楗子，边打边唱边说，从打帘内导板说起，包括曹福、小姐的全部唱腔、念白，以及锣经、过门，点滴不漏地说了一个多钟头，吓得徐先生从此再不敢要求他说戏了。所以徐先生曾对梅兰芳先生说："有人以为谭老板架子大，不肯教人，其实他是不肯敷衍了事，也可以说是不善于教学。像《南天门》，他只要把'我的小姑娘'与'无奈何脱下了衣一件'这两个回龙腔给我说说就行了，最多花上十几分钟的时间，而他却比唱一整出还累。"但余叔岩却认真地说："谭老师晚年已经到了随心所欲，无一毫做作和敷衍的程度，我花那么大的力气，也不过学到他几成而已，更遑论自然也。"

十　百年谭剧

　　谭鑫培所以被称为京剧一代宗师，与他立足汉调，汲取昆曲、徽调、梆子和各戏曲剧种之营养，从而把京剧从一种地方戏升华为风行全国之国剧，具有直接关系。从中年到古稀之年，他精心整合、创作并规范下来的一百多出传统代表剧目，被后人一直传演，几乎都原封不动地流传到了今天，且荫庇后人，支撑着全国各地京剧演出市场已达百年以上，高山仰止，且无人超越，这是一个多么不得了的奇迹啊！这不仅说明了他超前的经典意识，更说明他对京剧艺术的把握已经达到自由王国的境界，这一百多出流行百年的谭派经典剧目也证实了梁启超先生所言谭鑫培"声名廿纪轰如雷"绝非浪得虚名。

　　下面我们就借用前人的一些研究成果，来具体剖析一下他当年整合的这一百多出戏中的其中一小部分，也是在今天京剧舞台上仍然热演的，作为全国各京剧院团营业资本的一些代表剧目，从中来体味一下谭鑫培的匠心独运。

第一出　《失空斩》

原北京京剧团有位唱老生的先生，快一百岁了。我没有看过他演戏，但是他以近百年的阅历说了一句箴言，凡京剧老生唱《失空斩》的诸葛亮，上场打虎头引子"羽扇纶巾四轮车，快似风云；阴阳反掌定乾坤，两代贤臣"，那么不用说，仅此而论，你就是谭派。为什么这样说呢？据曾经为谭鑫培伴奏并撰写过《说谭》一文的陈彦衡老先生说，那是因为在谭鑫培之前，凡唱《失空斩》，一上场必然都是打一般的小引子"掌握兵权，扫狼烟，全图归汉"而已。而现在这一虎头引子"羽扇纶巾……"，则是谭鑫培独辟蹊径，从另一出诸葛亮的戏《战北原》（又称《斩郑文》）中借调而来的。再有，诸葛亮原来大帐出场时用"四击头"打上，而谭鑫培认为他扮演的诸葛亮是一位运筹帷幄的军事指挥员，属于"文职"官员，同时又是一位道家和隐士出身，官居丞相，性格沉稳，用节奏强劲的"四击头"出场显然过于刚烈，所以他经过反复雕琢，改为以《水龙吟》的曲牌为前奏，由杨仪、马谡、王平、马岱等众将起霸后分列两旁（后杨仪改为赵云，因为谭鑫培认为只有赵云才能对司马懿造成战略上的震慑力，使司马懿乱了阵脚），诸葛亮在"一锤锣"的锣经中打上。尽管这样做少了三分武气，却更显庄严肃穆，气势恢宏。现在凡京剧舞台上的《失空斩》，均改为如此出场，如此打引子，无一例外。那也就证实了一百年以来的京剧界确实"无腔不学谭"也。

《失空斩》是当年四喜徽班的余三胜与三庆徽班卢胜奎擅演的剧目，谭鑫培在向余三胜学习此剧后又向卢胜奎学习，随后成为他经常演出的剧目。进入中年后，他开始对剧中的表演和剧本进行大幅度的整合。例如原剧在诸葛亮的帐下远非四位将军起霸，同时出现的还有关兴、张苞、杨仪、魏延等，在看到王平送来地理图以后，还有二次派人去街亭劝阻马谡，要求他立即移兵山下，甚至还有杨仪主动要求去街亭助阵以扭转败局等情节。就是诸葛亮弹奏"七弦琴"时也还有唱词如下："建业兮叹高皇，贼臣兮宇宙荒，无周勃兮安庙堂，凭幕逆兮事差伤……"然后大笑之。在探马事先的报告中甚至有街亭、列柳城尽失，十五万铁甲军直奔西城，等等，都被谭鑫培"剪枝蔓，立主脑"了，所以演遍朝野，均受到好评。他第一次进宫为慈禧太后演出的就是此剧，慈禧太后夸奖他为"活孔明"。后在京都、天津、上海演出时，以此剧为其代表作，并由其后人演出至今，影响极为深广。

当然，谭鑫培在整合这出戏的时候，每一点变革都是以自己长期演出实践中发现的问题，从全剧结构出发加以改进的。之所以一上场就改"唱上"为打"虎头引子"，就是出于不与后面城楼上的慢板重复，亦有区别于《战北原》第二场诸葛亮唱上的考虑。据曾经给他伴奏的琴师陈彦衡说，谭鑫培念这一引子，极有分量，真是字字千钧，句句珠玑，特别是最后"两代贤臣"的"臣"字，用气往下一沉，收束得非常有力，充分显示出诸葛亮在观众心目中应有的分量和气度。

如果我们用以前的剧本与谭老后来的演出剧本相比较，就会发现大帐中的定场白和自报家门之后，还有许多介绍自己战绩的念白则全被剪掉了，而是直接说"自先帝爷托孤以来，扫荡中原，扭转汉室"，便立即转入街亭一战的部署。这是他在长期的演出中力求字斟句酌、简明扼要，不断削减赘词的成果，真可谓立主脑、削枝蔓、精益求精。这也是他整合百余出剧目最为成功的经验之一。

四喜班的王九龄演出时，剧情与三庆班大体相同，只是司马懿与马谡都由老生应工，三庆班是花脸应工。后来四喜班的张二奎演出时，马谡虽然改为花脸，但是三庆班是勾白三块瓦脸，戴黑满髯（胡子），四喜班是勾粉红老脸，戴黪满髯（胡子）。这是因为他们认为诸葛亮的胡子都白了，他的参谋胡须能不白吗？可是按《三国演义》的说法，斩马谡时，诸葛亮是48岁，马谡是39岁，年近半百的诸葛亮戴黪三绺，马谡戴黑满是合乎情理的。这些老本的特点是上下衔接，剧情有序，连贯性强，但人物太多，枝节繁杂，"空城计弄险"与"挥泪斩马谡"的精彩情节反而不突出。谭老则在不断演出的过程中，先是汲取各家之长，不断丰富自己的表演，在达到一定程度时，他的表演也已经臻于化境，更加简洁和凝练。他对许多演出剧本进行了"立主脑，剪枝蔓"。一出《失空斩》就去掉了高翔、魏延、苏墉、万顺、关兴、张苞、邓芝、杨仪等众多人物，既不再"复夺街亭"，也不再"丢失列柳城"，只派赵云镇守列柳城。在司马懿惊魂未定时，让赵云出场，如神兵下界，只一通报姓名，就使司马懿抱头鼠窜，可谓以一当十，不但主题得以升华，也符合观众的欣赏心理。这样一来，诸葛亮的帐下就只有赵云、马岱、马谡、王平四将，各有派遣，保持了剧情的完整、简洁并顺理成章。例如头场大帐，诸葛亮问："哪位将军愿带领人马协同马谡镇守街亭，当帐请令。"当王平请令说"王平愿往"，一般演员都要再问一句："王将军愿往？"让王平再说一句废话："当报国恩。"后来谭老感到这第二次问话实在多余，就直接说："好，此番前去，必须靠山近水安营扎寨，画一图形速报我知。"真是简单明了。

谭老当初演出此剧，名曰《空城计》，必然要注明"带失亭、斩谡"。为了突出诸葛亮的统帅身份，谭老首先把上场的锣经"四击头"改为"一锤锣"，四击头爽快、干脆、有力，自然不如浑厚沉稳的一锤锣更适合诸葛亮晚年的军师身份。原来上场的引子"掌握兵权，扫狼烟，全图归汉"，念起来没有气势，又没有俏头，谭老就改为原《战北原》的双虎头大引子："羽扇纶巾，四轮车，快似风云；阴阳反掌，定乾坤，保汉家，两代贤君。"但是谭老还是改动了一个字，就是最后的"君"字，改成"臣"字，有人认为词义不通，但是君字放在最后，声音放不出来，行腔也困难。主要是君字念出来是闭嘴音，放不出音来，没有分量，而臣字可以从丹田发力，把声音传送出去，很见力度。谭老念来字字悦耳，声韵悠扬，非常恰当地显示出一位军事家指挥千里的恢宏气势。

谭老改动较大的地方还有以下两处：

一是派将之后，诸葛亮命令"转堂"，即由大帐改为转入后帐，以表示诸葛亮与马谡既是将帅，又是挚友，可在后帐叙话。诸葛亮对马谡唱完"两国交锋龙虎斗"一段原板之后，马谡接唱四句散板，诸葛亮再唱"将军素日韬略有，文武全才马参谋，此番带兵街亭走，靠山近水扎营头。你待三军要宽厚，赏罚公平莫自由，得胜回来凯歌奏，凌烟阁上美名留"的一段原板唱腔，马谡则接唱四句散板后下场，诸葛亮然后也唱四句散板收尾。谭老感到这样反复地唱来唱去，都是重复的内容，显得拖沓松散，而且这段原板与后面在城楼唱的大段二六板大同小异，遂把这里的原板唱腔也去掉了。不过，谭老的弟子演这出戏时，有的"转堂"，有的如余叔岩、谭富英以及杨宝森就不"转堂"，直接在大帐与马谡交谈，嘱咐，更为紧凑。

二是《空城计》的诸葛亮上场，按三庆班的唱法是"长锤"上场，唱西皮原板"想当年在隆中逍遥散荡……"，然后有一大段念白，之后再唱一大段慢板。谭老以为这段原板和慢板与城楼上的"我本是卧龙岗散淡的人"的大段慢板彼此重复，更重要的是唱完这段原板和慢板，后面的慢板就乏味了，等于自己把自己给刨了。因此改为小锣"帽儿头"打上，非常潇洒，信心十足地念上场对："兵扎祁山地，要擒司马懿。"使前面轰轰烈烈的开打场面为之一变，也为诸葛亮看地理图时的剧情陡然变化做好了铺垫。当谭老演到诸葛亮看地图时，交代得也非常清楚，他是由下往上看，先看马谡是否遵照他的命令在山下安营扎寨，再往上看时，看到马谡竟然在山顶安营扎寨，便开始露出惊讶之色。

可以想象，卢胜奎、王九龄、张二奎等也都是以《失空斩》著称于世的，虽说人物繁杂，词句冗长，终归是一佳作。又经谭老删繁就简这么一改，剧情更加紧凑，表演更加精湛，主题更加突出，历经百年，延续至今，久演不衰。到晚年的小叫天，演出此剧已是驾轻就熟，炉火纯青，演来全凭火候和功力，已不再费力，与《珠帘寨》等吃功夫的戏一样受人欢迎，且更耐人寻味。

观者认为谭老扮演的诸葛亮气度雍容，不愧为托孤老臣和相父的身份，一把扇子拿在手中，不高不低，恰如其分。看地图时，虽然露出惊讶之色，却又能掩饰心中的惊慌之色。三次探马来报，步步紧逼，所演孔明虽然老成持重，但不能不露出仓皇的心境，又不能不表现出临危不惧、从容布阵的军师统帅威仪。所以在第一次闻报后念"再探"，声调较高并带急怒之色，以表示对马谡的失望与气愤；第二次闻报后念"再探"时，声调略低，因为街亭失守和司马懿进兵西城乃因果关系，已在诸葛亮的预料之中；第三次念"再探"时，谭老是脱口而出，陡然变色。这里的演法与孙菊仙几乎相反，孙是前两次大喊"再探"，到第三次时反而镇静自若，轻轻一句"再探"而已。说明诸葛亮已未卜先知，是符合逻辑的。三次闻报后三次说"再探"的三种不同表情和语气也都是有根有据、合情合理的，足见他对剧中人物琢磨得深邃和表达得细腻。

而上城楼前紧打慢唱的八句摇板之沉稳潇洒，一反"前三鼎甲"挺拔激昂的唱法，在许多地方都采用了上海孙小六那低回委婉的旋律，例如"我城内早埋伏"的"伏"字和"退司马保孤城"的"城"字，就是用低音压着唱，以显示诸葛亮泰然自若、不急不躁、临危不惧的军事家风度，这都不是一般演员可以达到的境界。他这八句唱腔，前六句用腔很简洁，到"叫老军扫街道把宽心放稳"才显示出曲调的迂回婉转，似翻山越岭，十分动听。可以看出他在这段唱腔中都是从描绘感情变化出发，尺寸上的把握、长短腔的安排都有严格的章法。所以我们听他这八句摇板，看似节拍自由，没有板眼的约束，但每次唱来，都有一定的音节和准确的板眼，而且前六句似轻描淡写，耐人寻味，后两句则如浓墨重彩，气象万千。再加上谭老口齿清，腔调美，意到神随，这八句摇板唱来就达到了炉火纯青的化境，给人以千军万马指挥若定的感受。

谭老在城楼唱的西皮慢板"我本是"一段，虽说慢转轻扬，但一字一音，无不苍劲浑厚，精雕细琢。要知道那是谭鑫培大师在全段一百零八句的基础上删减了九十八句后的结果。那段西皮二六虽说是平平的叙述，情绪上没有太多的起伏跌宕，旋律上的跳跃也不大，却要求缓中有急，不能给人拖沓平庸、油腔滑调的印象。因此，谭老的演出本成为一百多年来久演不衰的范本，其中的西皮慢板和二六板唱腔已是京剧经典中之经典。

至于谭老的《斩马谡》，更是为全剧锦上添花的绝妙之作。诸葛亮上场唱完两句摇板，上报子，报说马谡、王平辕门请罪，他的脸上立刻就现出很生气的神态。他是那么重视街亭，对马谡一再嘱咐。可是他的这位爱将，竟然就敢不听他的命令，把这个战略上的咽喉要地失守了，他怎么能不生气呢？先主临终前告诉他，马谡言过其实，终无大用,他没有听进去,铸成大错。所以此时此刻的诸葛亮是又气又恼又愧,当听说马谡、王平回来了,他自然怒形于色。当马谡、王平在辕门请罪时,他很急很快地念"升帐"两个字,真是刻不容缓。可是当他归里座,拿起惊堂木正要命军士们把王平押进帐时,报子报道:"赵老将军得胜回营。"这时,谭老手中的惊堂木一停,脸上现出一种逐渐缓和的表情,然后再念"有请"二字。从他脸上的表情变化中,观众可以清楚地感受到诸葛亮对赵云和马谡的不同态度,因为马谡是这次战斗失败的罪魁,而赵云是在这次战斗中力挽狂澜的大功臣,怎么能不区别对待呢?这种表情的变化,如果没有对剧情的深刻理解和揣摩,是做不出来的。

随后,在吹打声中赵云上场。在这个地方,许多演员都不是很重视,往往草草而过。谭老却格外用心,与众不同。一般演员的演法是等赵云上场,敬酒,赵云接过酒后,转过下场门台口朝里一望,诸葛亮一拱手,一摆扇子,赵云也一拱手,就下场了。谭鑫培的演法是把赵云和诸葛亮见面后没有台词的心理活动,非常生动、细腻地表现出来,把这段复杂剧情交代得明明白白。当诸葛亮见到赵云时,他表现出一种积蓄着的怒火和强颜欢笑的面孔,从龙套手中接过给赵云的庆功酒,态度很恭敬地递给赵云,赵云接酒后,祭奠神灵,转身把酒杯再递给龙套,就急着要进帐,意欲为马谡讲情。谭老用两手一拦,摇一摇头,赔着苦笑,再一拱手,用左手一让。这套动作,清楚地告诉观众,他知道赵云要进帐为马谡讲情,以挽救马谡,但这将使他极其为难。如果不准请,赵云的情面不好办;如果准请,则对不起先帝的临终之托,所以用手一拦是不许他进帐,摇头是不让他讲情,苦笑是表示歉意,拱手一让是很恭敬地请他回去休息。赵云见诸葛亮以礼相阻,显示出很失望的样子,便慢慢向下场门走去,但仍不甘心,遂又返回，要力争赦免马谡。这时，诸葛亮又用手拦住，表现出一副很不耐烦的表情，甚至不看赵云一眼，实际上是不让赵云讲话。赵云看看丞相，再看看辕门的众将官，知道为马谡讲情无望，只得叹一口气下场。当诸葛亮目送赵云下场后，面部现出凄惨之状，表示今日之危，若没有这位白发将军力挽狂澜，将又该如何。他慢步走到台口，随着锣声一响，立即面带怒容和杀气。一抖袖往两边一看龙套喊堂威，遂转身进帐，左右一看两看，气冲冲地念道"升帐"。这次念"升帐"比刚才念"升帐"的怒气还要大，然后用力抖袖，颤抖着双臂，脚步踉跄，怒不可遏地走向丞相的宝座。这一段戏，尽管马谡还没有出场，但是"挥泪斩马谡"那种肃穆的气氛已经十分的强烈，连观众都要不寒而栗了。

这一系列由怒而喜，又由喜而怒的两次变化以及神态步履失常的样子都是传神之笔，把诸葛亮咬牙切齿的痛恨之状完全表露无遗，故每演到此时，必然满堂彩声不绝。当他坐定之后把惊堂木一拍，大叫"带王平"，便把头低下，紧闭双目，等唱完导板，才抬头睁眼与王平对唱那两段快板。他唱的导板"怒上了心头难消恨"的"恨"字真给人咬牙切齿之感。谭老在见王平和马谡时的快板是极快的，与《坐宫》《击鼓骂曹》《定军山》的快板一样，如骏马下坡。后与马谡的两次哭头，声泪俱下，使观者情不自禁地落泪酸鼻。"见马谡只哭得珠泪洒"一句迂回婉转，极其伤感，那种欲斩又不忍斩、不斩又不可能的情景，实在令人痛苦非常。据有心人观察，在这场戏中，谭老"入帐以扇交左手，右手指王平。带马谡时又以扇交右手，即以扇指马谡"。说明诸葛亮对两个人的态度是不一样的。对王平只用右手一指，案桌一拍。对马谡就不同了，在唱"再带马谡无用的人哪"一句时，谭老用右手连连拍案，又把羽扇交右手，以扇指马谡。这些细小的地方都体现了谭老对表现人物的层次感和准确性。

诸葛亮斩了马谡，赵云又一次上场，见丞相在那里落泪，便问道："丞相斩了马谡，为何又要落泪？"这个"又"字要特别强调，以表示对刚才阻止他讲情的不理解。这时，诸葛亮才把自己为什么要"挥泪斩马谡"的原委告诉赵云。而观众也就会想起前面赵云要进帐讲情的那段情节。如果没有前面的那段戏，或者没有表演明白，诸葛亮的这段念白就不会念得那么沉痛，也就不会动人心魄。所以谭老的《斩马谡》，就是比一般演员演得深刻，交代得清楚。对一般演员来说，演《斩马谡》都是在斩马谡时的快板和哭头上下功夫，见赵云是可要可不要的一段戏，也没有什么讨巧的地方，是不大注意这些"无关紧要"的"过场戏"的，有的演员甚至把这段戏删掉了。而谭老却从见赵云的过程中更深刻地揭示出诸葛亮的内心活动，成为一段不可或缺的重要环节，可见他在这些细微之处的表演是下了很大功夫的。

总之，谭老着重刻画了孔明见赵云的一段戏，大幅度地删减了城楼上唱的西皮慢板，这一加一减，足见谭老对全剧"剪枝蔓，立主脑"的构思之绝妙。

第二出　《定军山·阳平关》

谭鑫培主演的靠把老生戏《定军山》，拍摄过中国第一部无声电影，100年后中国邮政又发行过同一题材的纪念邮票。现存的谭鑫培剧照、图画也以《定军山》为最多。足见该剧对京剧艺术，对谭鑫培和谭派须生来说都有非凡的意义，甚至成为许多谭派须生每到一地演出的打炮戏，也就是演出的第一场戏，因此该戏又名《一战成功》，谭富英先生本人所藏的剧本就明明白白地标明了这四个大字。然而，在谭鑫培整合之前，这出戏可不是这个样子。

在谭鑫培的老师余三胜和王九龄先生来说，他们早年在家乡汉调舞台上学习演出这个戏的时候，黄忠原来由汉调的二净扮演，同时由二路花脸演严颜，不但都要勾画红三块瓦的老脸，还都要戴白满（髯口）唱花脸腔。后来由余三胜和王九龄开始改为老生扮演，即靠把老生应工。

剧本取材于《三国演义》七十回和七十一回，说的是张郃瓦口关失守后攻打葭萌关，黄忠、严颜请令打败张郃，又攻占天荡山，杀死夏侯德。继之，黄忠又率兵攻打定军山。守将夏侯渊出战，相持不下，互擒陈式、夏侯尚。黄忠故意在走马换将时，箭射夏侯尚，激怒夏侯渊。黄忠遂诈败而逃，夏侯渊则穷追不舍，追至旷野荒郊，黄忠施以拖刀之计，将夏侯渊斩于马下。

身为魏王加九锡、志在必得的曹操，闻听族弟夏侯渊阵亡而无比震怒，遂亲自率兵二十万征战于汉中阳平关。为解决军中粮草供给，曹操命人将米仓山粮草移存北山。诸葛亮闻信，知曹操粮草短缺，欲命人烧毁曹军粮草。黄忠请命前往，赵云恐黄忠连日征战阵前有失，欲替黄忠，但黄忠不允而力争，诸葛亮遂命黄忠前往，又命张著襄助，再命赵云随后接应。果然，在黄忠烧毁曹军粮草后，被曹军围困不敌，幸好赵云及时赶来接应，救得黄忠，大败曹军。

自杨小楼扮演赵云，与其义父谭鑫培同台合作以来，谭鑫培每演《定军山》必带《阳平关》，更显谭派须生文武兼备的功力，尤其是每当演出《阳平关》在黄忠最后出场前唱“我越杀越勇精神好”的一段导板接快板时，总是要比前面各场的唱腔提高一个调门，使观众感觉黄忠虽然年迈却是功力不减，甚至越唱越冲，让全剧给人以虎头、熊腰、豹尾的整体感。后来谭富英与其妹夫杨盛春（饰赵云）合演，谭元寿与杨盛春的儿子杨少春（饰赵云）或叶盛长的儿子叶金援（饰赵云）合演，也是《定军山》与《阳平关》连演，近年谭元寿的儿子谭孝曾演出《定军山·阳平关》的黄忠，则是由他的儿子、谭派第七代传人谭正岩扮演赵云。因此这出戏在英秀堂就已经延续六代，百年以上了。

但是这出戏在谭鑫培整合前，从第一场出场就与现在的版本大不相同。原来是黄忠与严颜分别从上下场门同时双起霸出场，当然黄忠是起反霸，戴帅盔。在诸葛亮要黄忠比试武功的时候，不但要比试弓箭，还要舞大刀。经过谭鑫培整合后，改为诸葛亮传令要张著前往阆中调回三千岁张飞迎战张郃，遂激起黄忠斗志，先阻令，有先声夺人之气概，然后出场，而且是从下场门出场亮相。之后诸葛亮以激将法激发黄忠斗志。黄忠先念五言八句："末将年迈勇，血气贯长虹。杀人如削土，跨马走西东。两膀千斤力，能开铁胎弓。若论交锋事，还算老黄忠。"诸葛亮表示怀疑，遂命黄忠比试弓箭，黄忠领命遂唱那段有名的二六："师爷说话言太差，不由黄忠怒气发……"然后连拉三次铁胎弓，表示自己不服老的昂扬斗志和膂力超群。诸葛亮遂令其帐下候令。因选副将，严颜请战，再传严颜上场。原来还有81岁的严颜上场后，诸葛亮为激发他的斗志命其舞枪的情节，都被谭鑫培删减，因为他认为黄忠与严颜能征惯战，屡建奇功，诸葛亮身为军师是清楚的，主要是借激将法激发黄忠的斗志，并非要全面考察黄忠的武艺，所以象征性地拉弓三次足矣。

黄忠在全剧中共有十二个出场亮相和下场动作，谭鑫培经过反复推敲，做到了无一重复。如第一次出场便首创下场门出场亮相，一切动作都是反的，如先迈右腿，脸向右子午相看前方。而且是在台帘后阻令道："慢慢慢着！"

张著问："何人阻令？"

黄忠念："黄忠！"

张著道："随令进帐。"

接着，黄忠在"来也"的念白声中冲上舞台，登台亮相，非常神气。但是走到台口，既不念上场对，也不起唱，似乎不符合主演出场的规范。而谭老认为黄忠在大幕内已经高声阻令，先声夺人，到台口再念白就重复了，所以出场亮相后直接进帐面见军师表示自己请战的决心就可以了。

后面的十几个出场，或上场门一条边上挖门，或一手执马鞭，一手持大刀上场，或双手拎靠拍子，到九龙口再回身挖门绕半个圆场，或在急急风的锣经中跑圆场上场后即起快板，同时边唱快板，边走八卦图，显示出七十岁的黄忠依然生龙活虎的昂扬斗志。开打后，黄忠有几个舞大刀下场的动作组合，但都显示出工架的优美和精气神，而不是像武生那样卖弄高难技巧。尽管谭家历代武功均超群出众，但是在《定军山》《战太平》等戏中总是强调要有武老生的规范，不能太武。就是黄忠打败张郃后的大刀下场，尽管我们看到谭富英、谭元寿的大刀串腕都耍得非常灵巧，万无一失，却都是一带而过，没有一而再、再而三要好儿的现象，以不失老生行当的规范。在诸葛亮调黄忠回营交令时，黄忠有一个高难度的连续动作，看似简单，却使很多老生演员，甚至大武生都望而生畏。只见黄忠一边对严颜念道："啊老将军，你我就此一笑而别了哇哈哈哈……"同时上马、转身、回身、甩髯口、抱马鞭拱手、单腿往后颠数步，再随着念一声"请"，立即打马转身下场。全部动作贯穿一气，既美又帅。当观众掌声骤起，黄忠却已经到了后台。

谭派之《定军山》不但十二个上下场的程式动作不重复，唱腔的节奏也无一相同。同是西皮二六，头场大帐的"师爷说话言太差"，就与第二个大帐的"在黄罗宝帐领将令"的起唱锣经不同，一慢一快尺寸亦不同，板起、眼起也不同；同是西皮快板，拉弓时的唱就与"取东川"时行军的唱腔节奏不一样。

如果我们仔细阅读剧本，就会发现，凡是经过谭老精心加工过的剧本，台词都比原来要精练、简洁得多。如黄忠与夏侯渊会阵前，黄忠原来有四句快板，是"夏侯渊打扮真不错，黑面长髯似阎罗。劝你马前归顺我，宝刀下去尔的命难活"。后来谭老演出，则删去前面两句没有任何意义的废话，只唱后面两句。应该承认，在"剪枝蔓，立主脑"的做法上，谭老给他的后代传人确实做出了表率，这在《武家坡》《汾河湾》《法门寺》等戏中也都做得非常出色，值得效法。

最后应该强调的是，《定军山》中黄忠的扮相应该是头戴帅盔，身扎杏黄硬靠，与现在《伐东吴》中黄忠的扮相一样。但是谭老比较瘦，脸庞比较窄，所以他就改成现扎的软扎巾了，显得更加英武。

第三出　《四郎探母》

《四郎探母》的演出历史是比较长的，从道光年间就有演出记载。杨延辉一出场的引子一出，就曾经引起观众的议论。因为有人念"被困幽州，思老母，常挂心头"。也有的是杨延辉出场即开唱。而谭鑫培则打引子，台词是"金井锁梧桐，长叹空随一阵风"。就这两个引子而论，前者是直抒胸臆，紧扣主题。后者则是比兴手法，意境深邃而空灵，让人浮想联翩。谭派传人王琴生曾说他当年随梅兰芳先生到武汉演出《四郎探母》，念的就是"金井锁梧桐，长叹空随一阵风"。当地的京剧与汉剧演员都说，这个引子对的嘛。

据说前者为张二奎念法，后者为余三胜所传授。关于第一场的西皮唱段"杨延辉坐宫院……"一段，原来也有唱上百句唱词的，如"我好比……"的排比句，有人竟然连续唱出七十多个"我好比……"我们现在编写的新剧本，也有唱词越来越多的趋势，以为唱腔是可以以多取胜的。真是这样吗？这个问题谭鑫培老先生早在一百年前就已经做出了否定的结论，而现在有些创新者却还在这个问题上重蹈覆辙呢！

《四郎探母》为谭老最得意的戏。出场的引子"金井锁梧桐……"，"金井"是两个齿音字连缀，"梧桐"是两个闭嘴音，又是两个阴平字的连缀，是最难念的，稍有不慎，其字即"倒"，而谭老念起来抑扬顿挫，各得其妙，每次念完必然是满堂彩。第一场，杨延辉唱的西皮唱段共二十多句，谭老当年看他的老师余三胜演出时，为了等候误场的铁镜公主，随编随唱，竟唱了一百多句。谭老很敬佩老师随机应变的火候和编创能力，但是他说："这是唱《四郎探母》，不是在台上背诵《杨家将》，不能以此为范本。"所以他在晚年演出此戏时就把十个"我好比"的排比句改成四个，把五个"只杀得"的排比句改成三个，把四个"思老娘"的排比句改成两个。整个唱段由三十句又精简为十八句，使这段唱更加精练。

再如"坐宫院"的"院"字从中眼拖到末眼，便戛然而止，并不落到板上，这种简洁洗练的手法是谭老唱腔所以余味无穷的奥妙所在。"南来雁"一句唱得尤为悲切苍凉，好似萧瑟秋风；转板后的二六，无一句重复腔调，无一个模棱两可的字，一气呵成；与公主对唱的快板，一句紧似一句，一段紧似一段，如峰峦迭起，最后"扭回头来叫小番"的嘎调如拔地而起，高入云霄。可贵的是他在唱"扭回头来"之后，使你觉察不出他有一点停顿和喘息，就非常连贯地翻八度接唱"叫小番"，这时他要求京胡用强烈的弓法不停地拉，一直拉到他唱完，一气呵成。他认为这样才能把杨四郎探母前的喜悦和焦急的心情表现出来。他有时也不用嘎调，而是用边唱边加一些表演动作的方式来表现杨四郎的心情。在"出关"时杨延辉唱"泪汪汪哭出了雁门关"一句，过去张二奎唱时都是拖一长腔。谭老琢磨着不合适，因为杨延辉探母心切，行旅匆忙，应该唱急促的短腔。有人告诉他，这里用一个长腔，准能得一个满堂好。谭老说："得一声好是小事，戏理不顾是大忌。"还有人劝他把《南阳关》中伍云召的导板挪到《四郎探母》里。他说："如果你要听《南阳关》，我可以再唱一出。"被擒时的吊毛虽说是普通技巧，但谭老因功底深厚，单腿起范，同时落马（即扔马鞭）又高又飘。"兄弟会"一场的对唱衔接紧凑，"弟兄们分别……"一句原板完全出于脑后音，挺拔而又圆润。"见娘"一场的"二六"："千拜万拜也折不过儿的罪来，孩儿被困番邦外，好一似明珠土内埋……"这里的"好"字是上声字，为了使其字正腔圆，他便加一花腔，处理得极为地道，且唱出了母子亲情。"哭堂"和"别家"的反西皮，更是催人泪下。"回令"一场，谭老戴着手铐要跪着起两个"屁股坐子"，腾空而起，干净利索，全场惊异，渲染了回令时的紧张气氛。从谭老演出此剧，至今百年以上。后来他又特意带孙辈的梅兰芳演出两次，遂成为流行最广泛、最普及、最标准的范本。

第四出　《托兆碰碑》

《托兆碰碑》这出戏原来是一出很普通的小戏，大多排在前三出，多由二牌老生主演。但是经过谭老在表演和唱腔方面的整合加工，一跃而成为谭老最叫座的重头戏。这出戏前后的变化主要是唱法变得讲究，表现意境更为深邃。谭老的《托兆碰碑》所以称绝，所以成为众多剧目中的上品，一曰情理，二曰身份。

他幕内唱导板"金乌坠"平平唱过，略显惨淡凄凉；"玉兔升"的升字也不拖长腔。"黄昏时候"的"候"字随唱随高，适可而止。回龙"不由人"一句的曲调淡薄而味道隽永。"我的儿啊"延续一板落中眼，表达出凄然的念子之情。原板"搬兵求救"的"兵"字后一断，"救"字之腔婉转自然，顺流而下，不露痕迹。"不见回头"的"回头"二字深沉苍老之至；"潘仁美"的"美"字一抑，"下了毒手"的"手"字脱口即顿住，可见口劲之不凡；"双眉愁皱"的拖腔与《洪羊洞》的"病房来进"之"进"字似相同而实异，"遍体飕飕"句第一个"飕"字出口要倒吸一口凉气，似入齿根，颤抖半晌才将下一个"飕"字吐出，吞吐之妙，恍如亲见令公当年置身冰天雪地中被凛冽寒风袭击之状。如此形象深刻地唱出剧中的情景和人物的情感，令人拍案叫绝。有人说老戏都不讲表演，都是傻唱，真不知这些新剧评家看老戏时是否带着耳目而来。

从谭老第二场在幕内唱二黄导板"金乌坠玉兔升黄昏时候"开始，就能把观众带到老英雄被困两狼山，饥寒交迫，又日暮途穷的时间、地点和意境中。在京剧剧目中用二黄导板唱太阳落下，月亮升起的戏很多，但是在这出戏中，这一导板就会使观众感到杨老令公冷、饿、孤立无援的窘状和悲凉的心情。上场后，老令公一开唱就是"盼娇儿不由人珠泪双流，我的儿呀"，所以极为动人。

接下来，老令公神色陡变，目光凝滞、一线贯注，皓白之髯根根震动。摇板要唱得实在，不能轻飘。醒来与六郎谈梦境，互相证实七郎凶兆后即催促六郎上马探信，虽然是淡淡说来，但眉字间要显露出顾恋、爱惜之情和生离死别的感觉。最后动以大义，忍痛决绝，挥手告别，不忍目睹，令台下观者自然以心比心，感受到天伦父子，舐犊情深。尤其是父子分别时的三个叫头，如同鹤唳长空，音调悲切，意境深远。摇板进场，吐音纯趋于平，把个塞地孤臣心灰意懒、形影相吊的惨境表现得历历如绘。

第三次登场，谭老在慢长锤中上场，脸上已经隐约显出衰败之相。走至九龙口，随着锣经，向右轻摇髯口，用双手撩起髯口，左腿退半步，右腿退半步，都是微抬即落地，然后双手扶肩做寒栗的样子，这时起反二黄的过门，再用手捂口，表示要借口内的热气取暖，接着捧须呵冻，瑟缩可怜，令观者全神贯注。他头上戴的金大镫和上面的绒球和珠子，当他双手一抱肩，全身一颤抖，并未摇头，就已见那绒球嗖嗖地不停颤动。无论春秋或若盛夏，一见眼前谭老扮演的杨继业，亦仿佛同处寒冬，感受到凛冽的寒风刺面。反二黄的第一句是"叹杨家投宋主心血用尽"的"尽"字，回旋转折似有无限波涛起伏落止于中眼。从谭老的唱腔看，好像与一般演员没有两样，其实不然。如"兵败荒郊"的"郊"字，尾音缭绕，酸楚凄凉，有感慨不尽之意。"连环战表"一句的"战"字往上一提气，"表"字顺势吐出，简洁老练。"锦绣龙朝"一句的"龙"字三转而接"朝"字低延一板，然后提高，波明水净，不染纤尘，抑扬之间，明快遒劲。"贼潘洪"的贼字要有力，听出那一字之贬，严于斧钺。"在金殿"的"殿"字唱来如饮佳酿；"马前英豪"的尾音与"兵败荒郊"的尾音因字之阴阳四声不同而不同。这一段反调，唱起来如同鹰啼鹤唳、猿啸雅嘶，实令人不寒而栗。一般演员到此都转身去饮场润喉，谭老则一气到底，毫不喘息。

接下来的原板，是一板一眼，因此胡琴没有前面那么紧张，但是踩句多，高腔多，尤显悲壮。如"可怜他尽得忠，又尽孝，昼夜杀砍，马不停蹄，为国辛劳"，再如"那时我东西杀砍，左冲右撞，虎撞羊群，被困在两狼山，内无粮，外无草，盼兵不到，盼子不归，眼见得我这老残生就难以还朝"，都是百听不厌、百唱不烦的得意之作。特别是谭老在"宝雕弓打不动空中飞鸟，弓折弦断为的是哪条"这两句原板的处理上是与众不同的。他是将"哪条"二字的收势用上滑音接顿音，气氛就显得更加悲壮了。在当时，一般的老生唱这两句，总是凄凉有余而悲壮不足。

同时，这出戏又是反调的总汇合，慢板、原板、摇板都具有典型特色，不但要唱得感人，还要身段配合，感人、好看。例如谭老创演的呵手、暖耳、侧面避风、用衣服垫手，再拿起冰凉的大刀等小地方都很生动传神。最后的大刀下场，要让人感到此时的老令公已然浑身无力，心力衰竭，但是又要让人感到他使出了浑身之力，尽管只是一个大刀花，但背刀甩髯口，浑身颤抖，配合着软四击头亮相，给人留下"英雄末路"的深刻印象。

诚然，谭老对《托兆碰碑》的加工整理之所以赢得观众的欢迎绝不是为创新而创新，而是他摸透了杨老令公的处境、情感、性格、身份，从剧中规定的情景出发，有一套完整的构思和设想。

谭老主演的《托兆碰碑》《洪羊洞》等许多悲剧，之所以非常受欢迎，引得观众潸然泪下，完全是谭老变革、改善、丰富京剧唱腔的结果。

以上谭老这些生动的表演在过去都是没有的，更没有他演得那么细腻感人。因此别人作为开场戏的《托兆碰碑》，到谭老那里就成了最叫座的大轴戏。当谭老年纪大了，想到杨老令公家有七郎八虎、八姐九妹，而自己收杨小楼为义子后，在他的膝下也是七郎八虎、八姐九妹，便不愿意再演出此剧，只是在年底唱大义务戏周济同行的时候才偶然一露，每唱必轰动四九城。

第五出　《二堂舍子》

《二堂舍子》，原为神话剧《宝莲灯》之一折。说的是罗州县令刘彦昌曾遇仙界三圣母，夫妻恩爱，生下长子沉香，后被王母娘娘知道，命二郎神杨戬将三圣母压在华山之下。后刘彦昌与凡间王桂英又生下次子秋儿。兄弟在学堂读书，误伤秦府官保致死。秦府势力浩大，刘彦昌知道必然要有一子送往官府偿命。但是两个儿子都承认自己为凶手，都要去抵命。遂与夫人王桂英商议，因沉香的母亲三圣母有救命之恩，遂使沉香逃命，送秋儿到秦府偿命。

这是一出描述夫妻心理活动的剧目，重点是描绘夫妻相互猜测、在表面做人和实际心理得失之间的博弈，表演、念白的难度很大。

此剧的唱腔重点是在刘彦昌得知两个儿子打死秦府官保后的一段唱腔。因为是在儿子面临杀身之祸时所唱的一段二黄慢板唱腔，更加上他知道问题的严重性不是要自己的儿子去偿命，而是要哪一个儿子去偿命的问题。所以首先要让两个儿子知道兄弟忠孝仁爱的必要性。因此这段慢板对剧情的发展显然举足轻重。但是，官府马上要来抓人，再重要的道理也要在官府来抓人之前讲明白，并且解决。所以当年汪桂芬先生唱二黄慢板，王凤卿先生也唱二黄慢板，表示对问题的重视。而谭鑫培先生在中年演出此剧时，虽然也唱的是"昔日里有个孤竹君"的内容，但板式却改为二黄快三眼，如此一改，舞台的节奏立即与儿子闯祸，马上面临杀身之灾的气氛相吻合。给观众的感觉，刘彦昌不是简单地讲古论今，而是在家庭罹难之际教育两个儿子要敢于担当，甚至舍生取义。如此一来，这段唱腔与当时的紧张气氛和后面是让秋儿还是让沉香去官府投案的情节紧密地联系到一起了。也是谭鑫培此剧从一开始就扣人心弦的秘籍所在。

第六出　《击鼓骂曹》

《击鼓骂曹》演的是《三国演义》第二十三回的故事，又名《群臣宴》。说的是孔融向曹操推荐祢衡受到怠慢，祢衡被派做鼓吏，在大宴群臣时加以屈辱。祢衡遂赤身露体，借击鼓之机辱骂曹操，后被曹操派往荆襄，欲借刘表之刀诛之，终死于江夏黄祖之手。

《击鼓骂曹》也是谭老最喜欢演唱的一出戏，在台上真是有准步位、准尺寸、准地方。此剧有两段原板，三段二六，各有其妙。另加一段骂张辽的念白。剧中的击鼓"套子"更是谭老的一绝技，从谭老击鼓的花点、音节中就可以把祢衡胸中的郁闷和悲愤完全宣泄出来。

谭老演出时，必请老旦名家谢宝云（号称谢一句）扮演旗牌官，而这位旗牌官必然在念"鼓吏进帐"时把调门提上去，念得又高又亮，赢得满堂喝彩，使得谭老也只好顺着谢宝云的调门在台内搭架子，按相应的调门喊出"来也"。以至后面的导板、原板唱腔也越唱越兴奋。有人说这种配角啃主演的做法，迫使主演更加卖力，殊不知这正是谭老为使全剧的起承转合顺理成章、高潮迭起、精彩纷呈的巧妙安排。试想，如果这位旗牌有气无力地念一句"鼓吏进帐"，谭老怎么接下面这句"来也"，导板又怎能唱出神采？那就只能连观众都一起进入梦乡了。

这出戏，谭老晚年演出比较频繁，极为观众所欢迎。对于如何表现这样一个轻狂浮躁的书生，谭老可谓用心良苦。例如祢衡上场的引子，原来是"天宽地阔海无边，时事风云梦里眠"。应该说这两句七言的格式就不符合引子的规范，也不符合祢衡放荡不羁的本性，他就改为"天宽地阔，论机谋，智广才多"。既符合引子的格式，念起来又流畅舒缓。多次为他伴奏此剧的琴师徐兰沅先生就说，头场定场白后念一副对子"未逢真命主，空负栋梁材"来叫唱，然后司鼓用"扎多伊"起唱西皮快三眼。有一次打鼓佬慢了半拍，像《空城计》的慢板起唱一样的尺寸，谭老就说，这是祢衡，不是诸葛亮。要打出轻狂浮躁的祢衡来，就要紧咬着我的"栋梁材"的"材"字起"扎多伊"，再紧咬着"扎多伊"开过门。你们都慢半拍，那可就不是祢衡了。所以徐先生说，谭老这祢衡一上场，从演员到场面就都得"轻狂浮躁"起来了，与《空城计》的诸葛亮大相径庭。在唱到最后一句"得会风云上九重"后，原来还要转二六板再唱四句，唱词是"自幼儿窗前习孔孟，少游北海遇孔融。他将我荐于曹府用，要学孙膑下云梦"，因为与前面的唱词既矛盾又重复，也都被谭老一笔删除。在唱完最后一句"得会风云上九重"时，可谓初写黄庭，恰到好处。而且唱到最后三字时，斜身向外翻水袖，眼睛不经意地向上场门外角斜视一眼，再缓步下场，已经将祢衡自恃才高、骄傲自负的心情表露出来了。足见谭老对老腔老词的取舍都经过了周到仔细的思考。

当祢衡第一次见到曹操时，由于曹操的傲慢，祢衡的轻狂，在礼节上，双方都很懊恼，祢衡自觉受到慢待，为此起流水板唱"人言曹操多奸巧，果然亚赛秦赵高。欺君误国非正道，全凭势力压当朝。站立在阶前微微笑，哪怕虎穴与笼牢"。显然这是"话不投机半句多"，也预示着曹操与祢衡矛盾的激化已是不可避免的了。当然唱腔还比较平稳，为后面的发展留有余地。说明谭老的唱腔旋律上也是根据祢衡的情绪变化进展而逐步激化起来的。

例如祢衡第三次登场，是一个单人的过场戏，表现他在曹操面前受到屈辱，气满胸膛。为回击曹操对他的胯下之辱，他毅然决定当着满朝文武击鼓骂曹，以死相拼。在这种情绪高度亢奋的状态下，他以望家乡的锣经起快板，不但速度极快，而且不等胡琴过门，顶着紧锤的锣经就立即开唱了。最后表示："明日进帐把贼骂，拚着一死染黄沙，纵然把我的头割下，落一个骂贼的名儿扬天涯。"完全是一副视死如归、鱼死网破的临战状态，为后面"骂曹"的激烈场面埋下伏笔。

有的演员在念出"明知山有虎，偏向虎山行"后没有顶着紧锤唱，不但等胡琴过门，而且还要转身朝里整理髯口，似乎要保持稳重的台风，如此一来，这个望家乡的锣经也就失去了意义，是不足取的。

在这出戏中共有三段二六唱腔，原来谭老唱第一段二六时采用了二六原有的二六一十二板的大过门，借以表现祢衡考虑是否为曹操充当鼓吏的过程。后来因为在第三段二六前更需要有一个考虑是否接受曹操的差遣到荆州顺说刘表的使命的考虑，因此谭老特意把十二板的大过门改为在最后一场的第三段二六唱腔的前面使用。

当然《击鼓骂曹》重在击鼓，谭老的击鼓也最为讲究。《渔阳三挝》的鼓套子原很一般，而谭老能打出五套花，真如金声玉振。《夜深沉》的曲牌，本来极为简单，后由谭老加上"节节高"和"鬼推磨"等鼓点，均能打出深邃的意境，令人惊心动魄、心潮澎湃。配合着梅雨田、孙佐臣、徐兰沅等人的京胡伴奏，互相衬托，严谨处好似密不透风，而舒缓处又可让骏马奔驰。两段鼓套子总能赢得阵阵掌声，取得神奇的艺术效果。可见击鼓在这出戏中是非常重要的，甚至也是这出戏成败之关键。

还有一处，由于谭老的即兴发挥，祢衡似乎用北京的大白话，要表一表"他的历史"，即历数曹操帐下两次要杀他的大将张辽变节投敌的所作所为。实际上是谭老为当时有些清朝的王公大臣剪掉辫子后，投靠窃国大盗袁世凯耀武扬威的样子感到可耻，遂借题发挥，揭露张辽三姓家奴的本来面目。由于骂出了当时老百姓的心声，也赢得了观众会心的笑声，有的鼓掌叫好，有的跟着起哄，都说骂得好。后来余叔岩演出时也模仿谭老指桑骂槐地数落张辽一番。如今这段即兴发挥的念白也被传承下来，成为全剧不可或缺的情节之一，也是谭派戏迷们百年来津津乐道之处。

第七出 《南阳关》

《南阳关》本是一出开场小戏，俗称"帽儿戏"，是给后面的主要演员垫戏的剧目。多由二牌老生演员担纲，属于汉调京化的典型剧目，重湖广音，唯有四喜徽班的姚启山曾在中场演出。景四宝也演过。清末宣统年间，湖北同乡在石头胡同集贤楼宴请王君直、陈彦衡等，席间谈起此剧，由湖北的陈士可试唱剧中城楼一场的唱腔，陈彦衡为之随腔伴奏，四座都有耳目一新之感。后陈彦衡问谭老如此好戏为什么久不见露演。谭老说："我也唱过此戏，但不为时重，故久未演出。但仍可一试。"

经过谭老一段时间的琢磨后，特意在文明园郑重上演，结果大受欢迎。剧本一字未改，舞台面貌却焕然一新。谭老用的是什么神奇手法呢？

该剧演的是隋唐十八条好汉的故事，说的是身为当朝太宰的一代忠良伍建章被隋炀帝杨广杀死，为斩草除根，又命韩擒虎率尚师徒、麻叔谋领兵讨伐镇守南阳关的统帅、伍建章之子伍云召。韩擒虎因与伍云召有叔侄之情，明攻暗让。败走后，宇文化及又派遣其子、十八条好汉之一的宇文成都前往讨伐。伍云召知道自己不敌宇文成都，其妻为促成丈夫与儿子的突围成功而毅然自尽，伍云召抱子突围，宇文成都追至关帝庙，被朱灿假扮的周仓吓退。朱灿收养伍子，伍云召遂投奔另一位隋唐十八条好汉之一雄阔海。剧中正反两方面的人物基本都来自身怀绝技的隋唐十八条好汉，因而引人注目。

谭老扮演伍云召，头场大帐，首先说明因夫人新生一子，特派家人伍保前往京城向父母报喜，不料，却听到伍保从京城带来了父母被杨广割舌敲牙而亡的噩耗，同时又得知朝廷派遣韩擒虎兵临南阳，欲将伍家斩草除根。二场城楼，伍云召先与朝廷派遣的韩擒虎，继之与宇文成都开打，到最后妻子自尽，又在关帝庙托子于朱灿，全剧跌宕起伏，扣人心弦。

在表演的设计上，可以说每一场、每一段落都有可欣赏之处。最突出的当然就是每一场的唱腔都非常感人肺腑，又令观众的情绪一场比一场高涨，取得同仇敌忾的情感共鸣。当然，全剧最精彩之处当数城楼上伍云召面对韩擒虎的一段西皮导板、原板、二六转快板的唱腔。由于谭老的精雕细刻，在表现伍云召的深仇大恨时，谭老一方面使用了大量高腔和嘎调，同是"叫伍保"，有的在"叫"字上翻高，有的在"保"字上翻高，无一雷同。为表现英雄被害的激愤心情，谭老在城楼上的核心唱段中，即西皮唱腔中借用了许多娃娃调的旋律，如"手扶着垛口"的"口"字、"年迈的娘"的"娘"字、"马鞍桥"三字，又在唱腔中设计了许多让板、掭板、连唱等技巧，如"麻叔谋使长枪，鞭插在马鞍桥"的"鞭"字就是典型的掭板唱法，明明是十二个字一句，由于掭板，反而显得更俏皮，没有了冗长的感觉。

据陈彦衡先生说，此句新腔是他的创作。"呼雷豹"三个字则是连唱，亦很别致。其实这种唱法恰恰就是来自汉调的传统老唱腔，用得恰当就会赋予新意。至于从导板到原板，再从二六到快板的板式变化，则充分地表现了伍云召越说越愤慨的情绪。导板最后的高腔自不必说，就是一句"麻叔谋使长枪，鞭插在马鞍桥""早烧香，晚点灯，供奉年高"，后面还要加唱四个字："饶是不饶"，以表示自己格外恳切的心情，这种打破常规的唱法，类似《珠帘寨》中李克用劝程敬思"就在这沙陀过几年"后又唱"落得个清闲"。用在这里可以说绝非蛇足，反而表现出伍云召在全家遇难，不但大仇难报，又即将被隋炀帝斩尽杀绝的最后危难之际，表现出的极为恳切的态度。

特别值得一提的是，这段唱腔是全剧的中心唱段，已经不是原来作为开场戏的唱法，其中许多唱腔都经过了谭鑫培的精心加工，如"珠泪双抛"的"双抛"二字连在一起唱，就唱出了伍云召极度悲伤，泪如泉涌，难以忍耐的哀痛心境。再如"敲牙割舌为的是哪条？"由弱到强，加大力度的唱法，都是突破原有唱法的新腔，令人同情，让人不忍，尤其是"我那年迈的娘"的"娘"字加大力度尤其让闻者心碎的行腔，都是原来作为开场戏时所没有的，是谭鑫培的心血结晶，唱得很俏，充满人情味，颇让人回味。

当然，谭老在整合这出戏的时候，不仅在唱词、唱腔方面做了大幅度的变革，而且在武打中使用了小五套中的"剜萝卜"套路，又在头场增加了耍令旗的技巧和非常别致的下场。三个枪下场虽然并不复杂，各不相同，但又与剧情吻合，显示出急切而不愿恋战的思想。剧中几次起叫头，每次均不同，每次都让观众感同身受，有切肤之痛。在夫人自尽后，只见谭老背朝里站，两手提靠拍子，呈蝴蝶状，然后向右转身，甩发、髯口并做，脚下蹉步到夫人自尽处，往前一扑跪倒，极为干净、利落，被他的戏迷称为绝活儿。掩埋夫人尸体的表演，与赵云在《长坂坡》中的掩井亦有异曲同工之妙。

我们看到这里，也就知道了谭老整合后的《南阳关》为什么从一出开场小戏变成了久演不衰的经典剧目，以至百年不衰了。

第八出　《战太平》

《战太平》出自《明史》和《英烈传》，演的是大将花云辅佐朱元璋的侄子朱文逊镇守太平城，被北汉王陈友谅偷袭采石矶。花云不敌，欲保护朱文逊突围，朱文逊因被家眷拖累而贻误战机，双双被擒。朱文逊因哀求北汉王饶命而被斩，花云宁死不降，反而被陈友谅多次劝降，后花云假意投降，挣脱发标，力战敌兵，被乱箭射死。

此剧源自汉调京化，王九龄、杨月楼、姚启山等均演出过。谭鑫培演出后进行了不断的修改，原剧从金殿一场开始，说明朱文逊与花云的君臣关系和性格区别。同时交代说明花云曾经要求派重兵把守采石矶，被朱文逊拒绝，使花云与陈友谅交战得胜后，因采石矶空虚，给陈友谅造成偷袭的机会，造成全面的败局。后谭老演出时，首先删除了金殿一场，而改从回府开始，由花云上场即大怒曰："可恼！"说明了他与朱文逊在金殿上的矛盾很大，更为遇到朱文逊这样懦弱的上司而怒不可遏，也为后来采石矶的失守做好了铺垫。

谭老这出戏在很多地方都与其他剧目的固有程式套路不同。如"回府"一场的出场，就是踩在"水底鱼"的锣经中，走"七步半"上场"回府"，每一步都要踩在锣经上，然后与两位夫人告别，全身披挂，唱二黄导板后再起半个霸。接着又唱七句散板，不但每句唱腔均唱得很俏，而且在"接过夫人得胜饮"一句又使了一个高腔，始终保持着高昂的斗志，也可以说从一出场开始，谭老的花云在每一场戏中都处于"战备"状态，处处激昂，声声高壮。这一导板"头戴着紫金盔齐眉盖顶"是老生导板中调门最高的导板，要求翻上八度，极富激情。所以后来被用在样板戏《红灯记》中李玉和的导板"狱警传似狼嚎我迈步出监"和《沙家浜》中郭建光的导板"听对岸响数枪声震芦荡"，可见谭老的唱腔绝不是靡靡之音，更不是亡国之音，而是极富激情的爱国军号之声。

同时，这出戏也是靠把老生中武功与唱工最繁重的，在"游街"一场的西皮原板也是如今各种老生戏中旋律最高、尺寸最快的。有些唱腔更是其他戏中所罕见的。如"刘伯温八卦也平常"一句的尾腔放在"也"字上，"常"字唱腔结尾处再甩出一个"呃"字，这在各种老生流派唱腔中也是绝无仅有的。既显示出舞台气氛的紧张，也表示出花云被擒后视死如归的心态。再如游街时与疯婆女（即夫人装疯后）对唱的快板，在绑赴法场后与陈友谅的对唱快板，尺寸之快均极为罕见，充分显示出谭老演唱快板的独特风格。

在被擒一场，一般都是翻抢背、吊毛，如《四郎探母》。而谭老却在这出戏中设计为扎大靠翻虎跳，只见花云持枪向"绊马索"冲去，同时扔枪，即翻虎跳，被擒。对于主演过"八大拿"的武生，翻个虎跳本无所谓，但是要知道花云身扎大靠，四根靠旗长出两只臂膀，翻不好也是有风险的。谭老以花甲之年，在这出戏中可以说是唱、念、做、打、舞、翻无一不精，所以称为谭派戏中的撒手锏也不足为怪。

据当年谭老的戏迷说，在"游街"一场，谭老还有一个绝活儿，就是余叔岩也没有。当年余叔岩在教李少春的时候曾经对李少春讲过此事，为此李少春在1952年演出《战太平》后曾经请看过谭老此剧的徐勉甫先生吃饭，专门请教此事。徐勉甫说，那是民国初年的事情，说的是金殿一场，当朱文逊被推出斩首，刑场传来行刑的锣声。第一锣时，花云把手铐上的锁链抛向左边，形成一条线；第二锣时，花云把锁链往右一抛，形成一条线；第三锣时，花云把锁链往上一抛，成一炷香，非常好看，台下的观众报以炸窝般的喝彩声。但是这三下的劲头怎么用，谭老从来没有对徒弟说过，很多人想学，又找不到门径，也就失传了。因为在谭老看来，这种绝活儿，或者说是噱头，无关大局，过于卖弄，如果游离于剧情之外反而不好。就像1931年余叔岩与张伯驹共同编纂的《近代剧韵》，大家都说是后学之圭臬，但是发行不久，余先生却又命高价收回，在这方面应该称赞余三爷是明智的，是注重实学的，很多同行、后学都敬佩余三爷治学之严谨。

第九出　《打渔杀家》

关于《打渔杀家》的戏核，有人说是与教师爷的比武，有的说是头场的打鱼，有的说是那段"昨夜晚"西皮快三眼的唱段。而唯独谭老认为是杀家前的别家，才是全剧的最高潮。

您看，当萧恩与女儿要乘船过江到丁府报仇，刚走出家门，桂英突然言道："啊爹爹，这门还未曾关呢。"萧恩因为不想给女儿造成心理恐慌，叹了一口气，说："唉，不关也罢。"接着，桂英又问："啊爹爹，这屋内还有许多动用的家具呢？"显然，无知的女儿要逼着他说出这最后的结果，遂悲从中来，哭泣着说："唉！好个不明白的冤家呀……"船行半江之中，女儿萧桂英突然撤下船帆，颤抖着说："啊爹爹，此番过江杀人，是真的，还是假的呀？"萧恩一听，怒不可遏，道："过江杀人，还有什么假的不成？"桂英说：

"女儿有些害怕,我、我、我不去了。"萧恩闻言大怒,道:"呀呀呸!为父不叫儿前来,儿是偏偏要来,如今,船行半江之中,儿又要回去……也罢啊!待为父掉转船头,送儿回去。"这时,父亲划桨拨转船头,桂英掌舵,不让船转向,父女互相较劲后,桂英突然哭道:"孩儿我舍不得爹爹!"应该说,戏演到此刻,观众已是撕心裂肺。谭老在这里只用了一个"哭头"就把人物的情感酸痛揭示得淋漓尽致。这个"哭头"虽然只有"啊啊啊……桂英哪啊,我的儿呀……"短短的一句,但是他在这里借用了梆子滚板的搭调,真是催人泪下,感人至深。在谭老的唱腔中,类似这样的借用、吸收、糅化其他剧种的曲调是不胜枚举的,不但有梆子、大鼓,还有老旦、青衣和花脸等其他行当的唱腔。

这里虽然笔墨不多,但不少演过此剧的演员都把头场的打鱼、"昨夜晚"的唱段、与教师爷的开打、被打后的八句散板以及最后的"锁喉"当作重点。殊不知这几句对白才应该作为全剧的戏核,而谭老在这里更是精心设计,精湛表演,把握住了全剧之神脉,给观众留下难忘的印象。

第十出　《捉放曹》

《捉放曹》乃谭老经常上演的剧目,也是他的得意之作。前与何桂山,中与李连仲、金秀山、黄润甫,后与郝寿臣搭档演出。有一次,谭老与何桂山在阜成门外的阜成园演出此剧,谭老临时误场,前面加演了一出《瞎子逛灯》。那时,太阳一落山,就要关城门,所以在城外演戏都是唱白天,没有晚场。等谭老唱完"行路",就将近黄昏了。何桂山一看,唱完"紧加鞭催动了能行胯下"就打马下场了。

这一下场，"宿店"就等于不唱了。谭老一把拽住何桂山说："还有'宿店'哪。"何桂山答道："一会儿就要关城门了，我到哪儿宿店去啊！"台下一听哄堂大笑。何桂山说完就竟自下场了。谭老无奈，也就临时改词，把"悔不该随此贼海走天涯"改为"我只得暂忍耐随定于他"唱完，谭老也就下场了。想不到，他们临时一改，从此就变成了一种新的演法，而且流传下来，凡演出《捉放曹》时就可以带"宿店"或不带"宿店"了。

谭老早年多与黄润甫、何桂山、李寿山、李连仲、金秀山合演此剧，但是到晚年，以上诸位演员均年事已高，遂起用黄润甫的弟子郝寿臣扮演曹操。郝寿臣对这出戏的曹操非常用功，此剧中的曹操相对比较年轻，又是军事家和诗人的本色，同时他谋杀董卓也是为了汉室天下，应属忠义，因此他扮演的曹操与其他戏中的曹操不同，脑门勾画得比较高，也不像其他曹操戏那么显著奸诈、老谋深算，而且面纹尤显文雅、智慧，使谭老一看便知此后生对演此剧之曹操是动过脑筋的，遂格外满意，不住地赞许和鼓励。以后又与郝寿臣继续演出了《失街亭》《击鼓骂曹》等戏，使郝寿臣声誉大震，荣获"活曹操"之美誉。郝寿臣对谭老的提携之恩没齿难忘。从这件事也可以看出，谭老对晚辈是不抱成见的，尽管当时的郝寿臣还很年轻，只要有真本事，他选用提携人才也是不拘一格的。

这出戏中，谭老通过唱腔刻画陈宫这个人物是很有特色的。如一般演员唱"凌烟阁上美名扬"是在"美"字上翻高，同时撤下尺寸，"名"字一顿再在"扬"字上落腔。他则不然，他用"上"字的拖腔把尺寸搬下来，将"美名扬"三字连在一起，腔儿一急转，在"扬"字上收得自然大方。在陈宫与曹操的散板对唱时，他唱的"他人未必有此心肠"一句是一气呵成的。在唱"求赏焉有此风光"的"有"字时，他拖了一个长腔，唱腔虽然并不复杂，却颇耐人寻味。然后"此风光"用顿音唱出，这一字一顿，就明白地表示出陈宫对曹操多疑和猜忌的反感和愤怒。在唱到"他一家大小要遭祸殃"时，"家"字用一嘎调以突出陈宫对曹操忘恩负义行为的愤恨和惊惧。有时他不用嘎调，就把"他一家大小"五个字一气唱出，然后在"小"字上拖一长腔，腔的尾音又用了一个很帅很俏的擞音收住，真是美不胜收。在唱"遭"字时，双手同时向里连续翻水袖，把髯口翻起，同时往后退步。唱完这句后，他右手往脑后翻水袖，同时向后转身，抬左腿，左手撩起褶子角亮相下场。这种连唱带做的表演很恰当地表现出陈宫焦虑、恼怒和紧张的心情。

"听他言"这段西皮慢板，是全剧的中心唱段，一张嘴就由高而下，表现出气愤和激动的心情。后面越唱越悔恨，在唱到"马行在夹道内我难以回马"时，他在"夹道内"后非常巧妙地垫了一个"我"字，这个垫字使唱腔显得灵活俏皮，还在垫字这一刹那，轻轻地换了一口气，为后面的大拖腔做好了准备。这虽然是极其细微的地方，但作为演员是绝不可等闲视之的。在唱到"宿店"的大段二黄时，情绪已经低沉懊丧，就更是悔恨交集，曲调也就更显得沉郁悲凉了。

第十一出 《打侄上坟》

《打侄上坟》即《状元谱》，在别人看来这是一出很不起眼的寻常戏，谭老却视为得意之作。最初他是受程大老板的启发，由于留心在意地观摩，自以为得到大老板的真髓。在大老板谢世之后，他就也贴演此剧。

一日，谭老演出此剧，当他扮演的陈伯愚见张公道有六个儿子，自己膝下无后，孤苦无依，十分惆怅，遂转身背向观众对天长叹："唉，我陈门的祖先哪！"然后转身再唱："张公道三十五陆子有靠，陈伯愚年半百无有后苗……"表现出陈伯愚因自己乏嗣无后而内心苦闷难言。

演至杖责陈大官时，谭老命家院去取板子来，扮演家院陈芝的演员却局促不安，兀立不动。谭老再三逼他去拿板子，家院才将板子拿来，谭老刚要接板子，不料，扮演家院的演员却急忙抱着板子往上场门跑。谭老见状大怒，急赶上，将板子夺回，方能开始责打侄子大官。演出后，谭老气愤地到后台问扮演家院的演员："你演过这出戏吗？"岂知扮演家院的演员说："我陪大老板演出过多次。"谭老一听，恍然有所悟，认为扮演家院的演员必有来历，便恭恭敬敬地请教当年大老板的演法。扮演家院的演员说："当年程大老板曾说，这个戏的陈芝原来是陈大官父亲的家院，他见陈伯愚要打少主人，岂有不心痛之理，故逼之至再，方能将板子取来。又因当陈伯愚盛怒之际，恐其重责，少主人受不了，故而急忙持板子往上场门跑，此时陈伯愚要双手夺板子，同时用脚踢陈芝，陈芝随之使一个屁股坐子，方合剧情。"说罢，扮演家院的演员又告诉谭老，陈芝往上场门跑时，是抱着板子的一头，特意留下另一头在身后，陈伯愚双手夺过板子，从左向右抡起时顺便一倒手，正好用板子打在陈大官的背后。随后还给谭老比画一番。谭老听罢，拱手称谢，从此改正，并馈赠白银数两，以答谢其不吝赐教。

谭老演此剧时，以王桂官扮演陈大官为最佳搭档。谭老演陈伯愚见大官时，始而惊讶，继而愠怒，再而杖责，好比文章由浅入深，如作画由淡而浓，步步引人入胜。虽然陈伯愚是盛怒之下的责打，因怒而恨，因气而急，但一不失其儒雅的身份，二不失其骨肉之亲情。妙在使人感到他下手打时虽然又狠又重，实在是出于对晚辈爱恨交加之苦衷。在他斥责大官时，还追念兄嫂，声泪俱下，凡观者仁义友爱之心无不油然而生。例如谭老呼叫大官"进前来"时，王楞仙只有诚惶诚恐、唯唯诺诺，进前长跪。谭老危坐，举袖抚大官双肩，问："你是陈大官？"声色俱厉，使大官毛骨悚然。当念到"好奴才"三个字，随之用右手水袖向大官劈面一甩，再从家院手中夺过板子赶打，简洁大方，紧凑严密，合乎情理。追打时，陈大官害怕挨打而躲避，陈伯愚气急而赶打，二人因此回旋追逐，亦如家庭训子的情景。谭、王二人武功基础扎实，身手步法更是不同寻常。"打侄"一节演得极为真实而精彩，观者皆叹为观止。

有人演此剧，在陈伯愚责打大官时竟然先叫家院关起门来，唯恐大官逃跑，真不知长辈的威严何在？殊不知，陈伯愚乃行善积德的一位乡绅，陈大官亦本是良家子弟，叔父责打胞侄，既无须关门，胞侄也绝不敢逃逸。况且，责打时无人开门，夫人又如何闯入门来劝解。此举实乃画蛇添足，也使后来夫人的自闯进门成为笑柄。更有某位扮演陈大官的演员，自以为聪明，见叔父欲动用武力，便做出惊骇逃跑的举动，陈伯愚只好被迫下位，手擒大官，摔于地下狠打，此时大官仍时时准备逃跑，所以陈伯愚不得不关起门来。这样的恶打恶斗，简直无异于市井上的无赖斗殴，哪里还有叔侄情分？哪里还有长辈训斥晚辈的样子呢？叔侄到后来又如何和好呢？只求"打侄"的痛快，"上坟"一场又怎么演下去？谭老在演出此剧中绝没有这些蛇足之举，一举一动，皆瞻前顾后，有根有据。

第十二出 《盗魂铃》

《盗魂铃》原来是一出以武旦为主的闹妖戏，全剧名叫《九狮岭》或《四眼金钱豹》。说的是九狮岭有九头狮子兴妖作怪。它们闻知唐僧取经路过九狮岭，就准备以它们的法宝"魂铃"降伏唐僧师徒，再吃唐僧肉。原先在三庆班演出时要从"跳狮子形"开始，上九头狮子，"跳形"后再上小妖，"排山坐洞"，一起议论如何劫取唐僧。第二场是猪八戒探路遇妖，接着是盗铃、开打、擒妖。此剧的开打要上八个小悟空、八个小八戒与八个小狮子，有许多大开打的场面，非常火爆。那时三庆班演出此剧是余玉琴、朱文英、李顺德、王长林等扮演大狮子，陆华云扮演唐僧，张淇林扮演孙悟空，李连仲扮演沙僧，谭老扮演八戒。按理说，八戒是丑行应工，应该由王长林扮演，怎么会轮到谭老扮演八戒了呢？

原来有一天慈禧太后传差，要谭进宫演戏。谭鑫培因为闹肚子误了卯，慈禧不悦，非要罚他不可，谭鑫培自然表示情愿受罚。慈禧一听，就点名要谭鑫培演唱《盗魂铃》中的猪八戒。谭鑫培明知这是慈禧在戏弄他，也就有了主意。让王长林给他说了几个武打戏的节骨眼，戏就开演了。在八戒探路一场，谭老让打鼓的李五先给他起西皮导板的过门，他没上场就别开生面唱了一句《大登殿》中薛平贵的"龙凤阁内把衣换"，接着上场就唱开了西皮原板，一句《武家坡》的"青是山绿是水花花世界"，一句《珠帘寨》的"弟兄们徐州曾失散"，一句《鱼肠剑》的"叹光阴一去不回还"，又一句《失街亭》的"两国交锋龙虎斗"，就这么东一句西一句地唱开了。见狮子精时，他又加了段数来宝："先瞧头，再瞧脚，再看看模样好不好……"接着他与女妖就开始戏中串戏，不但唱京剧，还学唱山西梆子达子红、郭宝臣的唱，把那慈禧唱得喜不自禁。接着开打，凭着武生和武丑的底子，打起来火爆中又透着滑稽，使慈禧非常满意。可是谭老这么一唱，这出戏就算定格了，从此以后不管谁演这出，也就都得按谭老的演法。一出以武旦为主的大武戏，也就成了老生拿手的唱工戏了。

可是不管怎么说，谭老先生演出的这出戏特别受欢迎，也完全是一出游戏之作。有一次在上海演出此剧，他还能因地制宜，所有唱念全用上海话，又故意唱得不入调，凑趣打诨，使上海人特别开心。在末场翻高的时候，也就是要从一张半桌子高的高台上翻下时，他又故意做出拿鼎上不去的洋相以取乐于观众。谁能想到，那时候就有一位"左大爷"对这出戏很不以为然。他看谭老上一张半桌子上"翻高"，不敢翻下，又爬下来，就认为是谭老故意藐视上海人，便报以倒好。在场的观众大多是谭老的戏迷，便要与这位"左大爷"理论理论，结果就闹出大打群架、打官司的许多事情来，一直闹了半个多月。

十三　《恶虎村》

《恶虎村》是谭老拿手的短打武生戏之一。此剧原来是嵩祝成班的当家武生杨振刚根据三十六张骨牌编演的武打档子。后来又经过他的师弟，以编演"八大拿"闻名京都的武生沈小庆重新加工修改，就成了当时武生行的系列看家戏。在这出戏中，谭老先生扮演的黄天霸，把绿林出身的这位官府鹰犬刻画得入木三分。表面上要表现黄天霸忠义，实际上揭露他的假仁假义，在当时尤为出色。这与他在京东跑粥班时一度为人做护院或为富商做保镖的生活经历是分不开的。尽管他做护院保镖只是为了临时糊口而已，但是他由此接触过许多响马、捕快、商贾、镖客，看到他们的生活习性，了解他们的心理状态，因此他把黄天霸复杂的心理变化、假仁假义的虚伪嘴脸，都一笔一笔地勾画得栩栩如生。

他的走边虽然是短打的扮相，却俨然长靠大武生的气势，动作简洁、大气。念白既有韵味，又铿锵有力，字字珠玑，与一般的武生走边迥然不同，那飞天十响，非常清脆，如疾风骤雨，令人目不暇接。其中有一身段是脚往内拐，手往外转，快如风车，每次展示必获得观众的满堂彩声。定场诗"仁义礼智信为高……"四句边念边做身段，透着边式漂亮。与郝文的开打、夺刀，紧凑得真是风雨不透，足见谭老功底之一斑。开打时的路数虽然与嵩祝成班的演法是一致的，但是最后该剧特色的"坛子攒"①他却打得与众不同，脚踢手挡，快捷自然，娴熟无比。

不过在谭老看来，这出戏最难也是最关键的，是黄天霸与濮天雕、武天虬兄弟相遇时的对白。因为他们三人在绿林中本是非常要好的兄弟，就是在黄天霸投靠官府后，依然与濮、武二位以及家眷保持着较好的兄弟情谊。但是当发现他们把施公劫持后，他要保持自己在绿林中的完美形象以左右逢源，正所谓既做婊子又立牌坊，既讲义气，又无情无义。谭老在揭示黄天霸"猫哭耗子"的虚情假意时更可谓入木三分。所以看谭老这出戏，身段技巧让人感到帅气、精湛，而在与绿林兄弟交往中那皮笑肉不笑的表情，说一套做一套的伎俩，则充分暴露出黄天霸两面三刀、卑鄙虚伪的本性，让人咬牙切齿。可见

---

① 京剧舞台上四人开打为"四股荡"，八人对打为"八股荡"，但以一对四者为"攒"，此剧以四人用酒坛打黄天霸一人故称"坛子攒"。

谭老是把这个黄天霸真正演活了。

第十四出 《问樵闹府·打棍出箱》

《问樵闹府·打棍出箱》一剧由谭老扮演妻离子散、精神失常的书生、举子范仲禹。由于谭老所处的社会能够接触到不少失意文人和落魄书生，对他们的处境和心情都有一定的理解和同情，因此他把一位善良、懦弱、古板、酸腐的范仲禹活生生地刻画在舞台上，铭记在观众的心目中。

谭老对这个戏是很用心的，例如原来的台词中说生员范仲禹进京考试，半月后竟然天下夺魁，本为无稽之谈，到后来谭老就改为："卑人范仲禹，前半月在此地将我的妻儿失散……"极为简练又不伤全剧之主旨，这样的删减实不愧为剪枝蔓也。

在谭老看来，这出戏最吃功夫的是"问樵"，表现范仲禹向樵夫问路的过程，两人的身段、念白、眼神、节奏都要协调配合一致，既有昆曲中边唱、边念、边舞的特色，又很像武术中的推手和太极，没有身体的协调和心灵的默契是很乏味的。做好了则很神奇，引人入胜。

此剧中谭老在表现失常人物的特征方面尤为真实可信。见煞神时，他与钱金福（扮演煞神）碰面时的恐惧情形，头上的甩发随心而动，使观众窥见其心；见葛登云前的吊毛，见报禄人时的甩发、眼神、髯口随竹竿转动，无不配合默契。至于剧中的几段四平调和二黄原板，悲凉凄婉，哀切动人，均可谓空前绝后之作。"我往日饮酒酒不醉，到今日饮酒酒醉人"，两句唱四个"酒"字，他充分运用"三才韵"的法则，均不雷同，自然成趣。再如阳平变去声和去声变阳平的念法，也是他在这出戏中值得称道的手法。如"儿子有了下落，还有儿子他的娘呢"的"娘"字就变通得很好。说明他深知京剧皮黄的旋律和念白的音阶变化规律，都是以湖广方音为基调的，京剧如果没有湖广音，皮黄唱腔与念白就根本不存在了。京音只能在不影响湖广方音的基调时才能存在。所以在一百多年中，戏曲界始终坚持湖广音为京剧四声的基本声调，与谭老的开创性贡献则是分不开的。

他在"闹府"中踢鞋的绝活儿，一百年来更是被人津津乐道，传说得神乎其神：只见他把右脚往上一踢，鞋即飞起，人遂滑倒坐在地上，鞋正好落在他头戴的高方巾上。其实，这只是说明他的表演非常真实，使观众难以看出破绽。实际情况是他用手接住鞋后再放在高方巾上的。当然，即使是用手接住，踢上去的鞋子能准确地落在头顶上也是很不容易的。不过，谭老历来认为演戏演的是戏情，并不是在舞台上卖弄杂耍，所以他本人从不把观众传说的这一"绝活儿"引以为荣。对他来说，以头接鞋并不是什么难事，但是要用头接物，就必须缩脖子，往上翻眼睛，形象实在不雅观。再者，范仲禹精神失常，他的眼睛就必须木然直视，并表现出因此而跌跤丢鞋的情景，使这一动作纯出于自然，以突出人物被逼疯癫近于呆傻的境遇。谭老的踢鞋之所以被人称绝，就在于合乎剧情剧理，既在意料之外，又在情理之中，更妙在自然。

"打棍出箱"一场，他在唱"在城隍"时将左脚伸在箱口下首，在唱"庙内"时，将右脚也伸在箱口下首，再唱"挂了号"，脖颈与身体同时往上一挺，后背靠在箱口右头，两腿在箱口左头，当中悬空，随即翻滚下来，这种"铁板桥"也是很要功夫的。当然，技巧功人人会练，其巧妙在于谭老用得得体、恰当、自然，并没有故意卖弄，甚至有与戏脱节之嫌。如果一种技巧在舞台上反复使用只为赢得观众掌声就不是演戏了，而是炫彩了，甚至与戏本身脱节了，这在谭老的戏中是最为忌讳的。

总之，这是一出唱、念、做、舞非常吃功夫，角色性格非常复杂，表演尤其动情的戏，也是很难吸引观众关注的戏，但是从谭老到余叔岩、谭富英、谭元寿都表演得非常出色，以至成为谭派、余派京剧艺术的标志性剧目。

第十五出　《二进宫》

在《二进宫》一剧前有《大保国》《探皇陵》。《大保国》和《二进宫》，都是徐延昭与杨波二人向死去丈夫的李艳妃轮番奏本，说明太师爷李良要谋朝篡位，而他们要保护大明江山。宫斗非常尖锐，情节可谓简单，唱腔尤其流畅，但是一旦一生一净，三人唱来却让人百听不厌，足见京剧唱腔和演员本身唱工的厉害。当然，能够驾驭这样一出纯粹的唱工戏非造诣高深者莫属。

不过谭老在中年时，却从不演此剧，因为这出戏没有任何身段动作和引人关注的情节，三人又总是站着傻唱，他说"我是活人不演死戏"。但是鉴于很多朋友都希望观听他这出戏，于是他将剧中词句腔调又做过了一番悉心揣摩，朝斯夕斯，一刻也不放松。经过一个多月的推敲后，登台演出，结果让人耳目一新，可说是一鸣惊人。在他揣摩的过程中，有人问他的丑角老搭档王长林："谭老板多日不登台，又上潭柘寺去了吧？"王长林笑道："谭老板哪里有心思踏青，这几天是吃也《进宫》，拉也《进宫》，连话都不说，刻刻都想着《进宫》哪。"

对这出戏浮词过多，动作太少，处处引经据典让人费解，谭老很不满意，认为这些唱词如歌唱"四季花""渔樵耕读""琴棋书画"等内容，过于卖弄风骚和所谓"文采"，脱离剧情，把宫斗戏的紧张气氛给破坏了，从而使观众关注力涣散，便毅然删除了剧中全部浮词，同时当然在唱腔上丰富了旋律，调整了结构。除在关键的地方使用高腔、垛句外，谭老特别注意保持三个人在争论过程中此起彼伏的紧张气氛，使剧情从始到终引人入胜。可见谭老在这出戏中所下的功夫之深实非寻常。

后来，除以旧谭派领袖享誉艺坛的言菊朋偶然演唱"渔樵耕读"等唱词，以表示自己标新立异、与众不同外，其他老生演员多已废弃这些浮词，从而成为一出非常受人欢迎，真正让人百听不厌的唱工戏。就是他的后代谭小培、谭富英、谭元寿、谭孝曾，也都以演唱《大·探·二》来标榜自己的唱工。说明原来这出谭老板都不愿意唱的戏，经过加工和调整，已经变成了一出生、旦、净三个行当的演员争奇斗盛，且久演不衰、非常普及的好戏。

第十六出　《珠帘寨》

《珠帘寨》原来是一出铜锤花脸戏，又名《沙陀国》，沙陀人李克用勾粉色六分脸的老脸。当时有个"小刀铺"的学徒叫刘鸿声，外号"小刀刘"，有一条非常高亢挺拔的好嗓子，颇爱好京剧，每天晚上到票房学戏。后来下海，先唱花脸，后改工老生，专演"三斩一碰"等唱工戏，一时红遍京都。那时，谭老的戏码稍微软一点就会被"小刀刘"压下去。谭老当时堪称剧坛霸主，眼看要和一个后辈的"小刀刘"唱对台，谭老的"斗劲"上来了，暗自琢磨着要排一出硬戏来与刘鸿声较量。经过一段时间的冥思苦想，就想到了这出花脸戏

《沙陀国》，过去花脸演出时只演出"解宝""搬兵"两折，后经谭老神化绝妙的改造，后面又加上了"发兵""点将""收威"，前面以唱为主，后面扎大靠起霸、开打，就成了一出亦文亦武的大戏。而沙陀国两位皇娘自己挂帅，反让国王当先行官，点卯时又加以刁难，揭示了沙陀国女权至上，"妻管严"盛行，风趣盎然。而"小刀刘"因条件所限，能唱不能打，甚至是"刀枪不入"，自然就甘拜下风了。

改名后的《珠帘寨》比《沙陀国》的情节丰富了许多，变成了一出大戏。勾脸变成了揉脸，唱腔比原来更胜一筹，尤其是有的花脸腔虽原封不动，但经谭老一唱，竟然更觉灵巧自然，悦耳动听。如"太保传令把队收"和"昔日有个三大贤"等唱段，如不经人指点，绝不会感到有花脸腔的味道。剧中所唱的"三通鼓"与《定军山》的"四通鼓"都是谭派唱腔中的佳句，因此有人说谭老与大鼓似乎有神会之处。尤其是《珠帘寨》的三通鼓之"哗啦啦"越唱越紧，越唱越高，颇令人振奋，因此广为传唱。"坐帐"一场的大段念白，无非是表述故事的来龙去脉，一般人念来，台下总是乱哄哄的，索然无味。唯有谭老念出，口齿清晰，神采飞扬，再配以身段动作，观众均洗耳恭听，津津有味。第二场大段"数太保"的流水板，虽然篇幅较长，但却能引人入胜，脍炙人口。"收威"的起霸、对刀，姿势优美，更见功夫，那"误卯"的二十句摇板，曲调新颖，加上许多新名词，更是幽默诙谐，趣味盎然。这样一出唱、念、做、打无一不佳的好戏，谁不爱听呢？以后余叔岩、王又宸、言菊朋、高庆奎、马连良、谭富英、李盛藻等均以此剧为"撒手锏"。周德威一角，由刘春喜、钱金福、范宝亭演来各具风采；程敬思一角，李顺亭、汪笑侬和贾洪林都是谭老最好的搭档；二皇娘一角以王瑶卿演来最佳，诸茹香、荀慧生、梅兰芳也均擅长，后来梅兰芳在上海曾以此剧捧过言菊朋，被人称道；老军一角，慈瑞泉、张文斌、王长林亦能相映生辉。

谭老演出此剧时，也经常借题发挥，语涉游戏，或调侃时势。如他在二皇娘点卯时说："我今天来得比哪一天都早，怎么会误了呢？"这是因为他演出经常误场，观众都知道，他如此一说，说的是戏，也是说他自己，一语双关，自然令人忍俊不禁。而有人模仿他，竟然说："今天没有开戏我就来了，怎么会误了？"岂不知，他这一说，实在夸张过分，那时演戏时间长，起码要七八个小时，好角都唱后轴，因此从来没有不开戏就到剧场的。一句话，已经失去自己的身份，再说"开戏"一词，越出了圈，已经不是戏词，自以为这个哏逗得新鲜，其实出圈抖漏了，观众反觉索然无味。

宣统时，汪笑侬从上海来京，也为谭老配演过程敬思，演唱时极其卖力，几乎压倒谭老，迫使谭老全力以赴。二人对唱原板和流水板，各不相让，功力悉敌，博得全场掌声如雷。演毕，谭老不但不恼，反而极钦佩汪笑侬的功力，认为其是平生配角中最得意的人，只有与这样的演员对唱才能"斗"出劲头来。过去有人称台上演戏为"斗虫"，也就是斗蟋蟀的意思，在艺术上没有个"斗劲"就没有意思了。汪笑侬也敬佩谭老的艺术，称其不愧为伶界大王。自此，谭、汪成为莫逆之交。由于谭、汪合作愉快，谭老经常是越唱越高兴，有时就唱："怕老婆的人儿，又加级，又记功，还要赏戴花翎。"辛亥革命后，他就不唱"赏戴花翎"而唱"戴宝星"了。有的旦角也借机与谭老开心找乐儿逗闷子，谭老则很高兴地凑趣，使观者尽兴而归。

谭老把这出花脸戏改成了老生戏，后来有人又把此剧的周德威，由老生改成了花脸，而且化装很别致。别的角色勾红脸必然配绿靠，例如关羽、关胜，唯有这出戏的周德威是勾红脸，扎红靠。当然，如果是谭老的弟子刘春喜为谭老配演周德威，还是俊扮挂黑三，与《战太平》的花云完全一样的扮相。有人看过钱金福扮演的周德威，虽然是武花脸的路子，却仍然是素脸，可见有人说周德威原来是老生应工，还是有一定根据的。今天如果是花脸、老生两门抱也都各有渊源。

后来余叔岩到上海演出，戏园子老板为保证票房收入甚至要求他天天唱《珠帘寨》，一个月不能换戏，实在过于刁难，余三爷累得受不了，便发誓永世再不去上海演出。

就是今天，凡是贴演《珠帘寨》一戏，依然是一百年前谭老的演法，不动一字一腔，依然可以保证很高的票房收入，给京剧舞台留下一出足以吃饱饭的好戏。

第十七出　《长坂坡》

《长坂坡》是谭鑫培所擅长的长靠武生戏之一，也是谭老武戏文唱的典型代表作。他扮演的赵云，在露宿一场，当刘备唯恐跟随他的老百姓受难时，赵云有一句念白："主公且免惆怅，保重要紧。"十个字，字字珠玑，清脆响堂。演出后，观众走出戏园子，个个模仿着谭老板的口气，满大街的"主公且免惆怅，保重要紧"，满大街的"赵子龙"，足见谭老一句念白的无穷魅力。

从谭老到杨小楼，凡演出《长坂坡》，都把这十个字念得神完气足，好像这一句念白就是全剧的戏核。很多观众都是冲这句念白来的。这说明谭老以武戏文唱演活了《长坂坡》的赵子龙，使这一形象深入人心。

当然，全剧的唱念经过谭老的精心打磨，无不脍炙人口。例如在送走糜芳时念道："待俺抖擞威风，杀出重围，找寻主母与小主人便了！"也是字字铿锵，斩钉截铁。而在奋战中的唱腔虽然没有花腔，但唱出了气势，唱出了意境，也是人人模仿，脍炙人口，如："黑夜之间破曹阵，主公不见天已明"两句，看戏后的观众晚上走在北京黑洞洞的胡同中，就总能听见有戏迷情不自禁地唱道"黑夜之间……"，可知这出戏是如何深入人心了。

第十八出　《卖马》

《卖马》一剧，过去是老生和丑角并重的戏，从谭老起就唱成老生的正工戏了。谭老有时贴《天堂州》或《当锏卖马》。他的扮相活像当年被困天堂州的秦叔宝。尽管谁也没有见过这位隋唐的好汉英雄，但是他的表演确实令人可信，原因就是他的表演细致入微，与人们的想象和传说一致。如他一出场，尽管没有亮相，眼睛也没有神气，但不失英雄本色。念一"哭相思"："好汉英雄困天堂，不知何日回故乡。"是借用了昆曲的"哭相思"，把英雄被困的痛苦和尴尬刻画得极为生动到位，让观众确信他就是秦琼，一个落魄的秦琼。剧中的西皮慢板"店主东带过了……"与《空城计》的"我本是"与《捉放曹》的"听他言"，都是有口皆碑的慢板唱段，但唱词的四声音调不同，演唱旋律情感也就不同。例如"店主东"三字是去声接上声接阴平，所以"店"字尾音必然要提起，方能接"主"字，上声直接阴平声又嫌生硬和突然，则必然要有点小的波折，使"东"字的出现如同瓜熟蒂落。这和"听他言"三字不同，"听他"是去声直接阴平，"他"字由高下滑到阳平的"言"字，显得平稳深沉。如果把这两句唱腔与唱词互换，也就是说不按四声音调的法则处理唱腔，自然也就谈不上字正腔圆，也更谈不上情感的宣泄了。

在这段唱腔上，他与其他人的不同之处，仅仅是几个音的不同，但是情绪有很大的不同。如上面所说"店主东"的"店"，别人都是平唱，他是加一个"哪"字并向上拔起，就比前面的唱法显得更有力度。前面的唱法在情绪上注意到了秦琼落魄江湖、贫病潦倒的一面，而忽视了秦琼毕竟是一个顶天立地的英雄汉。他这一字之别，将秦琼在困境中从外表到实质通过唱腔体现出来，使人感到唱腔在低回委婉之中含着刚劲。胡琴在伴奏中也是柔中有刚，不能带花腔，更不能软弱无力。特别要说明的是，在唱"黄骠马"后的行腔时一般都是用"呀哦哦"收尾，以致有人用"鸡鸭鹅"来取笑之。唯独谭老的尾腔在似变与不变之间，几乎没有唱的意思，而是一种自然而然的由衷叹息，正可谓"唱的最高境界"也。如此艺术极品，很值得学唱老生的演员或爱好者研究领会这其中的奥妙。

为使唱腔的旋律与秦琼的精神状态更加贴切，他不断修改唱词和唱腔，这一点在"卖马"中是很典型的。例如第二场的摇板"往日公堂当马快，而今运败时又衰，拉住店家撒个赖，如此说我和你就两丢开"，这四句本来是怀来辙到底，谭老唯恐头两句因字音的关系唱不出好腔，唱词对秦琼这个人物的身份也有伤害，后来就把头两句改为"骂声秦琼瞎了眼，把响马当作好宾朋"，结果四句唱三道辙。"眼"字是上声字，能耍腔，"宾朋"二字一阴一阳，由高而下，都能结合情感来发挥。接着唱"无奈何出店门我就卖……我卖铜哪呃……"，圆场再见王伯当、谢映登匆匆而去后，起"望家乡"锣经接快板："两骑马跑得似交加，明明知道是响马，无有批票不敢拿，叫声店家忙追下，还你的店钱就是他。"原来谭老以为"店钱"两字都是阳平，收处没有俏头，所以他又改为发花辙："两骑马跑得似雪花……叫声店家忙追下，还你的店钱就是他。"这个"他"字是阴平，不但音高亮，而且用手把店家的眼神一领，店家愣住，老生可借机先下，店家再回望，说："他？他？他在哪儿呢？啊！怎么跑啦？追！"这样两个人都有戏可做，相继追下。

"当锏"这场的一套耍锏，四门斗的工架，六合刀的路数，都显示了他在武术方面的深厚根基，与现在许多老生的演法不同。除耍锏的路数不同外，还有四处不同：一是秦琼下场吃饭后上场，即将箭衣掀起，不是耍锏前才掀起。二是秦琼扎起箭衣，但是不像普通演员那样把大带也掀起来。三是临下场时秦琼唱六句摇板"心中恼恨单雄信，不该骗我的马能行。有朝犯在秦琼手，我打一锏来要问一声，二贤弟只管把响马来放，放出祸来我秦琼担承"，谭老是唱完第四句出门，到下场门台口唱最后两句，与现在唱完第五句出门，到下场门台口唱最后一句的演法不同。四是谭老唱完"……减头去尾耍一耍"不转身，即拉山膀，一般都是转身起锣鼓，再转身耍锏。别看这些小地方无关紧要，但这都是谭老在多次实践后的经验之谈。应该强调的是，谭老的这个锏套子并不是一般地耍锏花，或倒踢紫金冠，或串锤，或四门斗，而是在节奏上给人跌宕起伏之感，在平铺直叙中亦有异军突起、瞠目醒脾的地方，在套路上更是令人耳目一新。

后来梅兰芳排演新戏《霸王别姬》，其中的舞剑，内外行都说是来自谭老《卖马》的锏套子。艺术上的互相借鉴本来无可厚非，只能说明谭老的《卖马》确实不同凡响，梅兰芳的善于学习借鉴和从善如流也是令人敬佩的。但是从老生到旦角、从双锏到双剑的变化也不是一蹴而就的，再加上"夜深沉"为舞剑伴奏，也说明了艺术在互相借鉴中也是不断地发展和完善的。足见大艺术家在艺术上总是在互相借鉴与竞争，不断地取长补短，使我们的京剧艺术得到整体上的长足进步。

据传说，汪桂芬继承程大老板的衣钵，闻名遐迩，却认为谭老对他步步紧逼，尤其是新排剧目，每演必然轰动一时。按理说，当年在程大老板面前，他虽然是一琴师，却比谭老得意，后来谭老武生、老生戏无所不演，戏路极宽，必然与他分庭抗礼，使他始终不服气。一次，他改变装束，暗地里前往观看谭老的《卖马》。谭老一出场，面貌清瘦憔悴，与要账的店家周旋，声音尤为没精打采，并不时与店家开心解嘲。但是在遇到绿林好友单雄信时却立时精神百倍，以至宝马无偿赠送；在遇到王伯当时，如同千载难逢的挚友，立即抖擞精神，跑起圆场，紧追不放，尽显秦琼在潦倒时亦不失江湖好汉的本色。舞锏时手法娴熟，更显英雄之身手不凡。汪桂芬不由惊叹"小叫天真乃天生秦叔宝，竖子已成气候了"，发誓再不演出此剧。

我们知道，耍锏前的西皮流水谭老本没有唱片传世，但是他的得意高足余叔岩却坚持老师有的唱片他一概不灌，而只灌制谭老没有留下的唱段，所以为后人留下了这段流水的宝贵唱片。而这段流水的最大特色，则是还原了谭老原来的唱法，采用了传统的、固定的"胡琴套子"循环托腔，从而避免了流水唱腔每两句之间加上一个小垫头的做法，用连接一体的胡琴套子贯穿始终，一气呵成。但是这种伴奏方法目前几乎失传。他那锏套子路数就更不一般，尤把英雄失意、被困天堂县那无聊倒霉的样子描绘得入木三分。

第十九出 　《连营寨》

《连营寨》也是谭老最叫座的"撒手锏"之一。在他晚年演出此剧时，依然有"座客时而因争座发出喧嚷之声"。他一出场唱的"孙仲谋与孤王结下仇寇"等四句，质朴流畅，平正通达。见东吴诸葛瑾时一声"住口"，声色俱厉，以示不共戴天之仇，把激动和愤怒都熔铸在这二字之内了。唱"想当年结桃园共天发咒"一段中，如"一旦间"的"间"字和"死别分手"的"手"字都融入了刘备对关、张二弟的深情厚谊，似悲风四起，使观众感受到兄弟永诀的切肤之痛。哭关、张一段"我的好兄弟"一句，忧愁抑郁，悲哽苍凉，真似从肺腑中流出的一字一泪，闻者谁不动容？

他创造的这两段反西皮二六是对京剧中悲剧唱腔艺术的杰出贡献。他说："唱戏唯有哭笑最难，因为难在逼真，但又不能真哭真笑，如果真哭真笑，又有何趣？"所以他在哭笑之处，特别注意哭笑的逼真和艺术之美。我们在"哭灵牌"的反西皮二六中听到的就是一种如泣如诉的感觉，真是一往情深，如临其境，每唱一句都好似由哭泣中来。可是因为他早年失学，竟然把该剧中的台词"洗颈待戮"的"戮"字念成"戳"音，遭到观众的讥笑，后来遂发奋读书，讲究音韵。在很短的时间里他就发现，唱腔应该是从字音上生发出音调来，所以他认为演员必须既要通晓字的声调法度，又要懂得音乐的规律，来创作善于表达人物情感的唱腔，随之立下了"以字行腔"的创腔法则。他也正是在这个法则下，开始在上板的唱腔中有了花腔和巧腔的设置，一改过去大多在散板上下功夫使腔讨俏的做法，为京剧各行当在丰富唱腔方面做出了开拓性的贡献。《连营寨》中的反西皮即是脱胎于青衣的西皮二六腔，但又无丝毫的脂粉气，吐字力趋低平，更须在低平处见长。若只能低唱，不善于用腔，平淡无味，有何可听？其哀痛悲怆之感人，使慈禧虽在喜庆万寿之际也是屡听不厌。

导板"白盔白甲白旗号"，谭老唱时做一顿挫，出口即止，"号"字唱得气力充沛，高纵入云。哭头"孤的好兄弟"的"弟"字有一唱三叹、一波三折之妙。原板"孤王兴兵把仇报"的"报"字，咬牙切齿，愤懑已极。"请过了灵牌怀中抱"的"抱"字凄凉惨恻，无泪之声。反西皮"点点珠泪往下抛"，绘声绘色，如见真泪。两个"点"字若断若续而下，使人聆之泪湿衣衫。"上马金，下马银，也曾赠过你的锦绣红袍"，气促声咽，含悲忍泪。"挂印封金辞奸曹"之"奸"字用一小腔，圆润无比。"擂鼓三通把蔡阳的首级枭，可算得是盖世的英豪"，一般人唱到"可"字都拔一个尖音小腔，如同《托兆碰碑》的"外无草"的"草"字，未免有一些小家子气。谭老则平平带过，反而庄重。"还望二弟神威保"再连一句"神威保"，"威"字稍一出唇，行一小腔，即吐"保"字。发一悲叹，接"孤的好兄弟啊"，如同郁闷已久的胸怀，至此得以放声一恸。每唱到此，观者初皆肃静无哗，屏息以听，转而齐声喝彩。其雅韵悲声，真令人有绕梁三日不绝于耳之慨。

下面接唱西皮摇板"非是为伯珠泪抛，孤与你父生死交。哭罢了二弟三弟叫"，声情激越，不忘桃园结义之盟。"三弟叫"的"叫"字尤有泪尽继血之情。"虎牢关前曾把那吕布的发冠挑，当阳坡前喝断了灞陵桥"，两句长而难，非口中有劲不可。谭老精于读字，吐字沉着苍劲，不同凡响。以下十余句，似高山流水，不食人间烟火气。总之，谭老此剧炉火纯青，已入化境，如读韩昌黎《祭十二郎文》，油然而生骨肉之情。

尤为值得一提的是第三场"扑火"。别人演到这儿，看客早就散了一半，只好把原来的台词都"马前"了。谭老可就不是这样了，越是别人不注意的地方，他越研究得透彻，演得细致。

火烧时，他一出场，觑着双眼，用手不住地扇着眼睛寻找逃路，觑着眼睛是因为在火焰中逃走，眼睛睁不开，扇眼睛是因为眼被烟给眍了。一会儿又用手挡着脸急走路，做冲火的样子，真是一副焦头烂额、狼狈不堪的样子。膝行时，翻滚仆跌，更是精彩。一直到两边望门，昏倒在地。关兴、张苞左右上，扶起刘备，谭老表现出刘备被火焰冲到昏迷不醒的神气。关兴、张苞同念："皇伯上马。"刘备一醒，左手搭在张苞的手上，右手去摸马，却又摸不着，说明他被烟熏得已经看不见马了。关兴一只手抱着刘备，一只手把刘备的手放在马鞭上。刘备这时一手拉着马，左手一借劲儿，左脚略一使劲，右腿做骗马式，简直是半个飞脚的范儿。在马上紧加一鞭，姿势真是飘逸、好看，又在剧情里边。末一场赵云见驾，普通的演法是一见面，刘备念"平身"，再问"前面什么所在"，就算完了。谭老演来却又不同，看他眼睛要睁睁不开来，要看又看不见的神气，两眼蒙眬，有气无力，糊里糊涂地问："什么人哪？"赵云念："臣，赵云。"刘备又做没听见状，深刻地表现出被烧得昏头涨脑，连赵云的声音也辨不清楚的神态，真是妙不可言。关兴、张苞同念："四叔父。"刘备点点头，没有力气地念一声："四弟呀？"关兴、张苞同念："正是。"这时刘备放出很悲凉的声音，念："平身，平身。"表明刘备还没有真正明白过来。等赵云站起来，刘备用手撑开眼睛，一看，抢行几步，拉住赵云的双手，好像病危的人看见亲人似的，以表明他绝处逢生的心情，他像受了很大的委屈，看见了患难的朋友，勾起了无限的伤心和痛苦，拉着手要诉说他失败的经过。由此可知谭老的表演多么富于层次和生活。哪知人到最伤心的时候，话偏说不周全，所以他念道："四弟呀，你、你、你来了？"断住之后又再念，"你再不来……孤孤孤被他们杀败了"便痛哭起来。这两句词，上下不连贯，越是不连贯，越能深刻地表示出刘备此时此刻的心情。越是违反正常的语言逻辑，越符合人物当时混乱的思维逻辑和失常状态下的语言逻辑，谭老念这几句道白，真是把刘备落荒而逃的意境琢磨透了，演到家了。

现代国学大师钱穆曾特别对以上刘备的台词给予极高的评价，痛斥有些认为京剧是最没有文学意味的艺术之论，而特地称为"最具中国戏曲文学意味的台词"。

第二十出　《宁武关》

《宁武关》，又名《别母乱箭》，是一出谭、余派最经典，也是最为繁重的昆腔戏，谭老的工架、音韵、表情三者并善。"别母"一场在给其母上寿时，一字一腔、一举一动都不露声色，其母命他离去后才表露哀伤，前后判若两人。

"别母"一场是周遇吉与周母、夫人、公子、家将等一门忠烈登场。扮演周母的是李六，扮演夫人、公子的也都是好角。只听帘内一声"马来"，遇吉出场，头戴扎巾盔，红靠，黑三，手持鞭枪一亮相，气氛霎时紧张。败北一引，声冲霄汉。然后对家将念道："太夫人现在何处？"当得知老娘在此，立即下马进见。边进门边念道："母亲在哪里？"这五个字一出，眼泪随着声音就似乎迸发出来，道出了满腹悲哀，却又极力克制。跪下后念道："孩儿久离膝下，定省有缺，负罪靡涯。"其中一个"缺"字，从齿间念出就有千钧之力。"靡涯"二字之悲切更是惊心动魄。呼"夫人"与见公子之"罢了"，声音更显呜咽凄惨。这时台下观众已无不动容。

当他念到"正是流贼猖獗，兵困代州，所以特地回来做个……"，夫人接念"做个什么"。周遇吉念"问它什么"时已是声泪俱下。唱《小桃红》时沉雄凄挚，"统领雄兵，直压城下"时节奏激昂，以手绘势。步履随之，髯口侧动，凛然直若天神。此时又岂知谭老为何许人也？当念到"孩儿连败数阵，不能退敌，只得退保宁武关"，其中"不能"二字念得很重，显出沉痛之感慨。"关"字似乎要念出背水一战的决心。念"孩儿特地回来，见母亲一面"句时悲痛至极。当念到"只是不能保护母亲，所以寸心如割"时已经是完全的哭声。观众都认为谭老此时一定是真哭，如果是假哭，绝不会有那么凄惨的声音。可见谭老此时已与周遇吉所思所想浑然一体了。"救火"时，谭老身手敏捷，念"扑灯蛾"时音随身转，倒身伏地，唱"悲快身未死，忠魂先漾，心已碎，丹心雄壮"句高薄云天，英魂烈魄万头顶礼。四座皆暗合其掌，默祝周遇吉速升天府。待见其拔刀自刎，髯飞刀尖，凛然屹立，全剧告终时，有看客称自己的魂魄已经随周遇吉的英灵而去。

对于这样一出边唱边舞、动心动情的昆腔剧目，要充分表现出母子、夫妻、父子，特别是家与国的复杂情感，尤其要说之、唱之、舞之，全身上下、由内到外必须全力以赴。要想感动观众，不动真情是不可能的。要知道昆曲的每一个字、每一个腔都要全身动作加以配合，而且每一个动作都是夸张的，都是身扎大靠，只是做出这一连串的动作就已经使一般演员筋疲力尽，又何况还要从心而发呢！所以说这是谭老最吃功夫、最动心魄的一出戏。以至后来当他得知他的爱孙谭富英在科班首先向师大爷叶福海先生学习昆曲以《弹词》《探庄》《夜奔》《蜈蚣岭》《别母乱箭》《麒麟阁》等昆腔和吹腔等重头剧目作为奠定基础的课程，感到莫大欣慰。特别是有这出身扎大靠的老生昆腔剧目《麒麟阁》垫底，以后演出《定军山》《战太平》《南阳关》等五块白的戏就更会得心应手，情感表达会更加自然。所以他的高足余叔岩总说谭老的唱念都好学，就是老师的自然，尤其把戏与生活融为一体的演法实在是最难学的。可见谭老重视昆腔戏,重视这出《别母乱箭》的重要含义了。

第二十一出　《断臂说书》

《断臂说书》由谭老演来,必然是杨小楼扮演陆文龙,黄润甫扮演金兀术,谢宝云扮演乳娘,阵容整齐,表演精湛,观者无不称奇。先说谭老的"断臂",早已被人称为一绝。只见他唱道:"顾不得生和死"在一大锣声中,他将左袖卷起,露出膀臂,将手扶在台桌左头,右手将宝剑举起,接唱"天做主张"后,将宝剑往桌上一拍,再往左膀砍去,随势由台桌内起抢背翻出,同时眼看一只彩手从左袖中甩出,真手已不知何时掖起。所有动作都在丝边一击中做完,可谓真实、敏捷、迅速、干净,观者自然是紧张惶恐、惊心动魄。据说,连他多年的搭档、操琴的梅雨田先生都说:"我也看不出他是怎么把手给掖起来的。"

再说陆文龙放火烧营一场,王佐与乳娘上马,因王佐已是单臂,由陆文龙抱上马,而文龙力大,将王佐放置鞍鞯之外,谭老配合以一个类似旋子的动作,当陆文龙将他扶正时,不意误伤王佐的左膀,此时的谭老面如纸色,而右膀跃跃抖动,带动全身战栗,水袖如波浪随风而动。此时观众联想到,十指连心,断臂之惨痛又该如何?王佐为国断臂更谈何容易?此时,王佐凛然大义之举使观众再一次肃然起敬。

二十二出　《御碑亭》

《御碑亭》在戏班中被普遍称为"歇工戏",不大被人所重视,自谭老开始，逐渐演成了喜庆大戏，并获得一个好名称《金榜乐》，或写《御碑亭·金榜乐·大团圆》。一是因为剧中有"洞房花烛夜，金榜题名时"的吉祥结局，二是谭老对此剧进行了精心加工。例如头场两段原板各有妙处，与一般的不同。告别妻子和胞妹时手拿着考篮出门，以及考试后回家，手持考篮走一小圆场，褶子的下摆随着方步的摆动，又踩着锣经，真是妙不可言。

谭老在《御碑亭》中的"休妻"也是极见功力的。当王有道赶考回来，自以为文章得意，心里很是快活。妹子开了门，他不在意地叫声妹子，进门，放下考篮，才想起面前少了一个人，很惊讶地"呀"了一声，再唱"你嫂嫂因何故不来开门"。从进门的过程中，可以看到他的表演很有层次。等妹子唱完，他把双手一揣，与妹子开始问话。在这一段对白中，他脸上的神气变化是非常细腻的。他说："哦，你嫂嫂病了？"妹子答："病了。"他又问："你嫂嫂遇见雨了吗？她就该寻一避雨之处。"这时谭老表现出很可怜、很着急的样子。妹子说："在御碑亭避雨。"他又念："御碑亭避雨。"这时他想了想，好像放心了似的说："御碑亭，好啊！"妹子说，又来了个少年书生。他听说后一愣，很急地说："你嫂嫂她就该跑了出去。"妹子很坦然地说："你看，这么大的雨，可叫她往哪儿跑啊？"这时，他本想附和着说一声："哦。"一转念，很迟疑地问："后来又怎么样呢？"妹子这时就嬉皮笑脸地叫一声："哥哥呀……"半开玩笑半认真地唱那四句。他一边听妹子唱，一边在脸上表现出皱眉展眼的尴尬神气，以示他在不停地思考。等妹子唱完了，他就很不耐烦又很焦急地问："此话哪个对你讲的？"妹子说："嫂子对我讲的。"他更进一步地问："有何为证？"妹子看哥哥为她的几句玩笑话真着急了，似乎很得意地又很坦然地说："嫂子她还作诗呢。"他以更快的速度说："你念与我听。"妹子慢慢地说："你等着，我想想。"他便屏着呼吸，现出一副呆傻的样子听着。妹子念道："一宵云雨正掀天，攀附阳台了宿缘。"听完第二句，他已经气得忍无可忍了，妹子念到第三句"深感重生柳下惠"时，他的脸上又换了一种信疑参半的表情，妹子则做出淘气的神态，笑嘻嘻地说："哥哥，我还给嫂嫂添了一句呢。叫作：此身难保玉贞坚。"

我们看到这里，就感到这是姑嫂开玩笑的话，本没什么要紧，但对那书呆子却如火上浇油了。他怎经得起妹子说出这么一句话来呢？这话一刺激他的神经，自然要发作起来，唱到第三句"打进去将她盘问"，忽然一个闪念，"哎呀"了一声，再唱末句，表白他还要顾全面子，便吩咐苍头雇车去。这时，他做出一种很愁闷、很凄惨的样子。对着妹子又像教训，又像劝导，含着辛酸，一字一句，很恳切地说："贤妹呀，女儿家应当习练针线，谨守闺训，方是道理，只为多开口，才有这场是非，日后凡事慎言，方是我的好妹子呀！"他这时念词的声音和脸上的神气，就看出王有道不愿意休妻而又不能不休的隐痛。在王有道看来，他并不认为妻子不贞，甚至认为他的妻子是冤枉的，更舍不得夫妻的恩爱，而实在是因为封建礼教的束缚，在他妹子的煽惑下，他必须按封建礼教履行自己的夫权，只能走休妻这条绝路。还可以看到他对妹子也很不满意，埋怨妹子不该把姑嫂之间的玩笑话对他言讲，可是又不能表现出对妹子的怨恨，他这时心里真是死要面子活受罪，苦到了极点，所以念出这段道白。有人唱这出戏，没有这段白，有的人念不全，换句话说，就是念全了，还不是背书式的念念吗！哪能像他那样皱着眉，揣着手，苦着脸，通过皮笑肉不笑的做工来帮助诠释这段字字悲凉的台词呢？当然，他这段念白所表现出的情感也是有所本的，与他后面写休书的唱词是前后呼应的。与他

"提笔泪难忍""实难舍夫妻结发情"的感情是相一致的，与他打手印时，见苍头来报告车辆已到的双手掩书，妻子出门时，禁止妹子的啼哭，谒师时说破的尴尬，赔罪时的羞愧，处处有来历，前后有呼应，丝毫不乱。这样滴水不漏塑造的舞台人物能不生动感人、活灵活现吗？后来，当老师和同窗说明事实真相时，那悲喜交集的表情，末场夫妻对唱的几段流水唱腔，真如行云流水一般，成为全剧锦上添花的"豹尾"。

应该说很有些演员根本没有弄明白王有道的思路，以致没有向观众交代清楚，剧场效果很平淡，这应该是对当时的社会风尚缺乏认识。

再有一个争论不休的问题，就是谭老在王有道写休书的时候，有一句"又谁知半途风波生"，谭老在唱"波"字时唱了一个上滑音，按规矩应该是"逢滑必上"，而"波"是阴平字，不该唱上滑音。其实京剧是汉调京化，按京音是阴平，按湖广音即为上声，所以来自京剧家乡的谭氏家族演员唱"上滑音"亦无可指责，谭富英、谭元寿遵祖训唱上滑音均获得喝彩，于情、于法都足见谭老之高明。

二十三出　《翠屏山》

《翠屏山》乃谭老绝唱。曾与梆子名宿田际云，即响九霄同台合演此剧，一个唱皮黄，一个唱梆子，遂创出"两下锅"的演剧先例。"杀山"一场，表演之精湛真真叹为观止。酒保念："有酒。"谭老似略宽慰，色霁而气雄。念"有刀"时，脸上立现决绝之意。谭老因擅武技、多内功，结识天下不少武术能手。据说他演《安天会》的棍棒得自嵩山少林，而这出戏的"石郎之刀，实授于米祝家之祝翁"。

《翠屏山》谭老扮演石秀，手持账本出场与杨雄见面时念对白的各种态度，后被莺儿所骂用左脚将大带往肩上一踢，双手往膝盖一扶，就是朝夕练功的武生也没有谭老那么自然。"石三郎……"那段慢板，句句翻高唱，曲调颇优美。"杀山"所耍的六合刀，技法不凡，被人称为"技击舞台化"，而慈禧太后直称为"单刀小叫天"，足见技法已逼真得近于武术。此戏还有一处使人乐道，那就是酒楼酒醉之后，酒保念："石伙计，天已不早，你也该走啦！"谭老坐在桌子的左边，左手扶在桌外一头，右手连刀将桌抬起，面朝外双目一对，满脸立变杀机，可见其善于变化之一斑。

第二十四出　《举鼎观画》

《举鼎观画》一名《双狮图》，是谭鑫培与杨小楼合演的一部杰作。当年同庆班在中和园演出此剧曾盛极一时。后来谭老与小楼分立班社，同庆报散，谭老有两三年没有在各园演出此剧。忽然于民国初年在天乐园贴出《举鼎观画》，小生为张宝昆。那天售票一千四百多张，漾出的观众有数百人，只可惜戏院太小，否则当在两千人以上。

这出戏，谭老的唱念兼优，出台时仪表庄重，举止老到，颇有相爷风度。最后之哭头，与众不同，可算《举鼎观画》一剧中的专用哭头，简练中饶有情趣。后在中和戏院与王楞仙合演《举鼎观画》时的对白很像是《断臂说书》的情景。王楞仙的表情细致生动，远非张宝昆能及。后在文明园与程继先合演，都恰如其分。谭老的《举鼎观画》是长锤上场唱原板，与一般唱摇板的不同。至"都只为，进都城"以下为"垛板"，普通的官中唱法都是三字一句，谭老是四字一句，比较三个字的难唱多了。"碰板"中谭词亦有很多绕嘴处，且下半句中有中眼张嘴者，为一般唱腔中所鲜见，听来更觉别致。

第二十五出　《挑华车》

《挑华车》由谭老扮演的高宠，唱、念、做、舞、打，无一不重，无一不佳，神完气足，令人耳目一新。尤其是他扮演的高宠英武轩昂，神采奕奕中又别具一种儒雅气质。

光绪年间，俞菊笙与谭老同一天演出此剧。先由俞菊笙演出，一出场起霸就显示出他的刚健勇猛，八面威风。摆弄工架时，身手矫健，与兀术和"大锤"（即黑风力）一交手，你来我往，疾速旋转，密不透风。演至挑车时，马失前蹄，突然飞叉跃起，依然气宇轩昂，英雄本色，直到捐躯战场，都令观众心情激荡。

至夜间，谭老扮演高宠出场，他不以勇猛的开打取胜，"闹帐"时，也没有大起大落的动作，派将时只是从脸上的表情变化，盔缨的颤动和靠旗的抖动中表现出高宠抑制不住的参战激情。一支《泣颜回》的曲牌，虽然是一个"合头"一个"合头"地分开来唱，却不显凌乱，反而贯穿一气，前后呼应，只一句唱"怒气发咆哮……"，满宫满调，声震九霄，把高宠激愤不满的心情和勇冠三军的大将气概毕露于观众眼前，观众无不报以掌声。请令时的念白，则字字千钧，铿锵有力，掷地有声。

当高宠坐在高台上唱《黄龙滚》时，指点双方战局的变化亦惊亦怒亦急亦恨，那如坐针毡的神态活灵活现，紧扣观众心弦。走边时唱《石榴花》，舞蹈与曲牌浑然一体，真是载歌载舞让人大享耳眼之福。挑车时，每一次拧枪起步挑车都有不同的神态、不同的动作，层次清晰，表情细腻传神。观众无不屏住呼吸，似与英雄同仇敌忾。因此观看俞、谭二人的《挑华车》之后，观者评论道：始信能人自有过人处。

谭老的后人杨小楼演出的《挑华车》原宗俞菊笙之俞派，如挑车时涂抹血迹和扔大枪等，后多学谭老先生，注重唱念表演，即强调要"唱华车，演华车"，不能"练华车，耍华车"。当前京剧武生之《挑华车》多学杨派，其实大都是谭老的演法，只不过很难达到谭派和杨派的凝练与简洁。

第二十六出　《镇潭州》

《镇潭州》即《九龙山》，谭老与王楞仙联袂演出此剧之风采，可以与早年程大老板和徐小香的演出媲美，都是旗鼓相当，配合默契，相映生辉。谭老此剧曾得靠把老生前辈姚起山先生亲传，唱做规矩讨俏，身上尺寸严谨，对枪架子卓然不群，后又得程大老板点拨，戏路纯正地道。谭老与王楞仙在剧中的对枪，删去幺二三的俗套，大方家数，非寻常之辈所能想象。后王楞仙过早物故，谭老便再不演出此剧了。当时人称世间《广陵散》尽。

谭老在此剧中扮演岳鹏举，一出场，身姿雄毅，威风凛凛，哄乱的戏园，立即满座悄然无声。谭老在岳飞祭大纛旗时，那念白威壮有容，气吞山河；会阵时，一句导板似穿云裂帛，直冲九霄；快板如骤雨疾风，九天银河落地，一泻万里。见岳云前来助战，遂掉转枪头直刺岳云时满脸怒气；见牛皋时的念白："贤弟还是这般鲁莽，两军阵前不问来将姓名，若是得胜回来，叫愚兄怎样上得这功劳簿？"念得有情有义；斩子一场，念道："要见祖母娘亲，今生今世不能够了。"念出了岳元帅心中的百般滋味，现场观剧者都称"真似见到了大宋朝的岳武穆英灵"。

第二十七出 《乌龙院》

《乌龙院》是谭老与田桂凤合作戏中的极品，观后令人终生难忘。谭老先与杨小朵后与路三宝合作演出，虽然不同凡响，却终归不能同与田桂凤的合作相提并论。田桂凤表演得细腻逼真、生动感人，只有他的弟子于连泉先生，即筱翠花尚可体现。哪怕是一句很普通的台词，一个很不起眼的动作，到田桂凤那里就都大不一样。尤其是田桂凤盛年时，谭老似乎也要相形见绌。甚至有一时，谭老的戏码排在压轴，即倒第二，反而让田桂凤蹲底演大轴戏。谭老演出后，观众无一抽签离席者。有时，谭老演出《空城计》后，田桂凤常常以《送灰面》等玩笑小戏压住阵脚。可见田桂凤的艺术魅力之一斑。有时田桂凤便借机捉弄谭老，尽管谭老心胸宽阔，最肯服人，却也使谭老很不愉快。后来田桂凤年老色衰，久不演出，又于偶然间在湖广会馆合演《乌龙院》，二人各不相让，当"坐楼"时，阎婆惜要弄宋公明，弄得谭老哭笑不得，只得说："阎大姐，你我二人有二十多年的交情，你要为我留点面子呀！"田桂凤说："既然大家都知道我们有二十多年的交情，还留什么面子呀？"演到"杀惜"时候，谭老已经气得忍无可忍，于是也借机发挥，拿出刀子要杀阎婆惜，一合两合，一拉两拉，做出许多动作就是不杀死阎婆惜，田桂凤做出种种惊恐之状，累得已无戏可做，最后只好求饶说："我的宋大哥，你快把我杀了吧，我可坚持不住啦。"弄得台下哄堂大笑。这么一来一去，这出戏比平时多演出了半个钟头。

第二十八出　《连环套》

　　《连环套》是谭老盛年时经常上演的武生剧目，晚年就不大演出了。甚至四五年才偶尔演出一次。因当时的杨小楼正值盛年，意气风发，遂有人认为谭老此剧不及杨小楼口白高亮，举动敏捷。看过之后，观者多以为谭老除身体较矮，又年近古稀，从外貌上看似乎不如杨小楼身高体壮，但是，从神态看，谭老扮演的黄天霸，一举一动都隐含着江湖气，很符合角色的身份和气质，与杨小楼难分上下。"五把椅"一场，谭老上场一念"丹心灭寇扫权奸"，"扫"字高挑，这一句就是满堂彩。晋见彭朋报门而进时，念："报！镇守海下，漕标副将，虚职总兵黄天霸，告进！"念白清脆响堂，掷地有声，虽谨慎机警却不失大家风度。当彭大人说，拼着这顶乌纱不要，也要与你担待担待时，谭老连请三个安，先快后慢，完全符合人物当时急切而紧张的心情。在跪听宣读圣旨时，从他的后背足以清晰地窥见黄天霸惊恐的神气和一副奴才与皇家鹰犬的本色。

　　上山后，见到御马，他一边察看，一边询问，心内惊喜，恨不得即刻跨马而去，表面却不动声色，好似无动于衷，同时又要让观众把他的心理活动看得一清二楚，其表达的分寸和火候，的确是达到了惟妙惟肖的程度。在夺马试骑时，他是话到手到身到，真可谓说时迟那时快，手法异常敏捷。当窦尔敦反应机敏，命人将马牵走时，他仍然久久望着御马，做出意欲牵马的动作，表现出对御马望眼欲穿又大失所望的心情。表演之深刻，恐怕不是年轻时的杨小楼所能达到的。

第二十九出　《惠兴女士》

　　《惠兴女士》是一出根据清朝末年实事新编的时装戏。说的是创办杭州贞文女子学校的女校长惠兴为兴女学，图自强，筹措办学资金，因向杭州将军瑞兴募捐，未果，反遭污辱，愤而自杀。此事轰动全国，尤其为京城的戏曲界所震动和同情。精忠庙庙首（即后来的梨园公会会长）、玉成班主田际云（即梆子名旦响九霄）在谭老的襄助下，决定义演三天，为杭州贞文女子学校筹募基金。同时为纪念惠兴女士，他们特请贾润田先生把惠兴女士的募捐被辱殉学的实事编成剧本，以义演的方式来纪念惠兴女士。此剧由田际云扮演惠兴女士，谭老扮演瑞兴将军。三天义演的收入除必要的费用外，所余2450两白银全部捐献给杭州贞文女子学校，这次演出的地点在京城的天乐园，时间是1905年。

第三十出①　《洪羊洞》

　　《洪羊洞》是谭老的经典剧目之一。王又宸是谭老的佳婿，又是谭老的爱徒，早年便酷爱谭老的艺术，几经努力，得以到英秀堂拜谒谭老。第一次进英秀堂就特意在谭老面前演唱了《洪羊洞》，仗着他

---

　　①　谭鑫培在百年前为我们留下的，至今依然在全国京剧舞台上演出的谭派剧目远不止一二百出，如《焚绵山》《摘缨会》《搜孤救孤》《战樊城》《鱼肠剑》《桑园会》《黄金台》《盗宗卷》《战蒲关》《上天台》《群英会》《战北原》《法场换子》《桑园寄子》……，不胜枚举。神奇的是这些已经一百多岁的老剧目不但依然活跃在今天的舞台上，而且是今天舞台上演出最为频繁的当家剧目，这是一个非常重要，也是非常烦琐的工作，今后我们应设立专题，出版专著进行全面的统计和精细的科学总结，以便使谭派经典剧目世代相传。

年轻，嗓子冲，就使足了劲唱了一整出，越唱越高，越唱越冲，到杨延昭快要死的时候，唱的那几句散板都是那么气力充沛。唱完后，王又宸遂请谭老指点，谭老笑了笑说："唱得倒是很有劲，可是我看你怎么死？"一句话使王又宸顿时醒悟，羞愧不已。

有一次谭老演出《洪羊洞》，是谢宝云的佘太君。谭老唱完"自那日朝罢归身染重病"的一段二黄快三眼后，八贤王接唱道"后堂内快请出祖母娘亲"，这时谢宝云扮演的佘太君一上场就用高腔，唱得响遏行云。全场的喝彩声比谭老刚才那段二黄还要热烈，谭老给他弄得哭笑不得，说："我快要死了，他还要啃我一口。"可是由于这是一出表现杨延昭临死之前的戏，谭老历来不用高腔，尽管谢宝云的彩声比他热烈，他也从不愿意随便以高腔取悦观众，从而破坏应有的悲剧气氛。

历史的巧合却是当年程长庚大老板一生最后谢幕演出的剧目就是《洪羊洞》，他的弟子谭鑫培最后被迫演出的仍是《洪羊洞》。谭老这出戏不但唱工非凡，脍炙人口的"洪三段"至今传唱不衰，末场的散板难度很大，他却唱得扣人心弦。就是他的做工也不同寻常，特别是他一上场到最后上场始终缩着身子，显得萎缩之状，似乎比平时矮了许多，但是唱完最后一句"无常到万事休去见先人"后，谭老突然一挺身，立即高出一截，让人有身临其境之感以至令人瞠目结舌。

十一　极尽哀荣

1916年底，在北京前门外东柳树井第一舞台有一场大义务戏，是为周济穷苦同业的窝窝头会。凡有义务戏，谭鑫培历来都是争先恐后，从没有推辞过。可是那天的戏特别多，等他上场就很晚了。

有记载说，那天鲁迅先生还特意前往，想一睹小叫天的风采，结果座位已满，他预购的座位早已有人占了，只能站等。直到他站立过久，看谭叫天仍然没有出台的迹象，便打道回府了。因为这种为同业过年的义务戏谁也不肯落后，所以戏码非常多。一般义务戏的大轴要午夜时分登场，像这种年底的窝窝头会，要等谭鑫培上场大都要等到丑时不可了。

据记载，那天的开锣戏是董俊峰的《铡美案》，接着是许荫棠的《胭脂虎》，九阵风的《泗州城》，时慧宝的《朱砂痣》，俞振庭的《溪黄庄》，龚云甫的《沙桥饯别》，陈德霖、王瑶卿、路三宝、姚佩秋、贾洪林的《雁门关》，刘鸿声、谢宝云的《雪杯圆》，杨小楼的《战宛城》，最后才是谭鑫培的《托兆碰碑》，等到谭鑫培上场，已经是凌晨两三点钟了。那年头，北京的冬天非常冷，中年的鲁迅都受不了，年逾古稀的谭鑫培又怎么能等到午夜演出呢？所以同业都劝他不要参加义演，可是他宁可减少营业戏，也要保证义务戏的演出。转过年来的1月9日，北京的医生都劝他不要演出了，然而他还是与曾长胜、谭小培一起坚持演出了《托兆碰碑》。结果旧病复发，卧床不起，到1月底，梨园界义演，筹集同行过春节的窝窝头会，谭鑫培再次坚持参加演出，遂使病情加重。经名医周立桐诊治，一再嘱咐他安心静养，不可演戏，春天即会慢慢康复。

然而到4月初，即农历的二月中旬，病情略见好转，中南海的总统府又安排他唱堂会，演出《天雷报》，那天梅兰芳也参加演出。因化装的地方与戏台相隔比较远，谭鑫培穿的衣服比较单薄，春寒料峭，来回走了两趟，回家后就病倒了。

到4月8日，广东督军陆荣廷来到北京，总统府为表示欢迎，在那桐的府邸即北京金鱼胡同东口的那家花园，由北京头牌名角演出以示欢迎。谭鑫培表示，如果当天身体允许，可以演出《托兆碰碑》，但是无法演出文武并重的大戏《珠帘寨》。演出当天，谭鑫培仍感不适，遂谢绝演出，九门提督江朝宗大怒，特派官警押车至谭宅，强迫谭鑫培演出。谭鑫培再三表示自己病体未愈，无法演出。但是来人口称："如果你前往演出，万事全休，并且可以释放你因打官司被官府扣押的孙子谭霜；如果不演，非但不放谭霜，还要把你一起逮捕法办。"面对如此强迫与威胁，谭鑫培不得不强打精神答应演出，遂抱病前往。家人说，出门时，谭老愤慨地说："当年大清朝全国禁烟，老佛爷恩准我一人吸烟。升平署传差，我因病请假，老佛爷反派御医到我家中诊治。现在我病成这个样子，他们还要拿枪逼着我唱戏，真是要我的老命……"

当时谭鑫培的琴师后为笔者校长的徐兰沅在场，据他亲口对笔者说，看到谭鑫培来到后台，身体非常虚弱，演出的戏提调看到谭鑫培面色发黄，病情沉重，知道谭鑫培无法演出唱工繁重的《托兆碰碑》，也唱不了全本的《洪羊洞》，就跟谭老先生商量演出《洪羊洞》最后的"病房"一场。谭老表示同意。

徐兰沅回忆，那天谭老虽然在病中，但是扮演的是重病将逝，仍深情哀悼、追思孟良和焦赞的杨延昭。可能是触景生情，想到自己生命垂危，不由得悲从中来，满怀凄凉地把一段二黄快三眼唱得如泣如诉，仿佛现实中的谭鑫培与戏中的杨延昭已经成为一人，闻者无不动容。琴师徐兰沅尤其觉得谭老唱散板的时候，完全是真情流露。由于过分悲伤，谭老面色惨白，吐血不止，戏未演完，就被人扶下场来。回到后台时竟然伏在桌子上晕了过去，很久才苏醒过来。回家后病情加剧，连续延请名医周立桐、蔡希民和日本医生原田等医治，均不见减轻。至17日，谭老自知不起，一面布置后事，坚嘱诸子不可分居，否则他的遗产将无法维持诸子之生活。他说：我常听外人说，我死之后，尔等必分居，你们将一定无法生活。尔等要切记我的嘱咐，切不可使人不幸言中。

谭老最宠爱女儿，因幼女翠珍随丈夫王又宸到上海演出去了，即发电报促其小女儿与大女儿、夏月润之妻一同返京，所幸二女均于谭老生前赶回，使老人颇感慰藉。

自此以后，谭老病势日渐沉重，不久便与世长辞了。噩耗传开，北京城哭了！京剧界蒙了！北京虎坊桥东北角的大外廊营一号的英秀堂自是哀声一片……

他7岁时随父亲由武汉沙湖来到北京，以一生的心血将湖北汉调与北京方言结合在一起，确立了京剧的湖广音中州韵，也确立了京剧在北京和全国的国剧地位，从而使之风靡大江南北。

他以一生的心血改变了京剧"时尚黄腔喊似雷"的唱法，开创了委婉俏丽、韵味醇厚的谭腔，以至今天历经百年仍然"无生不谭"，终使京剧在全国三百多个地方剧种中出其类、拔其萃，跃升为国剧。

他对京剧的数百出传统剧目从剧本到唱念、舞蹈、武打、场面、服装扮相进行了精雕细刻，全面整合，留给了后代，演唱至今，维持着我们今天京剧的票房收入，甚至无须任何改动而百年不衰。

他或者为杨、梅、余让台以提携，或者一语中的，点化登仙，或者通过同台合作的方法以影响、熏染，使义子杨小楼、孙辈梅兰芳、入室弟子余叔岩感悟到京剧表演的深邃而茅塞顿开。为京剧之未来树起了杨、梅、余三个永恒的标杆，从而誉满中华，走向海外。

在生命的最后时刻，他不顾全家人的反对，把爱孙豫升（谭富英）送到富连成科班接受"大狱"般的磨砺，使谭富英逸世超群，保证了英秀堂的家道中兴，七代薪传。足见其独具慧眼，预见之实际。

不过他万万没有想到，多次嘱咐儿孙不要分居另过一事已经没有任何希望了，以致在他身后英秀堂祖屋一度易主，可谓令人心寒。幸有五子嘉宾与升格（即谭富英）父子倾十年之工，才得以重回旧居，告慰谭老之英灵。

1917年5月10日即丁巳年三月廿二日，承前启后、功勋卓著的京剧宗师谭鑫培驾鹤西游，享年71岁。家人遵其遗嘱，殓以常服，大衣为蓝色长袍外罩淡黄色马褂，瓜皮小帽，云履鞋。

一位无权无势普通艺员，从吊唁、接三、伴宿、出殡、送葬，直到入土为安的半年中，梨园界与社会各界前往追悼者不下数千人，所用仪仗虽贵胄巨宦无以过之，灵前之童男童女均用绸缎衣服，车马均黑色大绒制作，其他白活，亭杠（四十八杠）及京城十三大寺院的和尚、老道、喇嘛所做法事之规模，虽德宗（光绪皇帝）大丧，项城

（袁世凯）之身后也不过如此。送葬时从大外廊营到观音寺街，再从大栅栏到前门大街，从珠市口到虎坊桥路口中央圆岛，再从南骡马市大街、菜市口南入丞相胡同，经官菜园安抵松筠庵之观音院，围观者达数万之众，可谓极尽哀荣。

谭鑫培逝世百年的今天。我们惊奇地发现，全国各地的京剧舞台上依然是"无生不谭"，依然是以谭鑫培亲手栽培的杨、梅、余"三大贤"为百年根基，依然在演出他精心整合传世的百年经典《失空斩》《定军山》《珠帘寨》《四郎探母》《红鬃烈马》《连环套》《桑园寄子》《击鼓骂曹》《打渔杀家》……

他的逝世自然成为当年北京城和全国京剧界的重大新闻。然而谁来记录、报道这一梨园中人、梨园中事呢？可以告慰后人的则是当时北京《顺天时报》的一位主笔，即日本籍友人，名辻听花。因其酷爱京剧艺术而由日本旅京，他作为驻京记者，与谭鑫培、梅兰芳等多有交往。因为谭鑫培曾经专门给他讲解京剧常识，指出他的专著和报道京剧方面的不妥之处，并在谭鑫培的亲自指导下编著了第一本由外籍记者撰写的有关京剧的专著《中国剧》，所以对谭鑫培感激不尽，经常前往大外廊营的英秀堂向谭老求教。当他得知谭鑫培病逝的消息后便在《顺天时报》上首先郑重地发表了谭鑫培逝世的噩耗，从而迅速传遍京城以至全国各地。随后又在该报的第五版每天不间断地发布谭鑫培葬礼的日程、信息以及各界名人悼念谭鑫培的悼文或挽联。出殡那天，他以一位局外人的客观角度惊叹：呜呼！谭伶剧界一艺员耳，今日出殡其葬仪之盛，固有不如王侯者，然而经过街巷约五六里之遥，路旁观众摩肩接踵，几无隙地，回忆清德宗、皇后之大葬以及袁项城之出殡其盛况亦不过谭伶声望之大……

请看：这是谭鑫培逝世的第二天，京城的《顺天时报》发出的讣告：

谭鑫培逝世
辻听花

呜呼！1917年5月10日上午8时，中国剧界之大伟人谭君鑫培溘然逝世矣。昨日，该伶噩耗纷传各界人士莫不疾首蹙额，余亦梦寐弗安，烧香祷祝，望其速占勿药。讵料昨晚病势遽变，遂于今朝易箦矣，呜呼哀哉！

夫谭君为清末梨园之巨擘，而又系民国第一艺员也，现身舞台五十余年，其一歌一舞俱臻神妙。鼓吹升平厥功弗浅，有清季世屡蒙慈禧太后厚赏，以故夙有谭贝勒之称。迄于民国年齿渐老，国人称曰戏剧大王，其名乃震于寰球矣。余与谭君相识七载，曾赠余大照片一页，系与王瑶卿合演《汾河湾》之写真。其道骨仙风脱尽俗尘，而具有一种岸然不屈之概。每际谭君登台，余多往听其妙奏，以善耳目福。最近所听之剧为一月十二日之《汾河湾》，三月三日之《南天门》两出。而余与谭君最后之谈话为一月十四日晚间与退庵居士（即文瑞图先生）及吴铁庵之造访时也。回忆当日之清歌犹余耳底，往夜之笑貌如在眼前。讵知一夕握谈竟为永诀，今也幽明隔路曲终人杳，呜呼哀哉！

噫唏，谭君死矣，来者为谁？舞榭歌台，顿觉寂寞。谭君虽死，而谭之遗音犹可追拟继往开来。热心斯道是为后进艺员之责任。将来后进艺员果有能传谭君衣钵者，谅谭君亦可含笑于九泉。余哀谭君藉勉后进，谨述芜辞用表悼意云尔。

（阴历二十日稿）

谭宅送库小记
辻听花

今日（阴历四月初九日），正值已故谭君鑫培伴宿送库之期，下午五点钟，余偕退庵居士（即文瑞图）前赴谭宅致祭礼。礼毕，入室饮茶。仰见院内挽幛、挽联高揭四壁，不知凡几，令人一望，不觉眼下各界人士（梨园行最多）之来吊唁者或相聚或围桌或坐席其数不下三百人。稍顷，余亦入席，迨六钟报起，杠来僧众奏乐先行，后有家族捧送金颗，余等亦相继鱼贯而出。过李铁拐斜街、樱桃斜街、出琉璃厂、新开马路，更南至官医院前空地送库礼。其家族匍匐行礼，道谢众客，始散。时正六点半钟。是日赴谭宅之剧界人士据余所知者大约如下：

王瑶卿	王凤卿	朱幼芬	路三宝	吴彩霞	王琴侬	荣蝶仙
朱文英	陈德霖	王月芳	田桐秋	李宝琴	乔蕙兰	贾洪林
李寿峰	杨小楼	茹莱卿	周瑞安	张淇林	叶春善	贯大元
吴铁庵	蒋明斋	姚玉珩	姚岚秋	姚凤兰	田际云	侯幼云
龚云甫	孙　卿	陈古香	周小楼	商养田	王玉堂	愚樵居士
余玉琴	吴顺林	陈文启	张斌舫	岳书云	袁俊卿	溥厚斋
乐砥舟	诚希如	祝煌元	华秀峰	隋芝甫	商养泉	张明泉
陈子芳	胡素仙	杨孝亭	陈铜仙	梅兰芳	诸茹香	罗福山
陈琴芳	杨明全	俞振庭	刘喜奎	杨韵芳	李顺亭	刘仲植
程继先	金仲仁	德珺如	陆杏林	刘鸿声	许荫棠	姜妙香

果湘林　范福泰　蔡和泰　钱金福　余叔岩　李成林　迟子俊

李寿山　时慧宝　孟小如　萧长华　蔡荣贵　刘景然　郝寿臣

曹心泉　宋恩福　王福寿　迟月亭　张彩林　张宝昆　李宝琴

王长林　田宝林　王琴侬夫人　王月芳夫人　贾洪林夫人

茹莱卿夫人　张淇林夫人　姚佩秋夫人　侯幼云夫人

吴顺林夫人　迟子俊夫人　冯蕙林夫人　王蕙芳夫人

王瑶卿夫人　梅兰芳夫人　朱幼芬夫人

诵经六棚

戒台寺　禅经　达文　贤良寺　禅经　法安　白云观　道经
陈明彬

柏林寺　禅经　澄海　观音堂　禅经　广禅　雍和宫　番经
（轮流）

（阴历初九日稿）

《顺天时报》　民国六年五月三十日即丁巳四月初十日

三天后，《顺天时报》又发出谭宅为谭鑫培举办"接三"仪式的
报道：

谭宅接三小记
辻听花

二十二日为已故老友谭鑫培接三之辰，是晚八钟，余偕退
庵居士前赴谭宅，趋前致祭。余等入门，正值准备送库，颇极拥
挤，迫进入礼堂，见灵柩之上挂摆彩花，供奉完备。咸友严肃侍
守，居士先行而扶棺恸哭曰：余亦将死。余行礼表哀思以巾拭泪

毕，洎居士进入别室时有许多相识恭迎优待。余入室倚椅，又潸然泪下，肠殆寸裂，盖今兹坐处即一月十四日余与谭君握手畅谈之地。英秀堂匾额依然在望，几行桌椅陈列如昨，今一切物件俱用白纸封之，曾几何时谭君杳然作古矣。且余所携之，吴铁庵亦远在营口矣。且余凭而坐，不禁精神恍惚，茫然如梦。始知人生世间如白驹过隙。既而送库之时至矣，余出室进礼堂前，小培君素衣跪礼，余默然回礼。适有升格进来曰：辻先生。斯时余心之恸益不可遏，惶惶然如有所失，无言可对，仅握其手而已，纸库送毕余即归寓。闻是晚来宾剧界人数甚众，兹将所知闻者列名姓于后：

钱金福	路玉珊	王琴侬	刘鸿声	李顺亭	田际云	时慧宝
德珺如	刘景然	贾洪林	刘春喜	张淇林	李寿峰	朱文英
荣蝶仙	胡素仙	吴顺林	王月芳	吴彩霞	王凤卿	田桐秋
程继先	梅兰芳	李宝琴	俞振庭	陆杏林	迟子俊	杨小楼
杨孝亭	王长林	孙佐臣	姚佩秋	冯蕙林	王蕙芳	乔蕙兰
李连仲	陈德霖	王福寿	陈文启	张彩林	余叔岩	陈子田
诸茹香	孙藕香	张宝昆	许荫棠	许德义	龚云甫	王瑶卿
茹莱卿	黄润卿	金仲仁	王金林	陈福胜	叶鉴贞	萧长华
李寿山	陈桐仁	曹小凤	侯幼云（谭鑫培夫人侯玉儿之兄）			

（民国六年五月三十一日即丁巳年四月十一日·《顺天时报》）

在谭鑫培老前辈逝世二十天后，英秀堂举行了隆重的出殡仪式，场面尤其壮观。为此《顺天时报》记者辻听花坦诚说明自己对谭君的情感并做了如实报道：

谭鑫培出殡之回忆

辻听花

　　阴历四月初十日辰刻为已故名伶谭君鑫培灵柩出殡之辰。余沐浴斋戒，谨送之曰：谭君逝世二十日矣。幽冥隔路无由再见，呜呼哀哉！

　　君献身舞台四十余载，法曲正宗，梨园泰斗，前清末叶，早负盛名，迫于民国其技近圣，维持剧道于将泯，力图风雅之发扬。讵彼苍无情不假君年，清歌妙舞竟成一梦，致使中国剧界黯然无光，呜呼哀哉！

　　回顾余初与君相识，实在宣统三年十一月，是日邂逅君颜，不以余为外人，随之同进一室，握手畅谈，且对于余有研究中剧之志，深表赞同，多所指导，迄今日七易裘葛，除时访君庐一叙寒暄外，每值君粉墨登场，辄往聆雅奏。以擅我耳目福，且必入后台表示敬意，谨领雅教。曾几何时，君竟与世长辞，呜呼哀哉！

　　虽然人生世间本如幻梦，死固无足惜，特患身死而名亦与之俱死耳，今君于演剧一道艺臻妙境，名震寰球，天下之私淑君艺热心模仿者不乏其人。君一撒手尘寰，举国恸哭，哀及海外。然则君虽死而君之名可永传不朽矣。况令孙升格现在富连成社孜孜学戏，身体强壮，性颇敏慧，出台二次尚无大疵。若自今弗懈，追求精进则其技艺之妙洵足以传君之衣钵。君亦可瞑目矣。兹届魂归窀穸枢返佳城，余躬逢其盛仪，触目伤心，追忆往事感慨无量，聊述芜辞以表微衷云尔。

（民国六年五月三十日）

谭君鑫培出殡纪实

民国六年六月一日即丁巳年四月二十日

今日（阴历四月初十日）辰刻为已故谭鑫培灵柩出殡之期。余九点半钟赴谭宅，见大栅栏观音寺李铁拐斜街一带人山人海，车水马龙，极为拥挤。入谭宅先至谭君灵前行礼，再入小培君室茶叙既而出殡。准备告毕，诸客鱼贯出门时已十一钟。挽联、宝篮、对子马、肖像等沿途排列灿若云霞，次僧众奏乐先行，后有家族麻冠孝服集于素幕之下徒步而行。次即灵柩，最后有堂客、素衣、白车随之。余偕张淇林同行，经李铁拐斜街、观音寺街、大栅栏至前门大街，伫立路旁眺望葬仪行列长约二里，街路两旁观者如堵，各铺楼上亦有人俯视。途中拍照其光景者三处。三点半钟由菜市口、虎坊桥、骡马市大街南入丞相胡同，经官菜园安抵观音院。灵柩浮厝一静室内，恭备果菜、捧花、烧香。僧首喇嘛奏乐、诵经，家族先行跪礼，戚友继之，余亦进前行三鞠躬礼，以为最后之诀别礼。礼毕，导众客人别厅就席吃斋。斋毕时已经五点多钟。余告别谭氏家族出寺门，驱车进城。

是日梨园行人送殡者如杨小楼、贾洪林、陈德霖、王瑶卿、姚佩秋、朱幼芬等数百余人，颇极一时之盛云。呜呼！谭伶剧界一艺员耳，今日出殡其葬仪之盛，固有不如王侯者，然经过街巷约五六里之遥，路旁观众摩肩接踵，几无隙地，回忆清德宗、皇后之大葬以及袁项城之出殡其盛况亦不过谭伶名望之大，从而可知矣。

（辻听花阴历四月初十稿）

黎元洪大总统追赏已故谭君鑫培

余前为已故名伶谭鑫培敢冒尊严上书黎元洪大总统，恳请追赏抚恤金、匾额以示优异。兹闻大总统于阴历四月初十（即谭君出殡当日），十一两日特派府员前赴谭宅赏金三百元，以示礼恤，谭伶家人谦不敢当，固辞不受，越至昨日（阴历十七日）下午五钟，大总统又派侍从武官彭寿松，陆军步兵中尉、总统府外尉官刘玉山两君仍将三百元持送谭第并嘱谭君家人曰，勿固却大总统，尚拟追送匾额一方，用昭荣宠，奈值国事政躬忙碌，一俟政潮平定，当将匾额一方赐下，届时必有公府音乐队奏乐护卫而来云云。谭伶家人聆及总统隆意，感激异常，不忍再辞，谨将恤金拜领，云呜呼！大总统于公务之余，尚谆谆以追赏谭伶为念，其胸怀之坦荡，态度之雍容，可见一斑。斯事也不独谭家人对此隆意感激不尽，即九泉下之谭伶亦当欣然深谢矣。且据余所见，是不独于谭氏一家增荣，抑又梨园全体之最大光荣也。

（辻听花1917年6月8日稿）

谭鑫培下葬记

编者按：经过半年多的筹备，特别是谭鑫培墓地赠予者即门头沟戒台寺达文住持的精心安排，谭鑫培前辈之下葬仪式于民国六年阴历八月二十日早七钟开始启动，辻听花因另有公务，后据谭鑫培之五子谭小培口述经过，特记录如下并刊登在《顺天时报》第五版，内容如下：

民国六年阴历八月二十日早七钟，谭氏家族及诸戚友联袂出宅，到观音院向亡灵行礼，棺椁系用三十二杠轮流换班抬在肩上，八钟由庙中起杠，出官菜园经彰仪门大街西行至彰仪门内，此老伶谭君鑫培于本年阴历四月十日逝世，屈指匆匆，行将半载，其灵柩暂厝于官菜园观音院内，日前为谭君灵柩正式下葬之期，是日余因事忙碌不能参列，兹就谭君小培所谈，特将其葬仪大略揭志如左，用为纪念。

　　折出西便门沿城根北行，渐达西直门车站，时已十钟四十五分，十一钟灵柩由站上车，十一钟半开车，十二钟四十五分抵门头沟，下车徒步护柩，南越一岭，至苏家店行程仅十里，道路崎岖，行步颇艰，柩抵茔地，时已四钟五十分矣。

　　闻谭氏茔地原系戒台寺之茶棚地，光绪三十二年有老和尚妙公者，为感激谭君鑫培数十年虔诚供献香火甚丰厚，特赠之鑫培为永驻之所，并立有碑碣，说明此十二亩墓地并非谭氏累世之茔地，又非谭氏自购者。盖鑫培在世与戒台寺关系颇密，每岁均往参拜、烧香、礼佛，历有年矣。

　　灵柩至茔地内暂停于席棚内，既而众多僧侣烧香诵经，谭氏家族先前行礼，戚友既而致祭，然后一同到戒台寺下院休憩。此地距戒台寺尚有十里山路，稍离，次日即八月二十一日午时举行下葬仪式，烧香诵经无异昨日。小培先母侯氏于民国二年已葬在此地，此次鑫培营葬于此，系属并葬。并闻该茔地内容方圆十二亩，周围环有松柏树，老干槎转，浓荫蔽日，又有杨柳多株，颇有趣致，内有石路四通八达，坟前有石制祭桌，坟基为大条石，周围砌墙，并有石盖，所有大条石每条二千余斤，一丈二长，三尺宽，七八寸厚，此外又用洋石灰撮合土做成，可以保险数百年。

午后，诸事已完，有乘轿者，有骑驴者，均往戒台寺休息云。二十三日早晨四钟小培君出山，至苏家店茔地。五钟三十分用两个火烧加肉埋在坟前，又在坟前高叫三声，又围绕坟墓三周，谓之叫门，叫门以后即走，百步以内不许回头，如有人回头，归宅即叫不开家门矣。

葬事终后诸人即回戒台寺，惟因二十四日下雨，未能下山，二十五日午前十一点由戒台寺一同动身，下午二钟到长辛店，四钟半乘火车回京，并闻送葬亲友此次并未出帖约请，所以诸亲友多有未知者，今将所去者名姓开列于后：

王又宸、侯幼云、张淇林、刘树楠、毛文林、时慧宝、蒋明斋、路玉珊、杨小楼、田瑞山、贾洪林、余叔岩、陈德霖、姚佩秋、德珺如、吴彩霞、王长林、李成林等诸君。

以上所记系小培君所谈，余聆之后感慨无量，不觉泣下，爰敬告九泉下之鑫培君曰：君子孙健康无恙，乞君瞑目。且令孙升格在富连成社夙起夜寐，孜孜弗倦，将来承君之衣钵者，其升格乎！兹与鑫培君约明年清明佳节，余当斋戒沐浴，聊备清酌庶馐，往诣君墓，以吊君之灵魂云。

（1917年10月17—18日辻听花《顺天时报·谭鑫培下葬记》）

关于当年谭鑫培墓的修葺情况，因年代久远，不可依据道听途说。当时下葬后，戒台寺即立一石碑说明原委，自当可信。现保存在陵园中，内容如下：

谭鑫培原墓碑碑文：

伏以五伦之中曰君臣、曰父子、曰夫妇、曰昆弟、曰朋友。人生斯世，莫不以此为大纲，而朋友一道尤须以信义为重，儒择歧途，理无二致。兹因谭居士讳金福字鑫培，籍隶本京，具有夙根，生而好佛。成立后遍参都城内外名刹长老。因羡佛旨之慈悲，所积资财辄随地施与，行之既久，颇有所悟，于禅宗一门尤有心得。因口心于清光绪二十二年春季在京西戒台万寿寺盛老和尚座下求受五支净戒，二十年来持戒维谨，恒念得戒常住之深思，毫无极称，遂力以护庇，常住为已任。与戒台前代主席妙老人机锋相对，谊若弟昆焉，虽有僧俗之殊形，而其心心相印，若合符节。因念人生若寄泡影驹光，一旦无常向何处晤佛耶？爰商之于妙老人，愿假寺中一席净地，永做佳城。俾他日百年得以遥对金客，方遂夙愿。妙老人亦念廿载之道侣，不忍相违，遂将寺中茶棚地十二亩让之谭君，以遂善念，立有石桩为界，今兹戒台寺当代主席达文和尚踵先师之遗志，为之栽种树木，修造坟园，督工营造，次第告成。因念此事之端末，胥由两造之感情而发生，他年勿论。任何人不得擅伐树木及发生他种情弊。其看坟工人亦由寺中代为就近查看，俾可永久，现届竣工，用特两造，公同勒石，以志兹事之缘起，而作凭证云尔。

中华民国四年

丧葬期间各界人士敬献挽联、挽词如下：

各界挽联：

西照已衔山，为子野特弄清歌，盗骨凄凉真绝调

南归曾几日，闻何戡竟成永别，回肠辗转不胜情

——代陆巡阅使

老伶官不愧龙头，听咀嚼宫商，万里流传成韵事

弱女子也随骥尾，叹描摹钗扇，一时倾倒总浮名

——刘喜奎

地老天荒大名长在

山颓木坏吾道其孤

——梅兰芳

天产异人，为梨园空前绝后

世称一派，兴戏业述古编新

——婿　王又宸

绝响遏行云，此日竟归天上有

留声满寰海，他年益信古来稀

——祝惺元

省铎名振宇宙，荣光宜不朽

余韵声昭遐迩，英魂竟趋冥

——余润卿

燕山萍水，同是童年，往事真如一梦过

乐府霓裳，竟成绝响，故交尚有几人存

——李毓如

此曲几回闻，人间绝响广陵散

暮春三月尽，江南忍忆落花时

——溥侗

奇才吾楚多，叹三世衣钵互传，因缘香火

绝调广陵散，有几人绛帐入座，痛哭春风

——余叔岩

齿高德劭，思霁月光风，几杖雍容钦雅望

子孝孙贤，羡阶兰庭桂，箕裘绍述赖贻谋

——贾洪林

君如天宝宫人，遗事重谈伤白发

我亦贞元朝士，泪痕无限湿青衫

——傅岳棻

——1917年5月《顺天时报》连载

声名俱稀世之长，于今南内无人。偏又是落花时节；

沧海下扬尘之泪，从此广陵绝响，再休提天宝当年。

——樊增祥

国事不如人，寄语衮衮诸公，无端莫学空城计，

世情都是戏，除此蟠然一老，有谁知得上台难。

——杨度

人千秋，曲亦千秋，鲤庭燕寝。与令子，交订昆弟，

泰山梁木，伶界同推，溯论声论容论艺。

高歌白雪独擅鸿名，后起望谁归？牛耳执来四十载。

公一梦，我还一梦，凤阁仙班。论长庚，赏邀禁苑，

沧海桑田，劫尘忽变，忆赐珍赐膳赐金。

忝附青云，追随骥尾，先朝恩未报，龙髯攀去九重天。

王瑶卿

谭鑫培墓在"文化大革命"中遭到破坏。2005年，经时任北京市市长王岐山批示，由门头沟文物局重新修葺。

笔者在王琴生、刘曾复两位老先生审核下重新撰写碑文，并请王琴生先生亲笔书写如下：

重修谭鑫培墓碑文：

譚公諱金福，字鑫培，號英秀，藝名小叫天。祖籍湖北武昌江夏。少時隨先翁譚志道學藝，自鄂輾轉京津一帶，經坐科後師事余三勝、程長庚、王九齡諸皮簧名宿，工文武老生，隸三慶、四喜等班社及各鄉班演出，兼昇平署供奉。曾六赴滬申巡演，得同仁孫春恒等啓迪，歷四十年之艱辛求索，自組三慶、同春、同慶班社，於氍毹研技法，海納百川、鼎新革故，遂使聲腔於遒勁中得見柔美，如聞天籟；舞蹈重六合，含韻律，章法縝密；總講求節奏，講結構，趨於嚴謹凝練；表演工其意，簡其形，而臻于天然；服飾更趨典雅端莊，開創了無生不譚，無腔不譚之大觀。遂引領文武昆亂各行當之全新大變革，皮簧藝術從而爲舉世珍愛之國劇。更以親手培植楊小樓、梅蘭芳、余叔岩三大賢，爲京劇

承前啓後，奠百年繁榮之根基。故梅蘭芳君尊公爲京劇宗師，梨園湯武，中國戲曲表演體系之總代表。歷任精忠廟首、正樂育化會會長。廿世紀初，因攝製電影《定軍山》並灌制唱片，啓中華民族遺留音樂影像之先河。公編創、整合之百余出傳世經典作品，歷經百年，至今不衰，蔭及後代子孫，福及藝業大計，並爲世界各國歡呼傾倒。如梁任公謂之：四海一人譚鑫培，聲名廿紀轟如雷。

爲緬懷譚公千秋功德，北京市人民政府特撥專款並由北京市文物局和門頭溝區文物管理委員會精心修葺譚公墓地，以彰顯後世，流芳千古。

王琴生　劉曾復　和宝堂敬書

公元2005年9月

十二　薪火相传

再说谭鑫培的长子谭嘉善当年率领谭门二代、三代和众位亲朋好友经过长途跋涉，从西直门火车站乘坐火车抵达门头沟，护送谭老的灵柩到京西门头沟戒台寺山脚下的栗园庄，与太夫人侯玉儿并葬。之后，兄弟姐妹十家又来到了戒台寺，一是谭氏全家到万寿禅寺大殿一齐向达文住持致谢；二是请达文住持亲自为谭老夫妇做了超度功课并请回二老的居士牌位，由老大嘉善、老二嘉瑞分别捧回。他们从长辛店火车站乘车再回到永定门火车站，一直护送到英秀堂南院祠堂供奉，然后在空灵而清幽的磬声中，全家老少一起焚香跪拜。面对二老的遗像和牌位，谭家的弟兄姐妹们痛心疾首地祷告："先父母大人，今后儿孙辈将竭力遵循严尊之教诲，力图英秀堂声名永继，以光宗耀祖，不负先人。"

在父母灵前，尽管兄弟们均信誓旦旦，各表孝心与敬意。实际上，大树既倒，兄弟们即将变卖房产各奔东西，英秀堂随之易主，眼看一个戏曲界注目的京剧大家庭将不复存在，由谭鑫培统领的那"无生不谭"的京剧舞台或许即将成为历史也未可知。这对于深爱着英秀堂和谭派艺术的谭五爷来说尤其痛彻心扉。

在谭家的兄弟看来，大哥嘉善一向为人厚道，虽然先从乃父学习京剧老生，后改旦角陪父亲演出《打渔杀家》《辕门斩子》等戏，而且一度进宫为慈禧太后演出，得到过重赏，可见舞台上很有光彩。但是他看到母亲先后养育他们十个子女，管理如此一个大家庭极为艰辛，后二女一子早夭，更给母亲的精神带来很大刺激，身体日衰。嘉善于心不忍，征得父亲谭鑫培的同意，遂把自己的主要精力放在家里，一直协助母亲管理着这个大家庭，孝敬父母，照顾弟弟妹妹。然而，母亲侯玉儿还是由于过度劳累，在谭老病逝的五年前就已驾鹤西去。为此，谭老甚是伤感，他不会忘记当年他得知侯家悔婚后，不愿因此使谭家蒙羞，立即持刀连夜从京城赶到天津侯家逼婚，所幸侯玉儿初心不改，对父母当年嫌贫爱富、背信赖婚，当面替父母向他认错致歉，并毅然随谭老连夜回京完婚。之后，又千辛万苦地养育着八男二女，对此，谭老自是没齿难忘。为表示自己对侯夫人的深情怀念，遂以古稀之年亲自率领八男二女和各自家眷以及姻兄侯幼云，义子杨嘉训，弟子沈三元、余叔岩等一起，把侯夫人的灵柩护送到门头沟戒台寺山下栗园庄，即戒台寺妙老人奉送施主谭鑫培与侯夫人的风水宝地安葬。侯夫人下葬后，谭老又率领众儿女前往戒台寺为侯夫人做超度功课，始才下山。

从此，谭老的生活起居以及家庭内务均由长子嘉善担当。所喜嘉善忠厚善良，公正廉明，深得父亲和弟妹们的信赖，倒也相安无事。

1917年，谭老归西。面对多数兄弟要求分家单过，遂由长兄嘉善与顺天医院的董子鹤院长直接洽商，根据事先的约定，将英秀堂大院整体转卖给了顺天医院。因为董院长与谭家是多年近邻，非常友好，董家敬佩谭老精湛的皮黄艺术和长年布施行善、周济贫苦同行的慈悲心怀；而谭家敬佩董院长一家以先进的西医技术、低廉的费用为求医问药的贫困市民救死扶伤，更何况谭家的男女老幼也经常求助于董院长。如今面对谭家遇到困难，董子鹤院长与谭嘉善在经济上的交易几乎一拍即合，很是顺利。实际上董家子女与谭门后代也都交往频繁，如当时京城孕妇生产都是请民间的接生婆在家中用土法接生，谭家后代女眷生儿育女则均到顺天医院由董子鹤院长的女公子，即当时京城罕见的西医妇产科医生亲自为谭家女眷接生，随之把取出的胎盘埋在大院中。所以谭家后人总说："咱们谭家人的胞衣都在这个大院子里埋着呢，可见这个大院是咱们谭家的根哪！"再后来，其四公子董世雄，即后来的中国人民解放军总政文工团话剧团团长、曾主演电影《万水千山》的著名演员蓝马，又与谭家后代谭元寿一度为总政战友，感情深厚。谭元寿喜欢蓝马的话剧和电影，蓝马则佩服谭元寿的文武功夫，足见两家之交好。以至十年后，谭五爷在赎回英秀堂的时候也是非常顺利。

谭五爷办好交接手续，遂率领全家老少，在大外廊营胡同路南，迈上三级台阶，推开那两扇厚重的朱漆大门，穿过左右两侧的石兽门墩和门楣上的四个门簪，以及大门左边那块写着绿色楷书"英秀堂谭"四个大字的牌匾，发现迎面的彩绘影壁依然如故，前面还多了一座精致的上水石盆景，绿油油的青苔上摆放着许多很有情趣的小物件，上水石前面是一个大鱼缸，里面的金鱼在自由游弋。有人说这是董院长特意赠送给谭家的见面礼，也有人说是原来顺天医院的摆设，还有人说是谭家原来就有的。不管怎么说，这个盆景和大鱼缸使十年后回归的谭家人立即感到一丝安慰和温馨，董家交还给谭家的英秀堂四十六间半房没有任何狼藉、荒废的迹象，而且干净整洁。足见谭、董两家在金钱交易后面的深厚友谊，用北京的老话说，那就是"真局气"。

　　然而，就在当初谭家弟兄搬出大外廊营一号的时候，对于不愿意看到谭家从此衰落的谭小培来说，他不但要承担着英秀堂回归的使命，更肩负着谭老所创立的谭派艺术事业上的传承大任。他始终没有忘记，谭老弥留之际，又突然看着谭小培，连说了三遍："看好椿儿……"虽然老人说话言语有些模糊，但是五爷的心里很明白，椿儿，即谭豫升，即谭老早就认定的谭家未来中兴大计之关键，也是谭鑫培艺术衣钵的重要传承人，并对此事念念不忘，以至难以瞑目。

　　谭鑫培在世的时候，与夫人侯玉儿共生育了八个儿子、两个女儿，分别取名嘉善、嘉瑞、嘉祥、嘉荣、嘉宾（即小培）、嘉乐、嘉诂、嘉禄，后收义子嘉训（即杨小楼），七子嘉诂后因病夭折。两个女儿，大女儿远嫁上海京剧文武老生夏奎章之四子、上海伶界联合会会长夏月润；次女名翠珍，谭鑫培珍爱有加，甚至到了重女轻男的地步。

　　早在谭志道与谭鑫培父子家境好转之后的1870年，便购置了大外廊营胡同一号这座三进院落，并从百顺胡同迁徙至此，后来又建起了这座两层凹字形楼房。八个儿子成家、两个女儿出嫁前则分别居住在这个大院的四十六间半老宅中。当时的京剧名宿，包括被誉为谭老之后承前启后的"京剧三大贤"：由其父杨月楼临终托孤给谭老的蟒蛉义子、即有"国剧宗师"之称的杨嘉训，也就是后来赫赫有名的国剧宗师杨小楼大师；经过他亲自提携的中国京剧史上的第二位伶界大王梅兰芳；谭的得意高足，继谭老之后堪称京剧须生之领袖的余叔岩大师，都是经常到这里顶礼膜拜谭老，至于清室贵胄、王公大臣、民国新贵、梨园子弟、四执交场和来自全国各地宫、观、寺、庙的出家人更不在话下。可见这里当年是如何门庭若市、车水马龙了。这大外廊营一号院既是谭家兴旺的风水宝地，更是谭鑫培一生功德的见证，深为戏曲界同人所景仰和怀念。

在谭老离世前还有一事被谭老所言中，也充分说明他具有洞察京剧百年发展远景的眼光与责任心。这就是他在观察、思考当时京剧舞台上的演出剧目与演员在舞台上的兴衰更替规律之后，便坦然承认：今后的京剧舞台一旦失去了他的影响力，旦角必将崛起，坤角更必然后来居上，老生行前后"三鼎甲"的一统天下将成为历史。河北梆子旦角演员侯俊山、田际云（即响九霄）、崔灵芝与皮黄旦角演员田桂凤、梅兰芳、刘喜奎等人的异军突起，必将与谭、余等老生演员平分秋色，而刘喜奎等坤伶欲后来居上尤难以抑制。更让人敬佩的是，他提携的几位旦角演员大有凌驾谭老之上的趋势，但他不恼不怒，或主动提出与田桂凤、田际云、陈德霖、梅兰芳等旦角演员，杨小楼等武生演员同台演戏，或给他们垫戏以启迪和提携，使他们更快地超越自己，使之吸引更多更广的观众，而唯恐在他百年之后的京剧舞台上因为他的空缺或老生行演员的式微而无人统领艺坛，甚至出现京剧一蹶不振的现象。他作为正乐育化会（即早期梨园行会）会长，确实具备了长远的眼光和统筹全局的观念，这也是谭老所以得到京剧同行的拥护与爱戴的原因所在。

在英秀堂的南院设有谭家祠堂，该祠堂中间供奉观音菩萨，左边供奉谭家列祖列宗的牌位，右边则供奉着梨园界的祖师爷唐明皇，始终香火不断。然而，随着谭老的去世，高堂不在，他的"七郎八虎"还能够永远吃喝在一个锅里是很不实际的。

就在谭鑫培大殡以后，兄弟之间的矛盾日益突出，为长远计议，多数提出财产切割，分居单过。尽管谭家的大少爷嘉善与五少爷嘉宾（即小培）遵循先严遗嘱，极力维护弟兄之间的团结，怎奈势孤力单，无力回天。最后，万般无奈，大外廊营一号的房产变卖后，兄弟平分，从此各奔西东。

当时许多梨园中人都为英秀堂的易主表示惋惜，以为这大外廊营一号从此门可罗雀了。然而，事实比预想的也许还要残酷，眼看着大外廊营一号的大门上挂起了"顺天医院"的牌匾，那幢坐西朝东的小楼外墙上也赫然出现了一个大大的红十字，非常醒目，表明檀板清音的梨园世家已变成悬壶济世的医疗机构。大宅门里的祠堂，谭老的寝室，眼看成了京城百姓任意进出的诊室，这自然是任何谭家人都不愿意看见的变化。让谭五爷尤其难以接受的是：谭门第四代的谭富英新婚大礼未能在大外廊营举办，谭门第五代传人谭元寿也未能出生在这块风水宝地，而是出生在大外廊营路北的27号院。别看这一条胡同相隔，别看这短短的十年，在谭小培看来，都是他对谭老的大不敬，使他备受煎熬、度日如年，因此他心急如焚地渴望收回祖居英秀堂。

谭五爷为什么对英秀堂大院如此魂牵梦绕呢？原来北京和平门并没有城门，是当年发动北京政变的冯玉祥于1926年在现在的和平门豁口处挖开的城墙豁子，并在护城河上修建了石桥，虽然当时取名新华门，却始终没有城门楼。直到1927年才由奉系军阀张作霖改名为和平门。至于城外的虎坊桥，当年确实有桥，并属于外城，而且有虎和养虎坊。与喂鹰（未英）胡同、铁门胡同、象来街、骡马市等都为明、清两朝时期饲养动物的地方。虎坊桥东即为西珠市口大街，西为骡马市大街、菜市口，北临琉璃厂、和平门豁口。南为虎坊路、黑窑厂和窑台，后来这个地方的桥拆掉了，改成一个直径约30米的圆形街心岛，在张君秋的回忆录中就曾记载着沦陷时期，他与程砚秋在大马神庙的王瑶卿家用功后半夜回家，二人就趁深夜无人，经常绕着这个街心环岛练习跑圆场呢。转盘的东北角有一条从西南到东北向的樱桃斜街，顺着斜街向东北走，就是当年外来戏班人员群居的大下处（居住地），包括大外廊营、百顺胡同，韩家坛、陕西巷、石头胡同、王广福斜街、朱家胡同。往虎坊桥西北方向走就是"棉花地"。西南方向的米市胡同、粉坊琉璃街、果子巷、贾家胡同、丞相胡同等也都是湖广、安庆、江苏一带的京剧艺人到北京后的大下处，也是程长庚、谭志道、杨月楼、梅巧玲等艺术前辈居住最为集中的地带。而樱桃斜街路口东侧34号，就是后来由西珠市口东口福寿堂（即原梨园公会办公处）响应梨园公会的号召，于1931年由梅、杨、余三大贤带头捐资，后迁徙到此的梨园公会新址，至今在大门上方仍然悬挂着著名京剧老生演员时慧宝手书"梨园新馆"四字的牌匾。再往东北方向的李铁拐斜街走，就看到了大外廊营胡同东头的第一个门，那就是京剧界赫赫有名的谭家祖居"英秀堂"。谭家的英秀堂确实门庭显赫，为前后左右居住的梨园同行所仰视。作为薪传七代的第一京剧世家，祖居东边的门口还有一个早年谭门第二代谭鑫培老前辈所用骡车的拴马环。（因为当年出行最为快捷而舒适，可坐可卧，又不怕风吹日晒的交通工具就是骡车了。）谭老的骡车镶有十三块玻璃窗，相当讲究，被称为"十三太保"，相传为"大老板"临终所赠。这"大老板"是谁，是当年无须细问而尽人皆知的京剧鼻祖、精忠庙首程长庚的官称。据后居住在青岛的谭老的爱婿王又宸先生的女儿，也是笔者所见到的英秀堂辈分最高的后人亲口说，早年她母亲，即谭老的爱女谭翠珍曾告诉她，当年她的姥爷到颐和园应差给慈禧演戏，总要半夜起床，带着腰牌，到西直门，叫开城门再奔颐和园，乘坐的就是"十三太保"，现在想起那坚硬的木头车轮来，可想而知车内颠簸很难平稳舒适。慈禧出行，自然是清水泼街，黄土垫道，如履平地；而老百姓出行，只能是坑坑洼洼，人坐在里面东倒西歪，苦不堪言。好在到谭门第三代谭小培转运后就开始购置了美国的"道奇"汽车，当时在京城还是极为稀罕之物。有时谭五爷还要骑上摩托车，与他的姑爷叶盛长一起在北京的大街小巷飙车兜风，成为当年北京城很惹人注意的一道风景线。当然这都是后话了。

如今又在这大外廊营一号的拴马环左边出现了一块铜牌，这就是北京市西城区人民政府特制的"区重点文物保护单位：谭鑫培故居"标志牌。

总之，一直到今天，英秀堂的风吹草动，如同风向标一样，都会在整个梨园界引起波澜，牵动着每一位梨园同业与爱好者的神经。作为英秀堂最忠实的维护者谭五爷小培先生与他的后代子孙自然对英秀堂更是珍视无比。

话说回来，当年眼看自己家的老爷子病故之后，谭氏家族树倒猢狲散，这又当如何解释呢？当五爷虔诚地向戒台寺住持达文法师求教的时候，法师却闭目合十，连称"阿弥陀佛"。五爷知道不便再问，就回想达文住持反复跟他叙述谭老的坟茔"背靠卧龙山，面向永定河"这一风水的含义，自信谭家必有中兴之日。

从此，谭五爷暗下决心：一要谭字大旗永远屹立在京剧的舞台上，让谭派艺术薪火相传；二要收回祖居，以不负先祖创业之艰辛。真可谓家贫出孝子、国乱显忠臣。就在大家都忙着分家点钱的时候，曾经在小荣椿坐科，又上过汇文学校，学过外语，不但家学渊源，还曾经在父亲谭鑫培的主持下拜师许荫棠和沈三元先生以求深造并拓宽戏路，深得谭派艺术真传的谭五爷，为弥补谭老离世所造成的空缺，开始了长期不间断地挂出大大的谭字招牌，大演谭派戏的历程。

话说当谭五爷搬出祖居后，先是蜗居在离大外廊营不远的南堂子胡同的一套房子中。为重整家园，东山再起，他先后在梅兰芳、程砚秋、荀慧生、尚小云的剧团搭班演出，特别是在他父亲病故后的第三年即1919年9月，在父亲的义子杨小楼主持下，与尚小云和白牡丹（即荀慧生）以"三小一白下江南"的强大阵容，竟到上海南京路的旧天蟾舞台（即七重天大楼）演出了四个多月，取得了非常轰动的效果。据上海各报刊记载，仅谭小培与尚小云、荀慧生就联袂演出了《汾河湾》《三娘教子》《武家坡》《桑园会》《御碑亭》《赶三关》《打渔杀家》《南天门》《朱砂痣》等生、旦的合作剧目，与杨小楼联袂演出了《八大锤》《青石山》《大八蜡庙》《黄鹤楼》等戏，自己则主演了《桑园寄子》《失空斩》《群英会》《卖马》《黄金台》《捉放曹》《天雷报》《洪羊洞》《问樵闹府·打棍出箱》等谭派戏。同时，他还与尚小云、荀慧生一起合作了全本《甘露寺·回荆州》《红鬃烈马》或武戏《龙潭鲍骆》《连环套》《战宛城》等。上海的各个报刊上，南京路旧天蟾舞台十数米的广告牌上更是每天均可见到谭小培的大名，一时大红大紫，轰动上海滩。当时，谭小培还根据各地戏迷渴望聆听谭派唱片的迫切心情，在百代、国乐、物克多、高亭、大中华等唱片公司先后分别灌制了由其父谭鑫培真传的经典唱段，其中包括：《八大锤》两张、《四郎探母》四张、《洪羊洞》三张、《回荆州》两张、《乌盆记》四张、《卖马》两张、《桑园寄子》四张、《李陵碑》四张、《打渔杀家》两张、《空城计》两张。前后共灌制二十九张唱片，使广大谭迷如获至宝，眼界大开，同时也获得了很好的市场效应。特别是大量谭派唱片问世和谭派艺术传人不间断地在全国各地登台献艺，使谭派艺术一时间脍炙人口，风靡上海滩。谭小培为让京城的谭迷们每天在戏园子或各种报纸广告中看到谭家的演出信息，则尽自己最大的力量坚持活跃在舞台上。记得吴小如先生曾回忆，当时数谭小培的《法门寺》唱片卖得最好，街头巷尾到处可以听到谭迷们模仿戏中赵廉与贾桂的对白，确实起到了让观众和同行们对谭家念念不忘的效果。

其实，谭小培作为谭鑫培第五个儿子，从小在小荣椿科班坐科，工武生。原名椿福，后改椿增。变声时到汇文学校学德语，嗓音恢复后，先搭小鸿奎社，后搭父亲谭鑫培的同庆社演出。谭鑫培病故后，谭小培随即挑起"谭"字大旗，搭云华社，请徐兰沅操琴，坚持演出。据《北洋画报》等当时报刊记载："小培家学渊源，自能尽善尽美。但时运不佳，且登台演剧，其唱工则因嗓音有限，以致不能充足发展。唯白口、做工甚佳，而私下歌腔行调有强于余、王焉。他主演的《卖马》《打渔杀家》《捉放曹》《黄鹤楼》《伐东吴》等均有父风。"由此可知谭五爷确实在为京剧舞台上"谭"字大旗不倒而兢兢业业地努力着。

1923年，他的儿子谭富英出科，看到谭富英的嗓音、扮相、气质等优越的天赋条件，他便从儿子出科之前就与余叔岩先生一起为其在科班所学的剧目按"谭、余派的戏路和风格"开始重新"下卦"。儿子出科后他便基本上退居二线，一方面让儿子拜师余叔岩，以避免家学的局限，一方面为儿子制订了一个长期的规划，即以10年以上的时间搭班或为四大名旦"挎刀"演出为主，以提高自己的表演艺术，扩充影响，建立自己的观众群，为将来自己挑班做准备。直到谭富英与当时的六大名旦、四大坤旦等在全国各地演出均赢得大量观众，连梅兰芳都肯定谭富英已经具备了独自挑班唱戏的资质，并亲自力劝谭小培给儿子组班演出。谭小培遂于1935年正式决定为谭富英自组"扶椿社"挂牌挑班演出。从此，谭富英大红大紫达30余年，始终保持着极高的上座率、高涨的舞台气氛和极佳的艺术状态。应该说，谭富英的成功浸透着掌门人谭小培的一片苦心，也证明了谭小培采取的审时度势、稳扎稳打的组班战略，是稳妥而明智的。所以谭小培先生在京剧界被公认为百年英秀堂承前启后的一代功臣。

但对于谭小培来说，不管他自己演出或灌制唱片获得多少赞誉与实际收入，都不是他最高兴的事情，因为他最大的心愿还是完成父亲的遗愿，把他看中的爱孙，即谭富英培育成才，使英秀堂得以中兴。

十三　豫升中兴

　　谭富英，谭鑫培之孙，谭小培即谭五爷之子，按英秀堂第三代家谱排名"豫升"，后入"富连成"科班第三科学艺，排名"富"字，艺名富英。生于1906年（清光绪三十二年）10月15日，因农历丙午年是闰四月，所以农历生日为八月二十八。

　　话说谭富英出生之日，正赶上其父谭小培在中和戏园日场主演大武戏《巴骆和》，扮演骆洪勋。按惯例他应该早在一个小时前就到戏园子后台扮戏候场了，戏园子的大管事指派催戏的"交通"到谭家也催过他几次了，谭小培还是不肯出门。眼看着自己的妻子谭德氏就要分娩，他不知道生男生女，似乎是不甘心走出家门的。谭德氏看着丈夫那关切的样子，很是感动。可是她尽管是个妇人，终归也是梨园家庭出身，深知剧场演出事关重大，救场如救火，误场则为梨园同人所不齿。就说："五爷，你放心走吧，女人生孩子，没有你们男人的事情，你就放心扮戏去吧，真误了场，那可不是闹着玩的。"

　　谭小培又看看手里的怀表，实在不能再耽搁了，才放心不下地往戏园子赶场去了。当他扮好戏，正要上场的时候，家里的用人气喘吁吁地赶到后台，报告说："五爷、五爷，祝贺您弄璋之喜。"谭小培一听自己得了儿子，立即眉开眼笑。后台的同行都知道谭小培盼子心切，也纷纷祝贺谭家喜降麒麟。小培一高兴，那天的《巴骆和》演得格外精彩，观众好像也知道了谭五爷家里有了喜事，一个劲儿地喝彩。足见谭富英的出世，对谭五爷是一件天大的喜事。

按说谭家传到谭富英这一代，已经是四代京剧世家，所以到他六七岁的时候，慧眼识珠的谭老就在众多嫡孙中发现唯有豫升即后来的谭富英为可造就之后生，开始给他安排老师，教他练功学艺。给他请的开蒙的老师就是陈秀华先生，乃贾洪林先生的弟子，贾洪林又深得谭鑫培的真传，因此陈秀华所教之戏与谭老一脉相承。所学的第一出戏是《黄金台》。谭鑫培对陈秀华所教之戏是很放心的，但是对这种家庭私塾式的教学方法却不以为然。尤其是英秀堂的谭老请陈秀华当家教，传授谭派艺术，这个面子实在太大了，可称天价广告，使陈秀华立刻身价百倍，重金聘请陈秀华先生的求教者摩肩接踵而来，使陈秀华先生应接不暇，这必然使谭豫升的学业受到很大影响。尽管陈先生在英秀堂上课依然全身心地投入，不敢有丝毫懈怠，却也难免分心。当谭老听说爱孙学习了一出二黄的《黄金台》、一出西皮的《捉放曹》后，就让谭小培找来豫升要看看究竟。

豫升的表现果然不俗，令谭老非常满意。但是这样一棵好苗子就永远学而不演、大门不出、二门不迈吗？如此在家中自由自在地边玩边学，能学得出来吗？他问谭五爷小培，小培一听，知道老爷子有了进一步培育豫升的设想和安排，就问："老爷子，您的意思是……？"

谭老则反问道："不吃苦也能学戏吗？在家里哄着就能出好角吗？哪有如此便宜的事！要进科班，要上台，要见文武场面，更要见观众，见台毯，再有出息的孩子也不能总在家里捧着，惯着是学不出来的。”

谭五爷一听，要儿子坐科，去蹲"七年大狱"，心想：这麻烦大了，家里这一关就过不去。果然，回家跟德氏夫人一说，当妈的立即哭得死去活来，还说，你就是打死我也是不能去。五爷也没有办法，就说，这是老爷子的主意，你跟老爷子去说吧。只要老爷子愿意，我就愿意。这位谭德氏一听五爷端出老爷子，自知理亏，虽然自己出身旗人的官宦家庭，可是她的父亲德珺如也曾是三庆班的当家小生，与大老板程长庚、小生鼻祖徐小香和谭老均共事多年，深谙学艺之门径，不可能让外孙子在家中学戏，自由发展。所以小培的夫人只有一个办法，就是哭，拼着命地哭，直哭得昏天黑地。眼看自己再哭也无济于事，也就只好识大体、顾大局了。

入科不久，谭富英就一边学戏，一边演戏了。

科班学戏自然与在家中不同，那时科班对刚入科的学生都是偏重武戏和昆曲戏以求规范和基础扎实，因为京剧演员不管文戏、武戏，身段的基础都是至关重要的，有了武功基础，尤其是能拉几出《探庄》或《宁武关》一类的武生、武老生的工架戏才行。学生即使唱《二进宫》，站着不动，身段也会好看；演个《武家坡》，拿起马鞭一"扯四门"，也是顺眼的。这也就是为什么有些人唱戏，嗓子好，唱得也好，可是观众一看，就是票友，因为你往舞台上一站，一举手，一投足就会露馅儿。所以在富连成，不管你唱什么行当，每天一早都得拿鼎、下腰、踢腿、劈叉、翻前桥后桥，以及飞脚、旋子，等等，而且是一天不落，持之以恒。练完武功后，有的吊嗓子，有的请先生说戏。唱老生、花脸的学生都得蹬上厚底靴，唱旦角的就得绑上跷，练习台步，一天都不能脱。只能是要出门上戏园子演出了，才脱掉厚底靴，解下跷来。后来谭富英正式主攻文戏了，一些跟头和武功也就练得少了，但是压腿、踢腿、拿鼎、跑圆场还是要坚持练习，一点儿也不能投机取巧的。

更重要的是从谭富英一入科，班主叶春善先生就让他的兄长、昆曲教师叶福海先生，即学生所称"师大爷"，亲自教谭富英学昆腔戏，为的是从嘴里的四声发音吐字和身段上的四功五法给他打好基础。昆曲被称为百戏之祖，已有五百多年的历史，从吐字发音到手眼身法步，都非常讲究规范。给他拍曲并用笛子给他吊嗓子的则是原内廷供奉的昆曲名家曹心泉先生。一开始就学演了三出戏，一是《仙圆》，也就是《邯郸梦吕祖度卢生》的一折。谭富英学的是卢生，唱大嗓，但不戴髯口。二是《弹词》，即《长生殿》中李龟年弹琵琶卖唱的一折。全剧共分九转，但每唱至少七转。在昆曲中，这出戏的难度很大，难就难在九段曲牌音域极宽，演唱时低腔费气，高音吃力，他每演出一次，就要哑三天嗓子。三是《宁武关》，包括"上寿""别母""焚火""乱箭"四折。这出戏身扎大靠头戴侯帽载歌载舞，是非常吃功夫的，也是当时科班的必修课。

爷爷谭鑫培听说孙子学了昆腔戏，非常高兴。他认为富连成坚持用昆腔给学生奠定基础，对学生练习吐字发声的功夫以及身体的协调极为有益，这个路子是走对了。

在学昆曲的同时，他也学了一些武生戏，例如《石秀探庄》、《林冲夜奔》、《蜈蚣岭》的武松，《恶虎村》、《骆马湖》的黄天霸以及《长坂坡》的赵云，等等。不过他第一次登台演的还是老生戏《黄金台》，他是二月入科，闰二月就演出了，是在东珠市口草市精忠庙唱的"行戏"，扮演伊立的花脸是他同科的同学翟富魁。爷爷谭鑫培虽然没有去看他的演出，但是听说他终于将所学的戏演出了，得到了舞台锻炼的机会，自己的设想与愿望得以实现，还是感到非常欣慰的。不久，谭鑫培就因被官府强制带病演出致使病情加重，不幸逝世。谭鑫培力排众议，忍痛坚持让自己疼爱的孙子带艺入科，使其走上了正规的从艺道路，从而使他终身受益，在这一点上，谭富英对爷爷的感激一直到自己年老体衰，卧病不起，仍是念念不忘的。

后来，马连良、高百岁等几位唱老生的师兄毕业后离开了富连成，谭富英的演出就更多了，几乎没有一天不演戏。《群英会·借东风》《南天门》《盗宗卷》《打棍出箱》《桑园寄子》等唱、念、做、舞并重的戏都唱。不但文武昆乱兼修，而且生行、净行、丑行的角色派什么，就演什么。可以说，谭富英入科六年（原定七年，因在家曾跟陈秀华学习一年，遂为六年），除了没有贴片子扮过旦角，连文武小花脸的戏都演过。因此后来演大义务戏或者年底演封箱戏《大八蜡庙》，他总是反串开口跳应工的朱光祖，不但白口脆爽，身段敏捷，每段念白准能赢得满堂彩，就是50多岁了，仍然照演不误，使后学者大为吃惊。诚然，富连成的总教习萧长华先生当时主要还是让他遵循着谭老的戏路，以唱《托兆碰碑》《卖马》《洪羊洞》等文戏为主。有一次竟然从头一天的白天一直唱到第二天的天亮，他一个人就唱了五出戏。《中国京剧》杂志在纪念谭富英诞辰百年专刊的封二页有一张富连成1920年的演出节目单。其中就有谭富英从早场到晚场连续演出《武家坡》《珠帘寨》《捉放曹》等三出大戏的记载，足见科班对舞台实践的重视。有时，则由他父亲接出来，去承应一些重要的堂会戏，以便他在舞台上得到更充分的锻炼。

谭富英在富连成开始主要是跟萧长华先生学戏。萧长华会戏很多，不但能排"总讲"，而且生、旦、净、末、丑全都能教，不愧是中国这个成就最大的京剧科班的总教习。萧长华当年曾拜在老三庆班的卢胜奎名下为螟蛉义子，得到过很多当年三庆班的演出台本，也学到过改编剧本的技法。例如《借东风》的唱词就是他把原来《雍凉关》的唱词借过来加以移植的。例如"望江北呀呃"的拖腔，一听就是《审头刺汤》中汤勤的那句"我那莫老爷呀呃"的唱腔变换而来。当初在富连成科班，凡是唱老生的都会唱，也是谭富英经常演出的剧目。其实，刚刚进入富连成仅仅两个月的谭富英与他同班的花脸学友翟富魁在浙慈会馆的估衣行会上首次联袂登台，正式主演了《黄金台》。竟然引起京城许多报刊的关注，其中有报刊郑重介绍说："谭富英扮相极佳，一做一唱，亦颇有可取之处，看客均赏赞不已，足见富英秉性聪慧。"如此等等，这些记者对一个首次登台的科班学徒如此评价，实属罕见。这无疑也是一个极好的兆头，预示着谭家在舆论界依然得到特别关照。其实，谭富英演出如何，经验丰富的祖父心里早已有数，否则，谭老也不会狠心地把自己最疼爱的孙子送到炼狱一般的科班，还一再表示，坚决不要科班给予任何关照。有人说谭老对隔辈人心狠，其实谭家人都知道，这恰恰说明了谭老对隔辈人心重，对爱孙豫升寄予了厚望。

再说谭小培到底得到过父亲的真传，当年，他每天在父亲房间的隔壁由徐兰沅吊嗓，几乎每天都得到父亲的提示和真传实授，哪怕只是一些微小的地方，父亲都要亲自点拨。现在存世的大量谭小培灌制的唱片就曾使许多对他存有偏见的顾曲者大为惊讶。他那时唱法的讲究和成熟，足以成为当时挑班的头牌老生，他的表演，尤其是武功，也足够精到。有的戏园子陆续与谭五爷洽谈演出事宜，同时上海的几家唱片公司也先后约请谭五爷灌制唱片。当然也有些唱片公司在为谭小培灌制好唱片后，为牟取暴利，而在售卖时竟然署名"谭鑫培"或"小叫天"，因此价格不菲，十分畅销。对此，谭五爷唯恐亵渎先人，谬种流传，强烈要求他们改邪归正。而唱片商尝到了甜头，竟然再三再四地假冒"谭鑫培"或"小叫天"的名义发行唱片。以笔者统计，竟有近二十张（种）赝品唱片问世，在四十年中给谭小培带来不少烦恼，更给谭派艺术的传承带来混乱，许多谭派的爱好者更是公开陈述赝品唱片的危害，尤其是梅兰芳先生在听到广播电台播放以谭鑫培的名义灌制的《黄金台》《空城计》等赝品唱片时，都曾立即给电台打电话，坚决要求电台停止播放，以维护谭老"七张半"唱片特有的信誉。

话说有一天谭小培与余叔岩同时发现了一个问题，原来谭富英扮演《群英会》中的鲁肃一上台，念的上场对是官中的"运筹扶汉室，参赞保东吴"，而不是谭老念的"剑气冲霄汉，文光射斗牛"。谭小培心想，这个戏路子不对呀！眼看富英还有一年就要出科了，这戏路子将来怎么搭班唱戏呢？为此谭五爷找到余三爷，商议谭富英在科班学习的戏路问题。余三爷也很严肃地说："五爷，这个可是大事，这样吧，哪天您把豫升叫回来，咱们哥儿俩听他唱两句，再研究设法给他归着归着或重新下卦吧。"

确实，富连成在教学上有两大特点：

一是严格，奉行"打戏"的传统，动辄就是打通堂。凡是在富连成坐科的学生，除第四科的李盛藻外，几乎没有不挨打的。就是叶春善自己的儿子盛章、盛兰、世长也都一样挨打，甚至还要重罚。谭富英是伶界大王谭鑫培的孙子，而谭鑫培与班主叶春善的父亲叶中定曾经同堂学艺，为叶春善的长辈，应该说对谭富英还是格外关照的，尤其是入科的第一年，富连成总教习萧长华先生特意让谭富英住在自己的房间里加以呵护。后来还是谭富英自己感觉这样被照顾不太合适，也不符合祖父的本意，主动搬出了萧老的房间，与同学们同吃同住同练功。到后来，谭富英的儿子谭元寿在富连成坐科，多次被打得遍体鳞伤，回家换衣服时，保姆看到衣服连着肉，血肉模糊，心疼得直哭。那时谭元寿的亲生母亲已经病逝，继母是著名小生姜妙香的女儿姜志昭，受其父"姜圣人"的影响，对原配宋氏的三个儿子总是格外关照，每到科班探视的时候她就派人送去谭元寿兄弟等最喜欢的饭菜，谭元寿舍不得吃，就把同样少年丧母的师哥白元鸣找来，躲到后院一同享受。那天，当继母姜氏看到回家换衣服的谭元寿被打得遍体鳞伤，忍不住哭着跟谭元寿的父亲说："先生您快看，他们把大少爷打得太狠了，你得跟科班的先生说说呀……"尽管姜氏说得很伤心，声泪俱下，他的父亲谭富英却说："这叫挨打吗？告诉他，如果这叫挨打，那么他挨的打，还没有我挨打的一半儿呢。"足见富连成的"打戏"原则上是不认亲戚的，好像不打就对不起学生似的。不过，据说谭富英其实看到儿子被打成那个样子，当时心里也忍受不了，背地里也曾拿着菜刀要去找叶家拼命，并愤怒地说，还是亲戚呢，怎么能下如此毒手？走到大门口，就被他师弟王琴生撞上，夺过菜刀，推回房间，耐心相劝才算息事宁人。这可是王琴生先生亲口对笔者说的。

富连成的第二个特点就是演出多，舞台实践多。学生每天都离不开台毯，不要说学戏，就是看戏、熏戏，也都能会了。由于学生整天泡在戏园子里，一演就是连续十几出折子戏，舞台经验都非常丰富，临场应变，逢场作戏，临时补台，都能应付自如。例如当年李盛藻主演《珠帘寨》，下一科的架子花脸袁世海总想为盛藻师哥配演这出戏的周德威，红靠、红脸谱，一演准红。所以他一看扮演周德威的演员缺席，就认为自己的机会来了，立即化装，准备上场。而后台主事的先生认为他不行，就是不让他上台，结果一连扮演了九次周德威，才终于获得了一次被批准上台的机会。由于准备充分，他终于更上一层楼，一跃而成为傍角的大花脸，所以他后来总是感谢富连成演出机会多，舞台实践多，使他获得了较多的舞台角逐的机会，更感谢盛藻师兄对他的提携。当然，这也是谭老当年特别看重富连成的主要原因。

但是富连成也有一个严重的不足，就是所教的戏不通大路。所教之戏都是科班化的，如果不改，到剧团搭班就非常困难。尤其是富连成的唱，大多是所谓的"童腔"，唱出来是孩子味，很贫气，也不合潮流。有人给这种科班腔起名字叫"三环套月腔"，一环套一环，小孩唱起来还能凑合听，大人一唱就难听了。更不可思议的是，富连成不但教出的戏不通大路，而且还特别保守，最显著的一条，就是不许学生观看大班的演出。如果模仿大班名角的戏路，惩罚更为严格。据说直到后来李盛藻先生入科，这种情况才有所改善。李先生身体瘦弱，但学习成绩却出类拔萃，尤受观众欢迎，特别能给富连成赚钱，所以班主叶春善说谁要把李盛藻打坏了，谁就把演出的损失给补回来，以至李盛藻成为旧科班中唯一没有挨过打的学员。李盛藻的舅舅是前四大须生之一的高庆奎，李盛藻经常请假去华乐戏院看舅舅高庆奎的戏，当时同科的刘盛莲、裘盛戎等也爱看戏，却常常因为偷着看戏违反班规而挨打。后来商定由李盛藻点名带领刘、裘、袁等同学去看戏，也就没有人再敢责罚他们了，并且回来后还可以自己排演所观摩的戏，自排自演，自挑配演，最后再请高庆奎先生到科班亲自指导排演，票房收入也很高，这才打破了富连成多年来闭关自锁的班规，使学员开阔了眼界。如后来叶盛章拜师丑角大王王长林，叶盛兰从茹富兰那里学了不少重头武小生戏。叶世长（后改盛长）则在笔者亲自筹办的纪念李盛藻逝世一周年的大会上激动地回忆起"盛藻师兄"多次为他所学剧目重新下卦的难忘经历。那天的追思会因为是笔者筹备并策划的，鉴于当时经济困难，没有午餐，我怕大家饿肚子，就让叶五爷少说几句，结果叶五爷跟我大发脾气说："今天终于有机会让我说说盛藻师哥当年栽培我的苦心了，你要不让我说，我马上就躺在地上吐白沫子，让你们知道我对盛藻师哥的感恩之心。"结果，同门师兄弟都请叶五爷畅所欲言，反让我当时无法下台。

时光荏苒，还有一年就要毕业的时候，谭富英在家中吊嗓子，被父亲谭小培听到。因为唱的都是科班的官中腔，越听越不对，就说："豫升啊，咱们讲究家里造车，外面合辙，你这么唱可不行，到哪个班社也合不上辙，搭不上班。你也快出科了，咱们得重新下卦了。从今天开始我得把你在科班学过的戏，按你爷爷的路子，或者按现在大班的演出路子重新给你捋一遍了。"那年是1922年，谭富英16岁，也正是倒仓的时候，谭五爷就开始给他归工归路，正式继承起谭派艺术了。当然在这方面余叔岩先生也果不食言，尽心竭力地帮助他从戏路子上、演唱规则上纳入谭派的艺术轨道。事实上他在科班学到的许多戏，后来也都经过了余三爷和谭五爷的加工与规范。

富连成教学还有一个特点，就是不教全。谭富英学《四郎探母》，只学到"见母""哭堂"，而不带"回令"，后来还是余叔岩先生亲自给他说的"回令"，否则就无法搭班演出。他跪着走的那两个屁股坐子，要求又高又整，技巧难度很大，都是余三爷亲自给他说的"范儿"，一次一次地给他示范、纠正，后来每次演出都赢得满堂彩。经过谭小培和余叔岩对他一年多的回炉再造，才使他具备了出科后搭大班、唱大戏的条件，并逐渐成为"谭门本派"的正式接班人。

十四　初出茅庐

　　1923年3月28日，谭富英在富连成毕业，科班专门为他举行了毕业演出。地点是前门外肉市的广和楼，演出剧目和他入科演出的第一出戏一样，还是《黄金台》，所不同的是"搜府"后又加演了"盘关"。当然，艺术的讲究和成熟，已经与他入科时的演出不可同日而语了。

　　按科班的规矩，毕业一两个月后才能领到戏份，可是那天他的毕业演出刚刚完戏，就给他发了戏份。显然是希望他能在科班多唱几年戏。然而第二天，谭五爷就把他领走了，并把他带到余三爷的家里，开始了他的归工归路、搭班唱戏的谭派老生演员之路。

　　谭富英出科后第一次正式搭班演出是在王蕙芳挑班的班社。王蕙芳是梅兰芳姑姑的儿子，工旦角，曾与梅兰芳在舞台上并驾齐驱，还有"兰蕙齐芳"的美誉。不过当时在这个班社挂头牌的是五大名伶之一的徐碧云。老生是贯大元，因为贯大元的妻子是徐碧云的姐姐，二人为郎舅，能唱对儿戏。那时谭富英与徐碧云还没有对儿戏，只能在徐的前面演出《捉放曹》《南阳关》等老生戏，遂开始了谭富英搭班唱戏的艺术生涯，时间是1923年3月18日，地点在西珠市口万明路与香厂路交会处的新民戏院，此为谭富英出科以后第一次搭班演出。

演出了一个来月后，谭小培感到这么演戏对谭富英没有什么益处，就带着儿子到上海去了。

谭小培之所以提出辞班后带着儿子到上海去搭班演出，还有一个原因，那就是上海亦舞台的老板和百代唱片公司、大中华唱片公司的老板，早在谭富英没有出科的时候就已经知道谭鑫培老前辈的孙子谭富英是一颗不同凡响的艺术明珠。毕业演出那天，上海亦舞台的老板特意派遣"星探"前往观看了谭富英演出的《黄金台》，并找谭五爷商议，以3500大洋的包银并管吃、管住、管接、管送的"四管"待遇，邀请谭富英到上海演出了一个周期。百代和大中华唱片公司也派人与谭小培商洽邀请谭富英灌制唱片一事，说是"首次特烦年仅16岁（虚岁17岁）的童星"灌制唱片，创造灌制唱片史上的一个奇迹。谭五爷一听特别高兴，心里想，他的儿子一出科就能挂头牌，就能有唱片传世，与社会上挑班名角同等待遇，平起平坐了，这可是天赐良机，当然不能错过这个机会。可是刚出科就挂头牌，灌制唱片，五爷又感到有些仓促、欠妥，所以在谭富英毕业后首先搭王蕙芳的戏班演出了一个多月，才带着儿子与名旦诸茹香等一起奔了上海滩。

想当年，谭鑫培六赴上海滩演出，谭小培与杨小楼、尚小云再加上白牡丹即所谓"三小一白下江南"，连续演出四个月，谭家的姑爷王又宸在当时几乎每天于上海滩上演谭派戏和《诸葛亮招亲》《诸葛亮得子返里》等大量海派戏，也都在上海给谭家留下了"红底子"，观众基础非常雄厚。许多京朝派的老生，例如余叔岩、高庆奎、言菊朋、马连良、奚啸伯等到上海演出，必然打出"正宗谭派""纯正谭派""谭派真传"的旗号。所以当谭富英亮出"谭门本派"的牌子，自然更具号召力。在上海三马路的亦舞台一亮相，演出的打炮戏又是谭门本派的看家大戏《一战成功》即《定军山》，果然一炮而红。在一个月的时间里，根据"三四三"的合同，演出了三十个晚场，四个星期日又加演了四个日场，最后临别再给老板纯义务演出三个晚场，作为答谢。一共演出了三十六场戏，场场满堂，反响热烈。后来根据剧院要求，又加演了一个月。

出科后第一次到上海演出，就能赢得如此盛况，对谭富英本人来说，当然是信心倍增，他的父亲更乐得合不上嘴了。

演出两个月后，正赶上上海各剧场"歇伏"，他们父子就到南通去演出了半个月，然后又到苏、杭等地旅游一番，等到立秋，才回到上海，到百代唱片公司和大中华唱片公司灌制了《定军山》《南阳关》《战樊城》等第一批黑胶木唱片，共16面。如此年纪灌制如此数量的京剧唱片，不但是空前的，戏曲界直到今天也没有第二份。据京剧唱片收藏家吴小如先生说，当初谭富英灌制的唱片特别受欢迎，尤其是谭富英与王连浦联合灌制的《黄金台》和《法门寺》，其中的对白一时脍炙人口，风靡上海滩。接着，他又在亦舞台与荀慧生合作演出了一个月，有时荀慧生与谭富英合演《法门寺》《南天门》等戏，有时荀演大轴荀派本戏，谭富英则唱压轴戏《战太平》《打棍出箱》等。有时他也与荀先生编演一些新戏，例如《董其昌三戏杨云友》就是他们合作的热门戏，在1927年《顺天时报》评选五大名伶的名剧时，荀慧生就把这出戏改名《丹青引》参加比赛而获得巨大成功。当时的荀慧生在上海滩可谓炙手可热，从1919年他与"三小"初次到上海演出取得轰动效应以来，上海各剧院的老板就如同车轮大战一样分别拉住他演出，一连五年被"困"在上海，几乎无法回京。谭富英与白牡丹两位"上海红角儿"合作以来也是相得益彰，一个月下来，演出非常圆满，荀慧生也非常满意。后来他们在京、津、沪各剧院又多次合作，都是谭富英的二牌老生，麒麟童（即周信芳）的三牌老生，这为以后谭富英与梅兰芳、程砚秋、荀慧生、尚小云、筱翠花、王幼卿六大名旦，雪艳琴、胡碧兰、章遏云、新艳秋四大坤旦和后起之秀张君秋、顾正秋、侯玉兰等长期合作，奠定下坚实基础。

不过当时的谭富英到底年轻，演完了戏，跟着父亲逛南京路，父亲问他要买些什么，他一不买吃，二不买穿，一头扎进儿童玩具商店，买回了各种各样的玩具，如小汽车、小手枪等。是呀，自幼坐科学艺，失去了童年快乐的京剧艺人怎么能见过这些现代的儿童玩具呢？一旦见到这些玩具又怎么能不稀奇呢？许多人当时都笑他像个大孩子样，其实一个经过"六年大狱"的青年人竟然对儿童玩具产生如此深厚兴趣，表现出与年龄很不相宜的童趣，该多么让人心酸啊！

尽管上海滩的舆论界一致认为谭富英一出科就能挂头牌，观众又极为热烈捧场，完全可以自己挑班唱戏了，许多经励科的管事也都找谭五爷商议为谭富英独自挑班等事宜，可是谭小培头脑却非常清醒。他知道，光靠"谭门本派"的招牌，不能掩盖儿子刚出科的稚嫩，拉红票更不是长久之计，必须具备实实在在的艺术资本垫底，才能赢得实实在在的观众群，保持票房的稳定。曾几何时，有多少演员挑班失败，就连谭鑫培也是从多次失败中闯过来的。所以谭五爷前思后想，坚持稳扎稳打的搭班唱戏路线，而绝不肯贸然让儿子独自挑班。

谭小培带着谭富英从上海回到北京后，爷儿俩要做的第一件事情，就是直奔椿树头条的范秀轩，敦请余叔岩先生正式收谭富英为徒，并择日举办拜师大礼。

当谭五爷说明来意，余三爷连忙摆手，推托着说："五哥，您这可是真的难为我了。我心里明白，跟老师学戏，我再认真，也不能跟您这个近水楼台相比，所以我现在有不明白的，仍然随时跟您请教，您也从不推诿，因为这很正常，怎么说，您也比我学得多、见得多，知道得多，我找您求教，我感觉理直气壮，一点儿也不寒碜。可我跟您还没有学好，又怎么能收您的儿子为徒呢？"

谭五爷一摆手，说："三弟，你有不明白的问我，这很正常，你拜师还是我牵的线呢。但是今天你是好角儿，我自己几斤几两我还是知道的。今天我儿子豫升要唱戏，我可以教，绝不麻烦你，但是豫升要挂头牌，成好角儿，这我可教不了，那就非您不可了。您要不答应，豫升今后也就不可能成为好角儿，也就是说您要是不愿意豫升成为好角儿，我就不说什么了。"

余三爷听谭五爷把话说到这个份儿上，才发现这位五爷真是注重实际的明白人。表面上，他与谭五爷在当时的舞台上都是谭鑫培亲传的后人，都唱一样的谭派戏，一个是儿子，一个是弟子，在名义上，已经没有差别，甚至谭五爷比他还年长七岁，而谭五爷不仅能做到知己知彼，把他们之间的差距看得清清楚楚，还能放下师哥的面子，带着儿子从上海演出回来的第二天就到椿树胡同头条的范秀轩来拜师，态度之恳切，余三爷深深为之感动。便说："五哥的真情实意我心领了，我一切照办，但是咱们一家人就不要再说两家话，拜师宴就免了吧？"

"行了，我这九十九拜都拜过了，不差这一哆嗦了吧？"谭小培毫不让步，为培养儿子那真是一丝不苟。用北京人的话说，那就是"真较真儿呀！"后来，笔者听谭小培的徒弟王琴生说，当年富英师兄跟余叔岩先生学戏时，余先生也经常到大外廊营去，大多是王琴生与谭富英一起在烟榻旁边伺候余三爷与谭五爷，听他们回忆谭老当年演出时的点点滴滴。经常听到谭五爷与余三爷为某一腔、某一字或者某一动作而争吵得面红耳赤，对此，谭富英与王琴生总是一边伺候二位前辈，一边甘做旁听生，一声不吭，净"捋叶子"了且收获到"真经"。

当然，谭富英还是按时到范秀轩向余叔岩先生学戏，同时把他在富连成学习的几乎所有剧目都按谭、余派的戏路重新下卦了。对此，谭小培、谭富英父子都对余三爷感激不尽。戏班的同行更对谭五爷如此敬重师弟的胸怀由衷敬佩。

再说谭氏父子从上海回到北京，徐碧云正好独自挑班云兴社，谭富英就在徐碧云的班社开始挂二牌了。徐碧云是著名琴师徐兰沅的四弟，亦是斌庆社的徒弟，先唱武旦，后改青衣，并拜梅兰芳为师，是文武全才的旦角演员，戏路非常宽泛。有些戏，当时的四大名旦都不敢演。例如《绿珠坠楼》这出戏，最后一场"坠"楼，要从三张桌子上往下翻吊毛，后背着地，极见功夫，也非常冒险。武戏，他可以踩着跷打出手，又能演出武小生应工的《八大锤》，文小生的吹腔戏《奇双会》等等。如果演出《绿珠坠楼》，谭富英扮演石崇，萧长华的孙秀，尚和玉的赵王司马伦，徐斌寿的潘安。演《八大锤》时，徐碧云的陆文龙，谭富英的王佐，钱金福的金兀术。如果不演出对儿戏，谭富英就在徐碧云的前面演出压轴戏，或与王长林演出《奇冤报》《天雷报》，或与郝寿臣合演《捉放曹》《阳平关》，或与钱金福、王长林合演《定军山》《问樵闹府》等戏。由于王长林、郝寿臣、钱金福等人都曾经受益于谭鑫培前辈，所以他们陪谭富英演出都带有报恩与奖掖之意和提携之情，加上谭富英的嗓音、扮相、韵味、戏码都极为过硬，而徐碧云又能前演青衣戏《宇宙锋》后演武小生戏《八大锤》双出，或者前演《穆柯寨》后演《汾河湾》双出，具备了与四大名旦分庭抗礼的实力，云兴社这两位20岁左右的后起之秀在北京华乐园可谓名重一时，炙手可热。当时，谭富英每场演出，满份儿为50块大洋，另外加25块大洋的脑门钱，专为开销鼓师、琴师、跟包和管事等人的小份儿，待遇还是很可观的。

不久，由于徐碧云遭到官司而无法演出，谭富英又与尚小云、荀慧生分别短期合作了一段时间。不久，徐碧云官司了结，前门外大栅栏有名的瑞蚨祥绸缎庄老板孟觐侯因喜爱徐碧云的艺术，为了捧他，不但亲自为他重组云兴社，还为他重新翻建了煤市街的中和园。这个在今天看来不大起眼的戏园子，可是当年谭鑫培大红大紫的地方，也是四大名旦等许多名角的发祥之地，所以重新组班的云兴社在修葺一新的中和园一亮相，就受到京城老戏迷特别关注。加上瑞蚨祥的幕后支持，经济力量雄厚，灯光布景新颖，班社的阵容整齐，老生就有谭富英和他们谭家的姑父王又宸、富连成科班教师雷喜福三位，花脸是沈福山和郝寿臣，小花脸是萧长华，小生是姜妙香和徐斌寿，武生是尚和玉、武旦是朱桂芳，阵容非常可观。由于云兴社的后台是瑞蚨祥绸缎庄的老板孟觐侯，所以当时该班的演员都说："我们搭的是瑞蚨祥的班。"

在云兴社，谭富英与徐碧云也合作排演了不少新戏。除与四大名旦分庭抗礼而红极一时的《绿珠坠楼》外，还排演了《虞小翠》、《薛琼英》、后部《玉堂春》等。有一出《骊珠梦》，就是全本《游龙戏凤》，在当时具有很高的叫座能力。另外一出大受欢迎的戏就是根据《今古奇观》"崔俊臣巧合芙蓉屏"改编的新戏《芙蓉屏》。这出戏由谭富英扮演退隐归林的高纳麟，徐碧云扮演崔夫人，姜妙香扮演崔俊臣。还有一出《挡幽》，本是传统老戏，说的是"烽火戏诸侯"的故事。经过重新整理，增头益尾，也很受欢迎。由萧长华扮演幽王，徐碧云扮演褒姒，谭富英扮演申侯，姜妙香扮演太子。鉴于云兴社老戏阵容整齐，新戏场面亮丽，还能在戏中增加一些灯光布景等噱头，例如在《骊珠梦》中就有黄凤冢变色的灯光效果；在《坠楼》中还有珊瑚树等道具用在比富的场面。这在当时都是极为新鲜的事情，足以招揽观众。此外，徐碧云也排演了一些应节戏，例如八月十五中秋节就排演《天香庆节》，由郝寿臣扮演金乌，徐碧云扮演玉兔。由于经济实力比较强，云兴社排演的新戏在当时还是比较多的，在京、津、沪、汉都受到广泛的欢迎。

然而，不管阵容多么整齐，布景多么花哨，看戏看角儿，观众还是冲着徐碧云来的。1925年，谭富英跟着徐碧云到上海演出，在新开张的大新舞台也就是后来的天蟾舞台演出。就在他们到上海演出第三天，挑班的徐碧云嗓子突然一字不出，哑了。演出立即受到严重的影响。谭富英只好配合当地的演员继续演出了一段时间，赚够了来回的车费，就回到了北京，而徐碧云的云兴社也就从此报散了。

不久，谭富英开始搭尚小云的重庆社，与尚小云先生合作了一年多。接着又到天津的张园游艺场与胡碧兰合作了一段时间。胡碧兰在那个时候与雪艳琴、琴雪芳、金少梅并称"四大坤伶"，已是很红的演员，在天津尤其有人缘。所以一开始是谁的戏重，谁在后头唱，半个月后，谭富英让胡碧兰唱大轴子，自己在前面垫戏。三天后，胡碧兰不愿意在后面唱，总感觉自己压不住台。但是谭小培认为自己的儿子还不到完全唱大轴子的火候，也就停止了合作，回到了北京，继续着搭班唱戏的经历。

1928年谭富英继续搭班于梅兰芳剧团赴广州、香港演出了50余场，后又参加了万子和发起的班社，即朱琴心为头牌旦角，谭富英为挂二牌的老生，郝寿臣是三牌花脸，在北京鲜鱼口内华乐戏园演出了一两个月。这是一个在京城颇为令人注目的戏班，不过不是因为水平有多高，而是因为这位头牌旦角朱琴心颇有些来历，所以杨小楼、谭富英、马连良等都不得不参加他的班社，不得不捧着他唱戏。这个班社还排演了一出新戏《陈圆圆》，杨小楼、马连良、谭富英都给他演过吴三桂，郝寿臣还给他演过多尔衮，凡是看过戏的都说，这出戏的配角真是太好了。

1930年左右，谭富英从朱琴心的戏班退出来就到上海与"四大坤伶"中另一位与他同龄的名角雪艳琴在天蟾舞台合作了一个月。演出时，上海古代公司经理郑笺三见二人扮相端庄标致，嗓音甜美，韵味醇厚，技艺尤其全面，年龄相仿，遂约请谭富英与雪艳琴联合摄制了他们的第一部京剧电影，也是中国历史上第一部有声京剧电影《四郎探母》，而且还出现了骑上真马表演杨四郎过关的情景。这次电影的报酬是7000块大洋，可谓名利双收。关于杨四郎骑真马出关一节，当时很新鲜、很好玩，也很轰动，但是却破坏了京剧艺术的写意与虚拟的表演特征和无声不歌、无动不舞的基本法则，甚至影响到今天京剧之表演依然存在以花哨的噱头招揽观众的倾向，使写实布景与写意表演相混淆，违背了京剧是表演里面出布景，而话剧才是布景里面出表演的基本法则与起码的常识。

由沪返京后不久，谭富英到天津中原公司六楼大剧场开始了自己挑班的实验。一开始起用的旦角是关丽卿，艺名黑牡丹，后来又换了四大坤旦之一的胡碧兰。这位胡小姐当时正被居住天津的清朝皇族后裔的遗老遗少捧得发紫，位居当年天津四大坤伶之首。但是能够与谭富英再次合作她却非常愉快，她喜欢谭富英的艺术，更喜欢谭富英的忠厚老成，所以事事都顺着谭富英，谭富英也总是捧着她唱。他们一起唱了两三个月，还排演了《封神榜》《花灯会》两出新戏，在第一本《封神榜》中，谭富英扮演梅伯，胡碧兰扮演妲己；在第二本中，谭富英扮演商容丞相，抬着棺材上殿死谏，最后撞死在金殿，完全是伍建章骂杨广的路子。金少臣的父亲金寿臣扮演纣王并兼全剧的排练，事实上将的是上海周信芳的叶子。《花灯会》演的是柳金蝉的故事，但是只演到柳金蝉被害为止，不带铡判官，也不上包公。是正月十五的应节戏，胡碧兰扮演柳金蝉，谭富英扮演柳员外，属于二号人物。胡碧兰唱《玉堂春》，谭富英还配演过蓝袍刘秉义，都是为了捧胡碧兰。经过一段时间的合作，他们的感情越来越好，胡碧兰很想嫁给谭富英，谭富英的原配夫人因病逝世，也有意娶她。但是他的父亲谭小培却坚决不同意，因为英秀堂有家规，"男要接班，女不从艺"，使这一桩美好姻缘只能中途搁浅了。

紧接着，尚小云到天津中原公司演出，也拉着谭富英一起唱了一个短期，然后一起回北京。就在回北京的火车上，尚先生对谭五爷说："富英跟我唱的调门差不多，唱着都挺舒服，这次合作的时间太短了，回北京后我们长期合作一段吧。"谭五爷一听，与自己的想法不谋而合，便一口答应。从此谭富英正式搭入尚小云的重庆社，开始了他们将近两年的合作。

1934年，程砚秋从欧洲考察归来，又约请谭富英到上海天蟾舞台演出了20多天，小生是俞振飞，花脸是当时黄金大戏院的底包演员金少山。当时的谭富英就已经具备了相当的号召力，所以程砚秋离开上海后，谭富英又被尚小云留在上海，在三星舞台即现在重张的中国大戏院演出了一个月。接着又与梅兰芳在上海黄金影剧院唱了三期，演出后，根据剧院的要求又单演两天，剧目是《四郎探母》和《汾河湾》，由于主要观众都是外国人，因此演出广告刊登在外文报纸上，票价很高，也不卖给中国人，居然也很有观众。据说那次演出《汾河湾》有英文翻译，而剧目广告写的却是《一只鞋的问题》。

一年之中，谭富英在上海就先后与四大名旦中的程砚秋、尚小云、梅兰芳三位合作，而在此前后与荀慧生的合作应该是最多的，这就说明谭富英已经不再是依附于四大名旦的挎刀演员，而是与四大名旦相得益彰、势均力敌的好角了。最有力的证明是，谭富英不但与四大名旦演出对儿戏可以功力悉敌，而且他在四大名旦前面单独演出《托兆碰碑》《鱼肠剑》等老生戏，观众也是满坑满谷，这不说明他已经具备相当的号召力了吗？为此，许多热心于谭派艺术的人都劝谭小培让谭富英自己尽早挑班唱戏。谭五爷则总是笑呵呵地说："不行，不行，差得远哪。"

　　第二年，谭富英回到北京演出了几场义务戏后，一过春节就跟着梅兰芳先生一起到汉口的汉记大舞台（后改为人民剧院，今改为武汉大舞台）演出了半个月，又到武汉的新市场演出了十来天。由于梅兰芳特别赞赏谭富英的艺术与为人，就与二牌老生谭富英联袂在大轴戏演出对儿戏《红鬃烈马》或《四郎探母》。一般观众都是要等到梅兰芳的大轴戏上场时才进剧场。这次虽然广告依然说明是"梅兰芳率团赴汉口演出"，但是专程要看谭富英与谭派戏的观众尤为踊跃，相当一部分观众都是很早就到剧场等候谭富英主演的压轴戏了。观众欢迎谭富英的热情一点儿也不亚于梅兰芳，同时，要求谭富英自己挑班的呼声也更高了。为此梅兰芳郑重地对谭小培说："五叔，我看咱们豫升兄弟这台底下的人缘真不错，自己完全可以独当一面了，您怎么还不放心呀？"谭五爷一听，知道梅兰芳这话是非常真诚的，连忙拱手致谢："你抬爱，别人的意见我不管，你的意见我一定认真考虑，肯定照办。也谢谢你对豫升的关爱。"因为谭小培也发现自己的儿子在梅兰芳前面演出如《奇冤报》《问樵闹府·打棍出箱》《空城计》等老生戏时，台下的观众确实已是满满当当，可知谭富英本身也已经具备了显著的号召力，独自组班已经是水到渠成之势，谭五爷心中自然暗暗高兴。

从武汉回到北京，就在谭富英与筱翠花于北京和天津合作演出期间，谭五爷就开始悄悄地着手为儿子筹备正式组班的事宜了。

十五 正式挑班

1935年下半年，谭小培看到曾经与梅兰芳、荀慧生、程砚秋、尚小云、筱翠花、徐碧云六大名旦，雪艳琴、胡碧兰、碧云霞、新艳秋四大坤伶合作了近12个年头的儿子豫升已经在京、津、沪、汉、济各地以及东北三省均享有了越来越高的信誉，拥有越来越多的观众，足以独自挑班并长期稳定地维持相当的票房收入了，心中暗自高兴。古语说：三十而立，这一年谭富英二十九周岁，虚岁正好三十。谭五爷想，当年组班，第二年在社会上站稳脚跟，他也就完成了自己为谭家承上启下的任务。为此，他找到北京梨园行经励科中的能人陈椿龄先生，开始正式商议为儿子组班的事宜。经过一番磋商，由陈椿龄担任社长，负责约角组班、经济运作、联系剧场等。由于陈椿龄原来所管班社名为"扶椿"，在社会局登过记，所以启用旧名，避免了重新登记的烦琐手续，而谭富英乳名为"椿儿"，因此谭五爷认为为爱子组班取名"扶椿社"也很说明他对英秀堂、对儿子富英的苦心经营。二牌旦角为王凤卿之子王幼卿，三牌武生为周瑞安，铜锤花脸为王泉奎，架子花脸是马连昆，二路老生为宋继亭、哈宝山，丑角是慈瑞泉、慈少泉父子，二旦是计艳芬。明眼人一看，就知道这是余叔岩当年的班底。

根据当时的行情、班社的经济状况，谭富英每演出一场的满份儿是100块大洋，他的全堂场面以及两个跟包的，一个箱头上的师傅，一个检场，都算在他的脑门钱中，共计30块大洋。成班后，谭富英的扶椿社先后在北京的吉祥、丹桂、华乐、开明、哈尔飞、广德、三庆、中和、长安、新新等各大戏园陆续亮相。正如谭五爷所预料，票房收入稳定，观众热情高涨，表演日趋娴熟，完全符合谭五爷预期。在北京各戏园子演出了一个周期后，又以"谭富英京剧团"的名义陆续到天津、汉口、上海等地演出。当然演出的班底也在不断地磨合、调整、变化中，仅旦角就先后更换了程玉菁、坤翠花、新艳秋、章遏云、陈丽芳、张君秋、梁小鸾等。不过，组班前是与别人合作，或者借助他人的力量，现在则是别人借助自己的力量或平等合作，并力求财。尤其是张君秋刚刚出道搭班，只有十七岁，二人一直叔侄相称，他有什么事情都由其母、著名河北梆子演员张秀琴出面听取谭富英的意见，而谭富英对他们孤儿寡母同情、提携、保护。在上海合作演出后，谭富英要回北京，张君秋专程送谭富英上火车，竟然依依不舍地拉着谭富英的手哭了起来，说："大叔，您可不能把我扔下就不管了呀！"谭大叔则对张君秋又安慰，又鼓励，并要张君秋放心，今后遇到困难只管来找他，肯定义不容辞。足见谭富英当年在梨园界已经以其丰富的阅历和雄厚的艺术资本、慈厚的为人之道，成为了一位德高望重的仁厚长者。

按戏曲艺术人员的发展规律来说，谭富英从搭班唱戏到独自挑班唱戏，就已经是一位唱出来的"名角儿"了。1941年，扶椿社的社长陈椿龄因病辞职，谭五爷遂延请北京三义永盔头社的老板韩佩亭担任社长，请乔玉琳担任大管事。同时启用当年谭鑫培班社的名字"同庆社"为谭富英班社正式命名，从此英秀堂老号重张，外出时就学习梅兰芳的方式使用"谭富英剧团"的名义。这就意味着谭富英全面承袭了祖父谭鑫培的艺术衣钵，使"谭"字大旗终于东山再起，重振雄风了。从谭富英演出的剧目和观众的上座情况来看，艺术上已无可厚非，业务上也收入稳定。如果说谭富英领衔的同庆社红遍了京、津、沪、汉、港，是毫不为过的。就以他1943年的4月至7月间在上海更新舞台将近两个半月的演出为例，至今保留有上海新闻界特为配合这次演出出版发行的彩色版画册《谭富英专刊》和全部演出的日程记录以及大量评论文章，足以说明谭富英剧团当年在上海的演出盛况。

这次上海更新之行，谭富英领衔的同庆社从1943年4月16日开始到7月1日止，除6月17日起因谭富英发高烧停演了四天外，每星期日还要加演日场，共与梁小鸾、杨盛春、姜妙香、宋继亭、王泉奎、哈宝山、孙盛武、刘砚亭等演出了《四郎探母》《失空斩》《法门寺》《奇冤报》《大探二》《定军山》《晋楚交兵》《连营寨》《托兆碰碑》《群英会·借东风》《打渔杀家》《问樵闹府·打棍出箱》《朱痕记》《战太平》《南阳关》《击鼓骂曹》《御碑亭》《红鬃烈马》《卖马》《汾河湾》《鼎盛春秋》《珠帘寨》《洪羊洞》《断臂说书》《捉放曹》《阳平关》《大八蜡庙》等三十余出谭派经典剧目。有时谭富英、梁小鸾前演《游龙戏凤》后演《打渔杀家》，或谭前演《黄金台》后演《南阳关》。演出阵容也是非常整齐的，如头牌青衣梁小鸾，除与谭富英演出对儿戏外，还与哈宝山、李世琦合演了《贺后骂殿》《武昭关》，或者与姜妙香合演《玉堂春》《虹霓关》《得意缘》。三牌武生杨盛春则与阎世善、韩盛信、殷金振主演了《挑华车》《青石山》《战宛城》《战滁州》《铁笼山》《英雄义》等武戏，林秋雯、哈宝山、何盛清主演了《胭脂虎》，王泉奎、哈宝山主演了《下河东》，等等。而刚刚出科的谭世英（富英堂弟），则为梁小鸾配演《宇宙锋》中的赵高，或在《大探二》中扮演李良，使之得到充分锻炼，很快便在剧团得到发展。

如此演出阵容，细心的观众一看都会明白这几乎就是一个家族戏班。如谭富英的岳父姜妙香、妹夫杨盛春都是剧团的主力。后来戏班传说有"谭家的老丈人管女婿叫大爷"，就说的是《四郎探母》中岳父姜妙香扮演的杨宗保，在见女婿谭富英扮演的杨四郎时要口称"四伯父"，必引得台下观众笑声连连，窃窃私语。

演出期间，上海有新闻报道称："自本月二日谭富英老板登台以来，更新舞台无日不告客满，订座尤拥挤。票价虽高至四元五角，观众仍争先恐后。"如此演出盛况，可知谭富英挑班之成功，谭五爷运筹帷幄之精明。

不过，当谭富英这次赴上海演出即将圆满成功之际，突然传来一个大家意想不到的消息，说上海天蟾舞台有人与谭小培、谭富英父子唱上对台戏啦。更新舞台唱《群英会·借东风》，天蟾舞台也唱《群英会·借东风》；更新舞台刚贴出《战樊城》，天蟾舞台那边也唱起了《战樊城》。令谭小培与谭富英父子怎么也没有想到的是，在天蟾舞台与他们唱对台的不是外人，正是谭小培之孙、谭富英之长子谭元寿。他是随富连成科班赴上海在天蟾舞台实习演出。这可真是大水冲了龙王庙，一家人不认一家人了。谭门三代对台上海滩，这使小培与富英均不禁大喜过望，急忙请他们家的亲戚李世琦先生，也就是谭家老大谭嘉善家的外孙、裘盛戎先生的小舅子亲往天蟾舞台为谭元寿请假，说是要接他过来，好好犒劳一下谭家的又一辈新人"小百岁"。

"同庆社"的名字从1941年起，一直使用到1949年。1944年因韩佩亭社长病故，谭五爷又延请华乐戏园经理万子和担任社长。

新中国成立后，一直要与谭富英一争高下，并提出"兴裘灭谭"口号的"戎社"班主、年轻好胜的铜锤花脸裘盛戎，因为看到自己的上座率很不稳定，始知花脸一行能够叫座的重头戏实在有限，唱《遇后·龙袍》没有旗鼓相当的老旦不行，唱《断密涧》没有一位势均力敌的老生更难以开锣。当时是旦角，特别是坤角崛起风靡天下，而花脸又很少有与旦角的合作剧目，因此无法与生、旦争天下。曾在上海闯荡江湖多年的裘盛戎，眼看他的老师金少山虽然连上海"三大亨"都极力捧他，却少有与老生合作的剧目可演。北上以后，他虽一时周旋于京、津两地，但是当他在各戏园子转了一圈以后依然无戏可演，才知花脸一行难撑天下。这时他想到谭富英先生为人厚道，自己如与谭先生合作，在唱腔调门上可以不分高下，在戏路上又都是京朝本派，可以各得其所。再说，谭富英先生本是自己妻子的堂舅，对自己总是鼓励有加、爱惜备至。想到这儿，裘盛戎便毅然前往大外廊营来拜访七舅。

　　一进门，裘盛戎首先拜见英秀堂当家的一把手，即五姥爷谭小培。寒暄一番，五爷小培自然要说说他姥爷嘉善一家早年的陈年琐事，还一再说盛戎的姥爷如何敬老携幼，维持着谭家大院一大家子人的生活如何不容易，等等。尽管都说的是老一辈的往事，所谓陈谷子烂芝麻，却是越说越带劲。说话间，七舅谭富英进门，对裘盛戎的到来表示由衷欢迎。谭五爷则说："豫升，你这外甥女婿专程来看你，当舅舅的可不能胳膊肘朝外拐，欺负自己的外甥女婿。骨肉亲，连着筋。哪天他要来找我告状，我这儿可是一面的官司，没你的好儿。"裘盛戎忙说："这些年七舅一直关照我，对我可是真亲哪。所以我今天一是专程恭请七舅关照，尤其要向您表示愿意与七舅组班共事，听从七舅教导。"

　　谭富英本是一位忠厚长者，尤为识才爱才，特别是裘盛戎，又是谭家大爷谭嘉善的亲外孙女婿，天赋极佳，唱法极其巧妙，很讨观众喜欢，前途真是不可限量。作为长辈，又特别爱才的谭富英从来没有计较过这位外甥女婿提出过的所谓什么"兴裘灭谭"的口号，等等，却一心一意想助其一臂之力，以促使其立足于氍毹之上。既然这次是他自己找上门来，谭富英更是喜出望外。从此谭富英的同庆社与裘盛戎的"戎社"合并，组建了"太平京剧社"，也是京剧有史以来，铜锤花脸首次与老生并挂头牌，由梁小鸾挂特二牌旦角，谭富英的妹夫杨盛春为三牌武生，丑角为他的同窗马富禄，真可谓旗鼓相当，花团锦簇。

为展示剧团的新面貌和谭富英、裘盛戎两位团长的艺术风采，谭富英首先请王颉竹、翁偶虹根据他们二人的表演艺术风格和具体意见，重新修改《将相和》的剧本结构和唱词的辙口以及唱段的长短。如谭富英要求将赴秦时唱的"奉王旨意……"一段唱腔由原来的"言前辙"改为"江阳辙"，由流水板改为导板转原板再转流水板；在秦王要将蔺相如投入油鼎一节，谭富英则坚持改为蔺相如主动扑向油鼎以身取义，由被动变主动；特别是"封相"后廉颇的"三次挡道"，他认为有些过火，既有损于两位先贤的形象，也使后面的将相和好失去了合理性，遂改为"两挡"，把"负荆请罪"一场见面后的散板唱腔改为碰板回龙，再接原板唱腔。然后以谭、裘的双头牌名义共同排演了这出新戏《将相和》。排好后一到上海贴出，竟然连续演出了整整40场，且欲罢不能。时任上海市市长的陈毅亲自出席观看，并对谭富英、裘盛戎的表演，特别是唱腔给予高度评价，同时特别强调，这出《将相和》既有欣赏价值，更有教育意义，是全党干部加强团结教育的好教材，也是京剧艺术发展的正确方向。不久，他们又应邀到兰州为庆祝"天兰铁路通车典礼"演出了半个多月。回到北京后，根据政府的要求，太平京剧社改名为北京京剧二团。之后，谭、裘二人始终合作融洽，票房收入更是一路飙红。

戏班人都知道裴盛戎与他的琴师汪本真如同杨家将中的焦、孟二将，他们台上的思路总是不谋而合，而台下却是水火不容，甚至说不上三句话，便硝烟四起。他们虽然在台下从来不对戏，而舞台上却合作得天衣无缝；舞台下争执不休，舞台上却互相配合得完全"一棵菜"。在演出前，汪本真到裴盛戎的化妆间试音，也许只拉段旦角的流水，也许拉两句老生唱腔，裴盛戎也不理会他，偶然间跟着胡琴的调门喊上两嗓子，甚至跟着唱两句老生戏或其他戏的花脸唱腔，就等于互相传递好信号，定好了调门，汪本真便立即收起胡琴找人聊天去了。有知道他们脾气的人说他们是在用胡琴碰心气，找调门。舞台上裴盛戎凡是即兴改变唱法的地方，汪本真的胡琴不但能立即随机应变，而且浑然天成，甚至裴盛戎一改上半句的唱腔，汪本真就能为他下半句相应的变化事先做好了铺垫。例如裴盛戎唱《铡美案》的大堂"人来带过了"拖一长腔，后来的"香莲状"自然也是长腔，如果"带过了"三字是短促干掷，那么后面的"香莲状"自然就是蜻蜓点水式，与这一带而过的唱法前后呼应、起承转合可谓浑然一体。谭富英先生常说裴盛戎与汪本真这小哥儿俩真是天作之合，两个人也都明白他们是"焦不离孟，孟不离焦"。可是舞台下他们却说不上三句话，情绪对立，点火就着。都知道戏班的琴师是伺候"角儿"的，而裴盛戎却经常要为汪本真拿着胡琴去剧场，还笑着逢人便说："看见了吗？我是给咱们汪先生跟包的。"有一次演出，汪本真把调门定高了，裴盛戎示意让他降一点调门，汪本真却不管不顾，照拉不误，眼看要成为僵局。最后还是谭富英跑到乐队后面，一边喊"本真"，一边伸出四个手指，说"他都快'四张'啦"，然后示意往下降低调门。潜台词就是："盛戎都快40岁啦，还这么高调门怎么行！"因为谭富英是他们的长辈，且德高望重，汪本真也要敬其三分，遂连连点头，让鼓师谭世秀重新起过门的前奏，终于化干戈为玉帛，皆大欢喜。据说在谭、裘合作的时代，这样的故事很多，一有这样的事情，大家没办法，就说："快找舅舅去。"可知谭富英在太平剧社俨然德高望重的"舅舅"身份。

尽管如此，谭富英与裘盛戎还是排演出了《除三害》《断密涧》《铡美案》《打严嵩》等一批让观众百看不厌的好戏，留下了一段段脍炙人口的好唱段，让人回味无穷。

1956年，从香港辗转武汉回到北京的马连良剧团又与谭富英、裘盛戎的北京京剧二团合并，组建了最初的北京京剧团。1957年，又与张君秋为主的北京京剧三团合并。1960年再与正当红的后起之秀赵燕侠领衔的"燕鸣京剧团"合并，逐渐形成了中国京剧史上阵容最为强大的北京京剧团，后来还被称为"天下第一团"。实际上就是马、谭、张、裘、赵五套班子各自保持自己艺术特色的联合剧团，可谓"五福拱寿"、福寿绵长，让人羡慕不已。同时还有杨盛春、黄元庆、谭元寿、罗蕙兰、李毓芳、茹富华、小王玉蓉、李世济、马长礼、张洪祥、周和桐、马盛龙等技艺高超的后备军和辅助人才。当时的团部由马、谭、张、裘、赵五位团长和李多奎、马富禄两位元老共七人组成，尚小云的女婿、旦角演员任志秋为他们七位艺术大师的联络员，这一安排充分显示出当时北京京剧团的党委书记、来自延安平剧院的薛恩厚极为尊重艺术规律，尊重艺术家，坚持剧团以名角挑班、主事、管理为主，坚持按艺术生产的规律办事，即汲取了旧剧团合理的主演中心制，又坚持施行了民主集中制，使剧团形成主演与配演、群众地位平等，畅所欲言、群策群力的新局面，所以一切均顺理成章，大家心情舒畅，创造了当时京剧舞台上的一段极盛时期，让观众看到不少好戏、好角儿，成为当时全国京剧界货真价实的"样板团"。

十六　谭马之间

从与裘盛戎合作开始，谭富英先生就越发显示出一位忠厚长者的风范，但又从不以长辈的身份压人。当时裘盛戎先生年轻气盛，在舞台上总难免有些咄咄逼人之势，再加上他确实技艺高超，特别是在铜锤花脸一行，生前身后至今无出其右者，甚至被全国京剧界公认为"十净九裘"，如今的后生晚辈对他更是望尘莫及，崇拜者无数，再加上如此一位德高望重的舅舅谭富英先生热心捧着他唱，更使"裘迷遍天下"，自然也就傲气难免了。

天性爱才惜才又能屈己让人的谭富英从不把这位外甥的傲气放在心上。如果二人在舞台上对唱，裘盛戎一段唱腔几乎句句都能赢得观众喝彩，大有压倒泰山之势。这时只见谭先生不慌不忙，如四两拨千斤一般使一小腔，恰似"卤水点豆腐"一般，就能让观众立即响起炸窝般的喝彩声。因为他的嗓音实在是宽窄高低运用自如，又从不靠卖力气去赢得观众的喝彩，甚至稍微甩出一个小撇小腔，就能让观众拍案叫绝且回味无穷。面对比自己晚出道的后生晚辈，谭富英先生总是尽一切可能地突出对方。当时也有观众说他们两人是"对着啃，较劲儿"。如果谭先生一场戏获得三次掌声，裘盛戎必然要获得五次甚至十次以上的掌声，甚至一出十几分钟的《锁五龙》就能赢得十多次满堂彩，要把对方"啃趴下"，真可谓"年轻好胜"也。这时谭先生还会向裘盛戎跷起大拇指，表示钦佩，给予鼓励。也有人在这个时候发现谭团长是闪转腾挪，心甘情愿地捧外甥女婿。甚至在1964年现代戏会演前，马连良就说："都说盛戎傻，都叫他'裘傻子'，可是我们四位团长合演一出《秦香莲》，却明明是我们三个人给他一个人垫戏，最后可是他攒底，足见这'裘傻子'有多么'傻'了。"

谭团长在与马连良合作时，则是以师弟的姿态，处处心甘情愿礼让师兄，不管排演什么戏，他总是说我听师哥的，总是把主角让给马先生。例如马连良先生要与他合演《十道本》，自演第一号角色褚遂良，让谭团长扮演二路老生的李渊，尽管他不会这出戏，也很不情愿演这个不属于自己本工又很难讨俏甚至很窝囊的角色，也完全可以不演。但是他丝毫没有犹豫，马上痛快而诚恳地跟马先生说："三哥，这出戏您得教我。"当天晚上午夜一过，他按他们老哥俩的约定，手拿一只手电筒，穿胡同，走小巷，从虎坊桥步行到西单报子街的马宅，毕恭毕敬地请马先生给他说戏。

后来排演《赵氏孤儿》，所谓马、谭、张、裘全梁上坝，以先声夺人。由马先生扮演程婴，谭先生扮演赵盾，这明明是一个费力不讨好又不对工的角色，可是为了同行之间的团结大协作，增加前半出戏的分量，也为后来马先生扮演的程婴出场起到烘云托月的作用，他就根据师哥的要求，再次于午夜时分赶到马宅，请马先生给他介绍关外唐韵笙先生当年演出《闹朝扑犬》的戏路子，并认真研究花园一场的唱腔。谭先生明白，自己既要达到一定的舞台效果，又不能喧宾夺主，以起到他应尽的衬托作用。

据京、津、沪的老戏迷回忆，最能体现马、谭两位老生艺术家争奇斗艳、相得益彰的戏，还得说《甘露寺》相亲一场。每逢重要演出，如1931年上海的"杜祠落成堂会"，1945年北平的"抗战胜利庆功大会"都要演出《龙凤呈祥》，都是马先生的乔玄，并由马先生亲自点名特邀谭先生扮演刘备。一位使念白妙趣横生，一位以唱腔响遏行云。尽管谭先生的唱腔本身是最为简单的西皮原板，唱词也是"七字句"，极一般化，但是谭富英先生以他厚积薄发的独特唱法，仅在刘备夸奖张飞那句"范阳翼德张为三"的原板唱腔，几乎是最"普通"的水腔，就是戏班同行也都认为这是一句"官中"的唱腔上，用极为巧妙的唱法，唱出最后那个"三"字，以他独特的爆发力和天生的好嗓子，赢得观众炸窝般的喝彩声。谭迷均赞叹不已，都说谭先生真正是把这几句"水词"唱绝了，让人如饮佳酿。所以每次马先生凡在重要场合演出《甘露寺》，必约请谭富英先生扮演刘备。因为他认为只有谭先生的刘备才能唱出刘、关、张和赵子龙的威风煞气，也才能引起观众对乔玄念白的极大兴趣，逗起劲头来使高潮迭起，唱得台上台下都高呼过瘾。许多内行都说谭先生这场的唱腔真不愧千古绝唱，把这段似乎极为"官中"的、无奇可猎的唱段唱得精彩绝伦。戏迷们如有兴趣，可以把谭先生这场演出的实况录音回放一下，其机关奥秘真是只可意会，不可言传。

戏班的人都知道谭富英先生有一个"三不主义"，即一不纳妾，二不演反面角色，三不取不义之财。可是有一年荀慧生大师送给张君秋一个《秦香莲》的剧本，荀先生说他演着不合适，而北京京剧团演这个戏正合适，结果排演时偏偏派给了谭富英先生一个他自己最厌恶的反面角色，即停妻再娶、见利忘义的势利小人陈世美。当时谭先生很郁闷，但是他最终还是能以大局为重，认真地演出了这个戏，并在电台录音播出后又灌制成唱片广泛发行。他唱的这段西皮原板，特别像一幅极其自然的大写意画，为当年的谭派戏迷称道一时。一句"明公说话言太偏"可谓极其简单的唱句，经谭富英先生唱来准是两次可堂彩，给广大观众留下极为深刻的印象，更是笔者当年爱不释手，且经常聆听的唱片之一，真是百听不厌。

两位全国最著名的老生演员能够和平友好相处，彼此始终客客气气，在京剧界都是令人非常好奇的事情。但是人们发现，凡走路、开会时相遇，师弟谭富英总是与师哥马连良互相谦恭地礼让；而每当马连良要吸烟时，就会让他的徒弟张克让去跟谭富英要一根烟来抽；大家经常看到，走路时，谭先生礼让马先生先行，马先生则请谭先生先行，最后是二位艺术大师手挽手、肩并肩而行的感人场面。

十七　五福拱寿

再说在马、谭、张、裘、赵五位团长中，赵燕侠论年龄实属后生晚辈，参加北京京剧团时只有28岁，与谭元寿同庚，更比裘盛戎年轻许多，但是论资历，由于裘盛戎先生曾于20世纪40年代与王琴生先生一度搭班在赵燕侠的燕鸣社唱过《失空斩》等戏，所以有关部门根据主演挑班前后次序提出五位团长的排名次序是马、谭、张、赵、裘，裘团长尊重历史，欣然接受。赵燕侠自知年轻，难以服众，又得知裘团长与谭富英先生都是这个剧团早期的奠基人，她又由衷地欣赏裘团长的演唱艺术，同时她更感谢谭团长为了使她工作称心如意，处处给予关照，所以她坚持把自己排在最后一名。为此，谭富英先生也很赞赏赵燕侠此举，以至在赵燕侠担任副团长后于北京新建的天桥剧场第一次正式公演《辛安驿》时，谭先生就与谭元寿决定，由他们父子一起为赵燕侠在开场时垫演了一出他们的拿手好戏《晋楚交兵》，甘愿为赵燕侠的演出做好铺垫，以表明马、谭、张、裘、赵的艺术地位平等。这一切使看惯了旧社会戏班中尔虞我诈的赵燕侠十分震惊。她原以为初来乍到的她实在年轻难以服众，一定难免有"三板斧"的威慑与考验，万想不到德高望重的谭富英先生竟然能如此屈己让人，亲自给她劈山开路，站脚助威，使她在观众和剧团的人气与实际排位陡然而升，前后台的人也都立即敬她三分，刮目相看。为此，她深为感动，平生首次感受到同行间的关爱与温暖。

那天演出结束后，她一到家，就立即给谭团长打电话，对谭团长真诚地为她这一后生晚辈唱开场，提升她的实际排位，表示诚挚的谢忱。

同时，谭先生此举也感动了其他团长，很快出现了五位团长之间互相争唱开场戏、友好大协作的新气象。甚至出现两位头牌旦角同台，如由张君秋前演《苏三起解》赵燕侠蹲底主演《三堂会审》的现象。马连良团长还主动提出与赵燕侠团长一起合演《乌龙院》。这场多年不见的《乌龙院》演出实况在中央人民广播电台现场直播，让戏迷大饱耳福。北京京剧团众多顶尖的艺术家在一起合作，互相谦让，和睦相处，与谭富英带头为青年演员铺路搭桥，树立贤良之风都有着直接的关系。以至裘团长在谭先生患病期间，主动提出与谭元寿并挂头牌合演《将相和》；特别是"文化大革命"后北京京剧团纪念马连良先生80诞辰时，全团预备演出《龙凤呈祥》，因孙尚香一角空缺，本不应工的赵燕侠也学习当年的谭团长，发扬大合作的精神，临时救场出演剧中孙尚香一角，使马家后人倍感温暖。之后，赵燕侠团长又与谭元寿联合搞起改革实验剧团，演遍关里关外、大江南北。想当年，北京京剧团与中国京剧院联袂演出大合作戏《赤壁之战》时，谭富英这个全国有名的"活鲁肃"，竟然主动把这个角色让给李少春，自己演一个无足轻重的刘备。那一年，正是因为马、谭、张、裘、赵五大团长开始互相捧场，互唱开场戏，北京京剧团票房收入飙升，不但演职员收入大幅度提高，不少演员还都骑上了"凤头"或"三枪"

等进口的自行车。后来剧团还几乎实现了"摩托车化"，那"嘟嘟嘟"的声音几乎喧嚣了一条街。不过同行与观众发现谭元寿从不开摩托，也不骑"凤头"，而是下班时走出剧团大门一招手，就有三轮车停在他面前，说一声："少老板请！"既不用通报目的地，也不用议价，便坐车回家了。足见当年北京京剧团在北京是如何得天独厚了。要知道当时国家高级干部的月薪不到500元，最低学徒工人工资只有16元。五大团长演出的最高票价是1元钱，两位团长合演一场票价为1.2元。这五大头牌每人每月收入就达到2000元以上。北京京剧团一年就能上缴国家23万元，在全国国营、民营剧团的演出收入中遥遥领先。这23万元上缴款在当时简直就是天文数字，所以得到国家的特别表彰，令全国戏曲同人钦佩不已。

为了庆祝五大头牌的大联合，更为了庆祝五位团长大联合后第一年的"五福拱寿"开门红，庚子年腊月二十八日，即1961年2月13日的晚上，可称是北京京剧团全体同人建团以来最为难忘的一个夜晚。那天，北京京剧团全体演职员、乐队以及舞美等工作人员为欢度佳节，庆祝他们在实现五大头牌大联合后所取得的突出业绩，在他们的团部所在地，即虎坊桥的北京市工人俱乐部举行了一场别开生面的盛大春节联欢晚会，除了丰富多彩的歌舞、杂技、相声、戏法之外，精彩的大轴戏则是全团艺术家通力合作，联袂大反串的京剧《大八蜡庙》。为记述这一盛况，梨园世家的后代、老供奉陈德霖的长子长孙、著名余派须生陈少霖的长子陈世嘉先生做了现场记述，特转载在这里，以最翔实的信息使广大戏迷同享这京剧福荫。

陈先生的记载称，这出戏的舞台监督兼艺术指导是著名京剧艺术前辈侯喜瑞老先生。演出阵容是：扮演费德功的是马连良团长（老生反串武花脸），扮演朱光祖的是谭富英团长（老生反串武丑），扮演金大力的是张君秋团长（青衣反串大花脸），扮演小张妈的是裘盛戎团长（铜锤花脸反串彩旦），扮演黄天霸的是赵燕侠团长（青衣花旦反串武生），扮演贺仁杰的是李世济（青衣反串武小生），扮演褚彪的是小王玉蓉（花旦反串武老生），扮演秦义成的是全剧年龄最大的演员李多奎（老旦反串老生），扮演施世纶的是马富禄（小花脸反串老生），扮演费兴的是陈少霖（老生反串小花脸），扮演关泰的是李毓芳（梅派大青衣反串武花脸），扮演米龙的是赵丽秋（花旦反串武花脸），扮演窦虎的是李淑玉（花旦反串武二花），扮演张桂兰的是张洪祥（架子花脸反串武旦），扮演小姐的则是周和桐（架子花脸反串旦角）。《大八蜡庙》演出中间，还有戏中串戏：男旦青衣任志秋学唱孙派老生名家时慧宝先生的《朱砂痣》唱段，李世济的丈夫，即其专用琴师唐再炘特意清唱了程派《锁麟囊》中"春秋亭"一场的选段。

这场京剧大反串，虽说是剧团内部的辞岁大联欢，对外"封箱"不售票，但由于几乎是举国京剧名家云集，荟萃一堂，使容纳1300多位观众的剧场里仍然座无虚席，就连楼上楼下两旁的走道都"满员"了。

那天下午五点半，马连良先生就与当晚演出的总顾问侯喜瑞先生来到后台，同后台的同事寒暄一阵之后，去化装室，由侯老先生给马先生勾画剧中费德功的脸谱。当年马连良虽已年逾花甲，但精气神非常饱满，没有多大工夫就勾完了。他很谦虚地对站在身旁的架子花脸周和桐说："勾脸戏我在科班里唱过，但演反面人物，我还是头一回来，这您得替我兜着点啊！"其实，那天马连良先生扮演的费德功一出场就获得了热烈的"碰头好"。他从亮相、台步、身段到眼神，都非常准确地把费德功那大恶霸的特点表现得淋漓尽致。他手里那把特别的大折扇，耍得又溜又帅，他那四句定场诗，"双膀膂力压泰山，全凭袖箭镇淮安，结交绿林英雄汉，谁不闻名心胆寒"，一听就是纯正的杨小楼杨派大武生的味道，刚一念完，观众席里立即爆发出一片震耳欲聋的喝彩声。特别是当老家院被摔了一个抢背后，费德功念一声"好不识抬举"，然后转身使用了一个抛扇后即背手接扇的身段，干净利索，更让观众瞠目结舌。

谭富英反串的武丑朱光祖，更是堪称一绝。当年谭先生已年逾半百，其扮相不仅俏、美，而且一招一式均不失"开口跳"的风范，真是抬腿有尺寸，举手是地方。"探庄"那场戏里，"走边"动作优美快捷，而且"鸾带"踢得干净利落，踢腿能够到鼻尖，一个箭步上桌子时的一个"高台"亮相，轻巧麻利，台底下立即就是"炸窝"的满堂好。就是那一句念白"敢是那五七达子飞天豹吗"，短短十一个字，如崩豆炸锅，字字响堂，赢得全场如雷贯耳般的喝彩声。不难看出老先生幼年在科班奠定的扎实武功基础。凡是谭先生的戏迷都知道，谭富英先生最奇绝的地方就是在别人看来最不起眼的地方，他却能异军突起，光彩夺目，哪怕一句唱腔、一句念白，也使观众拍案叫绝，大呼过瘾，甚至永生难忘。后来北京京剧院凡是反串《大八蜡庙》中朱光祖，均非谭家莫属，谭元寿、谭孝曾也都反串过朱光祖。谭元寿就说："反串武丑戏，这也是我家的祖传，从前只要是年底义演或为接济同行的'窝窝头会'名角大反串，我们老祖（谭派艺术创始人谭鑫培老先生）就专来武丑这一行。"

反串武生黄天霸的赵燕侠更有独到之处，她扮相英俊，工架漂亮。出场的"马趟子"和"圆场功"，极有大武生的气势、派头与功夫。她穿三寸高的厚底跑到台口，一个稳健的"垛泥"，就跟钉在那里一样，获得全场热烈的掌声。同谭元寿（扮演费府家将）的刀枪开打，不仅配合默契、娴熟，而且又冲又快，甚是火爆。

著名老旦艺术大师李多奎先生，当年已是60岁开外的人了，在奔走公堂告状的路上，突然来了一个离台板一尺多高的"吊毛"，这个动作对年轻演员不算什么，但对年过六旬的这位李爷却不是件闹着玩的事。他唱了一辈子老旦戏，没人见他翻过这么高"吊毛"。当时台上台下的观众，都替他捏了把汗，站在下场门的裘盛戎赶紧走过去，既亲切又半开玩笑地说："李爷！您今晚怎么玩上老命了？是不是不打算过年啦？"李老面带笑容，很幽默地对大伙儿说："别看我岁数大点，可腰腿还算灵活，说真的，没有这两手绝的，我也不敢揽今儿晚上这个瓷器活儿呀！"

马富禄先生可谓文武全才的名丑，尤其他那一条得天独厚的好嗓子，又亮又甜又"响堂"，听起来真是过瘾。那次他反串老生应工的施世纶，在场上的念、做，都很规矩、讲究，简直听不出来他是唱小花脸的。

张君秋反串的金大力，则一反平日舞台上的胭脂粉相，一幅紫红色的脸谱勾得庄重、好看，加上举止豪迈、粗犷，俨然一副"愣头青"的喜人形象。

裘盛戎扮演的小张妈，更是别具一格，论台风和光彩，还真有点花旦名家筱翠花的劲头。他在台上的整个表演不是活泼、俏丽的花旦，而是诙谐、风趣、引人发噱、地地道道的彩旦风范。在"抢亲回府"劝说小姐（周和桐反串）那场戏里，裘盛戎插科打诨地说："我说小姐呀，别装着哭啦，放心，我们大爷是不会要你的，因为你和我一样，都是唱大花脸的！"这句临场"抓哏"逗得观众捧腹大笑。

小王玉蓉扮演的褚彪，工架大方，身手矫健，尤其胸前那口二尺多长的"白满"，表演起来得心应手，洒脱自如。如果没有扎实的

"髯口功"，这场重活儿还真是应不下来的。

除上述之外，其他几位串演的角色也都有声有色，惟妙惟肖。从阵阵的掌声和此起彼伏的喝彩声中，足见这些艺术家的演技水平确已登峰造极、游刃有余。

这场群星荟萃、珠联璧合的大反串戏，已经过去六十多个春秋，侯喜瑞、马连良、谭富英、张君秋、裘盛戎、李多奎、马富禄、陈少霖、周和桐、赵丽秋、任志秋、谭元寿等艺术家均已先后作古，但精湛的表演艺术却依然留在人们美好的记忆之中。至今，提到这次大联欢，北京文艺界仍津津乐道、如数家珍。今天说起这出大型反串武戏，许多京剧人都不可思议，因为演出前从来没有排练过，都是出其不意地"台上见"，而且表演流畅，精彩毕现。以至第二天文化部领导听说北京京剧团年底大反串《大八蜡庙》，很惊奇地问赵燕侠："你们什么时候排练的这出戏，我怎么没有听说过排练就演出了？"赵燕侠说："这样的老戏怎么还要排练？那我们不都成外行啦？"相比之下，现在的许多京剧团都在演出前把大量时间留给龙套与群众角色的反复排练、走台，几乎没有时间研究、提高主要演员的表演水平。由于无法熟练地掌握京剧艺术起承转合的表演艺术规律，尽管反复排练，仍然错误百出。

为此，许多老艺人都在思考：是我们的戏曲教育出现了问题，还是我们剧团的体制出现了问题？

十八　一门忠孝

　　在北京的京剧同行中，几乎都知道谭富英是一位大孝子，对父亲永远言听计从，尽管谭五爷总是不时地就要摆出他的家长作风，在演出剧目和经济收支、日常开销等方面均加以干预甚至严控，但是父子之间却从未有过一次顶撞和冲突。凡早出晚归，谭富英先生都要到父亲的房间做到"出必告，归必禀"。如果外面有饭局，遇到他父亲爱吃的东西，或者是什么新鲜的佳肴，他总是到账房单交一份钱，请厨房再做一份，饭后用手帕包起来带回家，请父亲品尝，真可谓尽心尽孝。可是当祖国需要他到朝鲜战场慰问抗美援朝的志愿军时，父亲却卧床不起，生命垂危。他每天在床前伺候，始终不敢说自己即将要到朝鲜慰问的事情。因为他明白，他是父亲最为依赖的儿子，此时父亲最需要的就是他。后来谭五爷还是从其他渠道知道了儿子即将奉命赴朝慰问的事情。谁能想到，一向在家中严格倡导孝道的谭五爷，在国家需要他儿子的关键时刻，一改"百事孝为先"的家训，对儿子谭富英说："豫升啊，自古忠孝不能两全，尽忠则不能尽孝，赴朝鲜前线慰问事关重大，不能耽搁，不要管我的病了，我会好起来的，你只管去吧。"谭富英这个大孝子听到父亲如此舍小家为大家、掷地有声的语言，感动得热泪夺眶而出，他一再请父亲原谅儿子的不孝，然后强忍泪水，毅然告别弥留之际的父亲，踏上征程。

当慰问团到达天津集训时，他接到父亲逝世的噩耗。按谭家的规矩和他自己的心愿，本应该亲自主持并大办丧事。可是当领导批准他回家奔丧时，同行们都认为他这一回北京，怕是不可能再跨过鸭绿江了。因为按北京的风俗，父亲过世属于重孝，必须守孝"五七"。而他回到北京，当即请来父亲的好友毛六爷协助主持办理丧事。位于樱桃斜街南口的梨园公会（即梨园新馆）会长沈玉斌先生也闻信前来吊唁，并派来服务人员协助负责招待工作，送来招待宾客所用的茶具等。毛六爷根据谭五爷的遗愿请来雍和宫的喇嘛、白云观的道士和法源寺的和尚吹打祭奠哀乐，为谭五爷举办了遗体入殓仪式。"接三"晚上，全家老少，齐到虎坊桥十字路口焚烧各种祭品、纸钱。第四天一早即"起灵、出殡"了。因谭五爷早年制作并存放于南院祠堂西屋中的棺材体积较大，只能重新打开大院的南门，并卸掉门板才能请出灵柩，并由四十八人抬起，即所谓"四十八杠"，只比最高级别的"六十四杠"相差两个级别。全体家人和梨园同行数百人在孝子谭富英率领下，先是步行经过大栅栏，穿过前门大街，再乘马车直奔天桥、永定门。在大栅栏市场街，因为各店铺、戏院都得到过谭五爷的关照，均供奉茶点和果品祭奠并恭送五爷远行，表示慰问。路上围观的市民、戏迷与同行则一直护送灵柩而行，直至永定门外，过护城河向东，到蒲黄榆谭家墓地下葬。应该说谭五爷的送殡仪式虽然比较简单，但是影响与规模之大，仍远非一般同业可比。唯一令人遗憾的是前面执幡撒钱者本应是谭五爷的长孙谭元寿。然而，此时谭元寿已经随总政京剧团赴朝鲜前线去慰问最可爱的志愿军官兵了，由其二弟韵寿替代。

作为孝子的谭富英在送殡之后，便带着热孝日夜兼程赶赴丹东，与慰问团的其他同志们会合后跨过鸭绿江，深入朝鲜前线，冒着生命危险和零下20摄氏度的严寒，在冰天雪地的露天广场参加各种慰问演出活动。很多当年报道他在前线慰问的照片中，都可以看到他身着棉军装、臂戴黑纱为父亲戴孝的形象，真可谓尽忠尽孝，忠孝双全。

在朝鲜前线，经梅派青衣言慧珠和著名老旦宗师李多奎先生介绍，谭先生正式收下同为四代梨园世家子弟薛浩伟为徒，悉心为他传授谭、余派艺术。在谭富英的指导下，薛浩伟还与评剧艺术家新凤霞、京剧花脸艺术家裘盛戎、老旦宗师李多奎等一起在抗美援朝前线合演了一出新排演的"京、评两下锅"《秦香莲》，受到金日成主席与贺龙元帅的肯定和表彰。回京后他又前往大外廊营一号向谭富英先生请教，并与谭门第四代之谭元寿结为金兰之好。薛浩伟后来即以著名谭派老生之名义先后分别担任北京、扬州、上海、安徽等各地京剧团的团长和领衔主演。薛浩伟93岁高龄时依然在安徽省剧团为探索京剧的历史，在发源地安庆与扬州一带进行实地考察，发表论著，默默地奉献着。

谭富英1959年入党，始终以"台上好演员、台下好党员"的标准严格要求自己。自朝鲜归来，主动深入工农兵去慰问演出，从不谈条件；三年自然灾害末期的1961年，剧团要到条件极其困难的唐山开滦煤矿定期演出，他每次都是主动请缨，和年轻人一样下到矿井去完成最艰苦的演出任务。无数事例都表明，谭富英是一位忠厚、质朴、善良的谦谦君子，更是一位令人崇敬的共产党员。

尤其令人感动的则是1962年8月8日在北京人民剧场为纪念梅兰芳先生逝世一周年的演出中，已经病休一年的谭富英，强烈要求参加纪念梅兰芳先生逝世周年的演出，并提出与梅兰芳先生的儿子梅葆玖合演《大登殿》，以不负梅兰芳先生在世时对谭家三代人的深情关照，对他本人几十年来亲如手足般的关爱。那天的演出是通过电视现场直播的，所以很多人都从荧屏上欣赏到了久违的谭富英那精湛的表演。就是到今天，那悦耳的谭腔，依然让很多同行和谭迷记忆犹新。

演出当天，谭富英先生首先要他的学生施雪怀到景山东街请他的琴师，即原余叔岩先生的琴师王瑞芝先生到大外廊营家中为他吊嗓试音，然后一起乘车出发到人民剧场。他们一到后台就发现，北京阜外医院的大夫与护士奉周总理的指示，将全套心脏病科的医疗设备摆在了谭富英的专用化装间里。在给他做了全面的身体检查，并征得医疗专家组的同意后，谭先生才开始化装准备上场……

那天，一年没有登台演出的谭富英状态极佳，在台帘里一句西皮导板"龙凤阁内把衣换"真好似三伏天畅饮了琼浆玉液，声音是那么甜美，让谭迷们大饱耳福。接着谭富英先生扮演的薛平贵出场，真是龙行虎步，神气十足。走到九龙口一个雍容大气的双抖袖，接唱"薛平贵也有今一天"，这个"天"真好像是从云彩里慢慢露了出来，让谭迷们充满了期待和享受，真可谓空谷足音。后面的导板、二六板、流水板也都唱得神完气足，美不胜收。唯一的遗憾是当时的电视可以直播，但是不能录像，不能重播，至今让人想起来就恨得牙根疼。特别是那天谭富英可是带病，冒着生命风险来向梅兰芳先生表达敬意和思念之情的啊！

这场《大登殿》在我们享受着谭派与梅派艺术的无穷魅力的时候，更让我们看到了谭先生与梅先生两家那跨越生死、历经百年的深情厚谊，再次证明谭、梅两家那诚挚的情谊绝不是普通语言可以形容的。以至梅葆玖先生提起那天的演出，总是热泪盈眶地说："其实那天我谭大叔已经因病一年多没有演出了，他那天带病参加纪念演出，完全是为了捧我，说是要以己之力捧出葆玖，以告慰家父在天之灵啊！足见谭家与梅家是何等的情深义重，生死不渝！"

一次谭正岩给梅葆玖打电话，邀请他到正乙祠去合唱《坐宫》，梅葆玖一口答应，说："我梅葆玖怎么能跟谭正岩要演出费呢？那我可真是忘了本了，将来我可有何面目去见谭、梅两家的先人哪？"

梅葆玖先生这些话是十分实在、非常认真的。因为自谭正岩幼年间，梅葆玖先生就特别喜爱正岩，把正岩当作自己的亲孙子一般，经常开车带他去北京展览馆的莫斯科餐厅等地去吃西餐，正岩从而也把梅葆玖当作自己的亲爷爷了，否则正岩也不会直接给梅葆玖打电话。足见梅葆玖对梅、谭两家几代的情谊是何等珍视啊！

十九　谭徒梅友

　　为传承谭派艺术，谭小培也曾郑重收下王琴生、龙怀余、王则昭等诸多弟子，后与王瑶卿、郝寿臣、萧长华、王凤卿、尚和玉、李桂春、刘喜奎等荣任中国戏曲学校十大教授和北京戏曲学校董事会常务董事。

　　以谭、梅两家人直观，梅兰芳、梅葆玖父子与谭小培、谭富英、谭元寿三代人均最喜爱王琴生之为人之品、为艺之道。后由谭小培、徐兰沅推荐，曾长期与梅兰芳、程砚秋、尚小云、荀慧生、筱翠花、金少山和赵燕侠等合作达十几年。新中国成立后，应中共江苏省省委书记惠裕宇盛情邀请，王琴生主持江苏省京剧团业务工作并兼主演达三十余年。除主演《战太平》《定军山》《大探二》《八大锤》和新编京剧《琵琶泪》等，他还编创并主演了一出现代戏《耕耘初记》，并亲自率团进京参加1964年京剧现代戏全国会演，开创了江苏省少见的京剧之光辉业绩。

　　1962年春，荀慧生率团赴上海演出，返程时路经南京，应当时江苏省京剧团的谭派老生王琴生邀请，在南京做短期演出和教学、收徒工作。荀先生亦邀王琴生先生同台合作，并提出："王先生，我傍您一出《汾河湾》好吗？"

王琴生说："这可不敢当，那是您抬举我，我听您的安排，看您什么时间合适，我一定好好伺候您。"

"我看过您与畹华大哥的那出《汾河湾》，真是太好啦！那咱们就定在下周夜场演出吧……"荀先生说。

"这是您抬举我，不过，有不合适的地方您可要兜着我点儿，我可真正是玩票的丸子下海。"王琴生坚持说。

"哪个玩票的敢动这个戏，还台上见？您可真是玩出圈来了。我知道畹华大哥跟您可是莫逆的交情，台上台下可都离不开您哪。"一向爱开玩笑的荀慧生说这几句话可是特别严肃认真的，而且还带着点儿羡慕。

据王琴生在南京的学生王新侬介绍说："如此一出大戏，台词又那么碎，情节那么复杂，两位前辈竟然完全是'台上见'，他们那么大岁数，我一直替他们担心。可是他们二位，你来我往，真像夫妻俩在日常生活中似的随便极了。演出后我问王老师你们什么时候排练的。没想到王老师说，都是活词，怎么排练，这种戏只能台上见，凭感觉，碰心气。"

事后，王新侬感慨："真是艺术大家，把戏都给唱活了！让我等后辈真是大开眼界。"

前几年，王新侬与南京的荀派传人龚苏萍根据当年荀慧生与王琴生演出《汾河湾》的录音，重新录制成了"音配像"，在中央电视台播放后，大获好评。

王琴生虽是票友下海，但是自觉刻苦坚持按专业坐科用功学戏，唱念做打舞无丝毫懈怠，下海后连续在全国各戏园公演，颇获好评。他早年曾于广德楼演出谭派经典剧目《奇冤报》，嗓音酷似谭富英，大段反调应付裕如。"因此上随老丈转回家来"一段翻高八度的唱句，使扮演张别古之丑角前辈慈瑞泉先生在场上亦惊呼："你们这谭派的嗓门真是越唱越大呀！"惹得台下皆鼓掌大笑称是。是晚戏散正值午夜，谭富英见师弟果然表现不凡，便于舞台上为师弟继续改正加工《托兆碰碑》一戏，对该戏之身上动作、嘴里唱念，以及应注意之"俏头"，均有极详细之解说，直至凌晨始散。谭氏父子爱王琴生之热忱有如此者实为少见，颇令人羡慕。

后据谭元寿告诉我，他这位师叔王琴生，当年三十一岁，原籍北京，诗书门第，中学毕业后，即入华北医药学会研究西医，迄民国二十二年在东柳树井八十号开设济和医院，后则于前门大街经营福生西药房。民国二十四年，因爱戏如命，师从德珺如之子德少如学老生戏（少如为已故老伶工姚增禄、贾丽川之弟子，与刘砚亭、赵砚奎等为同门师兄弟），能戏三十余出，多在开明等戏园露演。后经刘子和君（即谭五爷继室之父）介绍于泰丰楼拜入谭门，为谭小培之大弟子，每晚均赴大外廊营英秀堂学戏练功吊嗓，如《红鬃烈马》《二进宫》《失街亭》《托兆碰碑》《捉放曹》《奇冤报》以及扎靠开打、唱做并重的《珠帘寨》《南阳关》《战太平》等，均经乃师真传实授。近则熟习加工《四郎探母》，谭富英力主师弟"过关"时唱"弟兄们分别十五春"等尾腔均需翻高八度唱，观众闻之颇为惊异，公演后声名鹊起。王琴生"下海"时正值年富力强，又肯用功，并在家中设有练功房和专用琴师与武功教师，按正式科班课程、规范及难度来坚持毯子功、腿功、把子功训练。每日自黎明即起吊嗓子、打把子，以全部精力集中于皮黄艺术，奠定下坚实功底，一俟稍有成就，并征得乃师同意认为即可正式长期公演后，每周出演各大戏园，不再经营其他业务。由于名师亲炙、训练规范、功底扎实，以至1997年在北京纪念谭鑫培150周年诞辰时，王琴生老先生以年届九旬之高龄粉墨登场，在《四郎探母》中最后饰演"回令"一场中的杨四郎，且唱做俱佳。

而后当记者采访王琴生时，王老坦言："谭氏师父、师哥均为人真诚厚道，世所罕见。如一天，富英师兄说要给我说一出《桑园会》。我说我跟师父学过了，他说，你唱《桑园会》难道也要从唱'秋胡打马奔家下'开始吗？也要梅兰芳梅大爷先上场给你垫场吗？是呀，我下海必先去傍角儿，怎么能让角儿先上场呢？富英师兄说，我要教你的就是我挑班前傍角儿时的《桑园会》，而不是我现在挑班挂头牌的《桑园会》，你现在学了才更实用。接着师兄念词，我记录，把这出戏的要点捋了一遍。"果然，数年后王琴生开始长期傍着梅兰芳等大师唱戏，就是因为富英师兄教他学会了这出《桑园会》的头场，从而能够给梅大爷等四大名旦"挎刀"合演此剧。从此，梅大爷以及其他名旦再唱《桑园会》，这个"秋胡"就几乎成了王琴生的专利，他这时才明白：这个头场不会，就是不能傍角儿，只有学会这个头场，才具备了与梅兰芳等四大名旦合演《桑园会》的资本，这对一个刚刚起步的演员是何等重要呀！他还说："富英师哥不给我这个私房台本，我走遍全国也是难觅呀！富英师兄真是想得既周到又及时，对我真可谓体贴入微，一片赤诚，让我没齿难忘。"

王琴生傍梅兰芳演出长达十年之久，深为梅兰芳所器重，甚至梅、谭两家后来的各种重要艺事、家事，特别是梅兰芳、福芝芳的医疗保健诸事；甚至是身后诸事的每一细小情节，均请王琴生进京参谋、主持。梅兰芳病故后，梅绍武要为他父亲梅兰芳著书立说，则要当时已身为江苏省京剧团负责人的王琴生随时进京面议。而王琴生一连数年往返于北京和南京之间，乐此不疲，像自己的家事一样尽职尽责，从无怨言。

一次，王琴生见谭富英应邀为外交部回国述职的外交官演出他拿手的《桑园会》，大概剧情为，秋胡离家日久，已不识妻子面目而在桑园戏弄之。秋母闻之，怒责秋胡，述说罗敷女独守空房多年之艰辛，怒责其子无礼，命其下跪赔罪。但罗敷女盛怒之下坚持要秋胡双膝下跪赔礼。秋胡先是不允，后终在老母拐杖的武力强制下无奈而依从，才使夫妻重归于好。演出后，扮演秋胡的谭富英在谢幕时对台下观众，即均为回国述职的外交官们打趣地说："我劝列位不要笑话，这就是我们这些做外官的回到家来，在太太面前的规矩哟！"说完，全场看戏的外交部干部顿时会意而大笑不止，并爆发出热烈的掌声和欢呼声。这使王琴生深深地感受到师哥谭富英的表演艺术已经能够由此及彼、由艺术而生活，达到真正融会贯通的程度。

1997年，文化部为纪念谭鑫培一百五十周年诞辰，纪念谭富英九十周年诞辰，组织专场演出、理论研讨会、修墓立碑等系列活动，王琴生以八十四岁高龄应召进京，且事必躬亲。梅兰芳逝世、吉时下葬，梅夫人病危，安排后事等也非要王琴生莅临北京协助主持。特别是梅绍武为整理、翻译梅兰芳在美国与苏联以及欧洲各国的活动资料，每当遇到技术上的困难时，年届九旬的王琴生闻信必自费亲临北京面授机宜。谭元寿、梅葆玖更是视王琴生为大家长，他们每次见面总是长时间地热烈拥抱老人，嘘寒问暖，至今不忘师叔王琴生之深情厚谊。当年江苏省京剧院庆贺王琴生老师90岁大寿，谭家三代和梅家的梅葆玖均亲往南京演出庆祝，且谢绝一切酬金，故王老在梨园界始终享有"谭徒梅友"之美誉。

然而，或许是王琴生与师兄谭富英的感情笃深超越了一切，就在2006年10月19日，王琴生千里迢迢从南京赶到北京，在出席由中宣部、文化部、北京市委在首都人民大会堂举办的全国文艺界隆重纪念谭富英百年诞辰的大会等活动期间，王老溘然长逝。出席大会前，一位特意从上海赶来的老朋友陈一铭在丰泽园饭庄特为王老接风，我们一家作陪，发现王琴生为这次进京特意制作了全套的礼服，格外精神。第二天一早，他又与谭家亲属、弟子一起前往谭富英墓地祭扫。然而就在大家祭扫后正要下山时，王琴生先生又突然返回墓地，再次跪地依依不舍地呼喊着"师哥，师哥……"。事后王老虽然也很高兴地与大家谈笑自如地下山，还对谭正岩叮嘱再三，鼓励有加。想不到，就在第二天晚上去长安大戏院观看"纪谭"演出前，与他最小的学生穆宇在一起吃晚饭时，突然跌倒在穆宇身上，无疾而终。显然，王老先生是拜谒他的师兄谭富英先生去了……正如这位深谙紫微斗数的九旬老人所预言，他将在"最后的晚餐"时离开这个世界……

尽管大家在第一时间将王先生送往医院尽全力抢救，却终没能挽回他追随其师兄谭富英的脚步……唯一可以安慰他老人家的则是在他的出生地北京，当时谭家的掌门人谭元寿与梅家的掌门人梅葆玖均以后生晚辈的身份亲自前往八宝山送行，为他举办了隆重的葬礼，并在他的遗体前长跪不起、含泪惜别。在同行和亲朋好友们看来，如此葬礼也是对这位"谭徒梅友"最圆满、最深情的慰藉了。

后来，当谭元寿听谭孝曾说他参加王琴生师爷在南京的葬礼，发现王琴生师爷在南京的墓地环境不太理想，为此很是不安，遂让子女在北京西山万寿陵园，即谭富英先生墓地附近为王琴生夫妇特意另寻一久居之地，重新安葬，使王琴生夫妇叶落归根，魂归故土。

二十　"嘎调风波"

诚然，在谭富英几十年的艺术生涯中也难免有一些意外趣闻或出些纰漏的时候，其中最让人感到不可思议的事情，便是在演出《四郎探母》之《坐宫》时的嘎调"叫小番"，历来是谭迷最为倾倒的"撒手锏"，谭富英先生唱来更是游刃有余，必获满堂彩。但是在20世纪40年代，他竟然连续几次都没有唱上去，还得了几次大倒好，这在当时也是轰动全国京剧界的一大新闻。可是此后谭富英每到天津又必唱《四郎探母》，否则观众、剧场便都不答应。之后谭富英几次演唱此剧，嘎调还是不成功，观众照例喝倒彩。更奇怪的是凡谭富英到天津演出《四郎探母》不但客满，还要提高票价，演出时演员与观众均提心吊胆，却又乐此不疲。后来，谭富英在北京长安大戏院和上海大舞台演出也照样出现如此怪现象。所以在一年后，当谭富英与侯玉兰在天津中国大戏院又贴出《四郎探母》时，尽管票价提高许多却依然爆满。那天演出前，售票处和财务人员均收拾好钱款，锁门下班，唯恐谭富英因嘎调唱不上去，又有人趁机捣乱或要求退票。结果，那天演出时，天津中国大戏院不但客满，而且剧场外的听众也站满了四周的大街小巷。还有许多黄包车夫候在剧场门口，一旦谭富英的"嘎调"没有唱上去，便立即拉上提前退场的天津观众打道回府。所以当谭富英唱到"叫小番"前，剧场内外一片寂静，当嘎调唱上去之后，剧场内外又是一片欢腾。第二天一早，按天津人习惯的见面口头语，总是要问："爷们儿，吃了吗？"可是那天早晨，满大街的天津卫见面口头禅就都改为："上去了。""是吗？上去啦？好嘛！"没有主语，却都知道说的是谭富英"叫小番"的嘎调唱上去了。可知谭富英在天津的演出如何牵动着观众的心弦，影响何其深远。

关于谭富英在天津和北京的"嘎调风波"，全国各戏曲报刊都有很多追踪报道，以至形成了一大新闻热点并持续了比较长的时间。下面即是《三六九画报》刊登的一篇署名聊公的小文：

> 谭富英上次在津演出《四郎探母》，据闻"叫小番"的嘎调没有翻上去。以致座客有不满者。此次来津，仍出演于中国大戏院。第二夕仍贴演《探母》，且特别加价。余极为担心，深恐"叫小番"一句嘎调或未能使人满意也。当天余到惠中饭店晤谭小培君，询问其子谭富英唱此嘎调究竟如何唱法？小培称，富英嗓音纯正，毫无偏左之音，故此句只是本音拔高而已。无所谓嘎调。余闻言不禁为谭富英惴惴不安……是夜，与伯龙、小圃、慎先、重霖诸兄小饮于致美斋。席上谈及小培之言，谓之故作惊人之笔。席散后，已过十点钟。即赶往中国大戏院，登其二楼，晤剧院经理孟少臣先生、李桂春君，坐于厅中，至楼上下各处，座客潮涌，已无立足之地，拥挤之状，殆空前所未有。时富英正与侯玉兰对唱快板。快板唱完，侯玉兰下场，则富英即接唱"一见公主盗令箭……"一段快板，此时全场座客凝神，屏息，均提起

精神，集中此段。盖第三句即为"叫小番"三字，余不禁为富英捏一把汗，不料富英从容不迫，唱至"番"字陡然而上，响遏行云，满宫满调，毫无缺憾。居然博得满场观众一致喝彩。旋闻座客相语，曰："这一回嘎调上去了。"余镇日疑惧，至此始一扫而空，不禁大为快慰。是夜富英嗓音极为清亮。与侯玉兰对唱快板时调门略微按低一些。其嘎调乃益形峭拔，余以为富英之嗓音高下咸宜，圆润动听，其嘎调亦嘹亮爽朗，与众不同，绝无娇揉造作之态。乃翁小培所谓用本嗓拔高，此之谓矣。欢喜赞叹之余，特为泚笔记之。

对于这件80多年前的往事，广大戏迷还有一个解不开的谜，那就是谭富英嗓子那么好，为什么偏偏这个嘎调唱不上去，到底是什么原因？为此笔者询问了一些间接的知情人，后来还是谭元寿亲自告诉我说："家父其实也始终找不到原因，后来悄悄告诉我说，就三个字：'鬼打墙'。"别看这三个字，可是天下谭迷认真研究探索了80多年也没有找到的真正答案，至今最权威的真正谜底！

而笔者对这一轰动京剧界的事件所深感兴趣的，却是一个演出失误，或者说是唱砸了戏的演员为什么没有遭到观众，而且是最厉害的天津观众的任何斥责，反而有那么多人替他着急，为他使劲呢？都说天津人看戏，眼睛里不揉沙子，叫倒好从不讲情面，为什么唯独对谭富英越叫倒好越欢迎呢？甚至更加一票难求了呢？笔者以为事出于谭富英，只有一个答案，即两个字：人缘！而且是在天津梨园界，特别是观众中极为难得的好人缘。

二十一　德艺兼修

老北京的戏迷都知道，名列四大须生的奚啸伯即奚四爷与谭富英于20世纪30年代末，在北京的长安大戏院与东边百余米的新新剧场（后改为首都电影院，现均拆除）一度唱对台戏的故事。当谭先生发现奚四爷跟自己怼上了，知道奚四爷被人煽惑，上了"贼船"，就想劝告奚先生尽快休战。为此谭先生委托他人给奚先生送去一张名片，相约见面一聊。奚先生一看名片，就嘀咕上了，说这是谭老板要找我打架呀，便没有理会。过了些日子，谭先生又让人送给奚四爷一张名片，希望面谈。奚先生仍然认为这是谭先生要找他打架，可是人家谭先生差人送名片相邀，亦是有礼在先，自己不加理睬，怎么说也是理亏，遂拿着名片到大外廊营面见谭先生。

两人见面，谭先生直接问奚先生："奚四爷，咱们对着唱了快一年了，您多赚了多少钱？"

奚先生一听，怎么着，见面先算账，这还是要打架呀。就实话实说："我一分钱也没有多拿。"

谭先生说："我也同样。那这钱都谁赚了呢？"

奚先生说这个主意其实不是他提出来的。谭先生说："您不用解释，你我都没有多赚钱，这个钱都让他们（指经励科）赚了。咱们都是替他们做嫁衣了。我找您，就是想告诉您，咱们别干傻事了。您是有文化的人，我很敬佩您，但是您终归不懂得我们戏班里的事情。这就是我一直急着找您的原因。"

"哎呀呀！您、您、您是真君子呀！我误会您了。谭大爷，我给您赔礼了。您赏我个面子，咱们就在您这个胡同口，让我略表寸心，给您赔罪怎么样？"奚四爷说。

"既然到我们家里了，我们家老爷子一向敬佩您的学问，早想跟您聊聊，请多指教，想长点知识。老爷子都准备好了，您就赏光吧。今天我跟四爷这个'扣儿'解开了，我是最高兴的。"说着，他们一起来到谭五爷的上房……

在戏班里最让人敬佩的是谭先生专爱跟脾气大的人交朋友。也很奇怪，脾气多大的人，见了谭大爷准没脾气。从在富连成坐科开始，如果由他和马连良合演《群英会·借东风》，那时就是他演鲁肃，马连良演孔明，算来他们师兄弟这出戏从科班学戏时合作到拍摄电影就将近40年了。他们在科班的演出阵容也就成了后来闻名全国京剧舞台上的最佳阵容。例如茹富兰、叶盛兰、茹富华的周瑜；萧长华、茹富蕙、马富禄的蒋干，侯喜瑞、袁世海的曹操，马连昆、裘盛戎的黄盖，杨盛春、黄元庆的赵云，都是后来享誉全国的艺术大家。

最有意思的是马连昆先生，他本是一位非常优秀的铜锤、架子、摔打花脸，且能操琴、司鼓。他演的黄盖，得钱金福先生真传。例如在"蒋干盗书"一场，有一个黄盖半夜给周瑜送假情报的情节，因为是冬天的半夜三更，故念上场对儿："鼓打三更尽，风吹刁斗寒。"当马连昆念到最后三字时，倒吸一口凉气，再望一眼高空的刁斗，接着打了一个寒战。全场观众受其感染，均不寒而栗，并立即为之喝彩。但他有个毛病，凡是不顺心的时候，就在舞台上开搅，就是跟他的连襟马连良同台也不例外。有一次演出《甘露寺》，马连昆扮演孙权，他唱完导板后，场面上突然起阴锣，他就爬着上场了，把一出戏搅得乱七八糟。所以谁都想请他合作，可又都怕他这么开搅。但是有两个人例外，一个是言菊朋言三爷，一个就是谭富英谭大爷。每次马连昆与这二位合作，总是规规矩矩，一点脾气也没有。很多人都感到奇怪，难道马连昆怕这二位？其实这二位在戏班里是有名的忠厚儒雅的老实人，谦谦君子，所以有人得出结论，说马连昆最怕老实人受气。马连昆本人则说，他可是从心眼里佩服这二位的玩意儿和为人，真可谓惺惺相惜也。

有时马连昆还到大外廊营找谭富英聊天，他说跟谭富英聊起来最投机，长知识，对脾气。每次马连昆来，谭富英总是叫下人到李铁拐斜街的回民饭馆"两益轩"，变着花样叫几个清真菜给马连昆下酒。谭先生平时喜欢喝黄酒，但是只要马连昆来，他总是专门备上一壶上好的"烧刀子"。戏班的人就讲个义气，谭富英敬马连昆一尺，马连昆自然要敬谭富英一丈。所以马连昆佩服谭富英的玩意儿，更敬重他的为人。都说马连昆不好相处，但是在谭富英的同庆社，马连昆则始终是一位无可挑剔的好花脸，尤其有人缘。足见谭富英是何等的待人以诚了。

就是谭富英这样一位天才的艺术家，却少言寡语，深居简出。虽然朋友聚会从不爽约，让人感到随和亲近，但又不是戏班的好事者，从不出风头，说闲话。每日在家或研习戏文，或埋头读书。京剧演员家中设有书房，而且把自己整天埋在线装古籍中，或《春秋》，或《列国》，或《汉书》，这恐怕在京剧演员中还找不出第二位。

诚然，他看古书不是为了单纯消遣，而是为了从史书和演义中寻找他饰演的戏中人，深入研究历史和角色心理，感悟当时的意境，寻找古人的人格个性和背景资料。所以他的每一个唱腔、每一个动作，都与戏中人特别贴切。我们听他演唱《空城计》的那段二六唱腔，真是挥洒自如，酣畅淋漓。表面上没有任何尺寸的约束，而实际上不管他怎样挥洒自如，却又始终都在尺寸的严格掌控之中，既不用"搬"，也不用"撤"，更不用"耍"，好像这唱腔的节奏都是从他的心里发出并自然而然地制衡着，由他任意摆布，说明他在唱腔领域已经达到自由王国的境界，像他的祖父谭鑫培一样，做到了人"拿"住了"板"，"拿"住了"腔"。我们听他的《奇冤报》，那大段凄凉委婉的反调真似猿啼鹤唳，令人毛骨悚然，扣动着观众的心扉，充满着中国传统悲剧艺术的凄美，让人百听不厌。

诚然，我们欣赏谭派艺术，绝不能只简单地欣赏和模仿他那流畅华美的唱腔，尽管能够达到这样的境界已经是难乎其难了，但这依然是老师可以传授的，更何况他有祖父谭鑫培的引领，有谭小培、余叔岩两位至亲的谭派名师在左右点拨。所以我们还要欣赏的是他那只可意会、不可言传的表演意境。谭富英的表演之所以让人回味无穷，就是因为他一上场就把观众带入"三国"的战场，一上场就让观众感受到剧中人的真实情感，让观众看到了真实可信的伍子胥、蔺相如、黄忠、孔明、秦琼……

谭富英的艺术追求所以可贵、可敬，主要表现在他挑班以后，尽管当时他的票房收入从来不用发愁，总是场场爆满，但是他对艺术的探索和讲究却是越来越令人瞩目。他对每一个唱腔、每一句唱词都要讲究一个所以然，尽力克服戏班中以讹传讹的陋习。例如《大探二》（又称《龙凤阁》），是当年同庆社非常有名的保留剧目，也是从他祖父那里唱出来的，一贴出去准能卖满堂。在他自己组班时，经常与金少山、尚小云、梁小鸾、王泉奎等合作，后来则长期与张君秋、裘盛戎联袂演出。过去他演出时只唱一头一尾，从来不唱中间的《探皇陵》，后来约定俗成，这出《探皇陵》的杨波就成了二路老生的专工。当这样的唱法几乎要成定格的时候，谭富英先生却自我反省地说，一个角色两个人演是没有道理的，很容易给观众造成错觉，后来他就坚持《大探二》的杨波一人演到底。累，当然很累，但是他认为只有这么唱才是对艺术负责，对观众负责。在他有生之年的最后一次演出就是这出戏中的《大保国》一折，地点是中南海怀仁堂，时间是1963年。观众则是谭派艺术的最高知音毛主席。演出后毛主席还向该剧全体演职人员畅谈自己的观后感，特别是他独到的观点，从而使谭富英对此剧的来龙去脉和深刻含义有了更进一步的理解，受益匪浅。

在唱《大保国》时，杨波原先的唱词"汉高皇路过芒砀山，偶遇白蟒把路拦，持宝剑将蟒斩两段，又谁知那妖魔要报仇冤，头托王莽，尾托苏献……"他认为这是在宣传唯心史观，宣传封建迷信，于是后来就改唱"汉高皇路过芒砀山，揭竿起义创江山。到后来王莽贼心怀谋篡，松棚会毒死了平帝归天。这也是大汉朝的前车之鉴，太师爷比王莽心术还奸"。

在杨波奏第三本时唱的"赤须火龙从天降，托话河东赵玄郎"，他认为这样的唱词神乎其神，没有道理，遂改为"臣杨波在金殿三本奏上，奏的是大宋朝锦绣家邦"，可谓简明扼要。

甚至在同行中，大都认为谭富英是一位天然造化的京剧老生。正如百岁老学者刘曾复生前所说，看谭富英的戏要花一块大洋，但是看他出场那一个亮相就值8毛钱。因为他扮演的诸葛亮、鲁肃、黄忠等，大家都说最像，认为他就是那个戏中人，使人信服，以至被人誉为

"活孔明""活鲁肃""活黄忠"。然而就是这样一位舞台上的天才艺术大家，在舞台下却没有丝毫的戏班习气。每日在家静坐，或研习戏文，或琢磨唱腔，或终日读书。在他的书房中还悬挂着他特别仰慕的三国时期的蜀国丞相诸葛亮、唐太宗李世民、宋太祖赵匡胤、抗金英雄岳鹏举、元世祖忽必烈、明太祖朱元璋等六位先贤的画像，都是他在古书中发现并由衷仰慕的六位古人。我们从中不难看到他为塑造古典圣贤形象而在自觉地努力走进历史、走进圣贤的精神世界和生活时空。可以说，在京剧界，特别对像他一样从旧科班毕业，只上过两年私塾的京剧演员来说，如此自觉地加强自己的文学修养和历史知识积累，的确难能可贵。他的琴师耿少峰、赵济羹、王瑞芝等都是水平极高的老搭档，如理解上偶有不同，谭先生就会自己抄起胡琴，边拉边唱，边唱边说，现身说法来说明用什么样的过门、什么样的垫头才能使唱腔、伴奏和情感更为贴切，进而融为一体。我们听他的《奇冤报》，那大段凄凉委婉的反调真似猿啼鹤唳，令人毛骨悚然，然而他"哭"得是那样跌宕起伏，"诉"得是那样荡气回肠，又像泼墨大写意的山水画，以深邃的意境、真切的情感，冲击着观众的心扉，充满中国传统悲剧艺术的凄美，以至百听不厌，百演不衰。

谭富英先生的演唱所以让人刻骨铭心、回味无穷，以至他扮演的诸葛亮、鲁肃和刘备等人物，一上场就把观众带入"三国"那斗智斗勇的战场，让观众看到"灵魂附体，血肉丰满"的"春秋""三国""隋唐""岳传"中的蔺相如、伍子胥、黄忠、鲁肃、秦琼、杨延辉、岳鹏举……

所有这一切，是因为他从古书中，从前辈的表演中，已经深刻地感受到黄忠那种"不服老"的独特精神。特别是在演到首战张郃成功后，因诸葛亮又要调遣黄忠继续攻打定军山，大战夏侯渊，所以在他与副将严颜分别时，只念一句："老将军，你我就此一笑而别了哇哈哈……"随后在朗朗笑声中带马、上马、回身、单腿往后嗒、嗒、嗒地颠步，再拱手、告别，转身念一声"请"，随即辞别严颜打马下场。这是一个谭派《定军山》中特定的连贯、急促的高难动作，那种干净、利落、脆爽、帅气，以笔者所见，无人能及。当观众正要从心底为他喝彩的时候，他已经步入了后台，真正做到了他的老师余叔岩所说的："不要跟观众要彩声，要让观众从心里想着给你掌声。当场不叫，回家再叫，或者半夜想起再叫也可以。"所以，观众总是对他这个下场动作念念不忘。由于当场没有足够的机会喝彩，如今一个甲子过去了，谭迷们想起来依然是赞不绝口、击掌叫绝，足见印象深刻，美不胜收也。

再如我们欣赏他唱的《御碑亭》"写休书"一段，唱到"又谁知半途风波生"，原来他唱那个"波"字也是按京音平声平唱，可是后来他把"波"字按上声字唱成上滑音，效果更为强烈，准获满堂彩。尽管又有人指责他这个字唱倒了，但是观众不但认可，而且每唱到这个地方还准是一个"可堂彩"，因为不如此，便唱不出这一"风波"引起情感上的巨大波澜，唱不出王有道对这场"风波"的痛心疾首。为此，谭先生很是苦恼。后来经过湖北同业的反复推敲，终于认定这个"风波"的"波"字在湖广音中本应就是上声字，他用上滑音的唱法完全符合湖广音韵中"逢上必滑"的要求，可谓重情、重意、重法而不逾矩。

诚然，谭富英对各种剧本的整体思考和修饰都是非常重视的。在《浣纱记》中，伍子胥的原词有"娘行若肯周济我，胜似看经念弥陀"。他认为春秋时代佛经还没有传到中国，让伍子胥念"弥陀"是没有根据的，因此他把唱词改为"娘行若肯周济我，从今感恩不忘德"。同时，他把另一句唱词"可怜我一家大小三百余口要见阎罗"中的"要见阎罗"改为"竟把头割"，因他认为当时既然没有佛教，又何来阎罗呢？在演唱《捉放曹》的"草堂"时，陈宫原来的唱词是"同心协力把业创，凌烟阁上美名扬"。他经过查证，凌烟阁是唐太宗李世民在长安所建，用在三国时期的人物口中与史实和时代不符，为此他改为"功臣阁"。

在演出《将相和》中"完璧归赵"一场时，蔺相如面对秦王的威胁，原剧本的念白是"任凭大王发落"。他认为蔺相如并不是秦王的臣子，怎能听从秦王的发落，他就改为"任凭尔等所为也"。在演出"挡道"时，剧本规定和其他人演出都是"三挡"，他则认为这些剧作家为追求戏剧效果而违背人之常情，唯有他与裘盛戎演出时，只有"两挡"。有人说他们这是偷工减料，而他认为历史上赫赫有名的廉颇老将军把一个当朝首相，又都是历史和戏曲中极力歌颂的人物追得满大街跑，甚至无路可走，实在有些"过火"，对两个人的形象都有损害，且把两位深受后人景仰、学习的历史人物演得扭曲了。因为这出《将相和》不同于《打銮驾》，那是娘娘撒泼耍赖非要打包拯不可，这里不过是廉颇为了宣泄一下自己的怨气而已，所以不能穷追到底，而应在表现将相"失和"时为后面的"和好"留下余地。足见谭富英真是一位唱明白戏的明白人。

谭富英在演唱《朱痕记》时，朱春登的一句唱词是问母亲和妻子赵锦堂"为什么还在这阳世三间"，尽管人们都是这么唱，他不明白什么叫"阳世三间"，为此他就一定要弄个明白，绝不做那种唱糊涂戏的人。后在查看古书时他才发现这"阳世三间"是"阳世之间"的误读，遂立即纠正。

《打渔杀家》是谭富英经常演出的看家戏，每次演出他总是琢磨着每一句台词所包含的情和意。有一次琢磨到萧恩被打后的散板："恼恨那吕子秋为官不正，仗势力欺压我贫穷的良民，上堂去他那里一言不问，责打我四十板就又出了头门……。我只得咬牙关忙往家奔，叫一声桂英儿你快来开门呢。"这是他不知道唱了多少遍的唱腔，不管他怎么唱都不会白唱，观众几乎是一句一声喝彩。可是他总感到"责打我……"这一句的责字有些自觉理亏的感觉。他认为当时萧恩被打，应该是怒不可遏，唱"责打我"，总是不妥，遂改成"他打我四十板"，更贴切地表现出萧恩对吕子秋胡作非为的愤慨和蔑视。在唱到"我只得咬牙关……"时，原来都是按哭头唱的，还要唱得悲悲切切、凄凄惨惨。但他感觉与当时人物的情绪有些不对头，虽然萧恩被拷打得很厉害，走路都很艰难，但是总不能让一位绿林老英雄被官府打得直哭。后来他就改为"忍不住心头火忙往家奔"，以不失其绿林英雄本色。

至于演到后面行船之中，萧桂英哭泣着要回家时，萧恩则在愤怒之后，体谅到小女儿的命运，当女儿说出"孩儿舍不得爹爹"时，悲从中来，还要唱哭头。然而这时萧恩不是在哭自己，而是在哭女儿，表现的是"英雄气短，儿女情长"。谭老在这里特意借用了一句河北梆子的哭头，即"桂英哪，我的儿呀"，唱出了父女的骨肉亲情。

由于谭富英先生在艺术发展的关键时刻得到了余叔岩、谭小培两位真正谭（鑫培）派传人的真传实授，以及梅、尚、程、荀四大名旦的提携与熏陶，又具备了得天独厚的自身条件，所以成为全面继承发展老谭派艺术的一面旗帜。因此他的唱腔总是给人意境深邃、曲调自然的感受。他的念白、身段、舞蹈和武打也像他的唱腔一样，从生活的自然出发，达到了歌舞艺术的完美体现，达到了炉火纯青、浑然天成的境界。可以说谭富英最全面、最精准地继承了其祖父谭鑫培和其师父余叔岩的艺术衣钵，是真正从艺术的必然王国走向自由王国的典范。

行腔似运笔，氍毹抒情怀。正如一位谭派知音、中央民族大学美术教授邓元昌所说：唐人重法，唐楷是一种法度森严的书体，令后学者有法可依，故称"楷书"。谭、余派唱腔正是如此，其发音吐字行腔严谨规范，韵味醇厚，堪称楷模。宋人尚意，宋代行书讲求意趣和个性，因而特别有一种超迈俊逸的风格。其中的苏、黄、米、蔡四大家，谭腔尤似米芾的境界："倜傥纵横，跌宕多姿，充分流露出所向披靡的神气。"我想这应该是"百年英秀堂，豫升始中兴"之学问所在也。

二十二　有口皆碑

　　"文化大革命"结束后，上级党委为谭富英落实了政策，恢复了党籍。本该心情舒畅地重返舞台的时候，他却因长期抑郁而身染重病。当家属和弟子护送他住院时，一进病房，他便非常超脱并半开玩笑地说："我这次可是要立着进来，横着出去了。"凡有同行朋友到医院看望他，他总是说："我一生最大遗憾，就是没有学好余叔岩老师的十八张半唱片，没有完成好自我的艺术修养。"1977年4月19日谭富英终因久病不治逝世。

　　谭富英逝世后，北京文艺界在八宝山革命公墓举行了隆重的追悼大会，谭元寿致悼词。全国各地的数千同行、弟子、亲朋好友纷纷赶到北京瞻仰他的遗容，为他献花，为他送行。笔者看到，谭富英先生的弟子、来自山东省京剧团的当家谭派老生殷宝忠伤心得几乎窒息；张学津说他跟谭先生在病房学习《梅龙镇》就像是刚才发生的事情，先生那渊博的知识，那四两拨千斤的演唱技巧，特别是那问一教十的长者之风让他没齿难忘；马长礼更是在灵堂外捶胸顿足，仰天呼喊："上哪里再去找这么好的师父呀……"旁观者无不动容。

梅兰芳先生在世时一向谨言慎行，但提起谭富英先生时却总是赞不绝口，给予极高的评价。一次，梅兰芳先生观看了谭富英独创的新排大戏《正气歌》中扮演的文天祥，回家后就对家人说："我看富英演的文天祥真正做到了临危不惧，大义凛然，从容就义，很让我动情。我想这与他自身的高尚品德，素常的艺术修养有着密切关系；如此蕴于中，形于外，绝不是偶然的。我觉得我们京剧界有这样一位德才兼备的好演员、好党员，很值得我们骄傲。"（见《梅兰芳舞台生活四十年》）

据梅先生周围的朋友说，平时极少议论同行的梅兰芳先生深知他对同行说好说坏，都难免顾此失彼而得罪人，所以如此不吝惜任何溢美之词，而以空前之高度赞扬谭富英先生的为人与做艺，真可谓绝无仅有。同时也说明谭富英先生在舞台上精湛的表演艺术，特别是刻画历史上的忠臣良相时，确实出类拔萃，不愧为"标准的京剧老生"。

事后，笔者还从谭元寿、谭寿昌那里了解到，在京剧团一开始接触到新编历史剧《正气歌》的剧本时，无论唱词或念白，大家都感到有些高深难懂，背景资料更是一无所知，理解起来困难重重。而这时唯有谭富英先生能够将戏词一句一句地给大家讲解得清清楚楚，使剧组的同行们茅塞顿开。许多同行都说：人家谭团长也是富连成坐科，什么时候把中国历史读得倒背如流？难怪谭团长演的文天祥能把观众唱得心潮澎湃，最后更唱得观众的眼圈都湿润了。其实谭富英先生在排演这出戏之前，还在家里做了一个非常重要的，但是不为人知的功课，那就是他反复阅读了有关文天祥的历史资料，特别是反复背诵文天祥的诗作《过零丁洋》：

辛苦遭逢起一经，干戈寥落四周星。

山河破碎风飘絮，身世浮沉雨打萍。

惶恐滩头说惶恐，零丁洋里叹零丁。

人生自古谁无死？留取丹心照汗青。

这首《过零丁洋》，谭富英先生可谓爱不释手，倒背如流，曾专门给青年演员逐字逐句地讲解其中的含义，使同行们大有文天祥化身附体之感。所以梅兰芳先生当年看完《正气歌》感到少有的震撼、无比的深刻，并为此给予极高的评价。众人皆说，事出于谭团长绝非偶然，更非凭空而来，那是他多年来内外兼修的结果呀！

在谭富英先生担任北京京剧团副团长以后，很多青年演员说，谭团长不愧全团之表率。大家知道，京剧是写意化、程式化、虚拟化表演艺术，具有严格的起承转合之规律，所以在这样标准的专业团体中，一般演出传统剧目都是严格遵循京剧表演之规律而"台上见"，从来不用事先排练、走台。可是有些青年演员，见得少，演得少，特别是遇到没有演出过的剧目都黑着场子，总想请同台的前辈给自己排练一下，心里才有准谱，以避免舞台上"撞车"。但是每当青年演员提出请老前辈对对戏词或排排位置时，一般的前辈总是说："都是大路活，没什么可排练的，到台上我会保着你的。"殊不知，这对于青年演员，特别是戏校刚毕业的学生来说，简直就是盲人骑瞎马，夜半临深池。他们求师无门，只好四处找老师，私下花钱，现趸现卖，即所谓临场"氽锅"。而谭团长却不是这样，他知道戏校毕业的学生学习的剧目少，演出机会少而舞台经验更少，不像科班的学员天天泡在舞台上，所以演出前不走一遍台，心里就没有把握。当年著名青衣演员、梅兰芳亲传弟子李毓芳就曾对笔者说，她临时与剧团的大角儿合作时，一般都是连夜请与他曾经合作过的演员"氽锅"走台，也就是突击学戏以应付眼前的演出任务。如果临时与谭富英先生合作，李毓芳一说请他给我说说戏，谭先生不但认真说戏，最后还主动从头到尾，从唱念到身段、舞台调度与我们这些青年演员再合排一遍，或者说"咱爷儿俩再正式走一遍台，这样你心里就有底了，省得到台上拿贼、撞墙了"，直到我没有任何疑问为止。可以说谭团长是真正与全团演员平起平坐，一心照顾与培育青年演员，更没有一点儿"角儿"的架子，真可谓德高望重的老前辈。

当时的北京京剧团可谓艺术家云集，但是在这里与人相处却是要谨言慎行的，因为这些艺术大师均阅历很广，从来没有人互相探讨任何表演艺术问题。尽管都是互相合作几十年的同行、同事，有的还是一个科班的"发小""同学"，却都难免有些门户之见。赵燕侠团长就曾对笔者说，在这里，别看都是熟人，坐在一起真要谈起戏来，就跟互相不认识一样，谁也不愿意多说一句话。不过，她说在这里唯有谭富英先生不同，他没有一点大角儿的架子。对青年人特别热情实在，从没有打官腔、摆老资格的时候。赵燕侠老师还说，她自幼随父母辗转天津、哈尔滨、武汉、长沙、厦门、上海，后进入北京，拜师荀慧生，16岁在三庆戏院独自挑班"燕鸣社"，与叶盛兰、侯喜瑞、马富禄等一起首演《十三妹》一炮而红。又与谭富英合演《桑园会》，与金少山合演《霸王别姬》，与叶盛章合演《女起解》，并与梅兰芳、筱翠花等同台演出于中南海怀仁堂，在中轴演出了《虹霓关》，从而把燕鸣社经营得红红火火，始终保持着极高的票房纪录。特别是自周恩来总理和陈毅副总理看过她的《玉堂春》后，称赞她的表演意境深邃，称该剧为东方之《复活》，可与任何世界戏剧名著比肩。赵燕侠因此一跃而成为具有高度艺术修养和文学造诣的艺术大师。就是这位从小被她父亲赵小楼打出来的旦角演员，自二十八岁进入全国艺术水平最高的北京京剧团，以她独特的风格技艺、过硬的票房收入与马连良、谭富英、张君秋、裘盛戎并列为五大团长，平起平坐，自有一股天不怕地不怕的气势与脾气。但是，当笔者问她在戏班中最怕的人是谁时，她毫不犹豫地说，她其实最怕的就是谭团长，因为他的身上自有一股长者之风，以至不怒自威，让人肃然起敬，使我等后辈更不敢多说多道，唯恐他老人家不高兴。

当然，在当时的北京京剧团，同行尤其是青年人，都特别敬重谭富英先生，得到谭先生帮助和教诲的人也很多，而且得到帮助的人都有一段刻骨铭心的回忆。例如马长礼先生就多次谈起谭富英先生在他的艺术道路上所起到的关键作用。他说：我本来是一个夹着靴包搭班赶场演戏的"院子过道"，又称底包，用现在的话说就是群众演员，后来能成为所谓的"谭徒、马儿、杨外甥"，我永远不能忘记谭富英先生对我的栽培和提携。我当时跟着裘盛戎先生的"戎社"一起与谭富英先生的"同庆社"合并组成"太平京剧社"。有一次，我在裘盛戎先生的《姚期》剧中扮演王子（即刘秀），李世琦先生特意给我编了一段二黄原板唱腔，目的是为让裘团长缓冲一下嗓子，休息一下。不料，我一唱，大家反映挺好。谭富英先生也听了，在后台见到我就说："爷们儿，哪天到家里去，我再给你说说。"我当时真不敢相信自己的耳朵，谭先生要给我说戏，我真是做梦也不敢想啊！从此，谭先生看到我在台上有什么不合适的地方，总是很认真地告诉我如何不对，如何改正，使我感受到一位长者和大艺术家贴心一般的关怀。

马长礼还说：不料，"三反五反"那一年我得了传染性肝炎，不能唱戏了。剧团一天只发给我一块钱，一个月30块，但是只发两个月就又没有了，眼看就要山穷水尽了。正在我一筹莫展的时候，谭元寿大哥给我送来40块钱，说："我爸爸让我给你送点钱，希望你好好治病。"且不说这雪中送炭的40块钱在当时是多么重要，我只想说，一个在戏班中没有任何地位、任何关系的班底演员，病得这样，一不沾亲，二不带故，谭先生那么大的艺术家，却惦记着我一个贫困交加的、夹靴包赶场的"院子过道"，一想起来我就不由得热泪盈眶！

马长礼还说：后来我给谭先生磕头拜师，得请客花钱呀。谭先生知道我当时的经济情况，连请客带摆桌，请那么多大牌艺术家，到那么高级的饭店，都是谭先生花的钱，也都是谭先生的面子。更让他感动的是拜师以后，他不知道谭先生怎么知道他喜欢杨宝森先生的艺术，就问他："长礼，你不是喜欢宝森的戏吗？……"当时他一听吓一跳，心想，这是谁在背后离间我们师徒关系呢？真不知道该说什么好。您想，他刚刚拜了谭先生，不学谭派，又要学杨派，这在戏班属于不忠不孝或见异思迁，那可是犯大忌讳的呀！他以为谭先生要生气呢，当时问得他什么也说不上来。谭先生却很平静地说："我给你打个电话，你直接到他家去学吧。"说完，谭先生就给杨先生通了电话。电话中说："三弟，我有个学生叫马长礼，非常喜欢你的戏，你知道得腔容易得韵难，难得他的嗓子挺挂味，你得给他好好说说。"挂上电话，他就告诉马长礼当年杨三爷在绒线胡同的家庭地址，还教他怎么跟杨先生说。他就一个劲儿地答应着，临出门时，谭先生又嘱咐马长礼说："你记住，见了宝森要叫三舅。"从此就开始了马长礼跟杨三舅学戏的历程。因此戏班人都知道马长礼是谭徒、马儿、杨外甥，其实，他能跟这三位当时京剧界顶尖的老生前辈学戏、演戏，应该说谭先生是呵护着他在艺术上成长、深造的引路人，更是一位苦心孤诣的伯乐。

1958年2月10日，这是马长礼永远不会忘记的日子。那天一大早马长礼赶到杨宝森先生家学戏，师母谢虹雯告诉他三舅走了！他跑到杨先生的房间，看到先生已经躺在床上一动不动了。他当时真是伤心欲绝，赶紧给谭先生打了一个电话，哭着说："先生，我三舅没有了……"很快，谭先生就赶来了，直奔杨先生的床前，掀起白色的床单，捶胸顿足地喊着："三弟！三弟！"当即泪流满面。都是在一个舞台上唱老生的，都说同行是冤家，可是他在谭先生那里看到的却是那纯洁的品德、真挚的情感，这是多么难能可贵啊！

马长礼还看到当年谭先生曾经邀集李二爷（盛藻）、杨三爷（宝森）、奚四爷（啸伯）等几乎在京的所有著名须生到吉祥戏院观看马连良先生新排演的一出戏。演出前，在吉祥戏院对面的东来顺饭庄恭请同行吃涮锅子，席间彼此无拘无束，大开玩笑，无话不谈，足见他与各位同行之间关系之融洽，绝不像外界所说的同行之间各怀心机，等等。但是当他们突然听到屋外传来一声咳嗽，几位师兄弟一对眼光，说一声"来了"，便都严肃地站起来。原来马连良先生一向严肃，不苟言笑，他一进门，虽然也说"你们说什么呢，这么热闹？大家接着聊，让我也找个乐儿"，可是大家依然绷着，毕恭毕敬，这大概也是对师哥的尊重。李盛藻先生后来还曾对笔者说，观众中都在传说着我们同行之间如何互相褒贬，好像我们都是老死不相往来的对头，好像既是同行，也就必然是冤家。实际上我们彼此最知道彼此的艰难，均真诚相待。其实谁没得意过？谁又没有失意的时候？大家都是互相补台，不愿意给对方增加任何精神负担和烦恼。您想，都在一个锅里吃饭，各自的难处彼此能不知道吗？特别是谭大爷，在我们师兄弟中最厚道，最具长者风范，嘘寒问暖，使我们如沐春风。

谭富英先生不但在五大团长之间带头互唱开场戏，互相"捧着唱戏"的事情上堪称典范，在克服旧戏班习气等方面也都起到了表率作用。特别是广大戏迷可以在一场演出中欣赏到两位以上挑班名角的演出，整个京剧团的票房收入一路飙升，全年上缴国家的利润更是大幅度提升，又让观众看到了更多好戏、好角儿，受到上级的表彰。"文化大革命"前由剧团党委提议并经过支部会议通过，批准谭富英同志光荣地加入了中国共产党。这一喜报刚刚贴出，就立即得到北京京剧团全团老中青三代人的衷心拥戴和真诚祝贺，大家都说："谭先生早就应该是共产党员了。"大多数人还说："人家谭先生入党既不为做官，也不为发财，不愧是咱们的表率。"谭先生对自己入党更是极为珍视，甚至胜于一切，以至时时处处都按普通党员的标准要求自己，从不要求任何特权，所以得到全体同人，甚至是京剧界广大观众的拥戴。笔者就看到全国各地的很多大学生戏迷都给谭先生写信，热烈祝贺他加入中国共产党。可是在"文化大革命"中，他却又莫名其妙地被突然劝告退党，对他的身心造成极大的摧残。

他为什么被强制退党呢？这晴天霹雳从何而来呢？原来，"文化大革命"时中央文革小组有一个"艺术委员会"，曾经召开了一个关于"京剧革命"的座谈会，听取老艺术家对所排演"样板戏"的意见，目的在于沽名钓誉。作为前辈艺术家的代表，作为一名普通的共产党员，出于对党和人民艺术事业的一片赤诚和高度责任心，从来少言寡语的谭富英先生在会上却一针见血地说："我和君秋、盛戎到中南海为毛泽东主席演出传统戏《大保国》，演出后毛主席与我和盛戎、君秋以及元寿、长礼谈话，并特别强调我们的文艺方针是'古为今用，洋为中用'。当时我就坐在主席身边。可是我们今天看到的《智取威虎山》和《杜鹃山》等新排剧目已经不是洋为中用，而是已经让西洋音乐把我们京剧的文武场面全给吃掉了。我们的三大件声音已经被压得听不见了，我请咱们的编导者慎重考虑，按毛主席的指示注意保护京剧的传统特色，一定要让人一听就是京剧才好。"

谭先生开会回来不久，有关部门就通知他，说鉴于他对样板戏发表的错误言论而劝其退党。同事们都说，我们的谭先生是非常热爱共产党，特别珍惜"共产党员"这一光荣称号的，让他退党，等于要他的老命啊！

为此，他吃不下睡不安，百思不得其解。本来因病休假，无法演出，面对这样沉重的打击，病情进一步恶化。

据长期陪伴在谭先生身边的两个最小的儿子寿康和小英说："那时家父在家还对我们说，当年梅兰芳先生为在京剧乐队中增加一把京二胡，做过多少次调查、试验，征求过多少人的意见，请多少同行到剧场协助鉴定，是非常慎重的，唯恐破坏了京剧艺术的传统特色，把京剧改得非驴非马、不伦不类，为此他焦虑万分，身体日衰，一病不起，几次住院抢救。最后郁郁而终。"

寿康和小英还说："家父对先师余叔岩始终是特别景仰而痴迷的，甚至可以说是超越一切的。余师爷留下的十八张半唱片是家父每天的必修课，就像余叔岩先生当年每天必聆听谭鑫培前辈唱片一样，切实做到'学而时习之'。"尽管余先生因为与谭老的嗓音不同，并不能完全依照谭老的唱法，却是最全面、最深刻地领悟到谭老的演唱法则。后得知余先生重新创作了《法场换子》的反二黄唱腔，并传授给孟小冬师妹，他欣喜万分，求学若渴。据说，当年他曾多次邀请师妹孟小冬和余叔岩先生的琴师王瑞芝先生到家中传授这段反调。记得王瑞芝老师曾对谭元寿兄弟们说："这段唱腔比较难学，尤其是细微变化之处很多，有些青年人都学不准，以至知难而退，你们的父亲年纪大了，学得慢，却锲而不舍，细致入微，让我和孟小冬都特别感动。"20世纪50年代，谭富英与谭元寿父子到香港演出，还专程到孟先生家中，当场由王瑞芝先生操琴唱此段，请孟小冬师妹给他精细加工。所以后来孟小冬先生感动地说："我看富英师兄对余三爷的尊重，那是一丝一毫也不含糊呀！"

每当到大外廊营，谭先生就像小学生一样，与王瑞芝先生对面而坐，恭恭敬敬聆听教诲，寿康和小英深知这是父亲对余叔岩先生和余派艺术始终不渝的敬重，也是对王老师的尊重。可以说，在最后的几年中，由于王瑞芝先生的合作与辅助，谭富英先生的舞台生活还是非常惬意的。

其实，为了学习余派艺术，谭富英倾注了自己几乎是多半生的心血。谭富英经常与曾经常年为余叔岩老师伴奏的琴师王瑞芝一起研究余派艺术真经，以及余老师在他生命最后时刻创作的《法场换子》之反二黄唱腔。虽然谭富英早已学会，但是总觉得不够精准，他认为这是余派的巅峰之作，也是余派须生唱腔艺术的最新境界，更是为京剧的反调唱腔开辟了一个崭新的旋律与风格。谭富英先生认为自己作为余门弟子，有责任传承下来，使之发扬光大，惠及后人，惠及京剧艺术事业。而当年余老师创造此唱段之后只亲自教给了正在范秀轩学戏的师妹孟小冬，鉴于余老师在艺术创新方面极为严谨，没有看到孟小冬公演，更没有听到观众的具体意见就因病离世了，所以余老师坚持认为这段唱腔还没有得到广大观众最后的检验和认可，谨慎起见，他仍嘱咐孟小冬暂不要示人。许多余派戏迷听说后均欣喜若狂，纷纷效仿，奔走相告，并认为这段反调是京剧余派老生唱腔艺术中最新、最高的法帖，以至不胫而走。谭富英先生则坚持认为王瑞芝先生与孟小冬师妹同时领教了余老师的传授，王先生又经常给孟小冬伴奏这段唱腔，因此最为标准。在"文化大革命"政治氛围最为紧张的时刻，因唯恐此唱段失传，遂冒着极大的政治风险在京剧团的一间普通职工宿舍里，用棉被封闭了门窗，请李慕良先生以笔管代替琴码，小声操琴，由谭富英口念锣经接唱腔，精心地录制下来，使这一段京剧反调的巅峰之作得到永久保留和广泛传播。同时他还对一字一腔亲自做了讲解和剖析。为避免政治上的麻烦，在录制前，谭团长还特别说明："今天我们聆听这段唱腔就是为今后我们排演现代戏、塑造工农兵的艺术形象所积累的唱腔素材……"由此可知他老人家用心之良苦。

谭元寿也不止一次地对笔者说："我以我的人格保证，家父对余先生和余派艺术的赤诚热爱与苦心孤诣，在京剧界可以说找不到第二人。"在医院的病床上，他还带病为张学津手把手地教授了谭、余派的杰作《梅龙镇》，真可谓春蚕到死丝方尽，蜡炬成灰泪始干。我想余三爷地下有知，一定会为余门有如此虔诚的传承者感到莫大的欣慰。

2002年，谭富英先生的家属和学生弟子将谭富英先生的骨灰，隆重地移葬在门头沟风景秀丽的万佛园墓地，同时竖起了谭富英先生的半身塑像和墓碑，供人瞻仰和缅怀。墓碑上特刻碑文如下：

谭富英先生生平

谭公富英，又名豫升，祖籍湖北武昌，出生于京剧世家。幼年承家学，12岁入富连成科班习艺，文武昆乱皆擅，以歌喉劲美，扮相雅俊，形象隽永脱俗。出科后拜师余叔岩深造，先与梅、尚、荀、程、徐五大名旦分别同台合作，后自组"扶椿社"领班主演，享誉海内外。其戏目传流后世，影响深远，后学视之为圭臬；聆其腔如享甘酿，余音绕梁，为千古之绝唱。廿世纪中叶跻身京剧四大须生之列，在祖父谭鑫培开创的"无生不谭"的京剧舞台上，以其古朴自然，恢宏豪迈的独特风韵被世人称为新谭派。谭公以忠孝为本，德艺双全，洁身自好，屈己让人，温顺仁厚，有口皆碑，堪称剧坛翘楚，为后人敬仰。

2002年11月

当时，笔者受谭元寿之重托，在谭富英先生逝世后即撰写了悼词和碑文。需要说明的是，时乃"文化大革命"后期，谭老受政治迫害失去党籍，承受极大精神痛苦，以致病体加重，郁郁而终。所幸临终前得以恢复党籍，最能证明谭先生一生光明磊落。为告慰先生于九泉，笔者所写悼词和碑文均难免有受时弊影响之嫌，无法尽善尽美、尽如人意地写出他辉煌的业绩和质朴的品格，恳请读者宽谅。

不过，在三年后的2006年，笔者曾正式撰写了《谭富英传》由河北教育出版社出版。同年，笔者又应邀参与编纂了《中国京剧》杂志2006年第十期暨"纪念谭富英先生百年诞辰专辑"，系统组织、征集了一批纪念、缅怀、追忆与研究谭公艺术品学之文章，历史资料丰富翔实。尤其是特邀欧阳中石先生为谭富英先生题词："英秀堂谭代代香，荣膺众望焕门光，豫升公启中兴颂，承业开来信永昌。"可谓客观而公允地表达出京剧界广大同人与谭迷们对谭富英先生的深切缅怀与敬仰之心声。

二十三　回归祖居

谭元寿先生曾直言当年的大外廊营一号大院"英秀堂"，是谭家兴旺的风水宝地，甚至"英秀堂"已经成为"谭家"与"谭派艺术"的代名词。但是他本人却没有能够出生在这块风水宝地，而是在其曾祖父谭鑫培病逝十年后的1928年，出生在大外廊营胡同路北的26号院。

当年他的祖父谭小培一心复兴谭派艺术基业，自信谭家必有中兴之日。从此暗下决心，一要"谭"字大旗重张在京剧的舞台上，二要让祖上的香火薪传，三要回归祖居，恢复祖宗基业，以不负先祖创业之艰辛。

为此，谭五爷在离开祖居后，先是在离大外廊营不远的南堂子胡同租了一套房子暂住。为重整家园，东山再起，他不管文戏武戏，如《桑园寄子》、《失空斩》、《群英会·借东风》、全本《甘露寺》或武戏《巴骆和》、《连环套》、《战宛城》等无所不演，在每天京城的演出海报上他均要让观众看到那个充满着京剧精神的"谭"字，以起到让观众和同行对谭派艺术念念不忘的效应。

当年还有一件事，让谭小培很受鼓舞。当日北京同仁堂乐家老药铺在金鱼胡同那家花园为乐家老太太做寿举办了一次大型堂会，谭小培与他的岳父德珺如和正在科班学戏的儿子富英三代同台演出《群英会》，大轴子戏是余叔岩先生的《珠帘寨》。那天，余三爷一到后台就冲谭五爷拱手作揖表示祝贺，说一门三代同台，古今少有，可喜可贺。然后又特意把谭富英叫过来，亲切地询问他在科班学戏的情况。这时同仁堂的乐十爷也凑过来，从手上褪下一只通体碧绿的翡翠扳指，亲自给谭富英戴在手上，并说："豫升啊，这只扳指可是无价之宝呀！是当年太后老佛爷赏给你爷爷的，后来你爷爷又转送给我，谁让我们是拜把子的兄弟呢。今天你戴上它演出，演出后交还给我。我今天当众说话算话，哪一天，你豫升独自挑班了，我一定亲自把这只扳指送到府上，完璧归赵，以祝贺豫升挑班成角儿。"谭富英听罢，诚惶诚恐，深鞠一躬说："谢谢十爷爷栽培。"在场的人也都说了许多鼓励的言语，谭富英则不住地连连点头称是。

那天的演出，是谭富英母亲德夫人事先跟她父亲说好的，特意让老三庆班的小生名宿、徐小香的亲传弟子德珺如老先生陪外孙子演一出戏，以示提携。作为贵族后裔的德先生虽是票友下海，却也是早年京剧界小生行泰斗徐小香的得意传人，由于年逾古稀，身体多病，离开舞台已经多年，这场演出完全是因为疼爱外孙勉强上台的。演到"苦肉计"打黄盖一场，德先生就明显力不从心了，当时扮演鲁肃的谭富英几乎是挽着扮演周瑜的姥爷下场的。据说这也是德珺如先生平生最后一次登台演出。不过，姥爷的心血没有白费，他看到了自己外孙的成绩，还是非常欣慰的。

演出后，谭富英就到余叔岩先生的化装间去看余先生勾画李克用的脸谱。余先生每次看到富英，总是像对自己的子侄一样亲切。他让富英坐下，告诉他："我今天演的这出《珠帘寨》就是你祖父根据花脸戏《沙陀国》改编的，全剧李克用的唱腔几乎都是花脸腔，而你祖父非常绝妙的是，他几乎原封不动，却改用了老生唱法，使观众耳目一新，这也是你祖父的一大发明。开始还有人说，老生怎么能唱花脸腔？现在大家都唱，又好听，又新颖，越唱人越多，也就没有人说了。但是你爷爷为了说明这出戏原来是花脸戏，就要按规矩留下个基址，因此要像花脸演员一样勾脸。虽然不能勾六分脸，但是抹彩后，要在脸上勾画出老年皱纹来，以区别花脸与老生的装扮。"余先生勾完脸，看着富英，拉着他的手说："豫升啊，我这出戏可完全是从你们谭家学来的，等你出科后，我保证全部还给你们谭家。我们余、谭本是一家嘛！你的祖父谭鑫培当年一到天津就拜我的祖父余三胜为师，后来我又拜你祖父为师，我们从不分彼此。我对你，保证做到问一答十，你只管放心。"余先生说完了，就让富英到台下看戏去了。

这一切，谭五爷都看在眼里，心里想着自己父亲当年忍痛坚持让豫升到富连成科班坐科学戏，如今有了出息，心中暗暗对父亲说："老爷子您圣明啊！今天正如您老人家所预料，咱们谭家终于有望了。"

是呀，老岳父以古稀之年，亲自登台提携外孙富英；余三爷对富英关怀备至；乐十爷用他最心爱的翡翠扳指以激励富英的进取。谭富英当天在台上也确实表现不俗，如此等等征兆看来，英秀堂的复兴已经是众望所归了。

在余叔岩先生的范秀轩，高堂悬挂着谭鑫培即谭英秀的大幅照片，余三爷每天顶礼膜拜，并解释说，自己始终以英秀堂的谭老师为典范，故堂名"范秀轩"。一次梅兰芳先生到范秀轩研究合作演出《梅龙镇》，一进门就看到余叔岩正在聆听谭老的唱片《卖马》。余先生一边把唱片拿下来收好，一边说："老师的唱片我是每天必听的，这叫学而时习之，但是我不能完全按老师的唱法，因为我的嗓音与老师不一样，不能照搬。"1940年，就在余三爷最后一次灌制唱片前，担任鼓师的白登云先生到范秀轩商议唱片灌制的具体技术问题。因为过去的胶木唱片是双面的，一面三分半钟，一面唱多少句，过门多长，每句唱腔唱多少板，余先生在家都是用秒表反复掐算好的，与舞台版本不全相同，当然琴师和鼓师都要严密配合，分秒不差的。那天，当白先生来到范秀轩，一进门就看到余先生客厅高挂着谭鑫培大幅照片，白先生感觉奇怪，就说："余三爷，您今天身为咱们老生行的泰山北斗，怎么还供奉老谭的照片呢？"余三爷连忙摆手说道："罪过，罪过！可不能这么说，我和谭老师比，不过九牛一毛，谭老是我永远学习的典范，他的唱片是我临摹一生的法帖呀。"

谭富英看到范秀轩悬挂的爷爷照片，又亲眼看到余先生对自己的爷爷如此虔诚与崇敬，既感动，又亲切。

谭元寿永远也不会忘记，1934年10月31日，北京梨园公会在西珠市口给孤寺的第一舞台为十六省水灾演出赈灾大义务戏，父亲谭富英要求提前演出，排在第四出，演他的拿手戏《定军山》，但是不带"斩渊"，接着第五出是尚小云的《穆柯寨》，第六出是程砚秋、王少楼的《贺后骂殿》，第七出是杨小楼、筱翠花、郝寿臣、钱金福的《战宛城》，最后大轴戏是梅兰芳与余叔岩的《游龙戏凤》。那天，6岁的谭元寿跟着父亲去看演出，《定军山》演完后，父亲急忙卸装，带着他坐着那辆道奇车直奔椿树头条的余叔岩先生家。来到范秀轩，谭富英赶紧帮助余先生换衣服，提靴包，搀扶着余先生乘车前往第一舞台。来到后台，富英又忙着帮助余先生换衣服，化装，蹲下来给余先生穿靴子，系靴子带，忙前忙后，照顾得无微不至。直到最后演出结束，元寿跟着他父亲又把余先生送回范秀轩。

笔者为什么对这件事情知道得如此详细呢？

说来很有意思，那是在余叔岩先生与梅兰芳先生联袂义演《梅龙镇》70年以后的事情。当时元寿已经年逾古稀，基本脱离舞台，每天下午的午睡从1点到4点是雷打不动的。当时中央电视台要给他录制几出戏，也要安排到下午4点以后。可是有一天下午中央电视台为他的师叔王琴生录制节目，他中午1点准时到达了中央电视台。有位电视导演惊奇地问他："谭老师您今天下午怎么不睡午觉了呢？您的午睡不是雷打不动吗？"元寿说："王琴生先生是我的师叔，就跟我父亲一样，他今年90多岁了，到中央电视台来录像，你想，我的'老家儿'来录像，而我却在家睡大觉，焉有此理？"

那天，我亲眼看到谭元寿在王琴生的前后左右忙着给他老人家穿服装、戴盔头，或跪在地上给王老穿厚底靴子。因为那天天气比较热，他还拿了一个手持电扇，用手举着给王先生吹风降温，然后坐在舞台旁边恭恭敬敬地观看王先生录像，时而嘘寒问暖，怕他累着。我问他：您也是一位名角儿，怎么也会做这些伺候角儿的工作呢？元寿说："我在六岁的时候，随我父亲到第一舞台演出，演出后我跟他一起去椿树头条接余叔岩先生，那天的大轴是梅兰芳、余叔岩二位前辈的《游龙戏凤》，我就看见我的父亲鞍前马后地伺候余叔岩先生。这没有什么会不会的，你自己也唱戏，自然知道演员怎么扮戏，什么时候需要做什么。你要孝敬他，自然就知道怎么伺候他了。今天我给我师叔跟包，完全是按着当年我父亲给余先生跟包的方式，真正是上行下效而已。"由此可见在元寿的少年时期，他父亲的一点一滴都给他做出了很好的表率。

自从谭富英拜师余先生后，他就更加专注学习余派艺术。当然，作为一个活跃在舞台上的演员，既不能忽略舞台实践的重要性，又要随时注重艺术的不断修养和深造。所以他一边拜师深造，一边坚持搭班唱戏。他所搭的第一个戏班就是当时在北京最为引人注目的，由五大名伶之一的徐碧云为领衔主演的育化社，第一出合作剧目就是《绿珠坠楼》，由徐碧云扮演绿珠，谭富英扮演石崇。

就在谭、徐二人合作演出红极一时的时候，谭富英的婚事也提上了日程。那是1924年的5月11日，即农历四月初八，18岁的谭富英与宋继亭的三姐、17岁的宋洁贞举行了隆重的婚礼。婚后不久，宋洁贞生下一个女儿，一个儿子，却都不幸先后夭折，这给全家人的心头蒙上了一层阴影……

更为晦气的是，当年自大外廊营一号迁居到南堂子胡同之后，家里可谓诸事不宜。谭五爷演出不少，文武不挡，却不见钞票入账。后来儿子谭富英出科，尽管在四大名旦的班社挂二牌老生，收入可观，舞台上更是光彩照人，可仍然是入不敷出，在最困难的时候，家财几乎当卖一空。就是小培和富英爷儿俩演出，都要临时到当铺把戏装赎回来，演出后再把戏装接着送回当铺。后来有邻居告诉谭五爷，说他们住的这个院子是北京南城的四大凶宅之一。五爷一听，很是害怕，遂马上搬家到大外廊营26号院住了下来。可是之后家境仍然不见好转，这使发愤图强的谭五爷非常焦虑。

然而，就在1928年，谭富英与宋洁贞夫妇辗转京城各大庙宇烧香许愿后，终于生下第三个孩子，为求得长寿，取名寿颐。作为祖父的谭小培，特意为这个新生的孙子打制了银质的长命锁，并取乳名"百岁"。眼看这个小百岁越长越结实，他就是后来毕业于富连成科班元字科，并活跃在京剧舞台上的文武老生演员谭元寿。宋氏夫人又先后生下寿丰、寿永两个男孩，他们分别是毕业于富连成韵字科的丑角演员谭韵寿和毕业于荣春社喜字科的武生演员谭喜寿。由于男丁兴旺，使小培和富英父子格外高兴。更让谭家高兴的事情，则是元寿出生后谭家如福星降临，终于时来运转，好事不断。最让谭五爷心情舒畅的则是在小百岁一周岁的时候，大外廊营一号大院即"英秀堂"终于回归谭家。

自谭元寿降生后，在祖父的主持下，眼看着父亲演出票房收入与日俱增。他每到一地演出后祖父就是忙着数钱。那时私人没有支票，也没有银行存折或转账等手续，演出后，前台经理就把整麻袋的现钞送到谭小培的房间，再由他亲自清点、打包。说到这里，后来居住在台湾的著名旦角演员、上海戏剧学校的高才生顾正秋女士在她自己的传记中就描述过她亲眼所见谭小培先生在上海点钞票的情景。

因为顾正秋是谭富英的干女儿，谭小培则是她的干爷爷，所以在上海演出时，刚刚从上海戏剧学校毕业的顾正秋就搭班在谭富英的同庆社演出，挂二牌青衣。演出前她总要到谭家在上海的临时住所对戏、说戏，然后一起吃晚饭，上戏园子演戏。谭小培是谭富英剧团的大总管，也是经纪人。顾正秋说："有一天，戏园子前台老板给谭干爹送来包银，是用麻袋装着钞票。当小培爷爷收到这一大麻袋钞票时，真是笑得合不拢嘴了，他叫我，小姑娘，来帮我点点票子好哇啦？就在他屋里，他把麻袋里的钞票都倒在床上，一捆一捆地点数。那时候的钞票是老法币和关金，这一大麻袋为数是很够规模的了。我也是平生眼见的最多的一次现钞。当时我也很为面对这么多的纸钞而兴奋，眼花缭乱，可是现在想想，那时候的人为什么这么笨，怎么就不会开张支票呢？那天小培爷爷可高兴了，将钞票数清、装好，再把它藏到床下面。据说回北京时要将现钞兑换成金条才能上火车的。"

虽然顾正秋说的这一段情景是抗战胜利时她从上海戏剧学校毕业以后在谭家的同庆社搭班演出的事情了，但是谭小培管钱、数钱，却是从谭富英一出科就开始了。从搭班唱戏到1935年自己挑班唱戏，都是谭小培统筹全局。这也是谭小培"光复英秀堂"整体计划的重要组成部分。先有谭富英的中兴之举，后有大外廊营一号大院的整体回归，都在谭小培的运筹帷幄之中。接着，堂会一个个接踵而来，还有不少唱片公司主动找上门来，为小培与富英父子灌制唱片。所以不过一年，就眼看着"原神归庙"，"顺天医院"的招牌从大外廊营一号的大门边上摘了下来，重新挂上了"英秀堂谭"的牌匾。然而，在祖父谭小培和谭家人看来，这一切都是谭家的福星、他的宝贝孙子谭元寿给带来的。

二十四　谭门元寿

　　说到谭门第五代元寿先生，他历来自称在梨园界，在英秀堂，既无法与在余三胜、程长庚以及高祖谭志道等前辈们指引下把湖北汉调唱成国剧，以至大江南北"无生不谭"的曾祖谭鑫培比肩，亦不如以一人之力、十年之工，使被迫卖掉的英秀堂祖居回归谭氏，使曾祖相中的众位嫡孙中之翘楚谭豫升从坐科、出科、搭班、挑班，直至独自支撑起曾祖谭鑫培昔日之"同庆班"大旗的谭小培。至于他的父亲谭富英对先师余叔岩那顶礼膜拜，细入毫芒地汲取与反复咀嚼地消化，至临终前仍懊悔自己未能学得余派艺术之万一，甚至直至生命的最后一刻，更使元寿先生自愧不如。然而，他以年届九旬之身和八十多年的舞台生涯，从享誉大江南北的"五龄童""小百岁"起步，跨越了一个又一个沟沟坎坎，创造了一个又一个京剧神话。难怪其祖父谭小培坚信，只有他——谭元寿，才是英秀堂整体回归、时来运转的福星，实不愧谭家之后。

　　确实，谭元寿自幼随他的亲娘舅、谭派须生宋继亭先生学戏，5岁登台，先后与祖父和父亲以及王幼卿、程砚秋等同台演出《汾河湾》

之娃娃生应工的薛丁山。因其边舞边唱，表演规范而灵巧，一句"弹打空中南飞雁"，随之一个卧鱼回身弯弓打弹的动作，流畅而优美，随之即是一个"可堂彩"。一句"枪挑鱼儿水上翻"，随之一个提枪花，更是边唱边舞，手眼身法步，无不到位，使台下的观众叹为观止，随之报以掌声鼓励。他在京、津、沪等地演出均广受关注。同时也给他的母亲、病体缠身的宋氏夫人带来极大的精神慰藉，这也促使他跟他的亲娘舅宋继亭更加用心学艺。每天从舅舅家学戏回来，再认真向卧病在床的母亲手舞足蹈地学演一遍，安慰病中的母亲，同时也奠定了他扎实的幼功。

不幸的是在他七岁那年，母亲在生下他的三弟喜寿后竟然因患"产后风"而永远地、过早地离开了元寿、韵寿和刚刚出生的喜寿三位亲骨肉，真是不堪回首。所幸者，父亲谭富英续娶姜志昭为妻，虽为继母，但因其父姜妙香是梨园界公认的姜圣人，家教极严，慈善为本，心无旁骛，在京剧界享有"大善人"之美誉，因此所教之女极为厚道、仁慈，可以说完全秉承了其父姜圣人之美德，待元寿、韵寿、喜寿不是亲生而胜似亲生。元寿、韵寿、喜寿分别于10岁左右到富连成、荣春社坐科学艺，继母姜氏每周总是准时前往富连成、荣春社分别探视坐科学艺的三兄弟，并送去她精心烹制的饭菜，一次不落，从无疏忽。如果她因病无法亲自去送，必督促用人送去，从不失信，给少年时期的谭氏三兄弟以极大的精神慰藉。正是继母的关爱，使谭元寿三兄弟在科班保证了健康的体魄和扎实的学业，又从继母的关爱中继续感受着家庭的温馨。

笔者曾冒失地问过谭元寿先生：您感觉您的这位继母可是真好？当时年届九旬的元寿先生毫不犹豫地对我说："真好吗？我不客气地说，这普天之下我就没听说过谁家还有这么好的后妈。不管在何时何地，我们这位继母见到我们三兄弟永远和蔼可亲地以大少爷、二少爷、三少爷相称相待，使我们如沐春风。"在大外廊营谭家，提到姜氏更使全院男女老少油然生敬，赞不绝口。后来谭富英先生更戏称姜氏所生之凤云、凤霞、凤珠三女和一子寿昌为大外廊营之"姜派"，而所谓"姜派"者，就是最突出地秉承了姜妙香菩萨圣人般的心肠和作风。所以梨园界鉴于姜志昭夫人的美德，都说她足以为"后妈"正名了。

二十五　母子情深

　　10年前，谭家七子闹分家，10年后，小培一人独掌英秀堂，谭家的祠堂再次点燃起香火，接续着谭家的尊严，重启了谭家中兴的根据地。弟兄七人的夙愿，小培一个人就完成了。为此，当时有人在报刊上作一漫画：谭鑫培、谭小培、谭富英祖孙三代人并排而坐，小培右指父亲说，你儿子不如我儿子，又左指儿子说，你父亲不如我父亲，以此讽刺小培先生上不如父，下不如子。谭家人唯恐谭五爷看到此画后气恼，岂料一日小培竟然自己对全家人介绍这幅漫画，还说："你们看，这幅画画得多么实在啊！"

　　为此，谭元寿很严肃地对我说过："在我曾祖去世，英秀堂大厦将倾的危急时刻，谁能审时度势，一面在舞台上撑起谭派艺术的大旗，忍辱负重地培育自己的儿子，一面承认师弟余叔岩超越自己，虔诚地带着儿子前去范秀轩拜师学艺，自己则退居二线，给儿子甘当助手？正是我祖父瞻前顾后，左右逢源，为我父亲在舞台上撑船掌舵，谨慎前行，这才有后来大红大紫之谭富英。不是我说，凡是咱们的同行，哪位不对我祖父脚踏实地重兴英秀堂敬佩有加啊？"

不过，元寿先生也曾很客观地说，以他亲身经历所见，在谭家处于低谷的时候，真正关照谭家，诚心帮助祖父和父亲的还是余叔岩先生。那时的梅兰芳、杨小楼、余叔岩已经继承了他们的前辈谭鑫培，成为京剧舞台上的三面大旗，形成了京剧界的三座里程碑。后来余三爷不仅让谭家的二爷嘉瑞，也就是元寿的二爷爷给自己帮忙，实际上给予二爷爷生活上的补贴和关照。当然余叔岩更对为他当年拜师谭鑫培而热心引荐、搭桥的谭五爷始终心存感激，来往频繁，尤其关心谭富英当年在科班的学业。元寿还清楚地记得当年，经常看到余三爷到大外廊营祖居来看望，逢年过节，必到祠堂祭奠。他还记得余先生曾经指着院子里的一棵树亲切地对他说："小百岁，你要记住，当年你的曾祖父每天就是在这棵大树下压腿、踢腿、练功的。"或者说当年你曾祖父就是在这个房间中由你的梅雨田爷爷给他吊嗓子的。"你知道吗？过去我们只有西皮摇板，没有二黄摇板，现在的二黄摇板就是人家梅大爷发明的。像你曾祖唱的《洪羊洞》'孟良盗骨无音讯'就是人家梅先生的一大发明，也是你曾祖最早唱出来的。不信你可以问你爷爷。我们可千万不要把人家的功绩给忘记了。"余先生在这里说的梅大爷就是梅兰芳的大伯梅雨田，曾长期为谭鑫培伴奏，并留下了共同的传世杰作，即记录《卖马》《洪羊洞》等谭老唱腔艺术的经典唱片。

在群雄逐鹿的京剧舞台上，哪个名角不是在争取早一天挑班唱戏，多赚一些名和利呢？又有多少人在谭五爷面前建言，说谭富英足以独步天下，劝谭五爷尽早为谭富英挂牌组班。而谭五爷在谭富英1923年一毕业，独自赴上海演出成功后，却依然连续为梅、程、荀、尚、筱、王（即王瑶卿之侄王幼卿）等"六大名伶"挎刀（即做重要配演），或与"四大坤旦"并挂头牌，直到十二年后的1935年，经梅兰芳先生再三建议，才决心支持谭富英独自挑起扶椿社的大旗，使大外廊营一号院"原神归庙"。您说这谭小培是无能吗？所以，每次谭元寿提到他的祖父谭小培，就会跷起大拇指说："我的祖父才是我们谭家的大功臣，真正是大孝格天哪！"

当谭元寿以"五龄童谭百岁"的名义与父亲谭富英和四大名旦之一的程砚秋在上海合演《柳迎春》的时候，上海的报刊上竟然登出醒目的广告词，曰："谭鑫培之玄孙、谭小培之令孙、谭富英之令郎，五龄童、谭百岁准予今晚在上海八仙桥的黄金大戏院演出《柳迎春》（即全部《汾河湾》）中客串薛丁山。"接着，在北京珠市口的开明戏院、天津的下天仙戏院等戏园子，元寿又与父亲谭富英、名旦王幼卿同台演出《汾河湾》。如此别致的海报与头衔，自然引发观众特别是谭迷们的极大兴趣。每逢演出，年仅五岁的谭元寿身背弹弓，手持长枪一出场，那一脸的稚嫩和认真，就会博得满堂喝彩声。那规范却又稚嫩的动作，满宫满调的唱腔都会得到观众特别热情的鼓励。从此，谭家的"小百岁"大名远扬，就连当年在天津撂地说相声、兼唱京剧的侯宝林和夫人王雅兰都说，这天津卫许多唱一出戏的演员都没有他"小百岁"名气大，更没有他红得快。后来侯先生逝世，笔者与吴祖光先生去祭拜，侯夫人又对笔者提起此事，说小百岁（即元寿）昨天来了，还是进门就哭，怎么劝也不行。

当年每次演出回来，小百岁第一件要做的事情就是向自己的母亲仔细地讲述演出的每一个细节。他一边讲，一边手舞足蹈，一边述说自己如何表演，一边介绍观众是如何的欢迎。说到有趣的地方，他发现身体虚弱的母亲就会笑出声来，从而得到莫大安慰。而他为自己能给母亲带来一时的欣慰，减少一点儿病痛的折磨，脸上也会显露出非常得意的样子。

如今，这样的场景已过去了八十多个春秋，年逾九旬的元寿先生仍说："现在我只要一闭上眼睛，仿佛就看到我的母亲躺在炕上，抚摩着我的头，问我：'寿颐，今天你舅舅又教你什么戏啦？''寿颐过来，跟妈妈说说今天晚上演出得怎么样啊？''寿颐，这次去天津，看见大火轮了吗？跟妈说说呀，昨晚上唱得怎么样？'尽管后来我的继母又生下我的妹妹凤云、凤霞、凤珠和寿昌弟弟，不过，在我的一生中，我的亲生母亲永远是我最亲的亲人。如今我也已经到了耄耋之年，却总也忘不了幼年间趴在母亲的床边给她唱《搜孤救孤》，她一边给我拍着板，一边慈祥地看着我的情景。每当唱完一段，母亲就会马上给我鼓掌，同时给我叫一声好。这些真好像是刚才发生的事情一样。真真没齿难忘矣。"

二十六 "七年大狱"

　　说起坐科学戏的往事，以谭元寿亲身感受说来真是如同"七年大狱"，件件往事，历历在目，催人泪下，不堪回首。可以说既是他一段励志的成长史，也是一段终生难忘的血泪史。1928年，元寿出生在大外廊营26号。10年后，谭小培仿照当年谭鑫培忍痛要谭富英到富连成坐科的做法，亲自把谭元寿送入富连成第六科元字科坐科，取艺名元寿。先后师从雷喜福、王喜秀、张连福、王连平、茹富兰、刘盛通等。这些老师都是教学经验非常丰富、满园桃李的老园丁，舞台上又多有实践经验，因此在社会上享有盛名。例如雷喜福先生在富连成与马连良、谭富英、李盛藻有"老生四杰"之称。王喜秀还有个艺名叫"金丝红"，尤为擅长《战太平》《定军山》《打渔杀家》等谭派戏。茹富兰、茹富华出身京剧世家，家学渊源，茹家的身段之讲究，把子功之精湛，武小生戏之细腻，外行看着其美无比，内行人更是心悦诚服，都认为在京剧界，茹派的小生和武小生、武生戏异常精致讲究，与许多"大路"的小生和武小生、武生戏迥然不同。元寿也深为自己得到茹富兰先生的真传实授而感恩不尽，终身受益。王连平和沈富贵先生不但会戏极多，而且能教全场，抱总讲，从主演到上下手，从教学到排演，从派角色到演出，都是有条不紊，章法严谨。元寿坐科时，王连平先生就给他们排演了八本《混元盒》，亲自给他教授过《连环套》等戏。他的老生戏还有张连福教的《取帅印》，雷喜福教的《群英会·借东风》，刘盛通教的《鱼肠剑》，等等。当时富连成因创始人叶春善已然过世，总教习萧长华也已经退居二线，改由叶龙章主事，叶盛章主管教学，因此元气大伤。元寿入科后，富连成长期演出达20多年的广和楼也因故停止了演出合同，只能每天到鲜鱼口的华乐戏院演出日场，晚上再分包，分别在西单的哈尔飞（当时称"大光明"，后称西单剧场）和长安大戏院演出晚场。连叶家的五少爷叶世长也认为，当时富连成确实很不景气，为了增加票房收入，难免就要搞一些灯光布景大制作的"彩头戏"，如《乾坤斗法》（又称《桃花女三戏周公》）、《狸猫换太子》、《天河配》、《广寒宫》，等等。不料有一天演《广寒宫》的时候，戏院突然失火，连烧三个小时，损失惨重。一时无法演出，老师和学生也就暂时休学了，这对富连成来说可真是雪上加霜。之后经过一番诉讼，私下联系警察局的督察长，才查明原因，乃戏院隔壁的长春堂药铺电线老化引起火灾，获得十万元赔偿，科班才能重新购买戏箱，并迁移到广德楼继续演出。

自谭元寿入科后，虽然科班就在离家不远的西珠市口路北45号，即原来的纪晓岚故居，现在的晋阳饭庄。之所以在此，是因为富连成遭遇挫折后，一时无房，而艺名"筱翠花"的于连泉先生当年买下这座庭院后，因面积太大，家里人少，空房一多，据传还经常闹鬼，无人敢住，因此一直闲置。于连泉先生知道富连成的窘况后，为感念富连成培育之恩，遂无偿奉送，以报师恩。甚至为维护科班和师长名誉不留馈赠之名，可知筱老板之苦心。不过，也有后来富连成曾经补付于家房款一说。按照科班的制度，学生平时不许回家，一年只放三天假，也就是腊月二十七演出封箱戏后放假，除夕晚上就必须返回科班，准备大年初一的演出，这也是富连成三十多年的老规矩了。如果说也有一些变化的话，就是每星期一家长可以探视学生。为此每逢周一，许多学生都翘首期盼着家长的探视，有的希望知道一些家中的消息，有的希望家长能送些好吃的东西，改善一下伙食。当然，家庭情况不同，有的家庭困难，没有时间和能力来探视，如此空等许久，却依然见不到家长的学生，心里则是非常难过的。

元寿好交朋友，如天津的张春华，上海的关正明和富连成的范元濂、茹元俊、曹韵清、夏韵龙、杨元才、刘元鹏、冀韵兰等同学都是他拜把子的兄弟，人缘极好。当时家里用手提食匣送去饭菜，元寿总是与同窗好友分享。

在富连成科班的七年学徒生活，之所以称为"七年大狱"，实指严格封闭的管教与严厉"打戏"相伴。一年一次大假，即春节前三天，若赶上排练过年的新戏，三天假期也只好作罢。在元寿先生的记忆中，七年之中，他只赶上了三个假期，总共回家的时间加起来也不过十天，因此每天都在盼望着礼拜一的"接见"。虽说谭家与班主为世交，更是至亲，元寿先生的舅妈就是班主叶春善的二女儿，舅舅宋继亭和舅妈都对元寿兄弟疼爱有加，以弥补他们亲娘早逝的伤痛。但是祖父小培先生留下话了，"该怎样管教就怎样管教，不必手软"。科班讲究"打通堂"，一个人淘气全班同学跟着挨打，全是趴在板凳上挨竹板，如果说比较讲人道的话，就是在打屁股之前，先把生殖器保护好，以免误伤，造成终身遗憾。由于小培先生特别关照过，班主对元寿总是"特殊照顾"，别的同学打十板，而打元寿则是二十板，于是经常遭受不白之冤又无处倾诉。有时挨了板子之后不能下板凳，由师兄弟给他搀下来，走路已经很艰难了。但是，该练功的时候还要练，该拿鼎的时候还要拿鼎，根本没有专门休息养伤的时间。现在我们听起来不免胆战心惊，元寿先生却解释为自己太笨。除此之外，元寿先生回忆，在科班中还常常受到师兄的欺负，如给师兄洗衣服和臭袜子、端洗脚水等都是常事儿。

"七年大狱"中，元寿受什么苦都无怨无悔，唯一的遗憾就是没有正规的文化课程。虽然富连成也有文化老师，但都是晚上练功之后开始上课，累了一天哪有精神上课，况且老师的水平也非常有限，科班也根本不重视，七年后学的竟然还是七年前的《三字经》和《百家姓》。

但是元寿提起白元鸣，不管多少年过去了，他总是说："人家元鸣师哥唱得比我好，我怎么跟人家比，在科班第一次演出《四郎探母》，我清楚记得是在大栅栏的广德楼，是元鸣师哥的杨四郎，我给他配演杨六郎。演出《阳平关》，白元鸣的黄忠，我的赵云。演《珠帘寨》是元鸣的李克用，我的程敬思。演《搜孤救孤》是元鸣的程婴，我的公孙杵臼。元鸣师哥在当时特别受欢迎，有时一天三场《四郎探母》，为富连成赚了很多钱，做了很大贡献，而当时唯一的酬劳就是多挨几板子。"

据白元鸣说，他进科班时才9岁，比元寿早一年多，考试的时候唱了一段《乌盆记》，得到认可，就进科班了，一个月后就正式演出了正戏，不是"三斩一碰"，就是《借东风》《珠帘寨》，大受欢迎。甚至在春节期间一天就唱三场《四郎探母》，只是不带《回令》，元鸣在科班就很有心，在舞台上显得很开窍、很成熟。因为崇拜孟小冬，他就请万啸璞介绍，前往孟府登门拜访，还给孟先生唱了一段《闹府》的"四平调"，得到孟老师的亲自点拨，那是很大的鼓励。

他的《上天台》《洪羊洞》都学的孟小冬。那时孟小冬演出《乌盆记》，就由宋富亭先生扮演大鬼，富连成元字科的二十个小学生配演小鬼，在刘世昌被害一场，元鸣、元寿等扮演的小鬼就跟着"堆鬼、跳判"。这段表演一是说明刘世昌的死是冤案，引起了阴间的关注；二是通过这段"堆鬼"的表演，让扮演刘世昌的孟小冬能休息一下，赶场换装。孟先生演出完了，元鸣就能模仿着孟先生也唱上了《乌盆记》，他是处处都学孟小冬，很受观众欢迎。

1943年，富连成科班应邀到上海演出，天蟾舞台的星探就看上白元鸣了。三层楼的大戏园子，都挂满了贺幛，里外好几层，都是上海观众送给白元鸣的。当时主管科班教学的叶盛章还特意给白元鸣和李元芳照了一幅《四郎探母》的大幅照片，摆在天蟾舞台的大门进口处，以做广告，非常醒目。足见白元鸣当年真是大红大紫，轰动上海滩。三千多人的大戏院，在戏院门口天天亮出霓虹灯的两个大字"客满"，天天要"关铁门"。可惜，当时元鸣就是唱得太多，太累了，把嗓子给累坏了。所以白元鸣提起富连成就难免一肚子怨气，他说，我给富连成赚了那么多钱，自己除了挨打挨骂，给东家买房买地，自己一无所获。嗓子是累坏的，但是没人领情。后来白元鸣到北京戏曲学校教学，所教的《定军山》《洪羊洞》等都是非常纯正的谭、余派唱法，得到内外行一致好评，尤其受到学生的拥戴和崇敬。尽管曾受到极不公正的待遇，他后来教《乌龙院》，那是他演出过无数次的戏了，在备课的时候，他还多次购买上等的茶叶，专程到李盛藻先生家中虚心求教。应该相信，他的艺术水准远比那些有名气的所谓艺术家高明多了。无奈同行的妒忌再加上势利眼的外行领导，埋没了这位真才实学者的才华。每当提起白元鸣先生的遭遇，谭元寿先生总会伤心落泪，感叹世道之不公。

在这次元字科学生赴上海的演出中，元寿也演出了不少剧目，第一天打炮的大轴戏就是他主演的《大溪皇庄》。那天正赶上上海多年不遇的瓢泼大雨，水流成河，大街上几乎看不到人，富连成自以为无人来看戏，非要回戏不可。结果在开演前，三层楼的座位坐满了三千多名观众，使他再一次感受到上海观众对京朝派艺术的情有独钟。

这次演出期间，富连成科班与上海戏剧学校和北平中华戏曲学校的同龄学友同时在上海演出，多次互相观摩，同台献艺，惺惺相惜，感情日笃。特别是元寿与同庚又同行的关正明、程正泰等都成了莫逆之交的拜把子兄弟，之后来往几十年，有酒大家饮，有戏大家唱，互相帮衬，亲如手足。

为了让读者感受到当年富连成元字班和韵字班在上海天蟾舞台的演出盛况，我们将最近发现的一份从1943年7月14日开锣到8月29日告别演出的全部戏码、演员阵容呈现如下：

　　7月14日　冀韵兰　茹元俊　杨元才　哈元章　杨元勋　殷元和　徐元珊《青石山》赵韵秋　刘元鹏　郭元蓉　张元智　杨元才　张韵福　张元珍　关韵宾《四郎探母》谭元寿　高韵升　范元濂　韩韵杰　关韵宾　曹韵清　冀韵兰　常韵久　苏韵衡　李元芳　马元亮　高韵芬　蒋元荣《大溪皇庄》

　　7月15日　茹元俊　殷元和　卢元义　张元奎《铁笼山》李元芳　杨元才《拾玉镯》白元鸣　郭韵蓉　夏韵龙　甄韵福　杨元才　关韵宾《法门寺》李元芳　郭韵蓉　张元秋　赵韵秋　周韵芳　常韵久　张元珍　孙元彬　夏韵龙　钳韵宏　杨元勋　杨元才　卢元义　冀韵兰　娄元廷　李元瑞　蒋元荣　刘元泰　马元亮　孟元伟　关韵宾　甄韵福《八五花洞》

7月16日　冀韵兰　高韵芬　高韵升　韩韵杰　刘韵亭《双演大泗州城》

李元芳　甄韵福《浪子踢球》白元鸣　郭韵蓉《马蹄金》

徐元珊　范元濂　钳韵宏　刘元汉　夏韵龙　曹韵清　杨元勋　杨元友　娄元廷《盗御马·连环套·盗双钩》

7月17日　日戏　冀韵兰　高韵升　韩韵杰　刘韵亭《摇钱树》周韵芳　甄韵福　乔韵如　夏韵龙《打龙袍》哈元章　郭元蓉　杨元才　刘元汉《打渔杀家》徐元珊　李元瑞　范元濂　张元奎　刘元汉　孙元增　孙元林　殷元和　杨元勋　娄元廷全部《铜网阵》

7月17日　夜戏　冀韵兰　曹韵清　韩韵杰　关韵宾《蟠桃会》　李元芳　甄韵福《打杠子》高韵升　苏韵衡《林冲夜奔》

白元鸣　谭元寿　李元瑞　刘元汉　张元奎　徐元珊　殷元和　杨元才　孙元彬　吴元友　卢元义　刘元新全部《三国志》

7月18日　日戏　张元智　钳韵宏《遇太后》茹元俊　徐元珊　李元瑞　孙元彬四演《白水滩》冀韵兰　杨元才《小放牛》

白元鸣　钳韵宏　刘元汉《失街亭》李元芳　哈元章　张元奎　殷元贵　夏韵龙　杨元才　余元龙《霸王别姬》

7月18日　夜戏　茹元俊　卢元义《战滁州》李元芳　李元瑞　杨元才《文章会》白元鸣　刘元鹏　钳韵宏　郭韵蓉　赵韵秋　夏韵龙《大探二》徐元珊　冀韵兰　刘元汉　殷元和　曹韵清　刘元新　娄元廷《龙潭鲍骆》

7月19日　谭元寿　关韵宾《战樊城》冀韵兰　杨元勋　李元瑞　张元奎　刘元鹏　李元芳　刘元汉　赵韵秋　关韵宾　杨元才　殷元贵　马元亮　《穆柯寨·穆天王·辕门斩子》　高韵

升　钳韵宏　韩韵杰　曹韵清　范元濂　余元龙　夏韵龙　马元亮《安天会》

7月20日　张元智　甄韵福《钓金龟》冀韵兰　茹元俊　高韵升　刘韵亭　孙元增　杨元勋《杨排风》刘元鹏　钳韵宏　殷元贵　赵韵秋《双投唐》范元濂　徐元珊　殷元和　孙元彬　刘元新　蒋元荣　余元龙　孙元增《九龙杯》

7月21日　茹元俊　徐元珊　杨元勋　殷元和　卢元义　孙元增　冀韵兰　娄元庭《百凉楼》郭韵蓉　张元智《母女会》范元濂　李元芳　高韵升　孙元彬　曹韵清　李元才　高韵芬　甄韵福　蒋元荣　张元奎　萧元茂　赵元香《翠屏山·巧连环》高韵升　夏韵龙　杨元才　韩韵杰　冀韵兰　翟韵奎　苏韵衡　甄韵福　高韵芬　刘元敏　马元亮　邢元龄《普球山》

7月22日　张元智　孙元坡《滑油山》茹元俊　殷元和　刘元汉　卢元义　娄元庭　刘元新　范元濂　孙元增　王元信　翟韵奎《挑华车》周韵芳　甄韵福　关韵宾《打灶王》刘元鹏　夏韵龙　张元奎　范元濂　杨元勋　冀韵兰　孙元增　娄元廷全部《姚刚》

7月23日　冀韵兰　高韵升　韩韵杰　刘韵亭　曹韵清　关韵宾《无底洞》周韵芳　甄韵福　阎韵喜　郭韵和《卖油郎》刘元鹏　钳韵宏　谭元寿　赵韵秋　关韵宾　马元亮《斩黄袍》徐元珊　刘元汉　殷元和　曹韵清　刘韵亭　杨元才　杨元勋　范元濂　吴元友　杨元才　张元奎　刘元新　余元龙　关韵宾　赵元香　张元珍　王元信头本《骆马湖》

7月24日　日戏　冀韵兰　高韵升　韩韵杰《盗仙草》李元芳　李元瑞　张元奎　杨元才　张元智《双合印》徐元珊　孙元

彬　冀韵兰　卢元义　范元濂　张元奎　刘元汉二本《骆马湖》

夜戏　范元濂　刘元新　殷元和　孙元增《二龙山》谭元寿　高

韵升　钳韵宏　白元鸣　夏韵龙《长坂坡》刘元鹏　赵韵秋　张

元智　关韵宾　郭韵蓉　甄韵福　杨元才　乔韵如《四郎探母》

冀韵兰　高韵芬　高韵升　韩韵杰　曹韵清　甄韵福《金山寺》

　　7月25日　日戏　李韵璋　孙元坡《黄金台》谭元寿　高韵

升　韩韵杰　夏韵龙　刘韵亭　张韵斌《洗浮山》白元鸣　郭韵

蓉　赵韵秋《金水桥》徐元珊　张元奎　李元芳　范元濂　殷元

和　刘元汉《大战宛城》

　　夜戏　冀韵兰　高韵升　韩韵杰《百草山》刘元鹏　钳韵

宏　马元亮　刘元泰《奇冤报》哈元章　李元瑞　范元濂　李元

芳　杨元才　孙元彬　徐元珊　杨元勋　姚元秀　张元奎　蒋元

荣《大名府·玉麒麟》

　　7月26日　张元智《游六殿》茹元俊　殷元和　李元瑞　孙元

彬　范元濂　刘元新　余元龙《贾家楼》李元芳　杨元才　殷元

贵《拾玉镯》白元鸣　赵韵秋　夏韵龙　孙元坡　甄韵福　杨元

才　关韵宾　乔韵如　《法门寺》高韵升　韩韵杰　钳韵宏　冀

韵兰　高韵芬　翟韵奎　郭韵华　孙元坡　颜元龄《水帘洞》

　　7月27日　谭元寿　高韵升　夏韵龙　甄韵福　翟韵奎　凌韵

霄　刘韵亭　郭韵华《淮安府》刘元鹏　白元鸣　钳韵宏　赵韵

和　夏韵龙　刘元敏　《大探二》茹元俊　冀韵兰　哈元章　殷

元和　杨元才　杨元勋　徐元珊　李元瑞　孙元彬　卢元义　范

元濂　吴元友　刘元新　孙元增　余元龙　娄元廷　王元信　曹

韵清　吴元友《青石山》

　　7月28日　韩韵杰　刘韵亭　曹韵清　刘韵成　邢元龄《界牌

关》赵韵秋　李元瑞　杨元勋　吴元友　蒋元荣　凌韵霄《玉堂春》白元鸣　钳韵宏　孙元坡　关韵宾　马元亮　雷元硕《洪羊洞》谭元寿　高韵升　范元濂　韩韵杰　关韵宾　曹韵清　冀韵兰　常韵久　苏韵衡　李元芳　马元亮　高韵芬　蒋元荣《大溪皇庄》

7月29日　高韵升　关韵宾　夏韵龙　高韵芬《薛家窝》周韵芳　甄韵福《打杠子》白元鸣　钳韵宏　刘元汉　曹韵清《失街亭》李元芳　郭韵蓉　张元秋　赵韵秋　周韵芳　常韵久　张元珍　孙元彬　夏韵龙　钳韵宏　杨元勋　杨元才　卢元义　冀韵兰　娄元廷　李元瑞　蒋元荣　刘元泰　马元亮　孟元伟　《八五花洞》

7月30日　高韵升　夏韵龙　刘韵亭　曹韵清　苏韵衡　翟韵奎　孙元增《伐子都》冀韵兰　赵韵秋　李元瑞　杨元才　张元奎　余元龙《能仁寺》刘元鹏　王元清　孙元坡《法场换子》徐元珊　范元濂　钳韵宏　张元奎　刘元汉　夏韵龙　殷元和　卢元义　李元龙　孟元俊　曹韵清　杨元勋　杨元友　娄元廷　刘元泰《盗御马·连环套·盗双钩》

7月31日　日戏　韩韵杰　翟韵奎　夏韵龙　曹韵清　刘韵亭《花蝴蝶》哈元章　张元奎　李元芳　郭韵蓉　殷元贵《九更天》

冀韵兰　茹元俊　高韵芬　夏韵龙　刘韵亭　孙元增《杨排风》

7月13日　夜戏　茹元俊　孙元彬　孙元增《擒张任》李元芳　冀韵兰　李元瑞　殷元和　殷元贵　张元奎《穆柯寨·穆天王》刘元鹏　张元智　刘元汉　关韵宾　赵韵秋《辕门斩子》高

韵升　钳韵宏　曹韵清　马元亮　孙元坡《林冲夜奔》

　　8月1日　日戏　茹元俊　殷元和　孙元增《定军山》白元鸣　郭韵蓉《桑园戏妻》范元濂　李元芳　高韵升　孙元彬　曹韵清　李元才　高韵芬　甄韵福　蒋元荣《翠屏山·巧连环》冀韵兰　高韵芬　高韵升　韩韵杰　刘韵亭　赵韵秋双演《泗州城》

　　8月1日　夜戏　张元智　曹韵清《长寿星》茹元俊　孙元增　卢元义　冀韵兰《武文华》周韵芳　高韵芬　乔韵如　甄韵福《双摇会》刘元鹏　钳韵宏　赵韵秋《双投唐》李元芳　哈元章　张元奎　李元瑞　杨元勋　刘元汉《霸王别姬》

　　8月2日　张元智　刘元汉　曹韵清　马元亮《击曹砚》茹元俊　杨元勋　殷元和　孙元增　刘元新　娄元廷　王元信　李元荫　张韵啸《连环套》李元芳　刘韵亭《打杠子》刘元鹏　谭元寿　钳韵宏　赵韵秋　马元亮　关韵宾《斩黄袍》冀韵兰　高韵芬　高韵升　韩韵杰　曹韵清　甄韵福　乔韵如　翟韵奎《金山寺》

　　8月3日　高韵升　韩韵杰　郭韵和　夏韵寿《陈塘关》李元芳　杨元才　甄韵福　王韵福《探亲家》白元鸣　钳韵宏　关韵宾　刘元泰《捉放曹》徐元珊　范元濂　李元瑞　张元奎　刘元汉　杨元勋　娄元廷　殷元和　孙元彬　余元龙　夏韵龙　杨元才　刘元新　殷元贵全部《铜网阵》

　　8月4日　茹元俊　殷元和　孙元增《金锁阵》杨元才《送亲演礼》钳韵宏　孙元坡　张元珍《白良关》冀韵兰　曹韵清　翟韵奎《扈家庄》刘元鹏　赵韵秋　郭韵蓉　张元智　关韵宾　甄韵福《四郎探母》

8月5日　日戏　谭元寿　高韵升　韩韵杰　曹韵清《金兰会》周韵芳　甄韵福《双怕妻》哈元章　李元芳《梅龙镇》徐元珊　冀韵兰　刘元汉　殷元和　曹韵清　范元濂　刘元汉《酸枣岭·刺巴杰·巴骆和》

8月5日　夜戏　夏韵龙　关韵宾《锁五龙》李元瑞　茹元俊　冀韵兰　孙元彬《蔡家庄》白元鸣　刘元鹏　郭韵蓉　赵韵秋　李元芳　殷元贵《红鬃烈马》高韵升　钳韵宏　韩韵杰　曹韵清《安天会》

8月6日　张元智《望儿楼》　茹元俊　孙元增　卢元义　娄元廷　张元奎《铁笼山》刘元鹏　钳韵宏　殷元和　马元亮　甄韵福《奇冤报》李元芳　谭元寿　白元鸣　杨元才　夏韵龙　张元智《天河配》

8月7日　日戏　哈元章　张元瑞　刘元汉　张元奎《借赵云》　冀韵兰　高韵升　韩韵杰　周韵贤《攻潼关》刘元鹏　钳韵宏　赵韵秋《铡美案》李元芳　谭元寿　白元鸣　杨元才　夏韵龙　张元智《天河配》

8月7日　夜戏　高韵升　谭元寿　刘韵成　孙元坡《神亭岭》　李元芳　杨元才《拾玉镯》白元鸣　赵韵秋　夏韵龙　甄韵福　孙元坡　杨元才《法门寺》李元芳　谭元寿　白元鸣　杨元才　夏韵龙　张元智《天河配》

8月8日　日戏　高韵芬　曹韵清　刘韵亭《金顶山》白元鸣　钳韵宏《击鼓骂曹》哈元章　李元瑞　范元濂　李元芳　杨元才　孙元彬　徐元珊　杨元勋　姚元秀　甄韵福　蒋元荣　张元奎《大名府·玉麒麟》

8月8日　夜戏　谭元寿　高韵升　夏韵龙　刘韵亭《洗浮

山》　白元鸣　刘元鹏　钳韵宏　周韵贤　刘元敏　赵韵秋　夏韵龙《大探二》李元芳　谭元寿　白元鸣　杨元才　夏韵龙　张元智《天河配》

8月9日　茹元俊　殷元和　孙元增　刘元新　娄元庭　蒋元荣《天山三箭》李元芳　甄韵福《浪子烧灵》白元鸣　刘元鹏　赵韵秋　李元瑞　哈元章　张元奎　张元智　刘元汉　蒋元荣　吴元友　马元亮《甘露寺·美人计·回荆州》高韵升　冀韵兰　夏韵龙　杨元才　韩韵杰　高韵芬　曹韵清　翟韵奎　马元亮　邢元龄　李元钰　刘韵亭《普球山》

8月10日　李元瑞　孙元彬　高韵升　韩韵杰　殷元和　孙元增　娄元庭　余元龙　高韵芬　范元濂　刘元新　吴元友《白水滩》

李元芳　杨元才　殷元贵　曹韵清《荷珠配》刘元鹏　钳韵宏　赵韵秋　乔韵如《双投唐》冀韵兰　茹元俊　高韵升　刘韵亭　孙元增　杨元勋　夏韵龙　娄元廷　卢元义　刘元新　孙元坡　王元信　张韵啸　孟元伟《杨排风》

8月11日　因大雨回戏

8月12日　冀韵兰　高韵升　韩韵杰　刘韵亭　刘韵成　翟韵奎《摇钱树》周韵芳　甄韵福　乔韵如　阎韵喜《打面缸》赵韵秋　刘元鹏　孙元坡　李韵璋《骂殿》谭元寿　白元鸣　李元瑞　张元奎　徐元珊　杨元才　殷元和　刘元汉　卢元义　孙元增　吴元友　娄元廷　范元濂　关韵宾　曹韵清　李元钰　刘元新　夏韵龙　余元龙　赵元香《群英会·借东风·华容道》

8月13日　茹元俊　卢元义　孙元增　娄元廷　刘元新　余元龙《战滁州》李元芳　冀韵兰　李元瑞　殷元和　殷元贵　张元

奎《穆柯寨·穆天王》刘元鹏　张元智　刘元汉　关韵宾　赵韵秋《辕门斩子》高韵升　韩韵杰　钳韵宏　冀韵兰　高韵芬　翟韵奎　郭韵华　孙元坡　颜元龄《水帘洞》

　　8月14日　日戏　茹元俊　殷元和　张元奎《状元印》李元芳　甄韵福《打杠子》刘元鹏　谭元寿　赵韵秋　钳韵宏《斩黄袍》谭元寿　高韵升　范元濂　韩韵杰　关韵宾　曹韵清　冀韵兰　常韵久　苏韵衡　李元芳　马元亮　高韵芬　蒋元荣《大溪皇庄》

　　8月14日　夜戏　高韵升　夏韵龙　曹韵清《大伐子都》赵韵秋　刘元鹏　郭元蓉　张元智　杨元才　张韵福　张元珍　关韵宾《四郎探母》徐元珊　范元濂　钳韵宏　刘元汉　夏韵龙　曹韵清　杨元勋　杨元友　娄元廷《盗御马·连环套·盗双钩》

　　8月15日　日戏　高韵升　关韵宾　夏韵龙　高韵芬《薛家窝》

　　周韵芳　甄韵福《打杠子》白元鸣　钳韵宏　刘元汉　曹韵清《失街亭》李元芳　郭韵蓉　张元秋　赵韵秋　周韵芳　常韵久　张元珍　孙元彬　夏韵龙　钳韵宏　杨元勋　杨元才　卢元义　冀韵兰　娄元廷　李元瑞　蒋元荣　刘元泰　马元亮　孟元伟　关韵宾　甄韵福《八五花洞》

　　8月15日　夜戏　钳韵宏　韩韵杰　刘韵亭《丁甲山》李元芳　杨元才　殷元贵《拾玉镯》白元鸣　赵韵秋　夏韵龙　孙元坡　甄韵福　杨元才　关韵宾　乔韵如　郭韵和　张元珍《法门寺》冀韵兰　高韵芬　高韵升　韩韵杰　曹韵清　甄韵福《金山寺》

　　8月16日　冀韵兰　高韵升　曹韵清　韩韵杰　高韵芬　刘韵

亭《盗库银》周韵芳　甄韵福　阎韵喜《卖饽饽》徐元珊　张元奎　李元芳　范元濂　殷元和　刘元汉　卢元义　张元智　郭韵蓉《战宛城》白元鸣　赵韵秋　孙元珍　高韵芬　张元珍　孙元坡　钳韵宏　刘元敏　乔韵如　刘元新《法门寺》

　　8月18日　夏韵龙　关韵宾《刺王僚》哈元章　张元奎　徐元珊　杨元勋　李元瑞　曹韵清　钳韵宏　卢元义　娄元廷　孙元彬　茹元俊　殷元和　李元芳　夏韵龙　殷元贵《铁冠图·借清兵》

　　8月19日　茹元俊　徐元珊　杨元勋　殷元和《百凉楼》周韵芳　阎韵喜　甄韵福《双怕妻》白元鸣　刘元鹏　钳韵宏　郭韵蓉　赵韵秋　夏韵龙《大探二》高韵升　钳韵宏　曹韵清　马元亮　孙元坡《林冲夜奔》

　　8月20日　张元智　甄韵福《钓金龟》茹元俊　殷元和　刘元汉　卢元义　娄元廷　刘元新　刘韵亭《挑华车》郭韵蓉　张元智《母女会》范元濂　李元芳　高韵升　孙元彬　曹韵清　李元才　高韵芬　甄韵福　蒋元荣　张元奎　萧元茂　赵元香《翠屏山·巧连环》钳韵宏　刘元鹏《铡美案》

　　8月21日　日戏　冀韵兰　高韵升　韩韵杰　刘韵亭　刘韵成　翟韵奎《摇钱树》周韵芳　甄韵福　乔韵如　阎韵喜《打面缸》　赵韵秋　刘元鹏　孙元坡　李韵璋《骂殿》谭元寿　白元鸣　李元瑞　张元奎　徐元珊　杨元才　殷元和　刘元汉　卢元义　孙元增　吴元友　娄元廷　范元濂　关韵宾　曹韵清　李元钰　刘元新　夏韵龙　余元龙　赵元香《群英会·借东风·华容道》

　　8月21日　夜戏　夏韵龙　关韵宾《刺王僚》哈元章　张元

奎　徐元珊　杨元勋　李元瑞　曹韵清　钳韵宏　卢元义　娄元廷　孙元彬　茹元俊　殷元和　李元芳　夏韵龙　殷元贵《铁冠图·借清兵》

8月22日　日戏　孙元彬　殷元和　杨元勋　刘元新《采石矶》　李元芳　冀韵兰　哈元章　李元瑞　杨元才　赵韵秋　殷元和　刘元汉　张元奎　刘韵亭全部《十三妹》

8月22日夜戏至25日夜连演四天四场　哈元章　张元奎　徐元珊　杨元勋　李元瑞　曹韵清　钳韵宏　卢元义　娄元廷　孙元彬　茹元俊　殷元和　李元芳　夏韵龙　殷元贵《铁冠图·借清兵》

8月26日　徐元珊　殷元和　张元奎　杨元勋　刘元新《战冀州》李元芳　甄韵福《打杠子》钳韵宏　刘元鹏《断密涧》高韵升　韩韵杰　钳韵宏　冀韵兰　高韵芬　翟韵奎　郭韵华　孙元坡　颜元龄《水帘洞》

8月27日　茹元俊　殷元和　刘元汉　夏韵龙　曹韵清　杨元勋　王元信　娄元廷　李元荫《连环套》白元鸣　张元奎　吴元友　关韵宾《击鼓骂曹》李元芳　殷元贵　杨元才《贵妃醉酒》高韵升　钳韵宏　韩韵杰　曹韵清　范元濂　余元龙　夏韵龙　马元亮　雷元硕《安天会》

8月28日　日戏　高韵升　夏韵龙　曹韵清　孙元坡　冀韵兰　翟韵奎《恶虎村》赵韵秋　张元智　《金锁记》茹元俊　殷元和　卢元义　张元奎　冀韵兰　娄元廷　高韵芬　关韵宾《铁笼山》

夜戏　哈元章　张元奎　徐元珊　杨元勋　李元瑞　曹韵清　钳韵宏　卢元义　娄元廷　孙元彬　茹元俊　殷元和　李元

芳　夏韵龙　殷元贵《铁冠图·借清兵》

8月29日　日戏　钳韵宏　乔韵如《牧虎关》白元鸣　刘元鹏　郭韵蓉　赵韵秋　李元芳　殷元贵《红鬃烈马》高韵升　夏韵龙　杨元才　韩韵杰　冀韵兰　曹韵清《普球山》

8月29日　夜戏　李元芳　殷元贵　杨元才《喜荣归》徐元珊　范元濂　钳韵宏　刘元汉　夏韵龙　曹韵清　杨元勋　杨元友　娄元廷《盗御马·连环套·盗双钩》赵韵秋　刘元鹏　郭元蓉　张元智　杨元才　张韵福　张元珍　关韵宾《四郎探母》

以上是谭元寿与他富连成科班的同学于1943年在上海天蟾舞台演出的一份珍贵的历史记录。这个记录有一个与一般演出团体不同的地方，就是刊登了几乎所有演员的名字，这是教育者从培育学生、宣传学生、鼓励学生的角度出发的，演出的剧目又多又大，则是从锻炼学生的角度出发的，可谓苦心孤诣，这是每一个教戏的先生都能够认同并一目了然的。

从这份演出资料中，我们看到元寿在科班时已经朝着文武兼备的路子上发展。他不但在第一天演出打炮戏时就担任起大轴戏《大溪黄庄》的一号角色褚彪，而且演出了文戏《战樊城》和《群英会》，武戏《洗浮山》《长坂坡》等重头戏。七夕之际又排演并连续主演了时令新戏《天河配》。说明他在科班的元字科中已经是一个举足轻重的后起之秀。

当元寿先生看到上面这份演出资料时，既好像与80年前的故友重逢，又仿佛故地重游，非常激动。他说："你们看，当年我们在科班演出了多少戏啊！元鸣师兄当时是真好哇！这次演出就是他和李元芳最红。"当然他也非常遗憾地说："元俊、元珊、元濂、元瑞、元芳、元亮和韵龙都走了，当年我们都是十四五岁的少年，我和元瑞演出《少年立志》真是正当年呀！一晃儿就是70多年了……"

细心的读者可能发现，在演出的最后一周中，"谭元寿"的名字再没有在这个名单中出现。笔者发现这一反常现象，忙向当事人询问真相，元寿却怎么也回答不上来，还说这不可能，他一直跟着同学们一起演出啊！可过了三天，当笔者把这个演出名单拿给他看时，他突然说："我想起来了，当时我祖父谭小培正与我父亲谭富英领衔'同庆社'在上海更新舞台演出，有的同行看到我在天蟾舞台也唱起了《战樊城》《群英会》等跟我父亲一样的戏码，就有人跟他说，你儿子跟你在这上海滩唱上对台戏了，爷爷和父亲一听特别高兴，认为我可有了出息了，就请我家的亲戚李世琦先生到天蟾舞台给我请假，说要犒劳犒劳我。我因此就离开了天蟾舞台，跟着祖父和父亲到杭州、苏州，再到无锡、镇江一带去游玩，他们还领我到镇江的甘露寺去看所谓三国时期刘备与孙尚香结婚的洞房，还看到一个缺角的大堂桌，据导游说是三国时的孙权为表示孙刘联合抗曹的决心，特意砍下了那个桌子角。我当时感到特别好奇，现在想起来又特别好笑。那个时候的旅游业就是如此弄虚作假，不过这次江南游我是永远不会忘记的，感到特别的幸福。"

这次天蟾演出，元寿先生给上海观众留下了美好的印象，上海观众的热情也给他留下了美好的回忆。

再说富连成在上海的演出，使白元鸣、李元芳、谭元寿等同学大红大紫，真可谓"科里红"。但是京剧演员的变声期却是残酷无情的，再加上在科班演出过于劳累，过度演唱，尤其是不科学的过度苦练，使白元鸣很难渡过这一关，这给他的精神造成极大痛苦。这样一个有真才实学的好演员，也应该是一个优秀的教师。但是他虽然得到一些学生的尊敬与爱戴，也被一些有权势的师兄弟所欺负，特别是元鸣师兄只知道学戏、要强，不懂得讨好领导。对此，元寿先生总是对元鸣师兄抱以十二万分的同情，到处为他说话，打抱不平。

在"文化大革命"后多年，白元鸣与谭元寿的生活状况在当时已经有了较大的差异。有一天，元寿很认真地让笔者在见到白老师的时候，代他表示问候。当笔者如实转达的时候，白老师说，他和他的老伴儿也有个愿望，就是想请元寿到他家吃顿饭，而且说自己住的是"破瓦寒窑"，也没有什么好吃的东西，就是炸酱面，不知元寿能不能赏光。当时元寿无论参加什么高级宴会，大多是坐一会儿，点个卯，真到吃饭的时候就走了。一般人请他吃炸酱面那是不可能赴约的。可笔者又不能不转达白老师的美意。然而事情完全出乎笔者的意料，元寿不但非常痛快地接受了邀请，还说师哥请师弟，头路角儿请二路角儿，这是他莫大的荣幸，他们发小的哥儿们在一块儿没有那么多讲究，吃什么都香。元寿如期赴约，与元鸣先生畅谈兄弟往日情谊，一醉方休。

事后，元鸣还专门来感谢笔者，说笔者圆了他们夫妇几十年的梦想，又说："元寿，真是我的好兄弟，够意思！"说着还高兴地跷起了大拇指。

提起跟元鸣师哥一起学戏，元寿总忘不了他们一起跟雷喜福先生学《受禅台》的往事。这出戏有一大段二黄唱腔，连续唱十五个排比句"欺寡人"，比《逍遥津》的还多。按理说，元寿在入科前跟舅舅宋继亭学过戏，跟祖父和父亲都上过台，而且在京、津、沪已小有名气了，但是由于雷先生打学生特别狠，在京剧界是出了名的，所以他一看见雷先生就紧张，雷先生让背唱词，他越怕越背不出来。当时雷先生一点他的名字，元寿就更发怵，只顾害怕了，什么也想不起来了。雷先生则早已怒不可遏，当即拿起板子就让他趴下，他只好趴在板凳上，然后这位雷老爷子抡起板子就朝他的身上打来。这位脾气暴躁的雷先生是越打越生气，越打越狠，一连二十板子，直到他打累了，元寿也动不得了，这才罢手。当时元寿已经被打得血肉模糊，无法从板凳上爬起来了，只好让师兄弟把他抬起来，然后用鸡蛋清涂抹伤处，再用烧着的草纸熏。这种方法在富连成延续多年，也不知道有什么科学根据，有什么效果。可能除了精神安慰，没有任何实际意义。因为凡是从富连成出科的学生都没有再用它，想它。熏完了就要照样去练功，想休息两天那是不可能的。

这次挨打确实太重了，所以使元寿总是记忆犹新。更遗憾的是这出戏学得如此艰苦，但没有演出的机会，却因为萧长华先生特别迷信，说这出《受禅台》是一出让位的戏，演的是汉献帝在曹丕的胁迫下自建受禅台，把大汉基业拱手送给了曹家。而当时富连成正处于风雨飘摇之期，唯恐演这戏"妨班"，对富连成不吉利，千万不能演。由于萧长华先生是富连成的元老，他的话谁也不敢不听。据说有人不信，从上海学了一出《火烧连营》，学生好不容易排了出来，结果萧先生就是不让演，说这出戏"妨班"。后来萧先生外出，有人就趁萧先生不在，坚持演出，不料，就在演出当天，剧场着了大火，把所有戏装都烧光了，弄得科班被迫停业、放假，后来萧先生说不让演的戏，谁也不敢再演了。所以元寿这出《受禅台》也就白学了，打，也白挨了。

一般学生挨打虽然没有这样厉害，可是屁股也得肿上那么几天。不过一般情况下，大家挨打后都没有怨言，因为人人挨打，从不论亲戚。少班主叶世长就说，他是班主的小儿子，挨打却是最多的。所以戏班常说一句话：学戏没有不挨打的，挨打没有论亲戚的。

在旧社会的科班学戏挨打确实属于家常便饭，多数时候是出于严格要求，还是很受益的，所以元寿始终认为"打戏"是出人才、出好角的重要途径。但是有时候也打得莫名其妙，例如有一次到鲜鱼口内的华乐戏院演出，学生都是整队出发，步行前往。临出发之前，少班主叶盛章先生要求大家在路上不许说话，如果违反纪律，就要严惩。同学们走在路上就看叶先生总拿出一个小本子，好像在记录什么事情，走一会儿就停下来写几笔。演出回来后，叶先生召集大家集合训话，大家站好队，看着他拿出路上的小记录本，就听叶先生说："今天在路上谁不遵守纪律，随便讲话，要站出来承认错误。"同时又让人准备两条板凳，大家一看要打通堂，你看我，我看你，谁也不敢站出来。这时，叶先生举起了那个小本子说："违反纪律还不承认，再不站出来我可要点名了，凡是我点名的，就要加倍惩罚。"他这么一说，大家都含糊了，不管说话的还是没有说话的都站出来了。最后自然是打通堂，每人挨一通板子，一个没剩。打完了，叶三爷又开始训话，这时萧长华先生来了，说："老三，差不多就可以啦，明天早晨还要排戏哪，让孩子们早点睡吧。"总教习说话了，大家这才得以睡觉。可就在大家正要睡觉的时候，一个师弟对大家说，你们知道叶三爷那个小本子上记得都是谁的名字吗？大家当然特别想知道，那个师弟把刚才少班主扔掉的小本子拿出来，从头翻到最后一页，竟然一个字都没有。同学们齐呼：诈和（胡），千古奇冤哪！

由于元寿先生在科班学习用功，很快就在同学中后来居上，逐渐演出一些以自己为主的戏，如《南阳关》《鱼肠剑》《卖马》《奇冤报》《打棍出箱》等。到快出科的时候，由于将近变声期，嗓子有了一些变化，叶龙章先生就把他归到武戏这边了。这样一来，文戏就很少演出了。好处是他在文戏这边，因为上面有白元鸣的头牌老生，他总是演二路角色多一些。归到武戏这边以后自然演头牌的戏多一些，如《石秀探庄》《蜈蚣岭》《长坂坡》《骆马湖》《连环套》《战宛城》《莲花湖》《大溪皇庄》《大八蜡庙》《挑华车》，都成为他的主演剧目，这当然也与他自幼喜欢武戏有关，同时也对他保护嗓子非常有益，又增加了舞台上锻炼的机会。在武戏中他还特别喜欢勾脸戏，也就是原来由武花脸应工的戏。他在科班演出的最后一出戏就是尚和玉尚派的勾脸武生戏，即由武花脸教师宋富亭先生传授的勾尖嘴鸟形脸的《李元霸锤震四平山》，演出那天是元寿的十叔父谭世英亲手给他勾画的脸谱，尚和玉先生特意从家中带来他自己演这出戏所用的双锤，以表示对元寿的鼓励。当身材高大魁梧的尚老先生看到弱冠之年的谭元寿那瘦小的身材也有些后悔，怕元寿拿不动这对大锤。可元寿却非要用这对大锤上台一显身手不可，结果演完一出戏，两只胳膊都耍肿了。尚老看了他的演出特别高兴，称赞他小百岁是个非常要强的谭门之后，将来必成大器。

在京剧界，确实经常听到有些富连成毕业的学生说，富连成的戏不通大路，出科后不好搭班，要重新下卦。可是富连成的老社长叶春善却说："今后走遍全国的戏班，我要看到如没有我富连成的学生，哪个剧团就开不了锣。"元寿出科后到处巡回演出或搭班唱戏，走遍大半个中国，结果真的发现，凡是所到之处，甚至很偏僻、很基层的京剧团，真是无一处没有富连成的学生，确实兑现了叶老先生所说的"没有我富连成的学生，今后哪个剧团就都无法开锣"的预言。

值得一提的是，在两岸隔绝40多年后的1993年，谭元寿与梅葆玖等率团第一次去台湾演出，一下飞机，就听见有人喊他的名字，甚至喊他在科班时的名字，结果发现来迎接他的不但有富连成的同学，还有马元亮、哈元章，孙元坡、孙元彬等元字科的同班同学。他当时就想，叶春善老先生实在是英明，富连成的学生果然是遍天下啊！就是现在，富连成的学生最年轻的也90岁了，但是在当今的舞台上却很难见到一场没有经过富连成坐科的老师教过的学生参加的演出，足见富连成在京剧界影响之深远、举足之轻重。

为什么富连成能取得如此显著的成就呢？元寿认为：一是富连成的师资力量雄厚，老师戏路宽，教的学生就是地道；二是学生每天不离台毯，就跟长在舞台上一样，上台如履平地，说明富连成抓住了舞台实践这一极其关键的环节；三是对学生的要求特别严格，坚持"打戏"，尽管本人深受其苦，却坚持认为，打和不打，教出来的学生就是不一样。

2004年，当有关部门为纪念富连成成立百年举办活动时，时年70多岁的元寿回眸自己的"七年大狱"，却充满了感激的心情，他特别授意笔者拟定了一篇发言稿，郑重又辩证地阐述了他对富连成科班的看法，他说：

今天我们隆重集会，在这里纪念为中国戏曲事业做出重大贡献的富连成科班成立100周年。此时，我的脑海里立即浮现出当年我们在科班学习的情景，马上回忆起科班的老师那亲切的教诲，请允许我在此向富连成的创建者和在富连成辛勤执教的前辈们表示深切的怀念，真诚的感谢，并致以崇高的敬礼。

富连成的功绩大家有目共睹，有口皆碑，我们作为弟子更是铭记心中，仅我们谭家就与富连成有着不解之缘。早在富连成成立之初，我的曾祖父和祖父亲自把我的父亲谭富英交给富连成的社长叶春善和师大爷，即昆曲教师叶福海，让他在科班进行系统学习；后来，我的父亲又把我们弟兄送到富连成学艺，以至后来我的儿子、孙子学戏的老师也大多是富连成毕业的先生，所以我们对富连成充满了缅怀之情和敬畏之心。

当然，我们纪念富连成，一要由衷地表达敬意，二要认真总结富连成成功的经验，为今后更好地培育京剧艺术人才。不可否认，作为清朝末年成立的，历经了几十年半封建、半资本主义社会的旧科班，用今天的眼光来衡量，富连成是有许多缺点和不足的。然而，它所以能够培育出那么多挑班的、挑大梁的演员，或者是出类拔萃的艺术人才，必然有它值得我们吸取的经验和教训。以我的亲身经历来看，我认为富连成的成功主要是因为它有"三件法宝"，哪三件呢？

一是严格教学，这主要表现在"打戏"和不分亲疏这两个方面。据说，除了才艺出众，又能为科班演出赚钱的李盛藻先生，凡是从富连成毕业的学生，没有不挨打的，不要说我们和富连成的叶家和萧家都是亲戚，就是叶家和萧家的亲儿子不但也要挨打，甚至要加倍地挨打。"打戏"贯穿到教学的每一个环节，有效地克服了学生的惰性和散漫，激发了学生的上进心。尽管今天的教学要禁止"打戏"和体罚，但是那种严格执教的精神确实是需要我们很好地学习和继承。所以严格执教，亲者严，疏者宽，是富连成成功的法宝之一。

二是注重舞台实践，天天演出。在我的记忆中，富连成科班没有一天不演出，演出是我们学习最重要的必修课。除了到春节前封箱，休息两天，可以回家，大年初一就又开锣了。一年到头，从来不许回家，没有一天不上课，没有一天不练功，没有一天不演出。因为表演艺术一方面靠教学，一方面靠感悟，许多艺术的奥秘只可意会，不可言传，主要是靠舞台实践中的感悟。所以注重舞台实践，天天唱戏是富连成的法宝之二。

三是教学中文武昆乱并重，文武昆乱兼学。这不仅大大开拓了学生的戏路，更重要的是学文戏有益于武戏的学习，学武戏也有益于文戏的把握，昆曲戏是"百戏之祖"，非常适合我们奠定规范的从艺基础，可以使我们更好地学习皮黄戏。当时我武戏学演《长坂坡》《连环套》，文戏学演《空城计》《乌盆记》。因为有了《长坂坡》的底子，唱《定军山》就不会因为扎靠开打而造成负担。有《空城计》的底子，演出《连环套》时就不会因为胡琴一响就发怵。例如我后来演出《野猪林》、《打金砖》和《沙家浜》，甚至在我75岁时依然演出《定军山·阳平关》，这不能不感谢富连成科班"文武昆乱兼学"的教学方针。所以我认为文武昆乱兼学是富连成第三个成功的法宝。

今天我们纪念富连成，就要好好研究、总结、发挥富连成这三个法宝，让我们的戏曲院校培育出比富连成更多更好的艺术人才。

应该承认，谭元寿先生这个讲话是对富连成科班一个科学辩证而又完全符合实际的高度总结。在今天崇尚学历、不讲学识的戏曲界，应该反省一下：过去不讲学历、只重学识的富连成，培育的学生可以让今天戏曲学院所有的高学历者，甚至本科生、研究生望尘莫及，这是为什么呢？

那就是：泰山不弃细壤，江河不择细流。

二十七　海纳百川

　　1945年，富连成元字科从上海和东北演出回来不久，谭元寿虚岁18岁就出科了。却正赶上嗓音变声，遂在家调养并继续学业，将近一年没有唱戏。

　　为了不荒废学业，元寿和筱（翠花）老板的儿子于世文师兄、白登云先生的公子白元鸣师兄，还有同科的钱元通师兄等几位要好的伙伴儿，也都是正变声的小青年，约好了每天一早，头顶着星星就到窑台去遛弯儿、喊嗓子，然后一块儿到"三庆"或者"庆乐"等戏园子，趁那里没有演出的时候临时租借舞台练习武功。有一次，他们正在中和戏园子练功，白元鸣的父亲白登云先生也去了，说是没有什么事情，路过这里随便看看。其实大家都知道，他是来检查元鸣师兄的功课。元寿管他叫师大爷，临走的时候他对元寿说："小子，你们小时候一块练功，长大了可要互相照应着点，你将来要是挑班了可要带着点儿你师兄。"过了一段时间，朱世友、王世英两位师兄告诉他们，天安门东边的太庙比窑台一带幽静，是练功喊嗓子的好地方。他们跑过去一看，果然环境幽雅，特别是太庙的前后大殿及其周边的广场、配殿几乎无人来往，非常空旷，太庙后身就是故宫的筒子河和一片幽静的柏树林，夏天这里又非常凉爽，实在是演员喊嗓子、练早功的首选之地。

为此他们又转移到天安门东边的太庙去练功、喊嗓。他们发现这里最大的优点是本行的人比窑台那边少多了，可以更专心于自己的学业。

记得当年就在太庙的后河，元寿遇到了一位先生，主动跟他们打招呼，经过交谈才知道他就是有名的票友万国权先生。他是搀着他患病的父亲、国民党著名上将万福麟将军到太庙来遛弯儿的。他学金派花脸，还能演出武戏《艳阳楼》和工架戏《霸王别姬》，据说还能搬朝天蹬。那年他还不到30岁，当他得知谭元寿乃谭门之后时，就像遇到老朋友一样，与元寿聊起他对谭派艺术的敬佩和欣赏，并要元寿回家一定代他向祖父谭小培、父亲谭富英表示敬意，并说改日一定登门拜访。

50年后，元寿与他多次在全国政协一起开会。万国权当时已经是全国政协副主席，大家都尊称他为万老。他还跟元寿先生提起过当年在太庙邂逅的事情，还是那么随和，互相问候各家的情况，聊聊家常，没有一点儿架子。

有一天，碰到一位也是来喊嗓子的同龄人，问你是谭元寿吗，又说他也是富连成的，是高家老三，盛麟的弟弟，叫高世泰。元寿赶紧叫他师叔。他说你怎么能叫我师叔呢，元寿说那叫什么呢，他说咱们应该以兄弟相称，不信你就回家问问令尊。元寿回去一问父亲，果然，谭富英与他的父亲高庆奎先生历来是以兄弟相称，只是当年高庆奎先生已然病故三年了。

在太庙还有一个吸引大家的地方，就是那里有个简易溜冰场，一到冬天就取筒子河的水泼在河边柏树林的空场，在旱地泼水结冰形成冰面，再用芦苇席围起来，建成简易的临时溜冰场。买票进场后，每人租用一副冰划子，就是在木板拖鞋的底下装上两根粗铁丝，代替冰刀，再用绳子捆在脚上当作冰鞋。他们每天喊完嗓子就进入溜冰场玩一会儿。

别看这似乎有些原始味道的滑冰运动，却使在科班坐了"七年大狱"的谭元寿享受到从来没有过的轻松愉快。他和小哥儿几个往来穿梭在冰场中感受到无比惬意。说来也很让人伤感，凡是从"七年大狱"坐科出身的演员真是缺少了童年的欢乐，整天都钻到戏里，只能给别人带来欢乐。尽管太庙后河那种土法溜冰在今天几乎没有人看得上了，可元寿却对当年溜冰一事始终念念不忘，甚至在70年后回忆起来依然津津乐道。

当元寿的祖父谭小培知道自己的孙子去溜冰，也很感兴趣，就跟着他们一起去玩。后来市场上出现了带冰刀的冰鞋，一向追求时尚的祖父也买了一双进口的新式冰鞋，溜冰的兴趣就更高了。不料，终因年纪大了，一天溜冰的时候穿着长棉袍，行动也不方便，不慎摔了一跤，竟摔成胯骨骨折，元寿他们赶紧把祖父抬回家，请医生进行抢救治疗。足足躺了一个月，连翻身都困难，都得几个人一起帮他翻身。就是这一跤，对小培先生的晚年造成了很严重的影响。以后走路一直没有完全恢复正常，总是好像一条腿长一条腿短似的。最后，在1953年他老人家病逝的时候，据医生说，小培先生的逝世还是因为腿上的伤，被摔伤以后转为骨癌。

再说在变声期练功、喊嗓的这个阶段，每天早晨从窑台或太庙回来，元寿和他的师兄弟就到于世文师兄家由李志良师哥（即余叔岩先生的琴师李佩卿的公子）或金大军（即小生前辈金仲仁的公子金玉书）操琴，给他们吊嗓子。下午，就在家里的大院内练习武功，并由琴师徐少琦给他吊嗓子，然后一起查看当天报纸上的演出广告，研究晚上看戏的顺序和路线图。例如一看当天晚上广和楼是谭富英先生的《奇冤报》，庆乐戏院是李少春先生的《打金砖》，他们哥儿几个就先到广和楼听谭富英唱完《奇冤报》的反调，再赶到庆乐戏院观看李少春《打金砖》末场"太庙"。或者先在广德楼看完谭先生的《定军山》，再赶到庆乐看李少春的大轴子《智激美猴王》。总之是根据他们的观摩计划，事先约好在三庆、广和、中和、华乐、庆乐、吉祥、长安、哈尔飞、新新等各个戏园子轮流观摩前辈的演出，如此日复一日，收获甚是丰富。

当时元寿最爱看的戏，就是他最佩服的几位演员李盛藻、王少楼、孙毓堃、李少春、李万春、茹富兰等先生的戏。他们基础扎实，戏路子正，嘴里讲究，身上又飘又帅，一上台就那么"醒脾"，让他感到与众不同。李盛藻先生善于演出全本《三国》戏，经常从《桃园三结义》演到《温酒斩华雄》，或者演《路遥知马力》，等等，这对他后来自己挑班演出起到了非常重要的借鉴作用。不过李盛藻先生说，他演《斩华雄》多从《捉放曹》始《白门楼》止，当时李洪爷搭他的班，但是《斩华雄》的"关老爷"李洪爷却很少接。谭元寿看李盛藻最多的戏就是《打渔杀家》，从头场的出场、撒网到喝酒，二场的唱腔到与教师爷的对白和开打，每个小节骨眼儿都非常细腻，特别是第三场的"别家"，把那种父女亲情演得非常动人，每次看到这儿都让人心酸，催人泪下。最后与教师爷的那套"夺刀"也打得很干净，很有神气。

再如当年茹富兰和韩富信的《战濮阳》，更是元寿等师兄弟百看不厌的好戏。就连谭富英也是特别迷恋茹先生这出戏，总跟元寿说：

"你师大爷（指茹富兰先生）这出戏，我怎么看怎么爱，从科班到现在，就是再忙，我也是先看完他们这出戏再去扮戏（化装）。"所以后来叶盛兰和张德华合演《战濮阳》也是红极一时，每次那一套"对载"和后面的双下场，四击头亮相，准是炸窝般的喝彩声。

就这一年的时间里，元寿和他的小伙伴们真看了不少好戏，学习到很多好东西，大开了眼界，为他们后来走南闯北，搭班或挑班演出都起到了直接的作用。所以这哥儿几个谁也忘不了当年在艺术上志同道合，又能一起用功的岁月。说起他们每天一早去喊嗓，晚上赶场看戏观摩砥砺前行的美好时光，一直到晚年，谭元寿和白元鸣、于世文、钱元通、李志良等师兄弟都难以忘怀。

在这一年中，谭元寿最大的收获就是每天由他的亲娘舅宋继亭按照谭、余派的戏路重新给他学过的文武老生戏进行了整理，也就是重新"下卦"。提起这位亲娘舅宋继亭，他的师父就是戏班中号称"李八爷"的李春林先生，曾长期担任梅兰芳的大总管，又与余叔岩是莫逆的把兄弟，所以宋继亭的谭、余派戏非常规范。他特别疼爱元寿这个亲外甥，一直对元寿关爱有加。新中国成立后，他一面在谭富英的戏班中参加演出，一面到中国戏曲学校教学，但是仍然不忘为元寿说戏。所以元寿常说："我这位亲娘舅可是把他全部的心血都倾注在我的身上了，对我真是呵护备至，真可以说是替代了我和韵寿、喜寿的亲娘。"

谭元寿对亲娘舅宋继亭的亲情也是极为看重的，后来谭元寿每次收徒、排演新戏，参加纪念前辈的活动聚会时，都不忘把他的亲娘舅宋继亭以及他的儿子宋元斌奉为上宾。

1945年8月，日本宣告投降。不久，国民党派接收大员到北平来与日本人办理交接手续。有一天，李少春手里拿着国民党的小旗子，来到大外廊营一号，说是与谭富英等几个人约好了，作为北平市的知名人士，奉命去飞机场迎接国民党接收大员。当时谭富英拉着胡琴正在给谭元寿吊嗓子，见少春先生进门刚一坐下，谭富英就说：二弟，你得收个徒弟啦。说着就叫谭元寿赶紧过来给少春磕头拜师。少春忙拦着说："余三爷不在了，我正要跟您学呢，我还没有学好，怎么能收徒弟呢？"谭富英是个实在人，不会瞎客气，就说："我也没办法，我们家小百岁就迷你，一心就学你，这么崇拜你，你说你能不收他吗？"李少春说："您是正宗的谭门本派，连余叔岩先生都说谁也比不了人家谭派，那是咱们最重要的法帖。难道您真不知道，我一直可是学您的，成天在您这儿抒叶子，我跟您还没有学好，就反过来教您的儿子，这不是误人子弟吗？"

其实李少春说的真是老实话，他的儿子李宝春就曾说，他父亲在一出《野猪林》中就汲取了谭、余、杨、麒、盖、马和他父亲李桂春的李派共七个流派的艺术特色，谁好就学谁，而且他坦诚地说自己学得最多的就是谭富英先生的唱法，既俏又巧，使他获益良多。少春先生还举例说，在"白虎堂"一场，林冲唱"购得宝刀心欢畅，太尉府中比锋芒，将身来在游廊上……"的一段流水，既流畅又俏丽，演员与观众都感到听着舒服、华丽，唱着轻松而富于力度，可谓"以逸待劳"的秘密武器，也因此成为少春先生在舞台上百战百胜的秘诀。这恐怕也就是后来人们常说的"懒腔"。

谭富英却认真地对少春坚持说，你跟余先生学谭派，所以元寿正好跟你学余派戏。这不是名正言顺了吗？这事儿你可不能推辞。谭富英站起来说，今天我做证人，让元寿先给你磕头，找一天咱们还是泰丰楼好好办一办。少春说："要说教谭派，我这是在圣人面前卖《三字经》。但是您不怎么唱武戏，我就替您代劳，给元寿说几出武戏，好不好？泰丰楼就算了，咱们这样的关系，还走那个形式干什么？再说我教谭先生的儿子学谭派，传出去，人家真会说我忘了自己姓什么了，典型的欺师灭祖。教武戏，我保教保会。百岁，你明天起就到‘棉花地’找我去，想学什么就说，只要我会的。”说着，谭富英也穿戴整齐，与少春一起到虎坊桥路口集合，然后一起上西郊机场迎接国民党的接收大员去了。

这一天，是元寿特别高兴的一天，因为他万万没有想到父亲那么理解他，支持他。知道他迷李少春，而且帮助他打开了少春先生的艺术之门，真是没有想到。从此他就可以名正言顺地到“棉花地”或西长安街石碑胡同的李少春家中学戏了。

可是当时谭元寿也很纳闷，自己姓谭，论血统是谭派的正根，一直以为自己暗中崇拜李少春是犯了大忌，可是父亲却那么积极地让自己跟李先生学戏，这到底是为什么呢？事后，他问父亲，富英先生则很认真地说：“什么是谭派？谁好，就学谁，这就是谭派。我们古今的大学问家都是学无常师，要博学就要转益多师。你曾祖常说这么两句古话，叫作‘泰山不弃细壤，江河不择细流’，你曾祖是金奎班坐科，你爷爷是小荣椿坐科，我的开蒙老师是陈秀华先生，当时是你曾祖亲自给我们兄弟请来的老师。后来又把我送到了富连成，都是你曾祖的主张。出科后，你祖父就带着我去拜师余叔岩先生。我们都不能只靠家学，闭关自守是学不出来的。就说你曾祖，他的老师就有余三胜、程长庚、王九龄、孙春恒以及山西梆子的郭宝臣、薛固久等，不下十几位先生，学习了各个流派，最后学成了自己的谭派。当时都说‘无生不谭’，可是他却不让我跟他学，给我请来陈秀华先生，你想想这是为什么？从你目前的情况看，肯定地说，你与我的戏路不会一模一样。我知道你是看上少春的文武全能，喜欢他的《野猪林》和

《打金砖》了，这些戏，我唱不了，可你是非唱不可，你的条件也比较适合，所以你肯定走他的路子了。我知道你崇拜的几位，在李少春以外，还有李盛藻先生、孙毓堃先生和高盛麟先生的独到之处，出科以后，你几乎整天到各个戏园子追着看他们的戏，这足以说明你的心里就没有流派与门户的框框，看到人家好的东西为什么不学呢？路总是要越走越宽，不能越走越窄。"

就在元寿思忖着出科以后自己如何继承谭派艺术的关键时候，祖父谭小培和父亲谭富英却已经为他指明了一条出乎他意料的发展道路。他们一致认为，如果元寿出科后就在父亲的同庆社搭班唱戏，其发展道路必然越走越窄，让人说他是少爷唱戏，家族戏班，对他的发展很不利，以致将来难以独撑局面，难成气候。为此，祖父和父亲建议他一个人走南闯北，哪怕磕磕碰碰，挫折失败，也要凭借自己的实力去开拓自己的艺术道路。他记得父亲一再说，你只管出去闯，多碰几个钉子，没有坏处。

其实刚刚出科，正要跃跃欲试的谭元寿自然也想试一试自己这把宝剑的锋芒，不料与祖父和父亲不谋而合。

给少春先生磕头的第二天，元寿就来到了"棉花地"李少春家。这里住着的是李少春和他夫人王次君，一见面，少春先生问他学什么戏？他一时真不知道如何答复，因为少春先生的戏他都特别喜欢，如《野猪林》、全本《武松》、《打金砖》、《连环套》、《三岔口》、《闹天宫》，几乎没有他不想学的。这时他当然希望先学《野猪林》了。可是他也知道，自己刚刚出科，就学那么要紧的戏有点儿好高骛远了。想了想，就理智地提出："请您先给我说一出'武松'戏吧。"

少春想了想说："那好，咱们就先学《狮子楼》好不好？"

当时李万春和李少春都擅演全本《武松》，都有"活武松"的美誉，不过演法各不相同，风格也大相径庭。但是元寿都非常喜欢，观摩了不知道多少次了，因此学得非常认真，也很快，只要少春先生有时间，他就不放过任何机会。李先生当时正活跃在舞台上，教学时间很有限，能够得到少春先生如此手把手的真传实授，他是非常珍惜的，尤其为他后来学习演出《野猪林》、《打金砖》和《智激美猴王》等高难度的戏奠定了扎实基础。《狮子楼》学好以后，李先生又安排元寿在鲜鱼口内华乐戏院演出了一次，并且亲自给他把场。看过之后，李先生很是满意，就对元寿说："行，这出戏我算是给你落地啦，以后有时间我们再接着说《挑帘裁衣》吧。"

　　说到这里，读者一定会问，这"棉花地"在什么地方呢？其实就是北京宣武门外菜市口东北角四川营一带的棉花上头条、中头条、下头条，一直到棉花上、中、下九条。那么多叫棉花的胡同连在一起，所以就统称为"棉花地"了。传说是明朝末年四川的秦良玉奉旨进京勤王，带兵驻扎在这一带，所以又叫"四川营"，尽管距离广安门、右安门还有好几站路，属于"城里"，但是由于这一带一片荒芜且人烟稀少，又相当于农村，到陶然亭一带就是一片一片的荒地了。过去演员到城根吊嗓子、遛弯儿，其实都没有出外城，加上当年这些地方都比较荒凉，如果说这"棉花地"因种植棉花而得名也是有历史根据的。后来这个地方盖起了一片一片的民房，陆续有些京剧演员从原来的韩家潭一带逐渐向西南迁徙，也是必然趋势，以至每一条棉花胡同几乎都有京剧演员居住。例如后来，棉花头条住的老生王和霖、贯大元、陈少霖，鼓师白登云，花脸孙盛文，丑角孙盛武，武生张德俊、张云溪，丑角张永禄、郭元祥，坤旦孟丽君，武旦贯紫林，坤丑梁花侬；棉花二条的武净许德义，小生李德彬、王又荃、徐和才、刘雪涛，老生张连福、宋继亭，丑角李一车、贾多才、高富远和老旦时青山等；棉花上四条住着旦角刘盛莲、张君秋，老生刘盛通、张元智等；棉花上六条住着旦角赵桐珊、方连元、新艳秋，老生蔡荣桂、张盛禄；棉花七条住着琴师李佩卿，武生杨长喜、杨盛春父子和田鸿儒，老生时慧宝、贯盛习，花脸金少山、裘盛戎；棉花九条住着旦角王琴侬，老生王世续父子，琴师徐兰沅；等等；真是不胜枚举。再加上"棉花地"紧邻的椿树头条、二条、三条胡同，铁门胡同、山西街、西草厂胡同、南柳巷、北柳巷、永光寺街等，到处都是戏班的同行、眷属，可以说每条胡同都是皮黄声不断于巷，丝竹音不绝于耳，可见这"棉花地"与戏班的演员有着很深的渊源。谭元寿到"棉花地"，一是到棉花下三条的李少春家学武戏，二是到二条找他的舅舅宋继亭学谭派老生戏，三是到李少春的助手张盛禄先生家学李少春的独门戏《打金砖》《闹天宫》《野猪林》等。

提起这位张盛禄，也许一般人都不大知道，但是在当时的富连成科班和后来李少春的"起社"，以及李少春、袁世海、叶盛章、黄玉华领衔的"新中国实验京剧团"，都少不了他。这可是一位专门负责少春先生后台排戏的关键人物，特别值得介绍一下。这位张先生原是富连成资深老教师蔡荣桂的孙女婿，他本人的教学经验非常丰富，从盛字科一毕业就留在世字科和元字科任教了。他不但对李少春的戏烂熟于胸，而且能知道少春的戏如何排练、如何设计，乃至各有几种演法，甚至比李少春先生本人都记得清楚。少春先生演出非常频繁，确实没有时间教学，但是他看到元寿如饥似渴地要跟自己学戏，就为元寿推荐了这位张先生。所以在多年后，许多观众都认为唯有元寿学李少春先生的拿手戏最为得法，最得真传。殊不知这背后还有一位秘密的"高级二传手"呢。

"文化大革命"后，元寿先生为扭转当时京剧演出市场日见低迷、疲软的状态，他身先士卒，特意推出了又唱又摔、文武并重、惊险十足的《打金砖》，引来全国几乎所有剧团都纷纷上演《打金砖》，在全国掀起一时的《打金砖》热。使半死不活的京剧演出市场因这出《打金砖》而场场客满，剧场内也是喝彩声、掌声连连不断。不过，有的青年演员嗓子比元寿先生冲，有的演员翻摔仆跌比元寿先生猛，可为什么观众认为只有元寿演得神韵最佳、最扣人心弦呢？而且每次少春先生看元寿演出总是鼓励有加，许多同行和观众不解。这其中的奥秘就是因为元寿这出戏得到了这位张先生的倾囊相传。所以，每当同业和各地观众称赞元寿学习少春最为得法时，元寿的心里就特别感激在他与少春先生之间搭桥，传递艺术真髓和密码的张盛禄先生。因为元寿最清楚，瞟学是学不到真技术的。而张盛禄不但能承上启下，传递最重要的艺术信息，而且还能攒总，使谭元寿不是近水楼台却能先得月。

当然，元寿在太庙练功吊嗓的时候，只要少春先生在家，他从太庙出来就直奔天安门西边不远的石碑胡同，到李少春与侯玉兰夫妇的新居那里，继续学习《挑帘裁衣》、《野猪林》或《连环套》等戏的演出要领和关键之处，他是一天问一点，集腋成裘，终于从少春先生那里"偷"到了他那几出拿手戏的秘诀。

二十八　走南闯北

　　谭元寿经过一年来的调养、观摩和学习深造，嗓音基本恢复。就在他跃跃欲试准备重返舞台的时候，一天在李铁拐斜街邂逅一位戏班的熟人杜菊初。这位杜老板，以投资培养演员为生。当时杜老板名下有几位旦角，一是杜丽云，一是杜近芳，都是由杜老板请谭小培先生鉴定并举荐给大马神庙的王瑶卿。其中学得最为优秀的当数杜近芳。为让学成的杜近芳登台亮相，接受广大观众检阅，根据谭五爷谭小培亲自鉴定并建议，特为谭元寿与杜近芳组班联袂演出《红鬃烈马》等对儿戏，那年元寿18岁，杜近芳只有15岁，但是合作起来，却都不同凡响，甚至显示出不凡的艺术潜能。这几场演出，对于一年多没有登台的谭元寿来说属于小试牛刀，而杜近芳则是经过王瑶卿精雕细刻后的崭露头角，虽然说两位青年人都是初露锋芒，但也在京剧舞台上，在观众的心目中挂上了号。随后杜老板又请谭富英特别提携杜近芳，再次合演《大探二》等戏，遂声名鹊起，并携杜近芳往上海拜入梅兰芳的帐下。这也就是日后誉满全国70余年的梅派大青衣杜近芳。

　　接着，原来主管富连成元字、庆字两科教学的叶盛章先生因科班解散，也派人来找谭元寿，要元寿参加由他领衔主演的金升社的演出。金升社是叶盛章先生在1938年创建的京剧史上唯一的以丑角挑班的剧团，以演出武丑戏《盗银壶》《打瓜园》《翠屏山》《酒丐》《花蝴蝶》《安天会》等戏为主。由于叶盛章少年时学习非常刻苦，有"生死簿上翻跟头"的经历，又得到武丑宗师王长林的真传，技艺精湛，素有"天下第一武丑"的美名。再加上叶盛章是元寿在科班时的业务教学总管教师，叶盛章的二姐叶玉琳又是元寿的亲舅妈，元寿也很想借此机会搭班到外面去闯练一下。加入金升社后，谭元寿连续与叶盛章在长安大戏院、庆乐戏院等剧场合作演出的戏就是《藏珍楼》，由他扮演白菊花；演出《翠屏山》时，谭元寿的石秀，叶先生接演后部《时迁偷鸡》的时迁；演出《大名府》时是叶世长（后名叶盛长）的卢俊义，杨盛春的武松，叶盛章的时迁，元寿的燕青。

演出一个阶段后，元寿又接到叶盛兰新组"玉华社"南下演出的消息。叶盛兰先生官称叶四爷，是富连成科班老班主叶春善的四公子，叶盛章的四弟。他先学武旦、青衣，据他的少年伙伴吴祖光先生说，他最喜欢盛兰的《战寿春》，是他所见过的最勇猛的武旦演员，后根据萧长华建议，盛兰改小生，得小生前辈程继先和茹派传人茹富兰亲传，技艺全面，与其兄盛章一样，都是京剧界的特殊人才，而且盛兰也创造了京剧史上唯一小生挑班的奇迹。在玉华社，旦角是陈永玲，武生是梁慧超，元寿担任二牌老生还是很能够得到锻炼的，例如全部《群英会·借东风》，叶四爷的周瑜，谭元寿的前鲁肃后孔明，在《车轮大战·王佐断臂》中，叶先生的陆文龙，从头到底，元寿先生的王佐，还有他与陈永玲的《游龙戏凤》《打渔杀家》，等等。因为是在春节期间演出，叶四爷特意带着老母亲一起去的南京。

谁知天有不测风云，当盛兰应邀于1949年春节率团赴南京演出时，遭遇了南京几十年罕见的大雪，连马路都给封住了，雪是越下越大，大街上都见不到人，在南京大戏院唱了几场戏，顶多上五六成座儿。这次元寿先生倒是演出剧目不少，头天就是他的《失空斩》，接着是他的《哭灵牌·连营寨·白帝城》，后来又在总统府演了两场，都是他和陈永玲的《游龙戏凤》。盛兰也要唱《翠屏山》，扮演前部石秀，元寿先生扮演后部石秀，陈永玲的潘巧云。这次演出不但赔了钱，还把师奶奶，也就是叶先生的母亲冻得够呛。演员的艰辛，外出搭班的风险，使盛兰懊悔不已，演出后回到北京他就直接参加了国营的中国京剧院，开始"赚小米"了（当时政府工资都是按小米的价钱计算，领工资就俗称"赚小米"）。

这次随叶盛兰到南京演出的遭遇，对初出茅庐的谭元寿自然是一次深刻的教训，使他始知搭班、挑班真不是轻而易举或可意气用事的事情，也更加敬佩祖父谭小培谨慎、稳妥地为父亲谭富英搭班、挑班的十年规划。更令人难忘的是，去南京的时候，叶盛兰给大家原来买的都是软席卧铺，回来的时候则都是硬座，还有好多人买不到坐票，车厢里又特别拥挤，陈永玲的夫人言慧兰还带着两个孩子，没有座位，元寿先生只好把座位让给言慧兰，自己从南京一路上站着回到了北京，那时的火车速度很慢，还要摆渡过江，最快也要两天两夜。

回到北京后，正好荀慧生的留香社需要二牌老生，元寿就跟着荀先生唱了将近一年。在留香社，小生是徐和才，二旦是费文芝，丑角是朱斌仙，里子老生（即在荀慧生主演剧目中扮演配角的老生）是陈喜兴、曹连孝；二牌老生（即在荀慧生主演的剧目前主演的正工老生戏，如《南阳关》《武家坡》等）就是谭元寿。这一年的合作，给他印象最深刻的，一是碰到荀慧生这样一位爱开玩笑的和气老人，二是对荀派艺术有了全新的认识，对丰富提高他的表演艺术具有重要的启示和帮助。他惊讶地发现，荀先生的戏是如此与众不同，竟然处于完全的生活自然状态。因为荀先生的表演非常自如，仿佛没有任何程式套路的拘束，就像在舞台下的日常生活一样，可是他的一举一动、一唱一念又全在程式规范之中。这使他终于明白什么叫作"臻于化境，炉火纯青"了。尤其令他敬佩的是荀派的《香罗带》《诓妻嫁妹》《红楼二尤》等，每一出戏都非常精彩，引人入胜，哪怕一句很简单的念白，也表现得极为深刻、动情，引发观众强烈的反响。他的每一段唱腔也都让人过耳难忘，广为传唱。他为能够遇到荀慧生这样的艺术大师，学习到如此自然、生活化的表演艺术而感到庆幸。特别是后来演出现代戏方面，荀先生的教诲更让他受益终身而感恩不尽。

不过，荀派剧目大都属于才子佳人的三小戏，所以需要在前面垫一出《空城计》或《战太平》等袍带戏（也指帝王将相一类的戏），这样的剧目才能让观众感到既不雷同又相映生辉。但是荀派的花旦剧目又不同于过去传统的三小戏，如《打樱桃》、《探亲相骂》和《小放牛》等戏那么短小精干。特别是荀先生又注重音乐形象的塑造，他所编演的又都是大花旦戏，都有繁重的唱腔，戏都比较大，演出时间长，这样一来元寿演出正工老生戏的时间就相对要减少一些，有些谭派大戏就很难演出。为此，尽管元寿跟荀先生相处得非常融洽，他的祖父谭小培、父亲谭富英因与荀慧生合作多年又与荀先生莫逆之交，合作都是非常愉快的，但是合作一年以后，因为许多谭派经典剧目没有机会演出，他还是依依不舍地离开了这个让他受益匪浅的荀剧团。

随后，元寿又在天津南市的庆云、群英、平安等几个戏院与青衣郭韵荣、花旦凌鸣霄、花脸贺永华、武生兼武丑张鸣禄、鼓师姚占歧等人合作了比较长的一段时间，主演了一些谭派老生戏和一些李派的武老生戏，很受天津观众欢迎。在这段演出中，最让他难忘的是他和自己最敬佩的李少春还打上了对台。因为离南市，特别是"下天仙"不远的中国大戏院，就是少春的演出阵地。元寿喜欢少春的艺术，又很能叫座，自然多学唱少春的戏。结果，少春贴出了八本《武松》，元寿也贴出了八本《武松》；少春那边主演《四郎探母》，元寿这边也是《四郎探母》；少春演出《白水滩》或《两将军》和《击鼓骂曹》双出，元寿也是一文一武两出戏。不过少春那边的《武松打虎·挑帘裁衣》是叶盛章的武大郎，黄玉华的潘金莲，阵容非常强大。少春知道谭元寿在南市演出的戏码和自己怼上了，不但不生气，反而特别高兴。更让元寿感动的是，他在天津演出有时没有服装、道具，就到中国大戏院找少春去借，很巧的是元寿与少春的服装从长短到肥瘦几乎没有区别，所以少春总说："元寿，你那里缺什么服装、道具，就到我这里来拿，咱们可不许客气，不过我的盔头你戴不了，因为我比你的脑袋大得多，你得自己想办法，或者你只能戴'官中'的了。"有一次元寿演《恶虎村》，他就到少春先生那里去借豹衣豹裤和这出戏打"坛子攒"时专用的假酒坛子，少春立即要他到衣箱上的师傅老四那里去取。后来演出《王佐断臂》，又去找少春借假臂和说书用的挂图。演《野猪林》时，少春就把他自己全套的服装道具都拿出来，让元寿派人来取。后来元寿总想，说是师徒，又没有举行仪式，说孝敬师父，可少春先生整天为他操心，对他的关照可谓无微不至，当时的李少春就在观众中享有"李神仙"的雅号，元寿为自己遇到这样一位"圣人"尤为庆幸不已。当然他一直要酬谢李先生，却答报无门，直到三十年后才得到这个机会，这里暂且按下不表。

当元寿正在天津南市各个戏园子唱得特别起劲的时候，一天，梅兰芳的大管事李春林专程从北京赶到天津南市，到庆云戏院的后台来找他，说梅兰芳先生特邀他回京，请他陪同梅葆玖合作几出戏。他知道，这是梅兰芳在新中国成立后第一次北上演出，葆玖贤弟是第一次在北京亮相，鉴于梅、谭两家将近百年的交情，他是无论如何也不能回绝梅先生的。于是，元寿依依不舍地提前结束了天津群英戏院的演出离津返京，开始与葆玖的合作演出。

谭元寿回到北京，梅兰芳非常客气地对他说，要请他捧捧玖弟，为他与梅葆玖组织了一个班子，以他们两人为双头牌，而三牌武生正是元寿与葆玖均由衷敬佩的大武生孙毓堃。在长安大戏院合作演出的第一出戏就是《红鬃烈马》，第二天是《打渔杀家》，第三天是《探母回令》，接着是元寿先生在前面唱谭派老生戏《问樵闹府·打棍出箱》，大轴戏是梅家父子合演《游园惊梦》。在吉祥戏院演出的最后一场是双出，元寿前演《黄金台》，葆玖前演《穆柯寨》，之后元寿、葆玖与谭家的姑爷郭元汾三人合演《二进宫》蹲底，前后一共演出了二十多场。这次精诚合作，把梅、谭两家的世代艺术情缘延续到了新一代。

元寿先生清楚记得，在与葆玖合演《打渔杀家》之前，梅兰芳特意把元寿叫到西城护国寺一号的梅宅，就在后面大院西北角的海棠树一侧，亲自为他们两个人排演这出戏。说来这出《打渔杀家》是清朝末年谭鑫培与王瑶卿的拿手好戏，后来梅兰芳与余叔岩多次观摩过两位前辈的演出。1918年，余叔岩在梅兰芳的班社挂三牌老生，当时的二牌老生是曾经大力引荐、提携过梅兰芳并主动把头牌让给梅兰芳的大恩人，即戏班称为"凤二爷"的王凤卿先生。但是梅兰芳知道让余叔岩挂三牌又有些委屈他，就与余叔岩根据他们观摩谭鑫培与王瑶卿的《梅龙镇》和《打渔杀家》等对儿戏进行了精细的加工，以尊重余叔岩的声望。为使这样的传承再延续到新的下一代，梅先生把元寿叫到家里，亲自为他与葆玖加工这出历代前辈传下来的经典对儿戏。

在排练中，梅兰芳不厌其烦地在每一个细节向元寿说明当年其曾祖是如何表演的，师爷余叔岩又是如何表演的，父亲谭富英是如何表演的。例如当排演到第二场，女儿萧桂英给父亲萧恩敬茶的时候，有一段对话：

父亲说："叫儿不要渔家打扮，怎么还是渔家打扮呢？"

女儿答："儿生在渔家，长在渔家，不叫儿渔家打扮，要孩儿怎样打扮呢？"

父亲要立即沉下脸，斥责说："不听父言就为不孝。"

女儿忙说："孩儿改过就是。"

父亲则欣慰地说："这便才是。"

对这一段并不被一般演员重视的台词，梅兰芳就对元寿和葆玖进行了生动而深入的分析、指导。他说原来他也以为渔家打扮一事引起父亲的责备过于严厉，后来才意识到这打鱼生涯对萧恩有许多无奈和难言之隐，而女儿却不能理解父亲流落江湖的苦衷，更不知父亲看到女儿渔家打扮很是心痛，也很担心，遂以严厉的态度表示父亲的关照。当女儿服从以后，父亲就应该很慈爱、很温暖地说"这便才是"，以挽回刚才因过于严厉而造成对女儿的伤害。这几句看似无关紧要的对白，梅兰芳和余叔岩先生却特别加以注意，充分地表现出父女亲情。

在排演到父女决定报仇，走出家门的时候，女儿突然对父亲说："啊爹爹，这门还未曾关呢。"

父亲不耐烦地回答："唉，不关也罢。"

随后女儿又说："啊爹爹，这里面还有许多动用的家具呢。"

父亲这时要特别动情地叹一口气再说："唉，傻孩子呀，门都不关了，还要的什么动用的家具呢？"

这时女儿突然意识到真的要去杀人了，自己即将无家可归了，便引发出极度的恐惧和哀伤，哭着说："啊爹爹，孩儿有些害怕，孩儿我、我、我不去的了。"当父亲三次要拨转船头送女儿回去时，女儿则极力阻止并伤心哭道："孩儿我舍不得爹爹……"接着就是父女的哭头。

梅兰芳对元寿和葆玖说，这几句念白非常重要，可以说是全剧的戏核儿。萧恩开始还在抑制和掩饰着自己的感情，不愿意在女儿面前说明他们已然面对家破人亡的真相，在说到"动用的家具"时，女儿的幼稚无知自然刺痛了父亲的心，说她"傻孩子"时，再也掩饰不住了，念白中便自然带出了英雄泪，语调应该是颤抖的。当女儿说自己舍不得爹爹时，父女的悲怆情绪则到达了极点，而剧情也应该达到最高潮。

在梅先生的启发下，元寿和葆玖都得到了很大的启发。演出那天，梅兰芳特意请来了老一辈的王瑶卿大师来看戏，所以王大爷一进门就说："今天是老梅请我看小梅。"演出后，梅兰芳对他们的表演很满意，对元寿更是多加表扬和鼓励。然后请王瑶卿当场指出演出中的不到之处。最后梅先生还说，现在我们梅家从祖父梅巧玲，父辈梅竹芬，到我和我的儿辈葆玥、葆玖是四代旦角，谭家从谭鑫培、小培、富英到元寿是四代老生，我们世代友好，世代合作，甚至两家从不谈"公事"，也就是不谈"钱"，这是多么难得的友谊啊！

就在这次演出的六十年后，元寿与葆玖曾经特意再次聚会于护国寺一号的梅家老宅，在那棵海棠树下共同回忆起梅大师当年给他们排练《打渔杀家》的情景，依然激动不已。元寿感慨地说，能够得到梅大师的真传实授，对他来说是终身受益啊！

二十九　天津"共和"

　　转眼到了1950年春节，天津的中国大戏院提出了一个新的演出方案，说中华人民共和国成立了，我们也成立一个"共和班"吧。这样他们就从北京和天津选拔了一批中青年演员，其中包括程派青衣新艳秋，铜锤花脸王泉奎，架子花脸景荣庆，武生演员王金璐、袁金凯，武丑张世年，而蹲底的老生就是谭元寿。他们在天津中国大戏院连续演出了20天，初一到初五是日夜两场，一共演出了25场。大家不分名次先后，不分头牌、二牌，轮流唱大轴子，轮流唱开场戏，尽管都很年轻，但是很团结，互相捧着唱，各显其能，结果是场场客满，皆大欢喜。

　　因为是春节，头天打炮，取其吉利，就是元寿和新艳秋、姚玉刚的《御碑亭·金榜乐·大团圆》，前边是王金璐、景荣庆的《战宛城》。这是元寿第一次看到景先生演的曹操，身上边式、干净，处处有戏，给元寿留下了极为深刻的印象。他说自己见识不多，在他看来，这出戏中，特别是《马踏青苗》那场，除了侯喜瑞和郝寿臣两位前辈，就要数景先生了。看景先生晚年演这出戏，拿捏得非常精确、细腻，已无出其右者。接着他们合作了《失空斩》《战太平》《连环套》等不少戏。大家知道，马谡是个重要配角，难度很高，不易讨俏。但是景先生演的马谡，前头"失街亭"，后头"斩谡"，他都能要得下好来，特别是"斩谡"一场的几个叫头，元寿一听他那凄厉、悲怆的声音，就会不寒而栗，唱到"家中还有年迈的妈"时，元寿说他接着念"斩、斩、斩"的时候，真是让他内心颤抖，显示出景先生非凡的艺术感染力。

在《连环套》的"拜山"中，元寿与景先生一直是"台上见"，从不用排练，也不用对台词。那么碎的念白和盖口，一个语气，一个眼神，一个停顿，他们都配合得严丝合缝，默契到极点，说明这出戏他们都很实授，都有准谱。在他们天津合作这出戏的50多年后，中央电视台要在春节晚会上直播演出"拜山"这场戏的实况，而且提出先期录音。按说这样的念白戏要按着录音对口型，很难那么准确。但是他们在录音棚录音时，一遍通过，录完像更是顺利，衔接特别紧凑。当景荣庆最后念道："摆队送天霸。"录音棚里一片叫好声。电视台的导演特意表扬他们说："刚才谭元寿、景荣庆两位老先生事先的准备工作做得太好了，值得我们学习。"他们的录音一遍通过，导演以为他们在录音前经过了充分排练。其实他们都是谙熟于胸，拿起来就演，无须任何准备。这样的戏，如果临时排练再上场，是不可能那么自然的，需要平时的琢磨和积累。正式演出时，观众看他们配合得那样默契、自然，多次热烈鼓掌，竟然没有人看出他们竟然完全是对口型。后来，元寿总说，能遇到景荣庆这样的窦尔敦，真是棋逢对手、将遇良才，可谓他的造化。

当然，元寿对这出《连环套》也是狠下了一番功夫的。在科班时就学过演过，是跟王连平老师学的，如果说比较"官中"的话，那么后来跟茹富兰和王金璐也都学过，以后又多次观摩"小振庭"孙毓堃和李少春的这出戏。"文化大革命"中高盛麟从武汉调到北京后，他们有机会经常在一起喝酒、聊戏。每当聊到《连环套》时，高先生总是非常认真地示范与解剖，实际上高先生是一句台词、一个动作地给他重新"下卦"，对他真是倾囊相授。现在算起来，元寿这出戏前后系统地学了三遍，又请三位名家给他全面加工，而以他的感觉来看景先生演的窦尔敦那么精彩、深刻，节奏掌握得那么张弛有度，与他配合得又那么精准、默契，元寿坚信景荣庆先生背后下的功夫绝对不会比自己少，对剧中人的理解和把握更是超乎一般人所想象，如果说他们二位已经把剧本吃透了，已是心有灵犀一点通，也毫不为过。

　　一天，是元寿的《战太平》，因为突患风寒感冒，嗓音失润，周身无力。大家一商量，把他的大轴与王金璐先生的压轴戏调换了一下，元寿也降低了一个调门。景荣庆先生的陈友谅，不但妥帖地配合着，还处处托着元寿。当然，天津观众对谭家也是特别关照，演出依然很圆满。为了报答天津观众，在元寿病好以后的告别演出时，他连演了两天双出：一天是前《战太平》，后《大八蜡庙》；一天是前《捉放曹》，后与张世年的《三岔口》。景先生一直陪着他唱《战太平》，最后一场的对唱时他们互相咬着唱，衔接很紧，尺寸极快，合作极其愉快，台下的观众听着、看着更是心潮澎湃，激动万分，叫好声震耳欲聋。

　　在这次合作中，元寿与王金璐有时合演《长坂坡》，有时合演《大八蜡庙》等武生戏，因为王金璐特别想过过麒派戏的戏瘾，就与元寿商量贴出全部《徐策》，请谭元寿前面按谭派演《举鼎观画》的徐策，后面王金璐就演麒派《跑城》的徐策。有时元寿按少春的习惯，前演《失空斩》，后接武生戏《三岔口》双出，那就是王泉奎先生的司马懿，景荣庆先生的马谡，后面是张世年的刘利华。有时元寿与王金璐、景荣庆合演《定军山·阳平关》。因为这次演出不分位次，大多数演员又都比元寿年长，特别是新艳秋是四大坤旦之一，曾经与他父亲谭富英并挂头牌，王泉奎也长期与他父亲谭富英合作《捉放曹》、《失空斩》和《大探二》等戏，称得上老前辈了，但是他们都热情地捧着谭元寿演出，且文武昆乱不挡。

当时所有的演员都住在中国大戏院后台的楼上，而且都带着家眷。住在元寿对门的就是王泉奎，因为王先生是回族，就在宿舍单做饭，做点好吃的，就把元寿叫过来一同用餐。有一天把元寿叫过去吃夜宵，他一看是馄饨，就顺便说了一句"您家这馄饨真好看"，不料王先生不高兴了，说："这个可不能叫馄饨，要叫元宝汤。"元寿忙说："哦，元宝汤，我年轻不懂事，您可得多包涵。"

由于元寿身兼老生和武生，戏路宽泛，因此演出的场次最多，大家又都看在他父亲、祖父的友情上，无不热情襄助。很多人都知道天津戏不好唱，作为刚刚出科的谭元寿，累得嗓子都不出音了，却也没人喊倒好，还那么受欢迎，可能吗？这是您只知其一，不知其二。这天津观众只要你认真唱戏，肯卖力气，唱出了人缘，偶然出点错，观众不但不叫倒好，而且还会与叫倒好的当场对喊对骂，甚至撕打起来。谭家在天津，从谭志道1853年北上，第一站就是天津，到1950年元寿先生在天津唱过年大戏，将近一百年了。连谭鑫培娶的媳妇都是天津人，所以天津人对谭家那可真叫一个"没说的"。谭元寿从一出科就长期在天津南市的许多戏园子唱戏，几乎每年都要唱上一两个月。与共和班的同行这年春节在天津连唱二十天，共二十五场戏，唯有最年轻的谭元寿风头最劲。

关于元寿在天津南市和中国大戏院演出的盛况，笔者没有亲临现场目睹，写到这里，恰遇天津相声和评书界的艺术前辈王文玉先生来访，一问，他还真赶上了在南市和中国大戏院目睹元寿的演出。他说天津南市当年是天津最繁华的所在，因与法租界和英租界相邻，英、法都不管，中国政府也不管，所以号称"三不管"地带，各地许多有权势者均前往大兴土木，饭庄、影剧院、茶园云集。南市牌坊东口就是和平路影剧院，南市东口往西一点就是天津早期由赵燕侠祖父经营的"下天仙"，从谭鑫培到杨小楼、余叔岩、梅兰芳，早年都到这儿唱过，这一块方寸之地就有十多家戏园子。如上平安（后改长城）、庆云（后改共和）、群英、大舞台、升平、中华、大观楼等，许多京城名角纷纷在此亮相。元寿从1948年就与米玉文、金雪芳、郭韵蓉、马鸿麟、朱玉良等当时的后起之秀到这一带演出。1949年元旦一过，元寿就到庆云来演出了。那次他基本上都是唱大轴子。旦角就是他师弟郭韵蓉，花脸是张海臣，当时很有影响。还有一位林鸣霄，是鸣春社的。那次元寿先生唱《野猪林》就是张海臣的鲁智深。这个时候李少春、袁世海、叶盛章、黄玉华等四大头牌率领的新中国实验京剧团就在中国大戏院演出，都非常红火，也都能唱满堂，这也就是李少春与谭元寿师徒唱对台的时候。以上是王文玉老先生的亲历。

天津演出后，元寿和景先生又应邀一起到济南演出。那次，有朱玉良的铜锤花脸，武生是袁金凯，武净是袁金年，旦角是张曼君，丑角是冯玉增，老旦是孙玉祥，小生是刘雪涛。元寿平生第一次演出《打金砖》就在济南，而且就是景先生扮演的马武，他恰如其分的表演和烘托，使谭元寿唱得特别惬意，也使这出戏大受欢迎，从此这出戏就成了元寿在全国各地京剧舞台上的"撒手锏"。真是演到哪儿，红到哪儿。

由于景先生对元寿多方关照，陪着元寿唱戏从不讲条件，所以景先生提出请他在《通天犀》中帮忙演一个二、三路的配角老生，即十一郎的老家人程老学，元寿没有丝毫犹豫，满口答应，并马上向景先生学习、背词。演出时，元寿按原剧本唱的是昆曲《泣颜回》的曲牌，一个合头一个合头地分开唱，诉说着他家主人十一郎穆玉玑的遭难经过。每个合头他都是翻着高唱调面，非常响堂，效果极好，特别是当元寿唱完《泣颜回》的整支曲牌，遂向徐世英诉说自己的主人十一郎明天午时三刻就要开刀问斩时，谭元寿采用了翻高八度的念法，促使景先生扮演的徐世英大吃一惊，连人带椅子一起向程老学扑去，同时谭先生以"跪蹉"身段配合，使舞台气氛骤然紧张，竟然赢得全场观众齐声喝彩，这使景先生对元寿严谨的配合与托衬很是感动。演出后他对元寿先生再三致谢，连说："让兄弟你受累了，兄弟的这份情义，我这辈子也忘不了啦！"元寿很爽快地说，咱们一是缘分，二是难得舞台上的默契，更是哥儿们间的意气。

从天津、济南演出后回到北京，景先生参加了中国京剧院，他们合作的机会就少了。后来景先生继续向侯喜瑞先生和钱宝森先生求教，说明他在艺术上真正是精益求精的。他在戏班中，在剧团里，在角色安排，演出待遇上，从来没有提出过任何异议。确实做到了"让艺术压着钱"，而从没有"让钱压着艺术"。这是戏班的一句老话，体现了一种崇尚艺术的宝贵精神，如果说切实做到这一点的，以笔者所见，景先生堪称楷模。所以梅兰芳、梅葆玖父子也经常特邀景荣庆先生配演一些剧目，特别是《穆柯寨》的焦赞等等，更是非景荣庆先生不可。元寿由衷佩服他的艺术，更佩服他的人品，但是一晃三十年也没有在舞台上再次合作的机会。

幸运的是在他们年逾古稀的时候，又多次得到合作的机会，一起演出了《阳平关》《连环套》《失空斩》等剧目。为了提携后进，景先生还陪元寿的孙子正岩一起演出了《阳平关》和《失空斩》，使元寿特别感激。同时元寿也感到景先生的艺术已经达到了炉火纯青的境界。他扮演的曹操一出场，就俨然是魏王的威仪，而且没有一点火气，真是不怒自威。别看这一个出场的火候，那可是多少年修炼的结果呀！您看他往台口一站，准备打"引子"时，竟然气压全场，鸦雀无声，这种震慑力，今天能有几人？他的念白，字字千钧，震撼心灵，这样的曹操真是前所未有，谁能不信服呢？

三十　独占天蟾

从山东演出结束后不久，元寿就与李砚秀、张鸣禄、张曼君于1951年年初以"砚社"的名义应邀来到了上海云南路的天蟾大舞台，先是以四个人为主的合作演出，如元寿与李砚秀前演《红鬃烈马》，大轴是元寿与张鸣禄的《三岔口》，或前演《失空斩》，中间是李砚秀与张曼君两个旦角合演《樊江关》，最后是元寿与鸣禄的《三岔口》蹲底。或者是全部的《法门寺》：李砚秀的《拾玉镯》，张曼君的《庙堂》，元寿先生饰演郿坞县赵廉，或者是一天晚上就《白水滩》、《春秋配》、《定军山》、《樊江关》和《三岔口》五出折子戏，每个挂牌演员都是双出。就这样连续演出了一段时间，几乎场场客满，最差也要上座八九成。不久，以李砚秀、张曼君、谭元寿领衔的"砚社"演出合同到期，天蟾舞台提出重新聘用新的演员，组织"天蟾舞台实验京剧团"，以谭元寿、李丽芳、张鸣禄、班世超为领衔主演。

这样，谭元寿和张鸣禄就继续在天蟾舞台与李丽芳、赵晓岚、班世超、艾世菊等人开始了新的合作。他们的演出，或者坚持一个月的演出剧目不翻头，也就是演出剧目不重复；或者坚持一出戏连续演出十天不换戏码。这两个极端，一是表示演员阵容强大，"人捧戏"；一是表示戏码硬，"戏捧人"。一般各据其一，而他们二者兼备。据说在他们之前，李少春与叶盛章就在天蟾舞台坚持演出大轴戏《三岔口》，一个月不换戏码，表示演员对自己的艺术高度自信，也说明他们非凡的技艺，有让观众百看不厌的艺术魅力。当然，这样的演出不是像现在这样，所谓专家、媒体说好就行了，或者再评个奖，而是要靠票房实际收入的多少来证明，所以元寿在天蟾舞台连续演出达两年之久仍欲罢不能，实在是因为元寿在北京上有老下有小，长期在外挑班唱戏，不是长久之计，才结束了上海的演出回转北京。

就在天蟾舞台，元寿与李丽芳、赵晓岚和张鸣禄合演全本《武松》，鸣禄的《打虎》开场，元寿与李丽芳接演《挑帘裁衣》和《狮子楼》，再有鸣禄与赵晓岚的《十字坡·打店》、《快活林》和《醉打蒋门神》，最后是元寿的《血溅鸳鸯楼》就多次卖过满堂，且屡演不衰。

元寿的《野猪林》，则是李丽芳的林娘子，萧德寅的鲁智深，艾世菊的陆谦，一贴出去就是一个星期或十天不变戏码。为什么要连续演出呢？原因就是一个：戏好，场场满堂，当然也是他自己感到演这出戏虽然累一些，但是演起来特别过瘾，观众看着更过瘾。

元寿的《打金砖》首次在上海亮相就引起轰动，好评如潮，每次演出更是爆满甚至加座，所谓满坑满谷。

当然，为了适应新的形势，元寿也遵照他父亲的做法，适量演出一些改良剧目，如《渔夫恨》，其实这出戏跟《打渔杀家》差不了多少，就是增加了前面的倪荣坐寨、后面的萧恩被擒，萧桂英与花逢春、李俊、倪荣劫法场的情节，却又不许萧桂英与花逢春联姻。据说当时是为了突出人民的反抗精神，以避免儿女私情有损英雄形象。还有一出《江汉渔歌》，说的是阮复成父女抗金救国的故事，也是为了应付当时所谓的"戏改"。

当时的舞台上不像现在，是什么流派就演什么戏，把流派的门户搞得壁垒森严，动辄就说这出戏是王派的或李派的。那时没有流派的束缚，梅兰芳排演了一出《嫦娥奔月》，四大名旦的传人都可以演，当时许多青年演员如童芷苓就提出"四大名旦一脚踢"，言家的二小姐言慧珠甚至在《法门寺》中前演孙玉姣，中演宋巧姣，后演刘媒婆。所以元寿也像他祖父和父亲一样，主演《美人计·甘露寺·回荆州》时也是前乔玄后鲁肃。因为这出戏由谭鑫培的大弟子贾洪林和他的叔父贾丽川所改编，所以和谭派戏一样，人人可演。元寿主演《群英会·借东风》时，也是前鲁肃后孔明，他父亲演出时就是前鲁肃后孔明，他祖父则配演前孔明后鲁肃。因为这出戏出自三庆班，后经萧长华改编，特别是将《雍凉关》的唱腔搬到后面的《借风》中，其中那句"望江北"很明显地借用了《审头刺汤》中汤勤的丑角唱腔，即"我那莫老爷呀呃"，显示出萧派特色，所以成为了富连成的看家戏，雷喜福、马连良、谭富英、李盛藻等富连成的四大须生均经常演这出《群英会》，只是后来这四位大师表演的风格大不相同。雷喜福的鲁肃是火爆，马连良的鲁肃是机警，谭富英的鲁肃是忠厚，李盛藻的鲁肃则是细腻。后来元寿和白元鸣在科班也经常演出此戏，在北京京剧团时元寿与马长礼、张学津更是长期合作此戏。所以在谭元寿的闯练期间，这样的戏自然也是必唱无疑的。

元寿在为抗美援朝义演中，为表达自己的满腔热情，还参加了六演《盗魂铃》和四演《金钱豹》的演出。他主演《金钱豹》时特请杨荣楼先生给他勾画脸谱。当时杨先生没有使用金粉勾画脸谱，而是用真金的金箔贴在脸上，一上台金光闪闪、满台生辉。元寿特别喜欢这出戏，他还记得少年时跟随父亲到戏院演出，看到后台坐着杨小楼扮演的豹子精，凶相毕露，栩栩如生，看着都胆怯，躲在父亲身后不敢过去，还是杨小楼招呼他，叫他："小百岁，过来，我是你杨爷爷呀。"他这才敢过去。元寿那天看了杨小楼主演的《金钱豹》非常兴奋，从此就立志要演这出戏。这次演出，他学习杨小楼在"排山"中的出场亮相，学习杨小楼的念白，还有那句脍炙人口的念白"闪开了"，特别惬意，一连演出了两场。几十年后，一想起这两场演出，心里依然是美滋滋的。遗憾的是当时的剧照因众所周知的原因被他自己烧毁了。

后来，元寿为支援抗美援朝，根据上海艺员联谊会的安排，特意在上海的大世界露天剧场义演了日场和夜场两场《野猪林》，受到上海演艺界高度评价。会长周信芳特意代表上海文艺界到后台看望演职人员并表示感谢。在后台，周会长拉着元寿的手真诚地说："我们之间可不要见外呀，我也是富连成坐科的学生，我也是你曾祖谭鑫培的学生，你曾祖到上海来演出，亲自教授给我《清风亭》和《问樵闹府·打棍出箱》两出戏，我是感激不尽的，你在上海有什么困难，就来找我，我们一家人可不能说两家话哟。"元寿忙说："谢谢师大爷的关心，我在上海有什么不到的地方，请您多加指教，多包涵，我是您的晚辈，您可别客气。"

在天蟾舞台坐班时，元寿还遇到一位高人。此人就是元寿仰慕多年，未得见面，不料竟然在天蟾舞台幸会，而且得到他的亲自点拨，这位高人就是为李少春帮忙多年的排戏能手李宝櫆。李先生一到天蟾舞台，看元寿的猴戏《水帘洞》很有猴王的气势，是一位唱大猴的好材料，因此给他排演的第一出戏就是当年给李少春编排的猴戏《智激美猴王》。李先生不但按少春的路子给他排演，还有绝妙的椅子功、扇子功，一一给元寿指点。许多诀窍经李宝櫆传授，就保证万无一失，而且令人叫绝。演出时，李宝櫆特意在剧中扮演猪八戒，他自己设计的黑色打衣打裤上全都是小白猪，特别招人喜欢。这一出猴戏有这么一个招人喜欢的猪八戒，自然就好演多了。从此大家都知道李宝櫆是个了不起的戏包袱，能编，能排，能演，而且花脸、老生、小生、老旦、武旦，无所不能。可是元寿以为他只是在海派方面善于融会贯通而已，万万没有想到，当他提出要演出《群英会·借东风》的时候，天蟾舞台却缺少一个周瑜，怎么办？李宝櫆说他来演。他扮上周瑜，不但是标准茹派小生的路子，而且标准的小生嗓子，宽窄音结合得恰到妙处，真是不得了。后来李宝櫆按照少春的戏路又给谭元寿编排了许多戏，尤其是《野猪林》《打金砖》以及其他猴戏、武松戏中，都浸透着李先生的心血，成为元寿先生在天蟾舞台演出百战百胜的"秘密武器"。

不久，当年为尚小云打本子的还珠楼主（即李寿民）也加盟天蟾舞台，与编排新戏的能手李宝櫆合作，又给元寿增添了新的光彩，编演了大量新戏。二位李先生首先编演了上、中、下三本《岳飞传》，从汤阴县发大水岳飞和母亲在水缸中逃难并获救开始，到岳飞枪挑小梁王为第一本，可称全国排戏第一能人的李宝櫆不到十天就排演成功并正式演出，反响强烈。接着又排演第二本、第三本，后又与李丽芳排演了李寿民编剧，李宝櫆抱总讲的《边塞英雄》和由元寿扮演石秀与徐荣奎扮演宋江、李丽芳扮演顾大嫂、艾世菊扮演乐和的《三打祝家庄》。新戏让观众好奇、开眼，老戏让观众赏心悦目且回味无穷，天蟾舞台日益红火。这时麒派老生徐荣奎、梅派名旦王苓秋，上海武生小王桂卿、小二王桂卿、小三王桂卿以及丑角徐鸣远等人陆续加盟，所以上海报纸竟然赫赫写道："今日天蟾，兵强马壮，名角会聚，好戏频出。"使整个上海滩为之注目。

当元寿在天蟾舞台坐班唱戏的时候，梅兰芳因提出"戏改工作要谨慎"，要"移步不换形"一语，而遭到无情打击又有口难言。因此他率全家从北京辗转天津回到上海马思南路的家中，他心情很是沉重，一时无法演出。但是过了些日子，在上海广大观众的盛情之下，梅兰芳还是义无反顾地准备为抗美援朝捐献飞机大炮举办义演。根据梅先生的建议，还是由李春林到天蟾舞台再次找到元寿协助演出。

这次义演的头一天开场是王金璐的《铁笼山》，大轴是梅葆玖的《生死恨》，第二天是刘宗华、小高雪樵、鲍毓春和韩云峰的四演《挑华车》开场，接着是梅葆玥的《文昭关》，其中由言慧珠扮演的东皋公极为引人注目，压轴是谭元寿、张鸣禄和班世超的《三岔口》，最后蹲底的是梅葆玖的《玉堂春》。

这场演出最引人注意的一个是言二小姐的言派东皋公，为捧梅葆玥，大显身手，可谓空前绝后、千载难逢的绝配。一个是著名武旦班世超先生在《三岔口》中扮演的刘妻。当时演出的还是旧本，刘利华夫妻属于反派，最后均被任堂惠和焦赞杀死，所以其中有打瓦的情节。所谓"打瓦"，即一种彩头，由元寿先生扮演的任堂惠事先将一块真正的房瓦用醋浸泡一夜，在刘利华逃跑时用手砸在刘利华的脑门上，因用醋泡过的房瓦已经酥软，打在脑门时立即粉碎，这时，刘利华再用一块棉花蘸上红药水，往脑门上一捂，红色药水立即顺着手指缝流了出来，形象逼真而恐怖。在刘利华接任堂惠打瓦下场后，班世超先生踩跷摸黑上场，然后在桌子上亮出了他最拿手的绝活儿，即左右"旱水"，足有十分钟，其间观众掌声不断。这三位艺术家都亮出了自己的冷门绝活儿，自然给这次义演增加了更多的亮点和经济上的收入。后来，凡有班世超参加演出的所谓《大三岔口》也就更加叫座，恐怕也是在天蟾舞台这两年演出中最多的剧目了。

写到这里，元寿先生嘱咐笔者要特别介绍一下他的师兄班世超。班世超是一身绝技的武旦演员，他的《泗州城》《打焦赞》《百鸟朝凤》等戏都是踩跷踢出手或开打，都是真功夫，非常精彩。在他与张鸣禄合演的《三岔口》一戏中扮演店家妻子，舞台上表演左右"旱水"等绝技真是为全剧添彩增光。后来班世超由上海调到中国京剧院、解放军文工团，后又集体调往条件极其艰苦的宁夏京剧团，在十分困难的情况下，与谭元寿的十叔父、著名花脸谭世英，胞弟、著名武生谭喜寿共事于宁夏京剧团，曾一起多次出访欧、亚国家演出，获得好评，亦为国增光。

再说元寿那两年在天蟾舞台到底演出了多少剧目、多少场次呢？笔者特意请上海的朋友找到当年在上海《大公报》上每天登出的演出海报，把他部分演出剧目转载于书中，以便大家一目了然。

下面就是文武老生谭元寿（简称谭），旦角李丽芳（简称李），旦角赵晓岚（简称赵），武生兼武丑张鸣禄（简称张），武旦班世超（简称班），武丑艾世菊（简称艾），铜锤花脸马世啸（简称马），架子花脸萧德寅（简称萧），文武小生李荣安（简称荣），麒派老生徐荣奎（简称徐），老旦李盛泉（简称盛），武生小王桂卿、小二王桂卿、小三王桂卿（简称三王），青衣花旦王苓秋（简称苓）和总编排兼文武老生李宝櫆（简称櫆）、编剧李寿民等组成的"天蟾实验京剧团"自1951年6月到1951年9月25日在天蟾舞台演出的部分戏码和演出阵容，可窥当年初出茅庐之谭元寿与同行的飒爽英姿。

1951年

6月25日　谭、李《朱痕记》马《锁五龙》谭、张、班《三岔

口》李、赵双演《红娘》

6月26日　马《草桥关》谭、李、赵《红鬃烈马》艾、张全部《酒丐》

6月27日　谭、张、艾、赵全部《龙潭鲍骆》谭《战太平》

6月28日　谭《连营寨·战猇亭》李、荣前部《玉堂春》

6月29日　谭、李、赵、艾《拾玉镯·法门寺》徐、李《金盘盗》

6月30日　谭《挑华车》李《十三妹》谭《失空斩》

7月1日　日戏：马《御果园》李《贺后骂殿》谭、张、赵、艾《武松与潘金莲》夜戏：张《白水滩》李《春秋配》谭《定军山》李、赵《樊江关》谭、张、班《三岔口》

7月2日：张《水帘洞》谭、李《甘露寺·回荆州》李《红娘》谭、张《溪黄庄》

7月3日　李《虹霓关》艾《斗悟空》谭《打金砖》

7月4日　谭、李、赵、艾《拾玉镯·法门寺》徐《金盘盗》

7月5日　上海市京剧改进协会响应六一号召捐献义演

日戏：谭、张《金钱豹》六演《盗魂铃》李《汉明妃》班《泗州城》

夜戏马、盛《打龙袍》谭、李《渔夫恨》赵《大英杰烈》艾《徐良出世》

7月6日　马《草桥关》谭、李《红鬃烈马》张《酒丐》

7月7日　李《春秋配》张《白水滩》谭《琼林宴》

李、赵《樊江关》谭、张、班《三岔口》

7月8日　日场　谭《两将军》李《六月雪》谭、张、赵、艾一至八本《武松》

夜场　谭《失空斩》李《能仁寺》谭、张、班《三岔口》

7月9日　李《虹霓关》张《十八罗汉斗悟空》谭《打金砖》

7月10日　艾《金石盟》李《玉堂春》赵《娘子军·战金山·黄天荡》

7月11日　李《穆柯寨》谭、张《龙潭鲍骆》谭《战太平》

7月12日　李《春秋配》张《白水滩》谭《琼林宴》

李、赵《樊江关》谭、张、班《三岔口》

7月13日　谭《失空斩》李《能仁寺》谭、张、班《三岔口》

7月14日　日戏　马、盛《打龙袍》谭、李《打渔杀家》赵《英杰烈》艾《徐良出世》

7月14日　夜戏　谭、萧《野猪林》

7月15日　日戏　谭《两将军》李《六月雪》谭、张、赵八本《武松》

7月15日　夜场　谭、萧《野猪林》

7月16日　夜场　谭、萧《野猪林》

7月17日　夜场　谭、萧《野猪林》

7月18日　夜场　谭、萧《野猪林》

7月19日　夜场　谭、萧《野猪林》

7月20日　夜场　谭、萧《野猪林》

7月21日　艾《斗悟空》谭《失空斩》李、赵《樊江关》谭等《三岔口》

7月22日起　荀慧生留香社接演一月

8月21日　谭《失空斩》李《宇宙锋》谭、张、班《大三岔口》

8月22日　谭《琼林宴》徐、班、奎《金盘盗》

8月23日　谭《龙潭鲍骆》李《春秋配》谭《战太平》

8月24日　谭、李《美人计·回荆州》张《闹天宫·斗悟空》李《红娘》

8月25日　谭、李《红鬃烈马》张、艾全部《酒丐》

8月26日　日戏　艾《时迁偷鸡》谭、李、赵《拾玉镯·法门寺带大审》

夜戏　张《大白水滩》谭全部《打金砖》

8月27日　谭《失空斩》李《宇宙锋》谭、张、班《大三岔口》

8月28日　谭《打棍出箱》奎《金盘盗》

8月29日　谭、李《美人计·回荆州》张《闹天宫·斗悟空》李《红娘》

8月30日　谭《失空斩》李《宇宙锋》谭、张、班《大三岔口》

8月31日至9月6日连演九场谭、李《江汉渔歌》

9月7日　夜戏　谭《失空斩》李《宇宙锋》谭、张、班《三岔口》

9月8日　夜戏　谭、李《美人计·回荆州》张《闹天宫·十八罗汉斗悟空》李《红娘》

9月9日　谭《群臣宴》徐、班、奎《金盘盗》

夜戏　谭《失空斩》李《宇宙锋》谭、张、班《三岔口》

9月10日　日场　赵《梁红玉》李《春秋配》谭《定军山·阳平关》

9月10日　夜场　徐、赵《乌龙院》谭、张、班《三岔口》

9月11日　赵《梁红玉》李《春秋配》谭《定军山·阳平关》

徐、赵《乌龙院》谭、张、班《三岔口》

　　9月12日　夜场　谭、萧《野猪林》

　　9月13日　夜场　谭、萧《野猪林》

　　9月14日　夜场　谭、萧《野猪林》

　　9月15日　夜场　谭、萧《野猪林》

　　9月16日　夜场　谭、萧《野猪林》

　　9月17日　夜场　谭、萧《野猪林》

　　9月18日　夜场　谭、萧《野猪林》

　　9月19日　夜场　谭、萧《野猪林》

　　9月20日　夜场　谭、萧《野猪林》

　　9月21日　夜场　谭、萧《野猪林》

　　9月15日　日戏　张、萧《两将军》谭、艾《打棍出箱》奎《金盘盗》

　　9月16日　日戏：王《冀州城》谭、张、艾、李一至八本《武松》

　　9月22日　夜戏　谭《失空斩》李《宇宙锋》谭、张、班《三岔口》

　　9月23日　日戏：谭《火烧七百里》李《红娘》

　　夜戏：张《闹天官·斗悟空》谭《打金砖》

　　9月24日　盛《钓金龟》张、萧《两将军》谭《琼林宴》徐、班、奎《金盘盗》

　　9月25日　谭《失空斩》李《宇宙锋》谭、张、班《三岔口》

　　27日起由童芷苓接演

　　细心的读者会问，当荀慧生从7月22日到8月20日在天蟾舞台演出时，这一个月的时间里，谭元寿到哪里去了呢？原来他遵循祖父和父亲的教诲，为增长见识，多方闯练，早在荀慧生的留香社到上海之前，就开始在上海周围城市或河湖港汊的"南派"水路戏班进行演出的准备工作了。荀慧生在天蟾舞台开锣的当天，谭元寿即开始在无锡的戏园子主演《击鼓骂曹》和《三岔口》文武双出大戏了。演出了两个星期，又转战苏州，可以说是马不停蹄地活跃在上海及其周边的舞台上。

从1951年9月27日起，天蟾舞台由童芷苓接演，如何在这一个月更好地磨炼自己呢？谭元寿当时就认准一个字，闯。尤其是想体验一下当年曾祖父谭鑫培在京东通州、遵化跑乡班，唱野台子戏的生活。他听说在扬州的里下河一带和浙江杭嘉湖一带有广阔水乡，其中流动着水路班演出，非常活跃，是一个特殊的京剧舞台，据说最早把"安庆梆子"即高拨子并入京剧戏班的老三麻子王鸿寿就是从里下河开始唱起来的，所以谭元寿很想去见识一下。

不过他也听说这些水路戏班有许多特殊的规矩，一是演出如果不卖力气，特别是自行删减戏文，观众认为这是对他们的一种藐视，那是绝不答应的，轻则罚款、喝倒彩，重则就有被拘留惩罚的危险。二是观众点什么戏，演员就必须唱什么戏，不许说不会。为此谭元寿特意请到了对水路戏班规矩比较清楚的朋友联系到镇江、无锡、苏州各地的水路班去演出。果然，由于有朋友帮忙，在演出时得到了特殊的关照，尤其是介绍他是谭鑫培的后代时，走到哪里都有人给予尊重和关照。当然，元寿演出还是非常认真卖力的。他知道唱这种野台子戏，尤其是这种水上舞台，观众的场地比较宽广，首先就要让观众听得声音嘹亮，吐字清晰，比剧场演出要加倍提高音量。同时演出要比戏园子演出更为夸张，才能拢住观众的注意力，在演出武戏的时候，尽管由船体连接在一起的舞台非常狭小，弄不好，一个虎跳就能翻到河里去，他也照样翻虎跳前蹦或走三个扫堂再接一个旋子，等等，水乡的观众看到北京来的名演员如此尽力演戏，都非常欢迎他。

经过近一个月的演出，元寿先生走遍了里下河的河湖港汊，经历了许多城市的京剧演员从未有过的磨炼，开阔了视野，丰富了舞台经验。他以自己的切身体会意识到，当年曾祖谭鑫培所以要到京东一带跑乡班，唱野台子戏，磨炼自己的重要意义。他发现这种水路班，实非等闲之辈，能戏之多、技艺之高、表演经验之丰富，特别是以技艺压台能力之强，非一般城市演员所能想象。能够适应这样的演出，对今后适应各种演出形式都是大有裨益的。

童芷苓在天蟾舞台演出两期后，元寿先生又重返天蟾舞台，遗憾的是谭元寿1951年在天蟾舞台演出的记录不全，1953年上海《大公报》又停刊，许多重要演出至今找不到记录。尤其是他在李宝櫆帮助下排演的《智激美猴王》曾经连续在天蟾舞台演出，名重一时，可却找不到任何记录。不过，笔者相信，仅下面这些记录，如果京剧同人能够认真看看，对今天的京剧演出市场来说也会起到振聋发聩的效果。

下面就是文武老生谭元寿（简称谭），旦角李丽芳（简称李），武生兼武丑张鸣禄（简称张），武旦班世超（简称班），武丑艾世菊（简称艾），铜锤花脸马世啸（简称马），架子花脸萧德寅（简称萧），文武小生李荣安（简称荣），麒派老生徐荣奎（简称徐），旦角王芩秋（简称芩），老旦李盛泉（盛），武生小王桂卿、小二王桂卿、小三王桂卿（简称"三王"）和总编排兼文武老生李宝櫆（简称櫆）、编剧李寿民等组成的"天蟾实验京剧团"自1952年1月1日到12月31日在天蟾舞台演出了整整一年的戏码和演员阵容。

1月1日日场　谭、李、赵《拾玉镯·法门寺》张、赵《龙潭鲍骆》李《汉明妃》

夜场　班《盗仙草》谭《阳平关》李《红娘》谭、张、班《大三岔口》

1月2日日场　徐《萧何月下追韩信》谭、张、李《武松与潘金莲》夜场谭、萧《野猪林》

1月4日　谭、徐、班、艾《三打祝家庄》

1月5日　谭、李、赵、萧、艾《拾玉镯·法门寺》谭、张、班、萧《龙潭鲍骆》李《汉明妃》

1月6日日戏　谭、徐、萧、艾、班《三打祝家庄》

夜戏　班《百鸟朝凤》张、槐《双挑华车》谭、李《打渔杀家》张、王双演《金钱豹》谭、李《大登殿》谭、张、班《三岔口》

1月7日　谭、荣《陆文龙》

1月8日　李《红娘》谭、马、萧《打金砖》

1月9日晚场演出　谭、李《江汉渔歌》

1月10日晚场演出　谭、李《江汉渔歌》

1月11日晚场演出　谭、李《江汉渔歌》

1月12日　谭、萧《长坂坡·汉津口》李、赵《樊江关》谭《击鼓骂曹》李《春秋配》谭、张、班《大三岔口》

1月13日日场　谭、李《江汉渔歌》

夜场　班《盗仙草》谭、萧、荣、李《捉放曹·斩华雄·战吕布·连环计·戏貂蝉·凤仪亭·刺董卓·白门楼》

1月14日日场　班《红桃山》谭《闹府·出箱》荣《柴桑关》李《孔雀东南飞》谭、张双演《金钱豹》

夜场　谭、萧、荣、李《捉放曹·斩华雄·战吕布·连环计·戏貂蝉·凤仪亭·刺董卓·白门楼》

1月15日　谭、萧《长坂坡·汉津口》　李、赵《樊江关》谭《击鼓骂曹》李、荣《春秋配》谭、张、班《大三岔口》

1月16日　班《打孟良》　谭《火烧七百里》　李《玉堂春》

1月17日至19日连续三场　张、椒、荣《武松与潘金莲》

谭《失空斩》李《虹霓关》谭、张、班《大三岔口》

1月20日　谭、徐、李、马、萧《美人计·回荆州·芦花荡》李《抗金兵》张、班、徐《金钱豹·盘丝洞·盗魂铃》

1月21日　谭、萧《野猪林》

1月22日　日场　谭、徐、李、马、萧《美人计·回荆州·芦花荡》李《抗金兵》张、班、徐《金钱豹·盘丝洞·盗魂铃》

夜场　班《金山寺》谭、椒、萧《阳平关》李《花木兰》

1月23日　张、李《武松与潘金莲》谭《空城计》李《能仁寺》谭、张、班《大三岔口》

1月24日　班《摇钱树》李《红娘》谭、荣《陆文龙》、赵、徐《汉明妃》

1月25日　谭、徐、李、艾、萧《三打祝家庄》

谭率团赴无锡演出

5月1日日场　谭、萧《野猪林》

夜场　谭、萧《夜奔梁山》

5月2日日场　谭、萧《野猪林》

夜场　谭、萧《夜奔梁山》

5月3日　谭、《龙潭鲍骆》《节烈千秋》

5月4日日场　椒《白马坡》谭、张《武松》

夜场　谭《失空斩》李、艾《能仁寺》谭、张、班《三岔口》

5月5日　谭、李《庆顶珠》槐《走麦城》李《红娘》张《金钱豹》

5月6日　班《摇钱树》谭《群臣宴》张、槐《挑华车》李《汉明妃》

5月7日日场　谭《长坂坡》谭、徐、荣、马《甘露寺·别宫·气周瑜》

夜场　班《泗州城》谭《定军山》李《花木兰》

5月8日日场　谭、徐、萧、艾、李《三打祝家庄》

夜场　李《春秋配》谭《白水滩》李《穆天王》谭《打金砖》

5月9日日场　谭、徐、马、荣《群·借·华》李《生死恨》

夜场　谭、张、李一至八本《武松》

5月10日日场　谭、李、赵《拾玉镯·法门寺》王《水帘洞·闹天宫》

夜场　谭《琼林宴》萧《白马坡》李《玉堂春》谭《战太平》

5月11日　日场　谭、李《庆顶珠》槐《走麦城》李《红娘》谭、张《金钱豹》

5月11日　夜场　谭、马《空城计》李《能仁寺》谭、张、班《三岔口》

5月12日　徐《追韩信》谭、萧、李《野猪林》

5月13日　谭、张、赵《龙潭鲍骆》槐《节烈千秋》

5月14日日场　谭、萧《长坂坡》谭、徐、李、荣《甘露

寺·回荆州·气周瑜》

5月14日夜场　李《春秋配》谭《白水滩》赵《穆天王》谭、马、萧《打金砖》

5月15日日场　谭、徐、李、艾《三打祝家庄》

夜场　班《泗州城》谭《定军山》李《花木兰》

5月16日　日场　李、赵《樊江关》谭、萧《夜奔梁山》

5月16日　夜场　谭、李《庆顶珠》萧《白马坡》李《玉堂春》谭《战太平》

5月17日　槐《驱车战将》萧《白马坡》李《玉堂春》谭、马《战太平》

5月18日　日场　萧《走麦城》李《红娘》谭、张《金钱豹》

5月18日　夜场　谭《失空斩》李《能仁寺》谭、张、班《三岔口》

5月19日　谭、张、李一至八本《武松》

5月20日　槐《节烈千秋》谭、张、萧、李《龙潭鲍骆》

5月21日　谭、张、槐、李《边塞英雄》

5月22日　谭、张、槐、李《边塞英雄》

5月23日　谭、张、槐、李《边塞英雄》

5月24日　谭、张、槐、李《边塞英雄》

5月25日　谭、张、槐、李《边塞英雄》

5月26日　谭、张、槐、李《边塞英雄》

5月27日　谭、张、槐、李《边塞英雄》

5月28日　日场　李、荣《白蛇传》

夜场　李、荣《白蛇传》

5月29日　谭、张、李、槐《边塞英雄》

5月30日　李、荣《白蛇传》

5月31日日场　谭、张、槐、李《边塞英雄》

5月31日夜场　谭、张、槐、李《边塞英雄》

6月1日日场　谭、张、槐、李《边塞英雄》

6月1日夜场　谭、张、槐、李《边塞英雄》

6月2日日场　谭、张、槐、李《边塞英雄》

6月2日夜场　谭、张、槐、李《边塞英雄》

6月3日　谭、张、槐、李《边塞英雄》

6月4日　谭、张、槐、李《边塞英雄》

6月5日　谭、张、槐、李《边塞英雄》

6月6日　谭、张、槐、李《边塞英雄》

6月7日日场　谭、张、槐、李《边塞英雄》

6月7日夜场　谭、张、槐、李《边塞英雄》

6月8日日场　谭、张、荣一至八本《武松》

夜场　谭、萧、李《野猪林》

6月9日　马《白良关》谭、荣《陆文龙》李、荣《红楼二尤》

6月10日　萧《嘉兴府》谭《失空斩》李《能仁寺》谭、张、班《大三岔口》

6月11日日场　谭《长坂坡》谭、徐、李、荣《甘露寺·美人计·气周瑜》

夜场　谭《连营寨》李、荣《玉堂春》

6月12日日场　谭、徐、萧、艾、李《三打祝家庄》

夜场　李《春秋配》谭《白水滩》班《穆天王》谭《打金砖》

6月13日日场　赵、谭、萧《拾玉镯·法门寺》王《孙悟空》

夜场　李《东南飞》谭《琼林宴》李《红娘》

6月14日日场　谭、张、李《武松》

夜场　李、荣、班《白蛇传》

6月15日日场　萧《走麦城》李《凤还巢》张《金钱豹》

夜场　李、荣、班《白蛇传》

6月16日　李、荣、班《白蛇传》

6月17日　李、荣、班《白蛇传》

6月18日日场　谭、张、椳、李《边塞英雄》

自6月18日至28日夜场连续演出十一场《大破鼎州城》

6月19日日场　谭、张、椳、李《边塞英雄》

6月28日日场　谭、萧、李《野猪林》

6月29日日场　萧《走麦城》李、荣《凤还巢》谭、张、班《三岔口》

夜场　谭《连营寨》李、荣《玉堂春》

6月30日　班《小放牛》张《白水滩》李《穆天王》谭、马《打金砖》

7月1日　李《孔雀东南飞》谭《闹府出箱》李《红娘》

7月2日日场　谭、徐、荣《群英会·华容道》李《红楼二尤》

夜场　谭、李《庆顶珠》萧《白马坡》李《荒山泪》谭《战太平》

7月3日　赵《穆柯寨》李《生死恨》谭、马《群臣宴》李《汉明妃》

7月4日　萧《走麦城》李《能仁寺》谭、马《捉放曹》赵

《穆天王》

　　7月5日　王《四平山》谭、李《打渔杀家》王《收红孩儿》小王《徐策跑城》（小王桂卿加入）

　　7月6日日场　谭、徐、荣《群英会》谭、李《汾河湾》王《水母斗悟空》

　　夜场　王《悟空双心斗》谭、李、萧《法门寺》谭、张《三岔口》

　　7月7日　三王全部《哪吒》谭《南阳关》

　　7月8日　萧《走麦城》李《春秋配》谭《战太平》

　　7月9日日场　谭《连营寨》李、荣《贩马记》三王《孙悟空》

　　夜场　谭、马《捉放曹》李《红娘》荣《李存孝》赵《汉明妃》

　　7月10日　谭、李《红鬃烈马》三王《闹天官》

　　7月11日　谭、李《红鬃烈马》三王《闹天官》

　　7月12日日场　张《金钱豹》谭、李《美人计》班《战金山》

　　夜场　谭《连营寨》李、赵《樊江关》三王《闹天官》

　　7月13日日场　张《金钱豹》谭、李《美人计》班《战金山》

　　夜场　谭《连营寨》李、赵《樊江关》三王《闹天官》

　　7月14日　李《春秋配》谭《打棍出箱》三王《闹天官》

　　7月15日　谭、李、赵《红鬃烈马》三王《闹天官》

　　7月16日　三王《大闹天官》三王《悟空招亲》

　　7月17日　三王《大闹天官》

　　7月18日　三王《大闹天官》

　　7月19日至24日六天连演出七场　三王《孙悟空招亲》

7月23日日场　谭《琼林宴》李、荣《凤还巢》三王三场《金钱豹》

7月25日至26日　榼连演两场《太平洲》

7月27日　日、夜两场三王头二本《孙悟空》

7月28日至29日连演两场三王《孙悟空出世》

7月30日日场　荣《岳家庄》萧《走麦城》谭《连营寨》

7月30日至8月1日连演三场　三王头二本《孙悟空》

8月2日至8月6日五天连演七场三王三、四本《孙悟空》

8月6日日场　徐《四进士》谭《打棍出箱》张、王、谭《三演长坂坡》

8月7日　谭、李《打渔杀家》三王三、四本《孙悟空》

8月8日　谭、李《打渔杀家》三王三、四本《孙悟空》

8月9日　谭、李《打渔杀家》三王三、四本《孙悟空》

8月10日　谭、李《打渔杀家》三王三、四本《孙悟空》

8月11日　谭、李《打渔杀家》三王三、四本《孙悟空》

8月12日　谭、李《打渔杀家》三王三、四本《孙悟空》

8月13日　谭、李《打渔杀家》三王三、四本《孙悟空》

8月13日日场　徐《四进士》谭《打棍出箱》张、谭、马、萧《长坂坡·汉津口》

8月14日　谭、李《打渔杀家》三王三、四本《孙悟空》

8月15日　谭、李《打渔杀家》三王三、四本《孙悟空》

8月16日　谭、李《打渔杀家》三王三、四本《孙悟空》

8月16日至22日场三王连续演出七场五、六本《孙悟空》

8月17日日场　徐《追韩信》李《凤还巢》谭《水擒史文恭》

8月20日日场　谭、李、萧、艾《法门寺》张《金雁桥》谭、

李《庆顶珠》

8月23日日场　三王三、四本《孙悟空》

8月23日至9月2日三王连续演出十三场五、六本《孙悟空》

8月24日日场　班《扈家庄》徐全部《徐策》谭《大登殿》张《艳阳楼》

8月27日日场　张《两将军》谭、萧、李《野猪林》

8月30日日场　谭　三、四本《南阳关》

8月31日日场　谭、张、李、马、荣《长坂坡·汉津口·甘露寺·美人计·回荆州·芦花荡·气周瑜》

9月3日日场　谭《小霸王太史慈》谭《空城计》李《红娘》

9月3日夜场　盛《钓金龟》张、槭、班《大白水滩》

谭、李《打渔杀家》张《挑华车》

9月4日　李《凤还巢》谭、荣《八大锤·断臂说书》

9月5日　谭《击鼓骂曹》李《孔雀东南飞》王《四平山》

9月6日日场　谭、萧、李《野猪林》

9月6日晚场　谭、李《打渔杀家》三王三、四本《孙悟空》

9月7日晚场　谭、李《打渔杀家》三王三、四本《孙悟空》

9月8日晚场　谭、李《打渔杀家》三王三、四本《孙悟空》

9月9日晚场　谭、李《打渔杀家》三王三、四本《孙悟空》

9月10日晚场　谭、李《打渔杀家》三王三、四本《孙悟空》

9月11日晚场　谭、李《打渔杀家》三王三、四本《孙悟空》

9月12日晚场　谭、李《打渔杀家》三王三、四本《孙悟空》

9月13日晚场　谭、李《打渔杀家》三王三、四本《孙悟空》

9月14日晚场　谭、李《打渔杀家》三王三、四本《孙悟空》

9月15日晚场　谭、李《打渔杀家》三王三、四本《孙悟空》

9月16日晚场　谭、李《打渔杀家》三王三、四本《孙悟空》

9月17日晚场　谭、李《打渔杀家》三王三、四本《孙悟空》

9月18日晚场　谭、李《打渔杀家》三王三、四本《孙悟空》

9月19日晚场　谭、李《打渔杀家》三王三、四本《孙悟空》

9月20日晚场　谭、李《打渔杀家》三王三、四本《孙悟空》

9月21日晚场　谭、李《打渔杀家》三王三、四本《孙悟空》

9月22日晚场　谭、李《打渔杀家》三王三、四本《孙悟空》

9月23日晚场　谭、李《打渔杀家》三王三、四本《孙悟空》

9月24日晚场　谭、李《打渔杀家》三王三、四本《孙悟空》

9月25日晚场　谭、李《打渔杀家》三王三、四本《孙悟空》

9月26日晚场　谭、李《打渔杀家》三王三、四本《孙悟空》

9月27日晚场　谭、李、椒、马、萧头本《岳飞传》

9月10日　谭、徐、萧、马、荣后部《三国志》

9月13日日场　徐《四进士》谭《闹府出箱》张、萧《两将军》

9月17日日场　盛《太君辞朝》椒《北湖州》谭《空城计》谭、张、椒《大八蜡庙》

9月20日日场　三王五、六本《孙悟空》

9月24日　徐《追韩信》谭、赵《坐楼杀惜》张《太史慈》谭《打金砖》

9月26日日场　萧、张《张飞擒张任》李、荣《玉堂春》

9月28日　王《乾坤圈》谭、班《四杰村》张《赚历城》

9月29日　谭、张全本《武松》

9月30日　谭、张全本《武松》

10月1日　张《金钱豹》谭、荣《陆文龙》王《界牌关》

10月2日日场　谭、徐《战长沙》艾《偷鸡》谭、张《水帘洞·闹天宫》

10月2日夜场　张《万花楼》王《越虎城》王《花蝴蝶》

10月3日日场　王《百凉楼》张《武文华》谭、萧、李、艾《战宛城》

10月3日夜场　王《战滁州》王《英雄义》谭、张、班《三岔口》

10月4日日场　谭、李《红鬃烈马》王《走麦城》

10月4日夜场　王《白马坡》王《摩天岭》张《嘉兴府》荣《罗成》

10月5日日场　谭、李《打渔杀家》张、萧《战马超》

10月5日夜场　谭、徐、李、荣、萧《长坂坡·战四将·汉津口·甘露寺·美人计·柴桑关·芦花荡·气周瑜》

10月6日　谭、张、李全部《武松》

10月7日　王《赚历城》张《四杰村》王《乾坤圈》

10月8日日场　谭、李《红鬃烈马》王《走麦城》

10月8日夜场　徐《追韩信》王《战滁州》三王《史文恭》谭、张、班《大三岔口》

10月9日　王《万花楼》王《越虎城》王《花蝴蝶》

10月10日　谭、荣《陆文龙》王《界牌关》谭、张《金钱豹》

10月11日日场　徐《四进士》谭、王《水帘洞·闹天宫》

10月11日晚场　谭、张全部《武松》

10月12日日场　谭、李、徐、荣《长坂坡·战四将·汉津口·甘露寺·美人计·柴桑关·芦花荡·气周瑜》

10月12日夜场　王《战滁州》王《史文恭》谭、张、班《三岔口》

10月13日　王《赚历城》张《四杰村》三王《乾坤圈》

10月14日　王《摩天岭》张《嘉兴府》谭、萧《牛皋下书·挑华车》

10月15日日场　徐《盗宗卷》张《武文华》谭、萧、李、艾《战宛城》

夜场　谭、荣《陆文龙》王《界牌关》张《金钱豹》

10月16日　谭、张、李全部《武松》

10月17日　徐《战滁州》王《英雄义》谭、张、班《三岔口》

10月18日日场　谭、李《红鬃烈马》王《走麦城》

10月18日夜场　徐《追韩信》王《赚历城》张《四杰村》王《乾坤圈》

10月19日日场　王《花蝴蝶》王《越虎城》王《万花楼》

10月19日夜场　谭、张、李、艾全部《武松》

10月20日　谭、李、荣《长坂坡·战四将·汉津口·甘露寺·美人计·柴桑关·芦花荡·气周瑜》

10月21日　王《战滁州》王《英雄义》谭、张、班《三岔口》

10月22日日场　徐《四进士》谭、张《水帘洞·闹天宫》

10月22日夜场　王《摩天岭》张《嘉兴府》谭、萧《牛皋下书·挑华车》

10月23日　谭《清官册》荣《陆文龙》王《界牌关》张《金钱豹》

10月24日　谭、张、李、艾全部《武松》

10月25日　谭、徐《战长沙》王《夜奔》荣全部《罗成》

10月26日日场　谭、徐、李、荣、马、萧《长坂坡·战四将·汉津口·甘露寺·美人计·柴桑关·芦花荡·气周瑜》

10月27日日场　谭、张、李、艾、荣全部《武松》

10月27日夜场　谭《琼林宴》王《乾坤圈》张《冀州城》谭、张《三岔口》

10月28日　谭、荣《陆文龙》王《界牌关》张《金钱豹》

10月29日日场　王《鹿台恨》张《武文华》谭、李、萧、艾《战宛城》

10月29日夜场　王《摩天岭》张《嘉兴府》谭、萧《牛皋下书·挑华车》

10月30日　谭、李、盛、槐前部《岳飞传》

（连台本戏前部《岳飞传》包含戏目：蜡丸藏书、风雪练兵、巧收岳云、岳母刺字、朝房撞钟、讨令劫营）

10月31日　谭、李、盛、槐前部《岳飞传》

11月1日　谭、李、盛、槐前部《岳飞传》

11月2日　谭、李、盛、槐前部《岳飞传》

11月3日　谭、李、盛、槐前部《岳飞传》

11月4日　谭、李、盛、槐前部《岳飞传》

11月5日　谭、李、盛、槐前部《岳飞传》

11月6日　谭、李、盛、槐前部《岳飞传》

11月7日　谭、李、盛、槐前部《岳飞传》

11月8日　谭、李、盛、槐前部《岳飞传》

11月9日　谭、李、盛、槐前部《岳飞传》

11月10日　谭、李、盛、榾前部《岳飞传》

11月11日　谭、李、盛、榾前部《岳飞传》

11月13日　谭、李、盛、榾前部《岳飞传》

11月14日　谭、李、盛、榾前部《岳飞传》

11月17日　谭、李、盛、榾前部《岳飞传》

11月18日　谭、李、盛、榾前部《岳飞传》

11月1日日场　三王《闹天官》

11月5日日场　王《走麦城》谭、李《红鬃烈马》

11月8日日场　谭、李、徐、萧、马、荣《长坂坡·汉津口·甘露寺·美人计·柴桑关·芦花荡·气周瑜》

11月9日日场　谭、张、李、艾全部《武松》

11月10日日场　谭、张、班《三岔口》王《史文恭》王《界牌关》

11月11日日场　王《乾坤圈》王《四杰村》谭、张《两将军》

11月12日日场　徐《四进士》王《闹天官》

夜场　谭、张、李、艾全部《武松》

11月13日　王《花蝴蝶》王《秦怀玉》王《万花楼》

11月14日　谭《长坂坡》王《界牌关》张《金钱豹》

11月15日日场　谭《夜奔》李《玉堂春》荣《罗成》

夜场　谭、张《两将军》王《四杰村》王《乾坤圈》

11月16日日场　谭《战马超》王《史文恭》谭、张、班《三岔口》

夜场　谭、张、李、艾全部《武松》

11月17日　王《摩天岭》王《嘉兴府》谭、萧《牛皋下

书·挑华车》

11月18日　徐《追韩信》谭《长坂坡》王《界牌关》谭、张双演《金钱豹》

11月19日日场　王《花蝴蝶》谭、李《红鬃烈马》王头本《走麦城》

夜场　王《英雄义》王《双战马超》谭、张、班《大三岔口》

11月20日　谭、张、李、艾全部《武松》

11月21日　谭、李中部《岳飞传》

（连台本戏中部《岳飞传》）

11月22日　谭、李中部《岳飞传》

11月23日　谭、李中部《岳飞传》

11月24日　谭、李中部《岳飞传》

11月25日　谭、李中部《岳飞传》

11月26日　谭、李中部《岳飞传》

11月27日　谭、李中部《岳飞传》

11月28日　谭、李中部《岳飞传》

11月29日　谭、李中部《岳飞传》

11月30日　谭、李中部《岳飞传》

12月1日　谭、李中部《岳飞传》

12月2日　谭、李中部《岳飞传》

12月3日　谭、李中部《岳飞传》

12月4日　谭、李中部《岳飞传》

12月5日　谭、李中部《岳飞传》

12月6日　谭、李中部《岳飞传》

12月7日　谭、李中部《岳飞传》

12月8日　谭、李中部《岳飞传》

12月9日　谭、李中部《岳飞传》

12月10日　谭、李中部《岳飞传》

12月11日　谭、李中部《岳飞传》

12月12日　谭、李中部《岳飞传》

12月13日　谭、李中部《岳飞传》

12月14日　谭、李中部《岳飞传》

12月15日　谭、李中部《岳飞传》

12月16日　谭、李中部《岳飞传》

12月17日　谭、李中部《岳飞传》

12月18日　谭、李中部《岳飞传》

12月19日　谭、李中部《岳飞传》

12月20日　谭、李中部《岳飞传》

12月21日　谭、李中部《岳飞传》

12月22日　谭、李中部《岳飞传》

12月23日　谭、李中部《岳飞传》

12月24日　谭、李中部《岳飞传》

12月25日　谭、李中部《岳飞传》

12月26日　谭、李中部《岳飞传》

11月22日日场　徐《四进士》谭《水帘洞》王《闹天官》

11月23日日场　谭、李前部《岳飞传》

11月26日日场　谭、李、徐、荣、萧《长坂坡·汉津口·甘露寺·美人计·柴桑关·芦花荡·气周瑜》

11月26日夜场　谭、李前部《岳飞传》

11月29日日场　谭、李前部《岳飞传》

11月30日日场　王《乾坤圈》王《冀州城》谭、张、班《三岔口》

12月3日日场　谭、徐《战长沙》王《林冲夜奔》荣全部《罗成》

12月6日日场　徐《收姜维》王《花蝴蝶》王《越虎城》王《万花楼》

12月7日日场　谭、张、李、艾全部《武松》

12月10日日场　谭、李《红鬃烈马》王《盘肠战》王《水帘洞·闹天宫》

12月13日日场　谭、徐、李、萧、荣《长坂坡·汉津口·甘露寺·美人计·回荆州·芦花荡·美人计》

12月14日日场　王《界牌关》张《战马超》王《英雄义》谭、张、班《三岔口》

12月18日日场　荣《探庄》李《玉堂春》王《夜奔》荣《罗成》

12月21日日场　王《嘉兴府》王《杀四门》王《史文恭》谭、张、班《三岔口》

12月27日　萧《白马坡》王《嘉兴府》王《杀四门》王《史文恭》谭、张、班《三岔口》

12月27日　谭、李后部《岳飞传》（连台本戏后部《岳飞传》包括剧情：唱《满江红》、岳飞抗金、牛皋下书、高宠挑车、岳云犯令、锤震金蝉子）

12月28日　谭、李后部《岳飞传》

12月29日　谭、李后部《岳飞传》

12月30日　谭、李后部《岳飞传》

12月31日　谭、李后部《岳飞传》

有必要说明的是，后来的记录很少有演员的名字，剧目介绍也非常简单，例如前、中、后三部《岳飞传》都是李宝櫆执行排练，还珠楼主（即李寿民）编剧，谭元寿扮演岳飞。前部从汤阴县发大水母子遇难开始。当时元寿的夫人带着长子孝曾、长女小眯前往上海照顾元寿的生活，天蟾舞台的经理特意把经理办公室腾出来供元寿夫妇、子女居住。演出"发大水"一场时需要儿童游水的场景，正好由不满3岁的谭孝曾登台表演，所以后台人语"谭富英11岁登台，元寿5岁登台，孝曾两岁登台"，足见后生之可畏。而后部《岳飞传》有高宠"挑华车"的情节，元寿则扮演高宠。总之元寿始终是头牌主演。说元寿从1951年到1953年独占天蟾舞台，几乎天天关铁门（即客满），的确真实可信，并言之有据。

三十一　一门忠孝

话说元寿走南闯北，在天津、山东、江苏、上海等地演出已经连续四年有余，祖父谭小培年近古稀，他却难尽孝道，为此他在演出正当红火之际，毅然结束了在上海天蟾舞台长达两年的演出，给观众，给同行，也给自己留下一段美好的记忆，回到了北京英秀堂。

如今观看他当年演出的观众大都已是耄耋之年，但是仍然有许多观众记忆犹新。出乎意料的是，他晚年遇到的一位当年的知音，竟是后来的中央领导。这位领导当年正在上海念大学，因爱好皮黄，又钟情于谭派艺术，经常到天蟾舞台看戏，对元寿当年的演出剧目如数家珍，赞叹不已。为此在晚年筹划振兴京剧艺术大计的时候，专门会见了元寿和他的儿子孝曾、儿媳阎桂祥以及孙子正岩，希望谭派艺术能够薪火相传，同时认真听取了元寿的意见。一次，这位领导在北京长安大戏院观看《连环套》，特意坐在楼下前排，看得非常仔细，看到谭元寿扮相英武的黄天霸，然而却越看越觉得不像谭元寿，遂一再问他身边的人："这个演黄天霸的真是元寿吗？怎么这样年轻？"演出后，他上台祝贺元寿演出成功，见面就说："我真不敢相信，你怎么还是六十年前在天蟾舞台的那个样子？我刚才还跟百发同志说这个黄天霸肯定不是谭元寿，可是一看你的唱念表演，比当年精到了许多，扮相也越来越年轻，那帅气真是不减当年啊！"

再说元寿的婚事，早在他刚出科的时候，祖父谭小培就开始给他张罗了。一次，父亲对他说："你怎么就不能让你爷爷多看到一辈人呢？他快七十岁了，没有别的念想，就想看到重孙子，你就赶紧娶妻生子，也算你尽孝了。"在元寿看来，祖父是谭家承上启下的大功臣，而父亲是英秀堂大孝格天的样板，父亲对祖父历来言听计从，从不说半个不字。所以元寿就只有唯父命是从了。相亲之后，父亲又问他，既然见面了，还不张罗结婚，是不是不满意呀？元寿说："我看挺好的，没有什么意见。"不久，王振荣嫁进了谭家，一年之后，就生下了一个儿子，即长子谭孝曾。祖父谭小培自然格外高兴，笑得嘴都合不拢了。父亲谭富英见状，忙说："你们看，老祖宗看到重孙子多高兴呀，这是孙子和孙子媳妇对爷爷的孝心，从此我们就四世同堂了，有管老爷子叫老祖的了，我看就请老祖宗给起个名字吧。"谭小培历来认为人丁兴旺，大吉大利，就说："既然你们是为了孝敬我这个曾祖父才生下的这个宝贝儿，我看就叫'孝曾'吧。"然后抱着孝曾说："你可要永远记住，好好孝敬我这个曾祖父哟！"大家连连说好。后来谭元寿夫妇又生下三男二女，分别起名宏曾、立曾、秋曾、鸣曾……谭五爷为英秀堂传宗接代的意识可见一斑。

谭家治家极严，当年谭志道管教谭鑫培的严厉，在京剧界都是有名的。后来谭鑫培虽然有八男二女，但是无一不对父母毕恭毕敬，尤其是谭鑫培进宫当差后，家里均依旗人规矩，因此受到过慈禧太后的特别嘉奖，说你们瞧瞧人家一个唱戏的，治家如此严谨，比有些王公大臣都强。这在梨园界更是众所周知的事情。特别是谭小培娶旗人、著名小生泰斗德珺如的女儿为妻，从此家庭的一举一动都按旗人礼制，包括元寿的新婚妻子王振荣，也要清晨即起，第一件事情就是梳妆打扮，必须擦胭脂，抹口红，穿戴整齐，等厨师把早点准备好后，各女眷恭请男人入席用餐。在男人用餐的时候，凡是没有隔辈后代的女人，都要在餐桌旁站立一排，只有恭候男人用餐后，女眷才能坐下吃饭。那么不化妆就不行吗？绝对不行，按礼制女人早起不化妆只有在家中有人逝世才可以。否则就会遭到长辈训斥，说："我还没有死呢，你就忙着给我穿孝，这不是咒我吗？"在这方面老人都是非常忌讳的。例如有一次，元寿看到大街上流行白色球鞋，价钱不菲，就买了一双穿上了，自觉很时尚，美滋滋的。不料被祖父看到，就问他："你这穿的是什么呀？"元寿得意地抬起脚来让祖父看，还说："白球鞋，回力牌的，名牌。"祖父很严厉地说："你们家老人还没死哪就穿上孝了，给我脱了去。"

由于英秀堂延续了严重男尊女卑的家教，因此孝曾长大坐下用餐后，他的母亲却仍要站在旁边侍立。直到"文化大革命"中，谭家从大外廊营一号搬迁到东城的红霞公寓，谭富英才破例做出两项重要决定：一是同意谭孝曾与他的唱旦角的同学阎桂祥确定婚姻关系，结束了谭家女人不得唱戏的家规；二是谭富英对元寿的媳妇说："你现在也是快要做婆婆的人了，从今天起，你到我这里来请安，就可以坐下说话了，不用总站着了。"孝曾的母亲王振荣就是在这种情况下，才在谭家获得了一个座位。不过，当孝曾的母亲王振荣千恩万谢地坐下以后，也只能是坐在椅子边上的一个犄角儿而已，如果坐得端端正正、舒舒服服，那就又是失礼了。

由此可知，作为元寿的妻子，在家上敬老下养小，何等艰难，又有多少委屈。为了安抚妻子，为了在祖父和父亲膝下尽孝，元寿也只好放弃了上海最让他得意的天蟾舞台，回到了大外廊营一号祖居。

元寿回到北京不久，中国人民解放军总政治部文工团正招兵买马，陆续成立了由新凤霞领衔的总政评剧团，由袁雪芬领衔的总政越剧团，由蓝马等领衔的总政话剧团，由谭元寿、谭喜寿、杨宝忠、李鸣盛、李丽芳、班世超、言小朋、王晓棠等人组成的总政京剧团。成立不久，文工团就开始到各个军区演出。不知道是部队战士的要求，还是部队首长的指示，他到部队一年多、将近两年的时间，有时一天一场，有时一天两场，却只与郭金光和班世超合演了一出戏，那就是《三岔口》。参军半年后，他们又接到了赴朝鲜前线参加慰问志愿军的任务。

当他雄赳赳气昂昂跨过鸭绿江后，就开始了在炮火硝烟中为志愿军慰问演出。或临时用防空木材搭建舞台演出，或在山坡铲出一块平地，演出就开始了。当时的口号就是："把自己最好的艺术奉献给最可爱的人。"在三个多月的演出中，天气一天比一天冷，气温眼看降到了零下20多摄氏度，真可以称得上是天寒地冻了，但是他演出时仍然要穿着单薄的抱衣抱裤，在冰硬的土地上翻爬滚打。当然，看到台下刚刚从战场上下来的战士那期待的目光和严明的军容军纪，所有的演员都自觉地拿出了十二分的劲头，以回报这些最可爱的英雄儿女。就在这样的条件下，谭元寿、郭金光、班世超等人一天两场、三四场地演出着，在异国他乡度过了整整三个月的难忘岁月。

这次赴朝慰问演出，富英与元寿的突出表现分别受到了慰问团总团长贺龙同志的表扬。虽然父子俩互相牵挂，却始终没有见过一次面，所以元寿在朝鲜一直不知道祖父逝世的消息。直到他圆满完成慰问志愿军的任务返回祖国之后，部队首长才把祖父逝世的噩耗告诉他。元寿当时就惊呆了，很长时间沉默不语。回到北京，都没有来得及回宿舍换掉军装,就穿着皮军装,戴着大皮军帽赶回家了。一进门,来到供奉祖父遗像的灵堂,看到祖父那亲切慈祥的遗像,他惊呆了,大喊一声:"爷爷,我回来了!"泪水便夺眶而出。刚要下跪磕头,才发现自己还穿着皮毛军装,赶忙立正并致以军礼……

谭小培、谭富英、谭元寿祖孙三代就在这国难当头之际,共同谱写了"尽忠尽孝,抗美援朝"的悲壮诗篇,三代人或义演捐款,或义无反顾地奔赴冰天雪地、炮火连天的朝鲜前线慰问演出,满腔热血地慰问祖国最可爱的人,尽显中华民族的忠良本色。不过让人欣慰的是70年后,在庆祝抗美援朝胜利70年之际,以习近平同志为核心的党中央没有忘记当年英秀堂的谭小培、谭富英、谭元寿三代人在生前为抗美援朝奔赴异国他乡,积极带头慰问演出所做出的突出贡献,特邀他们的后代即第六代传人谭孝曾代表当年奔赴朝鲜前线的祖父、父亲和亲人们出席了在北京人民大会堂召开的纪念中国人民志愿军抗美援朝出国作战70周年大会,使广大京剧同行都深感欣慰。

三十二 　"太平"岁月

　　话说元寿在军队中排戏演戏，也深知军人要讲究军容军纪，要绝对服从领导，服从纪律，但是作为一身技艺的老生兼武生的演员，一连两年只演一出《三岔口》，连个在舞台上张嘴的机会都没有，更不要想与胡琴"对话"了。作为一个文武兼备的演员该何等失落，更何况他还肩负着继承发扬谭派艺术的历史与家族使命。不久，总政越剧团的袁雪芬等南方来的演员，因水土不服、语言不通，要求回江南发展，遂打报告申请退伍并获得上级批准。接着，总政评剧团、京剧团也先后解散，除言小朋、王晓棠等转入了总政话剧团，后又转入八一电影制片厂外，李丽芳和班世超等京剧演员则转入中国京剧院。

　　大约就在元寿参军以后。他的表姐夫、著名铜锤花脸演员裘盛戎自己开始组建自己的戏班"戎社"，从此可以大显身手了。裘盛戎先生唱念做打舞技艺全面而精湛，特别是他那条得天独厚的嗓音更是戏班中百年不遇，然而，限于花脸行当主演剧目比较少，就是金少山先生有一条声震屋瓦的嗓子，也是靠《锁五龙》《白良关》《草桥关》《牧虎关》《断密涧》等，不出十出戏就没有更换的戏码了，幸亏梅兰芳请金少山合作了一出《霸王别姬》，使"金霸王"横空出世，红火一时，几乎与南北的青衣、花旦都合演了一个遍，就是当年15岁的赵燕侠要求与金三爷合作《霸王别姬》，金三爷也是欣然同意。此外，就几乎没有花脸与青衣、花旦行当的合作剧目了。当有一天裴盛戎意识到自己花脸挑班实在难以为继的时候，就主动来到大外廊营面见谭富英先生，进门就叫舅舅，坦白自己挑班，从行当到戏码，实在困难，希望舅舅来帮扶一把。

其实，谭富英先生是位特别爱惜人才的忠厚长者，看到别人有一技之长，或者有比自己强的地方他就特别高兴。当他发现裴盛戎这个外甥女婿唱两句，越来越受听时，很是欣赏，也想着合作几出戏，捧捧这个晚辈。只是风闻"兴裴灭谭"的口号，唯恐一时难以达成共识，也就只好坐观其变了。今见裴盛戎亲自找上门来，遂发现这个外甥女婿果然是一位聪明绝顶，又极其务实的俊才，也就一口答应了裴盛戎的请求。后来经过双方协商，由经励科的万子和出面，提议将同庆社与戎社联合起来，组成太平京剧社，二牌旦角是梁小鸾，三牌武生是杨盛春，还有老旦泰斗李多奎，花旦陈永玲，丑角马富禄，里子老生李世琦、马长礼，丑角慈少泉，架子花脸张洪祥，阵容可谓非常整齐，一时无二，特别是谭、裴二位的合作，从调门到戏路，从风格到水平都是棋逢对手、将遇良才的感觉。观众更是非常欢迎。

不久，剧团一律改为民营公助，梁小鸾和李世琦退出，到东北挑班唱戏去了。这时太平京剧社的协理员，也就是政府的特派员张仲杰来找元寿和姜铁麟京剧团的青年老生演员马长礼、与毛世来自组"杨毛京剧团"的杨荣环，希望他们能够参加太平京剧社的演出，以充实剧团的力量。元寿在征求了父亲的同意后，三个人便一起参加了太平京剧社。

说起太平京剧社，在剧社工作时间比较长的著名旦角梁小鸾深有体会地说："在我的舞台生活中，合作过的老生演员很多，其中与谭富英先生合作的时间最长、合演的剧目最多，配合得也最为默契且愉快。当年，我经义父韩佩亭先生的介绍，搭入了谭先生的同庆社。那时的谭先生已然是大红大紫了，但他还是让我与他并挂头牌演出。谭家对我十分关照，谭小培先生曾说过：'小鸾很不容易，上有老母、下有兄弟，指着她唱戏养家，在戏份儿上可不能难为人家。'"

梁小鸾还说："我和谭富英合作后，不仅在北京演出，上海、天津、沈阳、济南、青岛等地也都跑去演过。有一回，我与谭富英先生合演《打渔杀家》，演教师爷的是马富禄。那天正赶上下雨，临到快开戏了，还不见马富禄露面，我们都很着急。谭先生的儿子谭韵寿也是唱小花脸的，有些人就建议让韵寿扮上锻炼锻炼，也是捧捧孩子。不料谭先生却坚决不同意，他认为韵寿资历不够，应该让班里另一位丑角演员李盛芳来救场。李盛芳演了两场后，马富禄才赶到剧场，大家都说谭先生真是举贤不避亲呀。"

当年田汉曾给周信芳写过一出改良京剧《琵琶行》，内容很进步，也很受领导重视，但周信芳一直没能演出。后来马彦祥把这个剧本做了些压缩、改编。由梁小鸾饰演剧中女主角谢云屏，白家麟和李宗义分别饰演A、B角的郭霁青，李紫贵饰演郭英发，担任舞美设计的是叶浅予。那时梁小鸾正在同庆社和谭先生并挂头牌，除了晚上有戏演出外，其余时间梁小鸾都要到江西会馆排练《琵琶行》。王瑶卿也来帮助排演，为演好此剧梁小鸾还学了弹琵琶。排好后，梁小鸾与白家麟在北京长安戏院进行了首演，受到观众欢迎，要求他们继续演出。为此，梁小鸾不得不向谭先生请假。当谭先生得知后，非常痛快地一口答应。可是当梁小鸾演了一段日子后回到同庆社，才知道在她主演《琵琶行》的这段时日里，谭先生一出戏也没演过，以表示对梁小鸾的尊重。

太平京剧社的阵容强大，上座率总是非常高。但偶而也有特殊情况，卖座不大理想。遇到这种情况，剧社也从不回戏，谭先生和梁小鸾以及其他主要演员共10人，就分文不取，把钱全部分给其他演员。新中国成立后，刘少奇主席得知此事后，曾说过："谭富英、梁小鸾组班儿，大家都有饭吃。值得大家学习。"不料就是这句话，后来还成了梁小鸾在"文化大革命"中的一大罪状。

"文化大革命"中，梁小鸾因在吉林省京剧团挨批斗、受审查，当地的红卫兵还专程到北京找谭先生调查取证。而谭先生一直躲着不见他们，后来实在躲不过去了，面对红卫兵的询问，一向老实厚道的谭先生只冷冷地回答了三句半话，说："我们台上合作，台下不来往。现在我头疼。再见！"不久，因吉林京剧团所列梁小鸾的"罪状"查无实据，她终于获得了解放，恢复了自由。当梁小鸾事后从外调的红卫兵口里得知他们到北京在谭富英先生面前碰了钉子后，她对谭先生的感激之情真是难以表达。不久她接到谭富英病逝的噩耗后，便立即从东北赶到北京为先生来送行，见到谭先生遗容，想到谭先生对她多年的关爱，真是泣不成声。

马长礼也不止一次地对笔者说，元寿先生不愧是他的大师哥，胸怀坦荡，总安慰他说："好兄弟，咱们这行，得腔容易，得韵难，你有这么条好嗓子，很难得，将来错不了，别辜负我们家老爷子的一片心。"元寿的真诚、豁达很让长礼感动。其实，许多戏班的同行都知道，他们共事快50年了，元寿先生在背后从来没有说过长礼先生半个不字，就是有人说长礼如何如何，元寿先生就会立即说，长礼是个难得的人才，我们唱戏的都应该明白，得腔容易，得韵难，唱什么高调门都容易，能唱得那么有味道，可不多呀！所以元寿与长礼先生合作几十年，从来没有红过脸，始终互敬互爱。就是在马长礼病重前半年，笔者还在谭元寿先生家中见到过马长礼与小王玉蓉夫妇特意来看望病中的大师兄，切身感受到他们对元寿师兄的尊重。谭富英先生主演《定军山》时，曾让他扮演严颜，演《捉放曹》的时候，让他扮演吕伯奢，逐渐从"底包"演员成为正式的二路老生。后来裘盛戎团长也发现马长礼的嗓子音色优美，让他在老戏《草桥关》改编的《姚期》剧中扮演刘秀。当年谭老的亲外孙李世琦先生特意帮助他创造了一段"想当年走南阳……"的二黄原板，被长礼先生唱得字正、腔美、韵足，受到特别欢迎，由于谭富英先生的推荐，还由中国唱片社灌制成黑胶木唱片，一时成为脍炙人口的流行戏曲。接着，富英在《秦香莲》中扮演的陈世美也让给了长礼，而且还都灌制了唱片，后又拍摄成电影。如此爱才而不妒才的谭富英，可以说在剧团中绝无仅有，因此，始终享有极高的威望和人缘。前不久，遇到年逾九旬的赵燕侠老前辈，她说自己在6岁时就在谭富英先生的戏中扮演娃娃生，16岁时，与谭富英先生合演过《大探二》《桑园会》，28岁时，调入北京京剧团，担任资历最浅的副团长。谭富英却主动为她唱开锣戏，让她后来者居上。接着，马连良、张君秋、裘盛戎也都给年龄最小的赵燕侠团长唱开场或同台合作，最后形成了五位团长互相唱开场戏的好风气，而富英先生则开风气之先，使赵燕侠备受鼓舞，以至后来谭富英入党，剧团同人异口同声地说："咱们谭团长早就够共产党员的标准了。"可是赵燕侠团长在回忆自己舞台生涯80年的时候感慨地说："你们总说我谁都不怕，其实在京剧团，我还真怕过一个人，那就是谭团长，他那高雅的气质、高超的艺术、高风亮节的人格，一直让我望而生畏，油然生敬。就是他的化装室，我也总是在门外望一眼，从来不敢进去，唯恐我自己做错了什么事，惹他老人家不高兴。其实老人家特别随和，总是客客气气，对青年人，尤其对我总是那样和蔼可亲。但是他越是对我客气，我就越发怵。"

面对这样一位屈己让人的父亲担任团长，元寿要想在剧团得到一些特殊照顾，显然是不可能的。有些演戏的机会，谭团长宁可让给徒弟马长礼、高宝贤去演，也不会让他的亲儿子谭元寿近水楼台先得月。所以自元寿回到北京，特别是来到父亲身边工作以后，反而没有他早年在天津、上海演出的机会多，陪着马、谭、张、裘、赵演出当配角或开场垫戏的时候反而越来越多了。

1955年，从香港回来的马连良剧团辗转武汉回到北京，与北京京剧二团合并，成立北京京剧团，不久张君秋先生领衔的北京京剧三团和赵燕侠领衔的燕鸣京剧团也先后加盟，组成了一个全国阵容最为强大的北京京剧团。

当时，北京市文化主管部门根据组班、成名的先后，确立了马、谭、张、赵、裘五位顶级的艺术大师和李多奎、马富禄两位元老级的艺术前辈为剧团的艺术核心。据说裘盛戎在自己成立"戎社"前曾经在赵燕侠的燕鸣剧团给赵燕侠唱过开场戏，拿过燕鸣剧团的戏份，所以认定赵成名在裘之前。而赵燕侠坚决不同意，说裘先生的艺术已经自成一派，又比我年长，我怎么能后来居上呢？遂坚持居于末位，便形成了后来大家都知道的"马、谭、张、裘、赵"五大头牌和五大团长。

三十三 京剧"天团"

在京剧的历史上，北京京剧团曾号称"天下第一团"是毋庸置疑的。这个团不仅有马连良、谭富英、张君秋、裘盛戎、赵燕侠五大头牌，还有李多奎、马富禄两位元老和陈少霖、茹富华、杨盛春、马盛龙、周和桐、何盛清、张洪祥、李四广、黄元庆、刘雪涛等驰名全国的二牌名角，更有王瑞芝、李慕良、何顺信、汪本贞等众望所归的京胡圣手，就是二胡张似云、大锣马连贵、鼓师谭世秀等也都是全国京剧界首屈一指的权威人物。同时还有一个由中青年演员组成的实力雄厚的小团，这就是以谭元寿、马长礼、李毓芳、李世济、小王玉蓉、罗惠兰、闵兆华、郝庆海、翟韵奎、张韵斌、慈少泉、郭元祥、耿世华、张滨江、阎韵喜、周少安、杨少春、赵丽秋、李淑玉、张少武、贺永瑛、赵文瑜、关小燕、宋丹菊等组成的后备军。他们不仅要在每天夜场陪着马、谭、张、裘、赵五位团长演出，担任配角或在开场和中轴承担主演剧目，而且还要在日场以他们为主进行演出实践。可以说是一支一边学习，一边观摩，一边实践，在优越的艺术环境下成长的新生力量。

当时这个剧团演出的每一出传统戏，从来不排练，都是延续了早年戏班"台上见"的传统。更重要的是舞台上出现的差错不及现在剧团演出的百分之一。如果说你对这出戏不太熟悉，或者戏路不大一样，到后台要求与同台演员对一对台词，那就要看对方是否高兴了。有的名角也许会说，来，咱们走一遍。还有的名角会说，放心，到台上我跟着你，我给你兜着。更多的名角会说，都是大路活，你就跟着走吧，你记住就行了。有时彼此形同路人，其难度可想而知。

再有一个非常苛刻的条件，就是剧团派出的戏单，也就是演员表，完全像考卷一样，只有兑现、服从，不许说不会，更不得临场推诿，这是没有丝毫商量余地的，否则就说明你是一个不合格的演员。显然，这是延续了过去戏班的演员搭班制度。如果演员到后台看到演员表，也就是过去的"戏圭"，就要马上去化装、候场，如果说一声"不会"，就等于自己辞班，因为后面还有许多演员等着竞聘上岗呢。一般情况下，演员到后台的候场桌，只要看一眼戏圭，就应该知道自己扮演的角色，因为你的定位是三路老生，拿的是三路老生的戏份，如上面写的是《伍子胥》，你就应该前演皇甫讷，后扮孙武子，而不要去想着扮演伍子胥、东皋公或姬光了。显然，在如此竞争激烈的环境中，没有足够的艺术资本是寸步难行的，但是只要你演得好，就会步步高升。也许有读者说，过去戏班不是常说"祖师爷还有三出不会的吗？谁没有个空白点呢"，所以这也要看一个演员的人缘和资历。有一次小团的头牌青衣李毓芳接到通知说，原定张君秋先生在《清风亭》中扮演周桂英临时告假，派她顶替演出。这对李毓芳可真是严峻考验，但是她又不能说不会，也不能说不演，就跟对方说，您能帮我找个先生给我再说说戏吗？对方也知道这个事情实在难为人，因为这是马派戏，不是官中活，再加上李毓芳并不是一般演员，而是曾经独自挑班的梅派大青衣，又是梅兰芳的入室弟子。为此团里就给她找了一个说戏的先生，李毓芳马上跑到那位同行家中，连夜请人说戏，连夜背戏词，真似氽锅的一般。到后台，又请扮演张元秀的马连良给她说说戏，马先生也就告诉她一些特殊的小节骨眼，让她注意。这样才把这出戏对付下来。据她说，这真比自己唱一出大戏还难。

在这样的情况下，谭元寿一边在夜场辅助父亲和几位团长演出，一边在日场担任小团的文武老生，同时还要排演大批新编剧目。虽然不像在上海天蟾舞台那样春风得意，但是终归有众多前辈在上，确实技高一筹，在小团中，众多演员都是曾经独自挑班的名角，各有所长。尤其是大武生黄元庆因演出《伐子都》摔伤后离开剧团，谭富英又因病辍演，谭元寿的演出就更多了。每天晚上，他时而与马连良合演《摘缨会》，扮演唐蛟；时而与张君秋合演《秋瑾传》，扮演徐锡麟；时而与裘盛戎合演《连环套》，扮演黄天霸；时而与赵燕侠合演《巴骆和》，扮演骆洪勋。在小团，他的演出本来就是最多的，还不时地与李毓芳合演《甘露寺》，扮演刘备；与小王玉蓉合演《打渔杀家》，扮演萧恩；与马长礼合演《群英会》，扮演鲁肃；与李世济合演《梅妃》，扮演唐明皇；与杨少春合演《阳平关》，扮演黄忠；与翟韵奎合演《三岔口》，扮演任堂惠。五位团长需要他经常合作的剧目都在十出以上，每位小团的同行需要与他合作的戏也都在八九出以上。谭元寿第一次随团去香港演出，罗惠兰要唱《拾玉镯》没有小生，他则现学现演小生应工的傅朋。同时更重要的是他还有继承谭派艺术的头等任务，如主演他父亲亲传的谭派剧目《问樵闹府·打棍出箱》《战太平》《失空斩》等等。突然有一阵，我们还在舞台上看到他白天刚刚唱完《失空斩》，晚上在开场戏《战马超》中又要扮演张飞；有时日场，他在《锁麟囊》剧中扮演一个送亲的吹鼓手，夜场又与裘盛戎合演全本《将相和》。他的面孔观众都非常熟悉,当《锁麟囊》演到"春秋亭"避雨一场,观众在送亲的队伍中很快发现了他和马长礼等人的身影,都手指着舞台纷纷辨认,惊讶地大叫:"啊,那不是谭元寿吗?那不是马长礼吗?他们怎么也要跑龙套呢?""哎呀,这京剧团是不是改成文工团编制啦?"结果一场精彩的送亲场面,就因谭元寿等人的加入而引起观众的骚动,成了观众戏外的热门话题。以后这些龙套一类的角色也就不敢再由谭元寿、马长礼等名演员担任了。

元寿加入北京京剧团的工作后,还参加了许多新戏的排演。如《秋瑾传》《草原烽火》《智擒惯匪座山雕》《青春之歌》《党的女儿》《黎明的河边》《状元媒》《官渡之战》等。由于名演员效应,新排戏欣赏价值和票房收入仍然很高,说是设置导演,但是有些导演本身就是演员,有的导演因为懂戏、懂演员、懂观众,干脆就扮演一个提意见的旁观者,具体的唱、念、做、打其实都是演员自己设计、自己排演,特别是在戏班中成长的编导演王雁特别精通戏曲表演艺术的规律,因此保持了京剧以欣赏艺术为主的特征,所以元寿扮演的江华、少剑波、巴图、徐锡麟等艺术形象至今被老观众津津乐道。

从1958年到1961年,北京京剧团的谭元寿、马长礼、小王玉蓉、郝庆海、翟韵奎等人主演的,由曲波原著改编的现代戏《智擒惯匪座山雕》演出了将近300场,最近在网络上还有一位当年的小学生回忆这出戏时说:

> 我只看了其中的十一场。对于戏里杨子荣向少剑波请求化装成土匪打入威虎山时的二黄唱腔和少剑波同意杨子荣进山时的西皮唱段,我至今没忘。1990年我有幸在北京人民广播电台和马长

礼先生一起做过一次直播节目。节目开始前闲聊时，当我把《智擒惯匪座山雕》中的这两部分唱词，一字不落地讲出后，连马先生都惊喜至极。在《智擒惯匪座山雕》中，除了"想当初"提到的马长礼扮演杨子荣、谭元寿扮演少剑波、郝庆海扮演座山雕、小王玉蓉扮演一枝花（一个女土匪）、翟韵奎扮演一撮毛、慈少泉扮演塌鼻子（土匪八大金刚之一）、赵丽秋扮演栾平妻、李四广扮演土匪傻大个、蒋元荣扮演栾平以外，还有何振兴扮演的刁猴头、郭和咏扮演的老猎户、耿世华扮演的猎户妻、冯百葵扮演的白茹、慈永胜扮演的孙达德、李德奎（后来换成张韵斌）扮演的大麻子、张滨江扮演的栾超家、张少武扮演的刘勋苍、何盛清扮演的李勇奇之母，只有李勇奇是谁演的想不起来了。因为我虽然每次看戏都买了戏单，但是"文化大革命"中被我自己恋恋不舍地付之一炬了。现在恐怕只有去找剧团的原始记录了。

现在看来，《智擒惯匪座山雕》作为京剧演现代戏的早期作品，可以说还是非常成功的，例如杨子荣要求化装成土匪进山一场，与现在《智取威虎山》第4场"定计"，在内容与结构上也是基本相同的，塑造两个主角的核心唱段也是在这一场。马长礼的二黄碰板唱"杨子荣是个好根本"，余、杨的韵味非常浓厚；谭元寿的西皮唱"深入虎山担负重任"颇有谭派特色；无论前面的二黄，还是后面的西皮，都采用了两个人接唱的方法，让人听着过瘾。我当时看到台上30多岁的两个小伙子，像比着唱似的，听着非常带劲。现在想起来，马长礼在"我只有一心无二心"的后一个"心"字上的收腔，谭元寿的"喜怒不可随着性"的"性"字上的拖腔，均低回婉转，特别好听，哪里像现在新编戏里那种扯着嗓子大叫的唱法。

固然《智擒惯匪座山雕》不是十全十美，但是它毕竟在我少年时代，留下了许多美好的回忆，只可惜，现在没有人去总结这过去的一切了。

　　笔者看到这篇网文是非常感慨的，因为这是元寿和长礼两位先生第一次脱下蟒袍，穿上了解放军的服装，第一次演出现代戏，就取得如此成绩，让当时的观众在时隔60年后依然记忆犹新，如数家珍，足以说明他们排演的这出戏至今仍然保持着深遂的艺术魅力。其中还有一个重要原因，就是笔者非常赞同这位网友对这出戏的评价和如实的回忆，可以说感同身受。当然，这位网友也许不知道，小王玉蓉扮演的"一枝花"在剧中引诱马长礼扮演的杨子荣虽然没有成功，但是就在这出戏排练加工细磨的时候，马长礼与小王玉蓉却擦出了真正的爱情火花，并且就在演出剧场，也就是今天的北京市工人俱乐部前厅，由剧团领导主持，全剧组成员为他们举行了隆重而简朴的婚礼。

　　再说《草原烽火》，原是乌兰巴干同志的优秀长篇小说"草原三部曲"之一。写的是在抗日战争时期，内蒙古科尔沁草原的奴隶和牧民，在党的领导下向封建王爷及其主子日本帝国主义者展开的一场尖锐斗争。这是描写奴隶翻身斗争的英雄诗篇，也是一曲歌唱蒙古族、汉族两族人民战斗友谊的颂歌。用京剧特有的艺术形式来体现这个激动人心的主题，的确是一件十分有意义的事情。就在元寿成功地主演了《智擒惯匪座山雕》后便立即投入了《草原烽火》的排练，并在剧中扮演蒙古族英雄巴图，首次演出，可以说一举成功。但是为精益求精，元寿又和编导王雁等人一起深入内蒙古牧区，住进蒙古包，学习体验牧民的草原生活，再次演出就显示出浓厚的草原生活气息，得到更高的评价。最有说服力的事实，就是这出戏一直保持着很高的票房收入，所以说这出戏是实实在在的成功。

不过，读者不要以为这个北京京剧团名角会聚，水平高超，老戏、新戏、现代戏都好，那么他们演出的剧目就一定成功，在"文化大革命"前，他们大团和小团演出的将近三百出戏中也有着惨痛的教训和难忘的失败。一个是老舍编写的剧本《青霞丹雪》，虽然经过马连良、谭富英、张君秋、马富禄等许多名角精心排练，却只彩排了一场，留下一张合影；一个是吴晗写的《海瑞罢官》，尽管是一出政治上的名剧，轰动全国，但是在艺术欣赏性方面却乏善可陈没有什么价值可言。所以名编剧、名导演、名演员编演的这出名剧，演员不爱演，观众不爱看，导演不爱排。第三个例子就是为国庆十周年献礼，由中国京剧院和北京京剧团联合演出的《赤壁之战》，这出戏确实派出了全国京剧界的最佳阵容，剧本所谓的文学性和历史性都有所加强，例如编导组强调在历史上鲁肃是一位军事家，不是好好先生。又强调历史上的蒋干是一位知识分子，不能在脸上画豆腐块，不能是庸才。再如诸葛亮"借东风"的唱词，原来是"习天书学兵法犹如反掌"，后改成"天堑上风云会虎跃龙骧"，词也雅了，剧本也更符合《三国演义》的原作了，但是"戏"没有了。过去看《群英会·借东风》时那种强烈的艺术效果一点儿也找不到了。殊不知，是蒋干的愚昧反衬出周瑜的智谋，用鲁肃的憨厚衬托出诸葛亮的机敏，这才能形成戏剧冲突，观众要看的并不是历史的教科书，所以编导组的先生们自己热闹一时之后，马连良对谭富英说："贤弟，我看咱们还是唱咱们的《群英会》吧。"就是萧长华也说："唱《赤壁之战》，千万别忘了咱们的《群英会》。"从以上事例说明，大学者们参与戏曲创作本无可非议，但是他们钻到历史的教科书中去了，却忘了站在观众的角度去看京剧，所以观众就是不买账。

其实，笔者最敬佩的是王雁。琴师汪本真说他不愿意再给裴盛戎拉胡琴，说他们花脸行除了原板就是散板，连一句慢板都不会，没哏！为此裴盛戎求王雁帮忙，说汪本真要罢工了。没出三天，剧本出来了，不到一个星期，没花一分钱，一出新戏《赤桑镇》就排出来了。不但首次出现了花脸的西皮三眼、二黄三眼，而且在吉祥戏院一经演出，并经中央人民广播电台现场实况转播，立即轰动全国。第二天，凡是有戏迷的地方，包括公共汽车上，大街上骑自行车的，公园里，甚至"官茅房"里都传唱着"恨包勉初为官……"等西皮三眼唱腔，更为全国的裴迷、李（多奎）迷所传唱不止，风行一时。名副其实的脍炙人口。到今天，这出戏演出60多年了，几万场也有了。没有花费一分钱置办任何灯光布景，没有任何宣传炒作，可谓巨大成功。不过王雁说，关键是要有裴盛戎和李多奎两位大艺术家，一看本子就明白应该如何唱，用什么板式唱。笔者在王雁先生病逝前去养老院看望他，特意向他老人家探求有何奥秘，王雁很神秘地小声告诉我："原板唱词是二、二、三，慢板唱词是三、三、四，各加一字不就解决啦。"王雁说得轻巧，可是这样能与演员沟通协商的剧作家到今天也找不到第二位。

当然，艺术上有成功，就有失败，这是很正常的事情，但是在"文化大革命"前，北京京剧团十年中排演的新戏、老戏和现代戏加起来足有300多出，而且不包括和其他剧团如中国京剧院合演的代表剧目，成功率还是非常高的，所以应该承认北京京剧团是一个非常优秀、艺术创作非常严谨的京剧艺术团体。下面是北京京剧团在"文化大革命"前演出过的剧目：

《一捧雪》《双官诰》《四进士》《锁五龙》《伐子都》《打侄上坟》

《扈家庄》《文天祥》《打焦赞》《得意缘》《大八蜡庙》《九更天》《御果园》《闹天宫》《陈三两爬堂》《恶虎村》《广泰庄》《江汉渔歌》《枣阳山》《十道本》《挑华车》《女起解》《潘杨恨》《群英会·借东风·华容道》《铁面无私清官谱》《姚期》《白水滩》《遇皇后》《打龙袍》《三岔口》《连升店》《玉堂春》《审头刺汤》《艳阳楼》《将相和》《太君辞朝》《除三害》《金锁记》《十老安刘》《狮子楼》《双背凳》《锁麟囊》《林冲夜奔》《奇冤报》《战太平》《恶虎村》《骆马湖》《失空斩》《荒山泪》《一匹布》《顶花砖》《三顾茅庐》《行路·哭灵》《龙凤呈祥》《望儿楼》《望江亭》《刺巴杰》《酸枣岭》《巴骆和》《四杰村》《御碑亭》《铁笼山》《苏武牧羊》《打严嵩》《钓金龟》《三娘教子》《清官册·审潘洪》《辕门斩子》《古城会》《红鬃烈马》《朱痕记》《取洛阳》《白蟒台》《赵氏孤儿》《顶砖》《岳家庄》《状元印》《桑园寄子》《送亲演礼》《游龙戏凤》《定计化缘》《银屏公主》《胭脂宝褶》《白良关》《雁荡山》《火烧博望坡》《捉放曹》《朱砂痣》《连环套》《升官图》《时迁偷鸡》《铡判官》《搜孤救孤》《雪杯圆》《打渔杀家》《金断雷》《凤还巢》《火牛阵》《春秋笔》《宝莲灯》《长寿星》《祭塔》《卖马耍铜》《秋瑾传》《贵妃醉酒》《青石山》《穆桂英》《秦香莲》《珍妃》《大红袍》《杨家将》《怜香伴》《打瓜园》《孔雀东南飞》《战马超》《战渭南》《智擒惯匪座山雕》《党的女儿》《青春之歌》《黎明的河边》《游龙戏凤》《青霞丹雪》《艳阳楼》《楚官恨》《伍子胥》《柳迎春》《宇宙锋》《快活林》《状元媒》《草原烽火》《官渡之战》《三击掌》《霸王别姬》《野猪林》《清风亭》《打龙棚》《红娘》《春秋配》《摘缨会（马）》《晋楚交兵（谭）》《黄一刀》《坐寨盗马》

《女斩子》《虎越高峰》《定军山》《三不愿意》《辛安驿》《狮子楼》《刘三姐》《赤壁之战》《淮河营》《艳阳楼》《借赵云》《海瑞罢官》《诗文会》《彩楼记》《女驸马》《荀灌娘》《大探二》《叶含嫣》《遇皇后》《春闺梦》《青霜剑》《铡包勉》《赤桑镇》《拾玉镯》《问樵闹府·打棍出箱》《走雪山》《浣花溪》《西厢记》《四进士》《文姬归汉》《梅玉配》《四平山》《八大锤》《十八扯》《打金砖》《白马坡》《胭脂宝褶》《火并王伦》《三家店》《打登州》《铁弓缘》《红楼二尤》《武松打店》《盘夫索夫》《缇萦救父》《花蝴蝶》《花田错》《卧虎沟》《红梅阁》《一匹布》《梅妃》《朱砂井》《战太平》《黑风帕》《牧虎关》《定计化缘》《贺后骂殿》《打刀》《临江会》《春秋配》《战北原》《潇湘夜雨》《幽闺记》《打庞吉》《打鸾驾》《虹霓关》《春秋笔》《金钱豹》《大英杰烈》《梅玉配》《长坂坡·汉津口》《清风寨》《十三妹》《状元媒》《神亭岭》《御碑亭》《春香传》《奇双会》《碧波仙子》《吕布与貂蝉》《乌龙院》《蜈蚣岭》《悦来店·能仁寺》《断密涧》《洛阳宫》《白蛇传》《王昭君》《英雄义》《地下联络员》《拜月记》《六月雪》《英台抗婚》《芦荡火种》《社长的女儿》《杜鹃山》《沙家浜》《南方来信》《雪花飘》《年年有余》《三顾茅庐》《鼎盛春秋》《击鼓骂曹》《新王宝钏》《碧血丹心》

从这个并不完整的剧目表中，我们不难看出其中大部分都是当时经常上演的剧目，具有很高的票房价值。总而言之，北京京剧团既尊重传统，又重视推陈出新，故而好戏迭出。特别是深受各位表演艺术家欢迎的王雁，由于他崇尚"电影看剧本，话剧看导演，京剧看演员"的最高原则和以故事演歌舞而不是以歌舞演故事，所以他编写或修改的剧本就无往而不胜,尤其被剧团演员所信服与欢迎。例如《赤桑镇》《草原烽火》《赵氏孤儿》以及他早期作品评剧《刘巧儿》等就是获得成功的典型范例。王雁所遵循的创作宗旨就是过去戏班打本子的做法,坚持为角儿打本子,按照演员的艺术个性和流派特色打本子。

特别是在编写《赵氏孤儿》剧本前,他首先考虑的问题就是当时的马连良、谭富英、张君秋、裘盛戎四大头牌和谭元寿、马长礼、小王玉蓉等青年演员如何安排、如何展现出他们的艺术特色。既然要贴出他们的名字,观众就要看到他们的精湛表演,而不能挂一个空名。在初排阶段,王雁还是疏忽了一个细节,就是他只想到了剧中的反面角色屠岸贾出场机会最多,而且贯穿始终,他就把这个角色安排给了裘盛戎先生。结果在彩排之后,观众接受不了以唱工擅长的裘盛戎扮演架子花脸应工的屠岸贾,而且还是一个反面角色。尽管裘盛戎非常敬业,剧中许多动作和念白也非常给力,特别是他双手掏翎子的亮相也获得了满堂好。可是观众还是希望看到一个擅长抒情唱段的正面人物。为此,王雁为裘盛戎又重新描画了一个正面的老将军魏绛的形象。为魏绛设计了一段抒情唱段,并由李慕良设计出汉调唱腔,果然显示出裘派艺术的独特魅力,反而以巧取胜,风靡至今。而屠岸贾改由架子花脸张洪祥扮演,充分发挥出张先生威武高大、气势凌人的表演优势而一举成功。

在如何发挥谭元寿、马长礼、小王玉蓉这三位重要配角的特长上,王雁也做了精心的设计。如马连良扮演的程婴与马长礼扮演的韩厥在"盘关"一场就各展所长,效果非常突出。为突出元寿文武兼备、工架优美、英气逼人的特征,他设计赵武与公主在阴陵邂逅的一场戏中就树立起一个质朴、善良、正义、英勇的少年形象,使观众马上在他的身上看到了赵家血海冤仇的复仇希望。

这出戏的成功，还有一个重要因素，就是对导演郑亦秋的聘请。因为他刚刚为梅兰芳导演过《穆桂英挂帅》，深受梅兰芳的教诲，发现并领悟到京剧是以主演为中心的，是以故事演歌舞的程式化的表演艺术体系，遂坚持遵循梅先生的教导，坚持做到京剧导演不要固执己见，而要听取演员的意见，发挥演员的创造潜能。他发现梅兰芳在"捧印"一场的设计，是先生50多年的艺术积累、厚积薄发的结晶，没有舞台经验和深厚功力的所谓导演是无法设计出来的。他坦然承认，这出戏完全是梅兰芳自己的创造。梅兰芳说这一场戏，是他借鉴了《一箭仇》《青石山》等许多传统戏的艺术元素，融会贯通的结果。所以在导演《赵氏孤儿》时，郑亦秋仍然是以发动演员的创造能力为主，然后以观众的角度谈一下自己的观感进行再度启发。这样一来，谭富英扮演的赵盾就借鉴了传统戏《闹朝扑犬》的艺术元素，设计了成段谭派唱腔，表现世代忠良赵盾的耿耿忠义而恰到好处。马连良在八个出场的锣经和台步就设计出八个方案，有的在导板的唱腔中出场，有的踩着"水底鱼"的锣经中走七步半上场，有的在京胡的曲牌中上场，没有一场是雷同的。在关键的"说破"一场，扮演程婴的马连良与扮演孤儿赵武的元寿商量说："前面的戏都比较火爆、紧张，到这一场的重点是以画说史，要说明真相，还要说服孤儿认清杀害自己全家的仇人就是他的义父屠岸贾，引发孤儿复仇的情绪，因此非常关键，就看我们爷俩了，可千万别让咱们这场戏掉到凉水盆里。"为此马连良建议元寿学一点叶盛兰在《断臂说书》中的表演，再借鉴一些《举鼎观画》的元素。要让这个孤儿从被动到主动，从看画有趣到进入画中，层层递进。而程婴在一旁"火上浇油"，最后使孤儿的感情达到醒悟并义愤填膺。元寿对马连良说，他唱过《举鼎观画》的徐策，而且与叶盛兰合演过《断臂说书》，自己都深有体会，也明白了马连良的意图，同时谭富英亲临现场为他出谋划策，使元寿知道，在扮演赵武时，既要有一种纯真的孩子气，更要有一种爱憎分明的正义感，他在这种情绪中果然把赵武演得活灵活现，在"摔僵尸"的时候遂把剧情推向了高潮，每演出到此都能获得全场观众长时间的热烈掌声。给全团最佳阵容组合的这出大戏画上完美的句号，导演郑亦秋也向元寿伸出了大拇指。事实说明，元寿在与几位全国顶尖级艺术大师同台演出的《状元媒》《秋瑾传》等新戏皆能锦上添花，不愧为谭门之后。

为此，他父亲主演《晋楚交兵》时，要他扮演酒后失礼后救驾报恩的唐狡，马连良在演出这出戏时，剧名为《摘缨会》，唐狡一角也是非元寿莫属。当马连良、谭富英和张君秋排演新戏《状元媒》的时候，杨六郎扮演者的第一人选自然也是非元寿莫属了。其实，元寿明白，因为自己主演过几百场武戏文唱的《野猪林》和《连环套》，他是在这样的基础上演出同样是武戏文唱的赵武、唐狡、韩琪和杨六郎，所以积累了一定资本，演来绰绰有余，极具光彩，因此他扮演的这些角色才会独占鳌头。因此许多北京京剧团的戏迷多年来的评语就是：有人演主演像二路，而元寿先生演二路像正工。至于裘盛戎先生更是对他另眼相看，不仅与他并挂头牌，合演《连环套》，而且在谭富英患病期间主动提出与元寿合演《将相和》等对儿戏。赵燕侠加盟后，凡演出武戏如《龙潭鲍骆》等则非请元寿扮演骆洪勋不可。元寿遂成为五大头牌均不可或缺的关键合作者。

在许多观众看来，多年在天津、上海挑班唱戏的元寿并不因自己多年挂头牌、挑大梁而高人一等，反而通过在太平京剧社和北京京剧团的这一段经历，发现自己与艺术前辈、父辈们的差距。为此他甘心在小团演出，规规矩矩地演出《问樵闹府·打棍出箱》《定军山·阳平关》《战太平》《桑园寄子》等谭门本派的戏，而且每次演出都请父亲重新说戏，亲自指点，加工，不敢有一丝疏忽。记得上海艺术研究所的研究员王家熙曾告诉笔者：有一年，他与上海新闻界的朋友举办了一次南北艺术家的座谈会，一位天津弟子贸然问谭元寿："谭老师，您是什么时候成名的呢？"他们都以为元寿会思考一下再回答所谓的成名时间，然而，谭老师不假思索并非常自然地说："我现在也没有成名呀！"一直到他的晚年，特别是通过"音配像"工作，他仍然坚持认为自己无法与自己的父辈们相提并论。所以在一天晚上，当笔者陪同来自京、津、沪、汉的几位新闻界和学术界的朋友到谭府去看望他们崇敬的元寿时，元寿出乎意料又非常恳切地对这些来自各地的朋友说："我今天拜求大家一件事情，今后，你们对别人怎么称呼我不管，但是千万不能在我的名字前面加上'艺术家'三个字。因为在你们看来，我父亲是艺术家，四大名旦是艺术家，然后把我与他们放在一起如此一视同仁，也称为艺术家，这实在让我无地自容了。起码是对我父辈们的不敬，对四大名旦的不敬，因为我的水平与他们相距太远了。我今天不是开玩笑，我是经过反复考虑过的。希望大家能够接受我的这个请求。"

实际上，以笔者与元寿接触多年的经历证明，他一直就是这么说的，也是这么做的。

三十四 一脉相传

再说谭富英先生自1923年从富连成毕业，1924年与宋洁贞（著名须生宋继亭的三姐）女士结婚后生育了元寿、韵寿、喜寿三兄弟，宋氏在生三元（即喜寿）后不幸病逝。1936年谭富英续娶姜志昭（著名小生姜妙香之女）女士，生下凤云、凤霞、凤珠三个女儿和一子寿昌。此三女一子因秉承了谭富英与其夫人姜志昭待人谦和、厚道、仁慈的本性，后来均被谭富英称为英秀堂中的"姜派"。1947年，姜志昭病逝。1948年谭富英遂续娶杨淑贤女士，生子寿康、小英，但均未从事梨园行。

谭富英先生与宋氏夫人和姜氏夫人所生元寿、韵寿、喜寿和寿昌四子在戏剧界分别工文武老生、丑角、武生和场面伴奏工作。作为谭门第五代，谭五爷的长子长孙谭元寿自幼即跟随其亲娘舅宋继亭先生学戏，5岁即以"小百岁·五龄童"之名登台献艺，充满灵气，与祖父谭小培、父亲谭富英和程砚秋、王幼卿等大艺术家分别同台演出《汾河湾》等戏的娃娃生。在京、津、沪颇引人关注。当时上海的报纸和海报上还特别刊登着"谭百岁·五龄童——谭鑫培之玄孙；谭小培之嫡孙；谭富英之长子——今晚准演薛丁山"。这份别致而罕见的广告词一时成为轰动上海京剧演出市场的头号新闻，也成为80年来上海戏迷传说不止的奇闻。

10岁时，谭元寿始入富连成第六科坐科学艺，艺名元寿。先后师从雷喜福、张连福、王连平、茹富兰、刘盛通等，打下扎实全面的功底。由于他学戏踏实用功。出科后由祖父谭小培，父亲谭富英，舅父宋继亭亲传谭、余派剧目；又师从武小生茹富兰、大武生尚和玉进行全面的提高和深造。后又在父亲谭富英的坚持下向李少春行弟子礼并得亲传《狮子楼》《挑帘裁衣》《恶虎村》《打金砖》《野猪林》等戏；向高盛麟学习《连环套》等戏，向马连良学习《广泰庄》等戏，以拓宽戏路，不仅文武昆乱不挡，又均有准纲准谱，如大武生戏《长坂坡》《连环套》《金钱豹》，短打武生戏《三岔口》《狮子楼》，猴戏《闹龙宫》《闹天宫》，靠把老生戏《定军山》《战太平》；唱工戏《二进宫》《四郎探母》《失空斩》，做工老生戏《问樵闹府·打棍出箱》《桑园寄子》，武老生戏《打渔杀家》，摔打老生戏《打金砖》，红生戏《华容道》，现代戏《沙家浜》《智取威虎山》《节振国》《草原烽火》《秋瑾传》《智擒惯匪座山雕》《青春之歌》《红岩》，等等。如此技艺全面的演员不但在京剧史上非常罕见，而且他主演的所有现代戏均没有脱离传统戏的规范，甚至是每一句唱腔、每一个动作都能在传统戏中找到根本，经得起前辈、观众和票房的三重检验。一出《连环套》就先后师从王连平、王金璐、茹富兰、李少春、高盛麟等五位老师；为学一出《野猪林》的舞剑，还要亲自登门请师兄茹元俊手把手地指导；每当演出《华容道》等红生戏时总是专门请红生世家李金声亲自规范、把关；早年在科班毕业演出《四平山》，甚至特请专工此剧的尚和玉大师面授机宜，还专门借用尚和玉那特大号的双锤以示尚派真传；在主演《沙家浜》的郭建光时则处处遵循杨派和茹派武生的表演规范，其中仅仅一个转身动作时脚下就那么一个颠步，竟然是那么美不胜收，引起全国京剧同行、后生的好奇，以至全国各个剧团、剧种演出此剧，凡演郭建光者无不刻意模仿他这一颠步。后来许多同行才知道，原来那可是当年杨小楼的经典秘籍，却在40年后由谭元寿通过《沙家浜》传承给了新世纪的新生代；谭元寿就是在《赵氏孤儿》中演个赵武，在《摘缨会》中演个唐狡，也能为全剧增色生光。所以张君秋在拍摄电影《秦香莲》时，由于总感到京剧的《杀庙》一折远不如河北梆子等地方戏的《杀庙》那样激动人心。为此，君秋先生特请谭元寿从北京赶到长春电影制片厂扮演剧中的韩琪，又请王雁给他增加了唱、念，使《杀庙》一场的表演得到很大程度的丰富与提高。

三十五　芦荡火种

　　1963年下半年的一天，当时北京京剧团的党委书记薛恩厚收到中共中央办公厅直接发来的一封公函。主要内容是通知剧团：中央领导同志提出，为明年，即1964年夏季，要搞一次全国京剧现代戏观摩会演，在全国形成大演现代戏的高潮。每个剧团都必须是由头牌名角担任主演，要排演出最好的剧目参加演出。文化部和北京市委同时交给北京京剧团两个剧本，一个是上海人民沪剧团的《芦荡火种》，一个是上海爱华沪剧团的《红灯记》，让京剧团任选一个。

　　既然要头牌名角参加演出，提供的又都是以女演员为主的戏，大家自然也明白这出戏非赵燕侠主演莫属了。根据她自己的年龄，并征求了她本人的意见，京剧团就为她挑选了《芦荡火种》的剧本，因为《红灯记》中的女主角李铁梅是一个17岁的小姑娘，而《芦荡火种》中的女主角阿庆嫂的身份是个30岁左右的茶馆老板娘。此时的赵燕侠35岁，主演《芦荡火种》当然更为合适。

　　《芦荡火种》是上海人民沪剧团于1958年创作的一个抗日传奇剧。剧本取材于崔左夫的纪实文学《血染着的姓名——三十六个伤病员的斗争纪实》和时任上海警备区副司令员刘飞的回忆文章《火种·阳澄湖畔》。剧本由上海人民沪剧团的文牧执笔，最初定名为《碧水红旗》，1960年改名《芦荡火种》。

原福州军区空军政治部主任黄烽于1997年在接受《福州日报》记者姚佑波的采访时说："当初我即是伤病员之一，为了保存这批抗日火种，阳澄湖畔的许多人民群众冒着生命危险设法把我们保护下来……"他说，戏里说18个伤病员，实际是36个，绝大多数是闽东籍的老乡；戏里的"春来茶馆"，实际叫"东来茶馆"，老板是胡广兴，他和侄子胡小龙，用开茶馆作掩护开展地下交通工作；戏里说的"阿庆嫂"实际上是茶馆老板胡广兴的老婆阿兴嫂。文牧在《芦荡火种》的创作札记中谈道：上海沪剧团副团长陈荣兰认为戏里男角色太多，建议把茶馆老板改为老板娘，可以让著名的沪剧艺术家丁是娥来演这个角色。谁知把老板改成老板娘，牵一发而动全身。老板娘本来大家习惯叫"阿兴嫂"，后来觉得"嫂"这个音是上声字，当中一个字就必须是仄声字才响堂。"兴"字是平声字，遂改成去声的"庆"字便显得沉甸、有力，叫起来也响堂。可见阿庆嫂完全是个虚构的艺术形象。

这出沪剧《芦荡火种》从1963年3月5日在上海上演后，竟连续演出了370场，观众达56万人次，仍一票难求，可谓盛况空前。

北京京剧团接到剧本，很快成立了剧本改编小组，由薛恩厚、萧甲、杨毓岷、汪曾祺等进行了修改，不久便拿出了新的改编本，取名《地下联络员》。赵燕侠扮演阿庆嫂，高宝贤扮演郭建光，万一英扮演沙老太，周和桐扮演胡传魁，蒋元荣扮演刁德一，翟韵奎扮演刘副官。在距离会演大约半年时，排练遂紧锣密鼓地开始了。

1963年12月5日，经过紧张的排练，该剧迎来了第一次审查，并且预定9日公演。

在这次审查中，中央文革小组负责人江青提出了非常激烈的意见，认为从剧本到表演都没有脱离传统戏的框框，并说："看到你们演的现代戏实在是荒唐可笑。我看你们就不要瞎费劲了，还是演你们的古装戏吧。演出广告撤销，换别的戏吧。"而且对赵燕侠说："我一直以为你是我排演现代戏最理想的人选，是我多少年来考察的对象，我在上海选出这么好的剧本交给你们，可今天你真让我失望。我看你还是唱你的《春香传》吧，要不你排一出新戏《桃花扇》也好，我对你们演出现代戏的信心已经没有了。"

就在他们的《地下联络员》初审遭遇挫折的时候，中国京剧院改编的《红灯记》由于"活神仙"李少春参与出谋划策，一举通过了三级审查。这无疑使《地下联络员》剧组上下压力越来越大。正当大家为此感到灰心时，北京市的彭真市长满怀信心地鼓励剧组的同志说："我看这个戏能改好，你们不要泄气。"彭真市长那坚定的神情和信心，使大家又鼓起了战胜困难的勇气，投入到新一轮的改编之中。在编导们重新认真加工剧本的同时，剧团领导根据彭真市长的指示，又在演员阵容上做了加强和调整。

彭真市长说，戏在人唱，没有好角儿是唱不出好戏来的。所以他首先提议要把在长春电影制片厂参加电影《秦香莲》拍摄工作的谭元寿、马长礼等尽快调回北京参加现代戏的排练。指定由谭元寿扮演新四军指导员郭建光，马长礼扮演敌军参谋长刁德一，替换丑角演员蒋元荣。因为刁德一是留洋的知识分子，表面端庄，内藏奸诈，是个两面性的阴险角色，所以由丑角扮演不合适。为此蒋元荣无奈地开玩笑说，他说自己无论如何也是刁德一，马长礼再好也只能是刁德二了。王梦云与万一英则参加沙奶奶的排练。当时元寿和长礼正在长春拍摄电影，元寿又因为在演出《秋瑾传》时摔伤而延误了拍摄时间，再加上加唱儿加戏，临时编创新腔，所以后期工作繁重。马长礼镜头多，后期工作也不轻松，但是听到团里要排演现代戏时，还是加紧完成后期工作，很快返回北京，投入《芦荡火种》的修改和排练之中。

身兼中共中央政治局委员、中央书记处书记、北京市委第一书记的彭真市长在日理万机之中，多次亲赴北京京剧团，给予剧组的同志以热情的鼓励和支持。不久，上边又要求文化部为他们请来了上海人民沪剧团以丁是娥为主演的《芦荡火种》剧组，希望他们能够通过观摩、学习受到启发，有所帮助。那是1963年12月25日，已经是隆冬时节的北京寒气逼人，上海人民沪剧团在北京市工人俱乐部为北京京剧团演出了专场《芦荡火种》，那精湛的表演和感人的场面让京剧团的同志看得热血沸腾，心服口服。

观摩、对比之下，剧组的同志马上看到了自己的不足。赵燕侠团长就说："该怎么说就怎么说，咱们不行就是不行，我认输，咱们重来。"本来她也认为自己新排演的《地下联络员》确实不太好，表演也确实找不到感觉，一举一动总也离不开传统戏的架势，甚至因为没有了水袖，两只手都不知道放在什么地方。在设计动作时，一会儿她想在这里安上个《铁弓缘》中开茶馆的动作，一会儿想着借鉴一下《拾玉镯》的程式套路。实际上忽略了古典人物与现代革命人物的差异，始终没有从花旦的行当中跳出来。她和剧组的同志看完上海沪剧团演出的《芦荡火种》后确实受到很大启发。她诚恳地说："我们演才子佳人惯了，一看人家沪剧团这个戏，整个一个大翻腔，必须要从才子佳人变成一个现代的开茶馆的老板娘，从封建时代的妇女，变成一个革命时代的共产党员，从古代的封建人物变成现代的革命人物。我们自己也要有一个脱胎换骨的变化。"

看完沪剧的《芦荡火种》后，北京京剧团剧组的同事也都看到了自己的不足。决心放下大京剧的架子，虚心向上海沪剧团的同事学习。对于这次特意安排的观摩交流，剧组成员有一个很有意思的说法，叫作"兵对兵，将对将"。从看戏到学戏，都是如此。那就是编剧找编剧，导演找导演，演员找演员。杨毓珉、汪曾祺找沪剧团的编剧文牧，萧甲找沪剧导演杨文龙，赵燕侠找沪剧名家、阿庆嫂的扮演者丁是娥。扮演沙奶奶的王梦云、万一英找沪剧的沙奶奶扮演者石筱英，谭元寿找沪剧郭建光的扮演者俞麟奎，马长礼找沪剧刁德一的扮演者邵滨孙。这样一对一地进行经验交流，使剧组的同志获益匪浅。所以元寿总说，沪剧演出那么受欢迎，创造了演出史上的奇迹，说明人家的剧本和表演都是非常成功的，有这样现成的剧本和现成的表演经验，甚至"垒起七星灶，铜壶煮三江，摆开八仙桌，招待十六方……"的唱段本身就是人家沪剧的原词，北方人是写不出来的，但是沪剧团的同行，慷慨无私地把剧本和每个角色的表演经验全部教给了京剧团的同行，使我们少走了许多弯路，后来这出戏取得的所有成就都应该有人家沪剧团一半的功劳，忘了人家的贡献是不对的。李少春也说，京剧《红灯记》的成功，也要归功于人家的沪剧剧本和表演优势，很多细小的动作都来自人家沪剧，这是事实。

　　为了更充分地表现共产党军队的英雄气质，剧组人员紧接着于1964年1月8日来到了中国人民解放军某部营房参加军事训练，体验生活。本来元寿曾经是总政文工团京剧团的演员，穿过军装，参加过军事训练，还到朝鲜前线慰问过志愿军，又曾经主演过现代戏《智擒惯匪座山雕》《青春之歌》《黎明的河边》《刘三姐》《虎越高峰》《党的女儿》等，认为自己演现代戏问题不大，还是有一定舞台经验的，但是在《芦荡火种》的几次排练中，元寿和大家一样，都感觉一举一动总是僵硬、别扭，还是离不开传统戏的习惯性程式动作。

为脱离传统戏的框框，使自己具备现代革命英雄的气质，元寿还是与赵燕侠等一起主动申请来到部队，以普通士兵的身份穿上军装，在严寒的野外参加队列练习，射击、卧倒、刺杀、拉练、唱歌、站岗放哨、紧急集合等等。在这样特殊的环境中，使他们逐渐感受到革命军人的思想面貌与伟大情怀，也使他一招一式找到了生活的依据，从而自然地再现革命战士的形象。

"脱我战时袍，着我旧时裳"，从部队体验生活回来后的第二天，元寿和剧组的同志就回到了排练场。通过排练，在舞台上再现他们在部队的精神面貌，果然充满了青春的朝气和解放军的军容风貌，所谓"演兵像兵"了。

例如，在郭建光与沙奶奶拉家常一场，从给沙奶奶运送稻谷、扫场院到互相畅谈拥军爱民的感人事迹。由于长期演出传统戏所培养的一种超越常人的台风，在元寿的身上还是给人一种端着架子的感觉，这给剧本所要体现的军民鱼水情那种融洽气氛带来了很大的障碍。其实元寿在舞台下是一位非常随和的人，可是一上台，甚至一到排练场，他就很自然地端起架子来了。好像他还是汉光武帝刘秀，还是八十万禁军教头林冲，怎么也不像一个人民的子弟兵。他拿起扫帚总是跟黄忠拿起大刀一样，因此为了一个扫地的动作，他就仔细观察身边勤务人员扫地的样子，然后自己接过扫帚反复模仿，今天扫不好明天再扫，排演场上扫不好回家对着镜子再扫，真可谓"百扫不厌"。演出后也证明了他这样严格要求，反复排练对于更深刻地表现英雄形象是非常必要的。

当有人说他与沙奶奶聊家常时，总是摆出一副部队首长的架势，而不像人民的子弟兵对待自己的老人、亲人那样，他认识到问题的关键是他没有把沙奶奶当作自己的老人，他想起自己在祖父和父亲面前的那种敬畏的心情和态度，就用在他见沙奶奶的时候，果然就把架子放了下来，再也看不到"刘秀"和"林冲"的影子了。在排练中他就是如此由里到外，从内心体验到外形的塑造，全面、立体地刻画出了"郭建光"这一艺术形象。

原来《芦荡火种》中的郭建光没有后来《沙家浜》中的二黄导板、碰板、慢板和原板的成套唱腔，主要是在看到并识破敌探刁小三后，有一大段二黄慢板、原板转快原板的唱腔。每次一唱到这里，他就想到老生戏《文昭关》，唱得越来越快，表示自己急切的心情。但是剧组的同志认为他的这段唱腔虽然唱得节奏够快，旋律够高，情绪也很焦虑，但是他还是忘了，这是一个英雄部队的指战员带着部队被困在芦苇荡中，不是伍子胥被困在东皋公的后花园。再着急，也不能失去一个新四军指导员的身份，也不能失去一个共产党员的责任。为此他反复阅读了大量背景资料，特别是《血染着的姓名——三十六个伤病员的斗争纪实》和《火种·阳澄湖畔》。尤其当他知道剧中伤病员领导人郭建光的名字，是从郭晨曦、李建模、夏光三位英雄的名字中各取一字而成时，他认识到伍子胥与郭建光这两个名字的区别。李建模、郭晨曦是当时常熟、太仓等根据地的负责人，他们和新四军某部负责人夏光一起，对这支队伍的成长和发展做出了重要贡献和牺牲，所以说这是一个"血写的名字"。之后，元寿在唱到最后两段快原板的时候，唱得依然紧急却坚定而凝重，显示出一位英雄部队指战员在危难之际指挥若定的风度，赢得观众的好评。

经过剧组全体人员的共同努力，他们终于从失败中走了出来，以全新的面貌演出了这出现代戏。剧名从《地下联络员》改成了沪剧原名《芦荡火种》。1964年3月底，市委领导第二次审查后非常满意，彭真市长连声说："你们改得好，演得好。"指示马上公演，对外推出。一经公演，这出戏就受到观众的热烈欢迎，剧场内的掌声一阵又一阵，正如当时《北京日报》的社论所说，"掌声就是批准"。他们连演连满，很多观众甚至扛着铺盖卷，连夜排队购票。

《芦荡火种》的演出获得巨大成功，连演一百多场还欲罢不能。《北京日报》专门为此配发了社论，称："京剧《芦荡火种》既成功地表现了现代革命斗争生活，又不失传统京剧的韵味，是京剧表现现代生活的成功尝试。"

1964年4月27日，党和国家领导人刘少奇、周恩来、朱德、邓小平、董必武、陈毅等一起观看了新编现代京剧《芦荡火种》，全国各大报刊载了大幅照片和详细报道，给予高度评价。

与此同时，赵燕侠、马连良、裘盛戎、马富禄、谭元寿、马长礼和谭孝曾参加排演的《杜鹃山》也进入了紧张的排练。有这么多艺术家参加演出，自然又是场场爆满，而且参加了全国现代戏观摩会演，受到全国京剧界同人一致称赞。

1964年6月5日至7月31日，全国京剧现代戏观摩演出大会在北京举行。全国19个省、直辖市、自治区的28个剧团参加了演出，共上演了37台戏。每天在北京市工人俱乐部、北京展览馆剧场、民族宫礼堂、人民剧场、中山公园音乐堂和二七剧场都有来自全国各地的京剧院团的演出。上演剧目有《黛诺》《草原英雄小姐妹》《送肥记》《自有后来人》《奇袭白虎团》《耕耘初记》《杜鹃山》《红嫂》《智取威虎山》《六号门》等精心排练的现代戏。一时间名角云集，好戏连台，使北京像过节一样热闹。许多中央首长也是戏迷，纷纷到各个剧场去观看新戏。期间，毛泽东主席一共观看了两台戏。7月17日晚，毛主席观看了上海京剧院的《智取威虎山》。看后，明确提出意见：

"要加强正面人物的唱，削弱反面人物。"

7月23日晚，毛主席又在彭真市长的陪同下一同观看了北京京剧团的《芦荡火种》。这次看戏后，毛泽东主席没有马上发表意见。几天后，某领导到北京京剧团，传达了毛主席对京剧《芦荡火种》的意见：一是觉得剧中新四军的音乐形象不够饱满，要鲜明地突出新四军战士的音乐形象；二是军民鱼水关系不够突出，要加强军民关系的戏；三是《芦荡火种》的结尾不合适。原沪剧《芦荡火种》的结尾是新四军利用敌军司令胡传魁结婚，化装成吹鼓手、轿夫，混入沙家浜，搞出其不意的袭击，从而取得胜利。北京京剧团在将其改编成京剧时也是如此处理的。毛主席认为，这样一来，结尾成了闹剧，全剧就成为风格不同的两截子了，而应该改为新四军正面打进去。他对剧组同志说："要突出武装斗争的作用，强调用武装的革命消灭武装的反革命。戏的结尾要打进去。戏是两截，改起来不困难，不改，就这样演也可以，戏是好的。"

在谈到戏的名称时，毛主席笑了笑，说："芦荡里都是水，革命火种怎么能燎原呢？再说，那时抗日队伍已经不是火种，而是火焰了嘛！既然故事发生在沙家浜，中国有许多戏以地名为戏名，我看这出戏就叫《沙家浜》吧。"在谈到京剧的唱词时，毛主席又说："京剧要有大型唱段，老是散板、摇板会把人的胃口唱倒的。"想不到毛主席对京剧艺术的板式运用还是很有些研究的，剧组的同志不禁为毛主席对京剧那独到的见解而深表敬佩。

毛主席对京剧《芦荡火种》的修改意见传达以后，剧组人员立即根据毛主席的意见，进行了认真的修改。新修改的戏大大加强了郭建光的唱、念、做、打、舞，并将结尾由原来"阿庆嫂带人化装成送亲队伍混进敌营歼灭胡传魁一伙"，改成郭建光率队连夜奔袭，越墙而过，攻进胡府。剧名也根据毛主席的建议改为《沙家浜》。不过毛主席当时也不会想到，正是由于这出戏的名字叫《沙家浜》，35年后在中国江苏省常熟市的版图上真的诞生了一个"沙家浜"镇，成为红色旅游的胜地。30年后，笔者还与沙家浜职工度假区的负责人谭派名票周炯儿一起陪同谭元寿、马长礼重返沙家浜镇，参观了"沙家浜公园"，芦苇荡中的春来茶馆和沙家浜战争纪念馆。谭元寿看到纪念馆中有关郭建光的艺术原型夏光同志的事迹介绍，看得非常仔细，并在夏光同志的遗像前郑重地三鞠躬，久久不愿走开……

这次修改，连唱腔带武打，改了有三个多月，一直到1965年才基本完成。一百多天的时间里，大家苦思冥想，最后不仅增加了郭建光的戏，还从唱念做打的"武打"里做出了一篇新的文章。

原本以为只是几场戏的修改，可是赵燕侠慢慢发觉事态发生了微妙的变化。一直都是一号人物的阿庆嫂竟然变成了二号人物，郭建光的扮演者谭元寿的名字排在了最前面，大家的关注力也从阿庆嫂身上转移到了郭建光的身上。

应该说，《沙家浜》剧组由于集中了众多全国一流艺术家，排练是字斟句酌，精益求精的。最后这出戏不但在上海排练出来，而且在上海彩排并连续演出了44场，并场场爆满。当时扮演阿庆嫂的有赵燕侠、刘秀荣和洪雪飞三人，而扮演剧中一号角色郭建光的却只有谭元寿一人。为了突出一号角色，增加核心唱段；为了突出武装斗争，增加高难技巧；为了突出军民关系，增加拥军爱民的情节；为了表示武装斗争的艰险，郭建光要攀登人梯，翻跟头越过胡传魁家的后院高墙，郭建光的戏层层加码，做了大幅度的增加。繁重高亢的唱腔，如火如荼的武打场面和高难度技巧的表现，再加上细腻而精准的情感表演，甚至一个眼神、一个细微的动作都要非常准确，难度之大，以至旁观者无不望而生畏。好在元寿幼时经过严格的科班训练，文武昆乱不挡。又有在一场戏中前演《失空斩》后演《三岔口》的经历，所以他成为全国扮演郭建光这一角色的唯一人选，竟然在上海剧院越演越受欢迎。连续44场演出后，元寿说："我当时别的倒没多想，尽管这一出《沙家浜》就相当于两出《失空斩》加两出《挑华车》，好在当时未满40岁，还算年轻，但是也怕得病或感冒什么的。总不能在万人期待的情况下，因为有病就停演，就回戏呀。况且，真要有病，那在当时可就是政治问题了，万口难辩呀！"结果还行，最后44场演出，他总算是"努"下来了，只是感觉非常非常的累。

实际上，郭建光这个角色无疑是谭元寿艺术生涯中所演的分量最重的一个，也是最丰富多彩的现代艺术形象之一。特别是1971年拍摄成彩色电影以后，几乎家喻户晓，妇孺皆知。郭建光的唱腔"朝霞映在阳澄湖上""听对岸响数枪声震芦荡""你二人乔装划船到对岸""要学那泰山顶上一青松""月照征途风送爽"和阿庆嫂与刁德一、胡传魁在茶馆的三人对唱等唱段更是传唱全国，至今脍炙人口，几乎成为一个时代的符号。

那么这出《沙家浜》为什么会久演不衰、传唱至今呢？赵燕侠和谭元寿都曾说，有三点经验值得总结。首先是剧本的基础好，有人家沪剧奠定的好基础，有鲜活的文学形象和舞台艺术形象为模特，其次特邀谭富英、张君秋、王瑞芝、李慕良、何顺信、李金泉、汪曾祺、于会泳等众多能人群策群力，最后就是这出戏的每一段唱腔都能在传统戏中找到出处，可谓不失传统，均有所本，也是这出戏能够全国传唱至今的重要原因。

另外，《沙家浜》的成功，主要是把唱腔放在了第一位，因为在京剧的历史上，一出戏如果没有可以广为传唱的唱腔和精湛的技艺，只靠故事的曲折情节或者悬念，那么这出戏肯定是短命或失败的。

　　许多参加排练的剧组同行回忆说，当初，为了给元寿加工、细磨一段"朝霞映在阳澄湖上"这段西皮原板唱腔，剧组就特意请来了谭富英、王瑞芝、张君秋、李慕良、李金泉等艺术大师给他逐字逐句地进行精磨细刻。元寿唱的"朝霞映在阳澄湖上"，从旋律和结构上几乎与《甘露寺》刘备唱的"深宫何处不飞花"完全一样，所以在以字行腔上完全可以用《甘露寺》一样的唱法，但是时代不同，意境不同，角色身份不一样，要用老戏的曲调唱出人民战士的革命激情，在吐字、发声和行腔中就必须充满青春的、革命的勃勃生机，而不能像刘备那样用纯正老生的唱腔唱得那么苍劲、深沉和厚重。例如"朝霞"二字就必须融合进武生的唱法，让观众感受到万道霞光，喷薄而出的意境。例如唱到"芦花放，稻谷香，岸柳成行"时，是借景抒情，抒发的是革命的乐观主义精神和对祖国大好河山的热爱。同样的旋律，同样的借景抒情，就不能像《武家坡》中身为西凉王的薛平贵那样唱出"青是山，绿是水，花花世界"的老生韵味和感觉，而应该是靠近《野猪林》中的林冲所唱的"柳荫下，绿野间，百鸟声喧"的英武刚烈气息。显然在唱腔的劲头中要大幅度地加强力度，到关键的地方，唱腔还要大搬大撤，如"阳澄湖上"的"上"字有一个拖腔，在唱到最后的一个气口上，就要在尺寸上多撤下一些，才更有力度，才能表现出革命军人的英雄气概。当唱到"祖国的好山河"，旋律明显趋于低缓，实际上是抒发革命军人从心底发出的对祖国山河的真挚情感，所以不能过高过快，否则就让人感到情感上的草率。也就是说，一样的旋律，但不能唱出一样的情绪和一样的感觉。

　　再例如郭建光的核心唱段，第一句二黄导板"听对岸响数枪声震芦荡"，这句的开头和《王佐断臂》《黄金台》的导板"听谯

三十五　芦荡火种　441

楼……"的旋律几乎是一样的，最后的"声震芦荡"则是吸取了《战太平》中"头戴着紫金盔齐眉盖顶"翻高八度的嘎调旋律。显然，"听对岸"三个字唱得铿锵有力，比起老戏的"听谯楼"三个字的力度不知要加强了多少倍。最后的翻高八度唱腔也与《战太平》不可同日而语。应该承认，为表现英雄人物的高大形象，在关键的时候用一个"高八度"的嘎调是无可厚非的。元寿这句翻高八度的导板在众多样板戏中唱得是最好的，不愧是唱过无数次《战太平》的正宗谭门本派传人。

对于元寿这样一位在当时已经有30多年艺术经历，演出过几百出戏的名演员，尚且还有那么多前辈大师给他反复加工，能不精彩吗？笔者记得40多年前的一个国庆节，在红霞公寓的谭富英家中看电视直播天安门游行现场时，只见元寿从楼上下来，一见到父亲就问："您昨天晚上看电视播放的演出实况了吗？您说的那几个地方我都注意了，您看还行吗？"然后富英就说什么地方好一些，什么地方还不够，说得非常仔细。您说，有这样的超级家庭教师，随时进行高屋建瓴般的指导，元寿的郭建光能不好吗？

这出戏的唱腔还有几个不可忽视的亮点，一个是阿庆嫂唱的大段二黄慢板"风声紧"，二是阿庆嫂与刁德一、胡传魁在"茶馆"一场的对唱西皮散板转流水，三是沙奶奶在"斥敌"一场的"八一三"，四是郭建光在"奔袭"一场中的边唱边舞，都是这出戏所以百演不衰的精华所在。

这出《沙家浜》，谭元寿和马长礼都是谭派和余派唱法。赵燕侠唱的是荀慧生的荀派，王梦云和万一英的沙奶奶唱的是老旦宗师李多奎的李派，周和桐的胡传魁唱的则是他的老师、花脸宗师郝寿臣的郝派。这恐怕就是后来大家认为在八出所谓的"样板戏"中，《沙家浜》的传统京剧味道最浓，是流传最广的一个根本原因。既然说到这里，这出戏中还有一个流派不可忽视，那就是杨小楼的杨派。这是细心的京剧观众发现的，因为元寿自幼崇尚杨小楼，在演唱核心唱段"听对岸响数枪……"中配合着大量的舞蹈动作，大都是从杨派大武生的动作中转化出来的，表现出简捷、帅气、干净的特色，没有任何小身段。特别是"奔袭"一场的"走边"组合，完全使用的是长靠武生的身段，在唱到"远望着沙家浜遥遥在望"时，借着转身动作使用了一个非常自然的颠步，这是当年杨小楼的经典动作，有的青年演员看了说元寿在这儿加了一个颠步，还挺帅，年长一些的演员就会说："这个颠步可不是谭先生随便加的，而是人家杨派的经典身段。"再加上他"遥遥在望"的最后拖腔都是标准的杨派武生唱腔，以至后来凡是学演郭建光的演员也都刻意模仿这个唱腔和动作，可知其中的艺术魅力。

这出戏成功的第三个原因，那就是名角的效应。当年在北京工人俱乐部有一个见怪不怪的现象：例如演出《海港》，就有很多观众在剧场门口等着，如果他们看到裘盛戎进入后台了，就立即买票进剧场，如果看不到裘盛戎进后台，就一哄而散。演《沙家浜》也是如此，如果是赵燕侠、谭元寿、马长礼、周和桐等原班人马演出，就肯定客满，如果换掉一两个演员，哪个观众都舍不得掏出那几毛钱去买票了。可见不管传统戏，还是现代戏，没有好角儿就没有任何意义了。

三十六　梨园中人

毛泽东喜欢谭派艺术，与谭家的谭小培、谭富英、谭元寿、谭孝曾四代人都非常熟悉。早在1949年，谭富英就在北平的陆军医院礼堂演出，迎接解放军进入北平城。毛主席听说之后亲临陆军医院的礼堂去看戏。谭小培那天坐在毛主席身边作陪。但是，小培先生事后在很多场合始终强调说，千万不要忘记我们只是梨园中人。

就在谭元寿担任北京京剧团所谓的"领导核心"的时候，他也做了不少人想做却做不了，能做却不愿意做的工作。例如他率团到武汉演出《沙家浜》的时候，湖北省的各级领导为表示对革命样板戏的积极拥护，自然对元寿先生高接远送，言听计从。希望他能在"文化革命旗手"面前美言几句。所以当他们请元寿先生做报告的时候，他走上讲台，巡视了一下会场，也毫不客气地打着官腔说："武汉京剧团不是有一位高盛麟同志吗？我怎么没有看到他呀？"

当地领导忙解释说："高盛麟还在接受群众的审查，还是有一些问题的……"

此时元寿却毫不客气地说："据我所知，盛麟同志还是共产党员嘛，到武汉以后主动排演了《豹子湾的战斗》《白毛女》等一些现代戏，说明他还是追求进步的，大方向还是好的。你们要重视对他的改造，同时也要充分发挥他的作用，他是我们京剧界很难得的文武全才的演员，是以后排演新的样板戏不可缺少的人才嘛。"看，在关键时刻，元寿也会"一本正经"地向当地领导发出"重要指示"。

高盛麟后来说，在元寿做出"重要指示"以后，当天就把他从关押他、折磨他的牛棚中解放出来，并且知道是北京来的师弟谭元寿亲自下的指示，所以他马上到元寿下榻的宾馆要与元寿见面并当面向他致谢。可是盛麟在宾馆外面转了两圈，竟然没敢进入警戒森严的宾馆，更不敢见元寿一面，正如后来高先生到北京见到元寿后，笑着说："兄弟，你的威风可真不小哇，简直就是钦差大臣、八府巡按了呀！"元寿先生笑着说："什么八府巡按，我就知道您是我老师，就知道您的《古城会》《挑华车》《连环套》谁也比不了，是我永远学习的榜样，我还没学好，没看够呢。"

不久，高盛麟被调到中央五七艺术大学去教学。

没过几天，住在红霞公寓二层的谭富英先生给住在七层的谭元寿打来电话说："盛麟来了，他要上七楼去看你……"元寿一听，忙说："我马上下楼。"说完，一向注重礼节和衣着的元寿来不及换鞋，竟然穿着拖鞋就直奔二楼。一进门就与高先生紧紧地拥抱在一起……

高先生含着眼泪说："兄弟，多亏了你呀，救哥哥我一命，我可怎么谢谢你呀？"

元寿说："二哥，对不起，我去晚了，让您受苦了。您是我永远的老师，我们的京剧，不能没有您哪！有您到北京，我们的杨派武生就有希望了。"

"文化大革命"中的一天下午，谭富英先生又给元寿家打来电话，说："孝曾把你的师父李少春接来了，他说一定要上楼去拜访你，我不让他去，他们说要求你给他们帮忙办事，所以必须亲自上楼。"元寿一听，只说了一句："知道了。"就又穿着拖鞋跑到二楼的父亲家里。

　　"罪过，罪过，学生之罪，我一直没有去看老师，请您饶恕徒弟吧。"元寿见到了师父和师母一再给李少春和侯玉兰夫妇作揖告罪。然后扶他们坐下，自己站在一边。少春先生对元寿说："元寿，你现在不得了哇。我可是望尘莫及了呀。"

　　元寿答道："如果说我身上有那么一点儿还看得过去，都是您的教诲。我要有您的九牛一毛，这辈子就算没有白活。到什么时候，您对我永远是该说就说，该骂就骂，我绝没有半个不字，您就别折煞我了，您说师父上楼去看徒弟，这徒弟将来可怎么活呀。"那天元寿留少春夫妇吃了饭，畅谈到午夜以后，才让孝曾送少春夫妇回家，临走时，少春拉着元寿先生的手说："元寿，你还是原来的元寿，一点儿没变，难得呀！"

　　两天后，少春夫妇请元寿到前门外中和剧场观看他们的爱子李宝宝（即李宝春）演出的《红灯记》，看完戏，少春问元寿："你看我们的李宝儿还成吗？"

　　元寿说："我看不错。师父，您就说让徒弟我干什么吧？"

　　"调到你那儿去成吗？"从不求人的少春很不好意思地说。

　　"师父的事情，成也得成，不成也得成。学生一定尽力。否则我今后有何脸面见您哪。"元寿没有任何犹豫。

　　不久，李宝宝从市属的北京市京剧团调到了北京京剧团，别看这两个剧团仅一个"市"字的区别，但是正如当时北京京剧界流行的一句话所说，这就叫多一"市"不如少一"市"，这个多一"市"的是当年梅、程、荀、尚四个剧团合并的"四联"京剧团，而少一"市"的可是当时全国的第一团，一进样板团，就可以穿样板服，吃样板饭，唱样板戏，是个"高人一等"的御用剧团，更重要的是演员在舞台上的影响力要翻倍地增长。所以少春说："我只给元寿说了两出戏，可他永远记着，人家谭家的家风就是好啊！"而元寿则对少春夫妇说："我从心里感谢您给了我这么一个报答您的机会。想当初，我刚出科，就在家里给您磕了个头，也没举办什么仪式，您就开始给我说戏，分文不取。我整天泡在您家里，真跟自己家一样，我演出时遇到什么困难，您准给我帮忙，我这辈子也忘不了您对我的好哇。"

后来，因为侯玉兰说少春心情不好，在家总是徐庶进曹营，一言不发。元寿就尽力款待安慰师父一家，请他们到家里做客。常常要聊到午夜以后才送少春回家。不过元寿发现，虽然师徒见面有说不完的话，但是少春说话总是颠三倒四的，已经不是当年人们心目中崇敬、钦佩的那位英俊、睿智、幽默、矫健的"李神仙"了。元寿每次送少春回家时心里都非常难过。

有读者一定会问，少春行动不便，元寿为什么不去师父家中看望，而非要老师到学生家中来呢？这个问题，对于没有经过"文化大革命"的人是很难理解的。当时人与人之间，特别是名人之间如果不是工作关系是很难交往的，如果被人发现某两个人来往过多，就会被当作"阶级斗争的新动向"。至于李少春与谭元寿之间的交往更难免惹事，好在当时上边指示要李少春专门在艺术上全面辅导培养谭孝曾，这在京剧界是众所周知的事情。有了这把"尚方宝剑"，所以才有孝曾公开地与少春的交往，才有了谭、李两家的聚会。

有的演员说错话，办错事，在那个时候都可能上纲上线，被批斗，蹲监狱，发配五七干校"劳改"更是常有的事情。可是任何事情，只要交到元寿那里，他总是尽量网开一面，或者睁一只眼闭一只眼，这在北京京剧团是有目共睹的。凡是求他办事的人，找上门来，他也总是尽力而为。例如现在被称为"京胡圣手"的燕守平先生，原来是北京市戏曲学校的京胡教师，"文化大革命"中无所事事，因此经常到大外廊营谭家去玩，元寿认为这样的好胡琴手应该得到重用，就让他写了个简历报告，调进了样板团。所以几十年过去了，燕守平总是说，没有元寿先生的大力提携，就不可能有他的今天。

其实，元寿在"文化大革命"中以他的特殊身份默默地做了许多这样的好事，由于他乐于助人，找上门来的人很多，送来的个人简历、求助的信件每天不断，有的同行甚至住在谭家，以给谭家做家务等方法来促使元寿解决他的工作问题，对此，元寿总是竭尽全力加以襄助，他说，当时大家都很难，我当时有那么点儿方便，能给大家解决点儿困难，何乐而不为！

笔者当时就住在红霞公寓附近东河沿大街，经常到谭家求教，元寿先生和师母的好客是少见的。尽管宾客如云，每天到吃饭的时候，师母都要摆上两桌，凡是进了他的家门，很少有不吃饭就走的。主人总是热情地挽留所有的客人。而我只要十分钟就可以走回家，却总是盛情难却。元寿先生和师母总说，一块儿吃吧，人多了热闹。其实当时元寿先生家的生活并不宽裕，师母持家也是很艰难的，但给所有的客人都是宾至如归的感觉。例如我不会吸烟，现在也不喜欢吸烟。但是每一次到元寿先生家里，他不但总是亲自泡茶，再亲手端给我，他还总是拿出最好的香烟来款待我。我说我真不会吸烟。元寿先生就说："吸烟有什么会不会的，吸着玩嘛。我这是'熊猫牌'的，外面没有卖的，就来一根。"说着就打着打火机，亲自给我点烟。幸亏我与烟无缘，否则我要沾上这烟瘾，现在要戒可就难了。其实我在元寿先生面前是绝对的晚辈，只是谭孝曾的同学而已，也没有任何能力可以给他帮点儿忙，而到他家的高级别人物很多，可是我发现，不管你名气多大，到了谭家都与我喝一样的茶，吸一样的烟，吃一样的饭，真是一视同仁，甚至元寿先生还经常对我说"咱们哥儿俩……"。尽管我多次矫正，我与先生是"爷儿俩"而不能称为"哥儿俩"，他却莞尔一笑而已。我想当年的孟尝君也不过如此吧！多年后，我母亲病重，元寿先生还亲自到我家中来看望我母亲，并送来可观的慰问金，真是有情有义。

然而，在"四人帮"覆灭以后，元寿先生却一度因"追随江青排演《沙家浜》"的问题而被停职审查，要他写出检查。

一向被认为政治上糊涂的元寿到这个时候却非常清醒，因为他有一个朴素的思维逻辑：自己是梨园中人，祖祖辈辈唱戏，而唱戏是"劝人方"，高台教化。如果要做唱戏以外的事情，自己没有学过，绝对不做。元寿先生说，当年窃国大盗袁世凯为自己复辟做舆论，命令他的曾祖谭鑫培排演一出"劝进戏"，即所谓《新安天会》，他的曾祖宁死不从。所以当时江青要他演戏，他可以服从，但是跟他谈论与戏无关的事情，尤其是政治问题，他听不懂，也不感兴趣，所以"文化大革命"后有人跟他算政治账，他确实心里坦然。尽管有一度在家"反省"，却始终若无其事，谈笑风生。

至于与江青的交往，在"文化大革命"中每次与演员见面都是公开的、集体的接见，从来说的都是戏，没有涉及任何政治问题。他说："全国文艺界的人都知道江青批评我'没有政治头脑'，因为我实在不想升官弄权，如果我要想升官，以我和江青接触的时间来说，早就应该是文化部部长了，所以她篡党夺权与我没有任何关系。我这辈子就一个想法，当一个好演员。你们问我参加排演《沙家浜》有什么动机，那你们就应该告诉我，当时我如果不排演《沙家浜》你们谁给我发工资，谁养活我的一家老小。"

由于元寿拒绝检查，只能在家停职反省。最后落一个"事出有因，查无实据"而结案。当时笔者到红霞公寓看望正在接受审查的元寿先生时，感觉到他反而表现出从来没有过的轻松。他说："我什么时候都没有忘记自己是一个唱戏的，我的职责就是演戏。'老老实实做人，清清白白演戏'，出了这个圈，我什么事也不会做，更不会在政治上去捞一把。这就是我的原则。"我想，读者看到这里应该明白元寿先生到底有没有"政治头脑"了。依我看，元寿先生是一位政治上清醒，做人本分的梨园中人。

三十七　《打金砖》热

　　"文化大革命"过后，传统戏重返舞台，老观众看老戏是"故友重逢"，异常亲切，新观众，特别是看着样板戏成长起来的青年观众第一次在舞台上看到了"帝王将相""才子佳人"，非常新鲜。京剧舞台也是一片繁荣，所有演出几乎都能够客满。许多同行以为严寒过去，京剧的春天终于来了。元寿却清醒地意识到当时的演出水平比起"文化大革命"前已经相差甚远，比起杨（小楼）、梅（兰芳）、余（叔岩）的巅峰时代更是不堪回首，京剧的危机就在眼前，京剧的前途不容乐观。

　　有一天元寿跟我说："许多青年人都跟我说，谭老师，咱们的传统戏真的就要复辟了。可是我总说，现在就是看着新鲜，不要说复辟，能吃饱饭就已经很不错了。"果然，没有三年的时间，京剧观众越来越少，吉祥、长安、广和、中和、西单、民主等剧场被陆续拆掉，上座率也是越来越低。剧团出现了多演出多赔钱、少演出少赔钱的怪现象，许多演员无戏可演……

　　为此，北京京剧团的谭元寿和赵燕侠根据当时的文化部部长黄镇和北京市委书记段君毅的指示，又经过当时的院长张梦庚的动员与批准，组成了自负盈亏的实验小组，到全国各地巡回演出。尽管困难重重，但是经过两年的努力，他们从哈尔滨到福州，从上海到武汉，上座率越来越高，演出剧目越来越丰富，取得了经济上和艺术上的双丰收，也用事实证明了剧院"大锅饭"体制的严重弊端。然而在上上下下的表扬声中，他们的改革却意外地宣布寿终正寝，再次回到"大锅饭"的体制中去。同样，中国京剧院的袁世海、杜近芳、张学津、张春华率领的改革小组虽然取得了双丰收，但也同样被莫名其妙地勒令停止了一切演出。

作为京剧世家的传人，作为一个有良心的艺术家，元寿当然不愿意看到京剧的衰落，为此，他带头拿出了一出又一出自己的拿手戏。当然，所谓拿手戏，绝不是当时风行的花钱请人写一批吹捧文章，更不是经过红包运动得到什么嘉奖，而是实实在在的票房价值和票房收入，也就是让越来越多的观众自愿花钱买票看戏，靠他们精湛的表演艺术得到观众疯狂的掌声与喝彩声。

当然，作为当时年逾半百，又有着45年艺龄的元寿能戏极多，下面首先要给您介绍的是他1980年10月恢复上演的，一出让很多京剧人均望而生畏的老戏《打金砖》。这是他以年过半百之身，在亲人与家人均顾虑重重、提心吊胆和极力反对的情况下为使京剧市场起死回生而推出的一出"看家戏"，这出戏当年由李桂春创演，他的儿子李少春继承并发扬光大。应该承认，这出戏他没有像《狮子楼》和《挑帘裁衣》那样经过李少春的系统教学，但是得到了专门给李少春排戏的能手张盛禄的真传。而且每次观摩完这出戏，他有不明白的地方就直接到少春家中去讨教。不过少春先生最后一次演这出戏是37岁，而元寿最后一次出演却已经是65岁高龄了。他当时尚能做这类唱做兼备，而且连续地边唱、边摔、边翻的重头戏，足见其功底之深厚，更表明了一个京剧艺术家的高度责任心。此后几年间，这出《打金砖》成了当时北京京剧院极具票房价值、逢演必满的看家戏。后来全国各地包括台湾地区等几十个剧团的文武老生都相继演出了这个戏，形成了一股《打金砖》热，带动了全国的京剧演出市场，给当时的京剧舞台注射了一针强心剂。

这出戏说的是协助东汉光武帝刘秀，征服王莽恢复汉室天下的开国元勋姚期之子姚刚，把刘秀爱妃的父亲，即作恶多端的郭老太师打死的故事。但是由于刘秀当年打天下时曾赠给姚期一道"免死牌"，许诺"姚不反汉，汉不斩姚"，所以见姚期亲自绑子上殿请罪，自然赦免了姚家的死罪，把姚刚发配充军。姚期遂请刘秀批准他告老还乡。刘秀执意挽留并百般安慰，姚期则要求刘秀必须戒酒百日，才能继续陪王伴驾，刘秀也一口答应。

而郭妃为报父仇，则诱劝刘秀饮酒，又要亲自给姚期敬酒，在敬酒时则诬陷姚期调戏她，刘秀闻言，盛怒之下立斩姚期。各位开国元勋纷纷前来为姚期保本求饶，结果都被刘秀一一赐死。待刘秀酒醒，后悔不及，良心发现，遂到太庙祭奠各位元勋。一到太庙，刘秀看到姚期、马武、岑彭、杜茂和邓禹等各位老臣的灵魂均前来找他索命，惊恐之下，被活活吓死。这出戏深刻地揭示了"飞鸟尽，良弓藏，狡兔死，走狗烹"的历史现象。当然这是戏曲，不是历史，按历史记载，刘秀是一位对待功臣还算比较好的君主。也不知道是什么人编造了这出"二十八宿归天"的戏剧，把杀戮功臣的罪恶安在刘秀的身上。其实，这样对待刘秀也是有失公正的。

这出戏的前半场就是传统京剧《上天台》，以唱功为主，刘秀的三段二黄唱腔，有余音绕梁三日不绝于耳的艺术魅力，并且都是戏迷和票友广为传唱的经典唱段。中间是娘娘劝酒并诬陷姚期调戏她的场子。最后一场就是《太庙哭祭》。

头场《上天台》有很多版本，有的在"王离了……"一段唱到五十多句，有的唱三十多句。许多地方戏还有一百多句的大唱段，有人说像说书的一样。其实，地方戏来源于地方方言，原来都是说唱艺术，由一个人发展到两个人、三个人，后来逐渐发展成戏剧，由第三人称的叙述体向第一人称转变。所以有些剧种还保留着说唱艺术的原始状态，而京剧已经发展成熟，所以很少保留说唱艺术体的状态。例如豫剧的《穆桂英挂帅》就保留着百句的大唱段，梅兰芳在改编时就强调，要按照京剧的特色，不能唱那么长的唱段。后来梅兰芳的核心唱段只有八句流水，反而广为传唱，并被视为梅氏经典，其实就是这个道理。当年《打金砖》的首创者李桂春是河北梆子出身，在唱京剧《上天台》中的第三段"孤离了……"一段也是有五十多句的唱段。前两年，李宝春，就是我们前面说的李宝儿，从台北到北京国家大剧院演出《上天台》就是按照他祖父的原本演唱，其中一段足有五十四句之多。据说也有唱一百零八句的，而且唱的是江阳辙，但是少春先生和他的儿子李浩天、李宝春在演唱《打金砖》第三段唱腔时就都只唱三十多句了，而且唱的是人辰辙。元寿的这出《打金砖》虽然是李少春的版本，但是头场《上天台》却依然是按正宗谭派原来的唱法。

元寿始终认为要唱好《打金砖》，关键是要唱好头场《上天台》，如果这三段唱腔唱得不好，只是后面翻得好、摔得好，等于是个武行演员，就没有意思了。所以他从在后台搭架子，念"摆驾"开始就念得既有韵味又很有气势，显示出皇家的风范，获得观众的喝彩，做到了先声夺人。出场后到九龙口唱第一句"金钟响玉磬应王出宫廷"时唱得非常饱满，神完气足，这一句唱腔就能获得观众两次喝彩声。唱完这句，有的演员有一个整冠捋髯的动作，这是不可取的。谭先生说，按戏班的规矩，皇帝和关羽、项羽，或贵为天子，或称圣称霸，或如窦尔敦等绿林草莽，出场时一律不整冠、捋髯。元寿还说，皇帝是由太监、侍女负责穿戴的，如果上朝衣帽不整，身边的侍从就有杀身之罪，所以千万不要整冠捋髯。再说出场这八句二黄慢板唱腔，元寿唱得确实神完气足、引人入胜，没有丝毫拖沓之感，以至慢板没有任何"慢"的感觉，才能先声夺人。

当刘秀处理完姚刚剑劈郭太师一案后，姚期提出告老还乡，这时刘秀先是阻止姚期的辞职，以急切的心情唱出"姚皇兄休得要告职归林"，这一连五句唱腔，都要像《洪羊洞》中的那段"自那日朝罢归"一样，唱出快三眼的节奏。元寿先生唱来几乎是一气呵成。当刘秀唱到"你我是布衣的君臣"后，姚期接唱"非是臣"一段，说明自己的思想顾虑。在唱到"怕的是郭娘娘暗害老臣"一句，刘秀要咬着这一句的字尾接唱"王离了……"表现出刘秀对姚期的关爱，急于解除姚期的顾虑。这一段最难的，也最讨俏的，是刘秀唱到"孤念你老伯母悬梁自尽"后唱的"孝三年，改三月，孝三月，改三日，孝三日，改三时，孝三时，改三刻，孝三刻，改三分，三年、三月、三日、三时、三刻、三分，永不戴孝，未报娘恩……"一句，完全打破唱腔上下句格律，由众多短句组成的长句，不要说安排好唱腔的旋律，就是把这些字安排妥当也是很难的，何况还要唱得那么抑扬顿挫、和谐美妙。元寿唱到这个地方时，连贯而从容，张弛而有度，最后如步步登高，字字珠玑，俏丽机巧，美不胜收，更使观众如饮佳酿，回味无穷。

《上天台》后是娘娘劝酒，借机诬陷姚期，迫使刘秀诛杀功臣的一场，这也是刘秀本性的暴露。元寿在这场戏，主要的笔墨都着重描画刘秀的昏庸、蛮横和暴戾，虽然这一场戏不是重点，但是要揭示出刘秀的真实本性，为最后的"太庙"一场做好铺垫，亦是至关重要的。

　　在功臣杀尽、刘秀酒醒、良心发现、遭遇天谴的时候，刘秀来到了太庙。随着太庙中阴森的气氛和众多开国元勋的冤魂到场，给刘秀形成了巨大的精神压力，当刘秀在幕后唱完导板"汉刘秀在后宫神魂难稳"后，谭元寿扮演的刘秀在马武高举着威吓他的金砖引导下惊恐出场，手撩起袍服的下摆，以大幅度的一左一右的遮掩动作，斜着冲向台口，左腿用力一蹬，向前一个360度的空翻，也就是一个腾空而起的"吊毛"，后背直落台板，然后起身由两手引领向上场门的上空蹿去，两腿向空中踹起，形成一个弧线，也就是演员们所说的"抢背"。然后两手推地而起，转身向外跪下，把头上的甩发快速转动，甩了十几圈，虽然不多，但动作幅度很大，走得非常利索，充分表现出刘秀失魂落魄的状态。接着在老臣们的冤魂一声"昏王，拿命来"的恐吓下，刘秀被吓坏，双手掩面躺下。随后由太监扶起，刘秀接唱"寒风儿一阵阵好不惊人，孤心中只把那谗妃来恨，斩忠臣毁良将命丧残生，悲切切我且把太庙来进"，进太庙后，面向里双抖袖，起唱"阴风惨惨怕煞人。"这时随着姚期一声"昏王，拿命来"，刘秀面向前台，两只水袖往前一甩两甩，全身挺直，直接向后摔九十度的"硬僵身"，只见他一梗后脖挺，直接倒地，非常干脆，表现出刘秀的精神已经崩溃的程度。接着邓禹再次恐吓喊道："昏王，拿命来。"这时刘秀从下场门处撩起袍服的下摆，抬左腿起步直向上场门台口冲去，依然是单腿蹬步起"吊毛"在翻越180度后踹腿变"僵尸"。更为绝妙的是在"吊毛"落地前做好踹腿、身体平直滑动前移的准备，同时双手用袍服的下摆顺势上扬，遮住上身和脸部。从起

"吊毛"到变"僵尸"、盖脸、踹腿、前滑这一连串动作都要在一瞬间，甚至是迅雷不及掩耳的时间中完成，可谓娴熟，可谓神奇，且耐人回味。这一绝活儿，许多内行多次观摩仍然难以弄明白其中的奥秘。

当两个太监再次把刘秀搀起后，刘秀接唱"为何不见马皇兄……众位皇兄等一等……"这时刘秀登上高台上的供案，在唱完"等一等"后，马武用一金砖将刘秀从供案上打"抢背"摔下，立即走一硬僵尸，衔接非常紧凑、连贯，几乎没有任何空白的时间。所以观众所看到的剧情都是在自然而然地发展，没有丝毫做作和卖弄的感觉。

当很多人问到元寿此中奥秘时，他说自己演得比起少春老师差得太远了。他只记得老师当时特别强调了三点：一是这出戏是老生戏，不是武生戏，不要在翻"抢背"、摔"吊毛"、走"僵尸"的时候拿出武生的劲头来。二是这出戏的重点是头场《上天台》的唱工，四功五法，唱工为先，头场唱得好，最后一场的仆跌动作才能锦上添花。所谓要唱好，还是要唱出味道，唱出情感，特别是前面要唱得热，让观众感受到刘秀对姚期的满腔热情，后面要唱得冷，让观众感受到阴森的意境，不能唱得一道汤。三是"太庙"一场的"吊毛"、"抢背"、"僵尸"等是老生的仆跌动作，不是在翻武生跟头。作为擅长《三岔口》《金钱豹》《智激美猴王》《长坂坡》等武生戏的谭元寿，武生的虎跳前蹦、踺子漫子，以及飞脚旋子等技巧跟头都是不在话下的。按理说，一个前蹦和一个"吊毛"，从技巧上看应该是前蹦比"吊毛"更难，可是这里的一个"吊毛"或者"抢背"要表达的情感和意境却要复杂得多，深邃得多，真挚得多，因此难度也要大得多。

由于这出戏的反响非常大，各种报刊和网站中也有许多评论文章，从一个侧面反映出元寿先生这个戏在当时的重大影响和轰动效应。下面是从网络上摘录下来的一篇短文：

元寿老的《打金砖》最好，自不必说。好在哪儿呢？咱们从观众的角度说，欣赏一出戏，看的是一个效果，演唱状态、关键身段的状态，而且要入戏，更要特别提出的是：连贯。连贯啊，说起来容易，做起来太难了！不看京剧的人都说京剧慢。这其中当然是有他们的偏见。但是，现在各大院团演出的京剧就是慢！看老先生的戏，听更早的先生们唱戏，比现在的演员要连贯得多！快得多。这个话题铺开了就大了，咱还得说这个"太庙"。谁也没有谭元寿先生演得连贯。谭元寿先生这个"太庙"演得太整了！甚至没有一点儿能够删减的停顿。谭世秀先生的鼓，燕守平、王鹤文先生的琴，真是珠联璧合啊！谭元寿一出来就漂亮！老演法，马武引出来，急急风上。脸上身上全是戏，浑身战栗，体似筛糠。尤其是甩衣襟缓那一下，太漂亮了！别人谁都不成！这就看出差距来了。吊毛过来，落地稍一停顿，马上翻身就又是一个抢背。与马武配合得严丝合缝。然后马上把甩发甩起来。三个"贯儿大仓"，一个比一个快，一个比一个低。第一个犹如朝天一炷香，后面越来越快。在"丝边"中老先生展示出扎实的基本功——甩发。最后"八、大、仓"，停、甩、抖袖，然后启"帽儿头"开启"回龙"唱腔。完完整整，浑然一体。别人的，首先说速度就跟谭元寿没得比，都慢得多。不知那些年轻人都年轻在哪儿了，都年轻在吊毛那一下？

首先说"孤酒醉错斩了皇兄次匡"这句就有好儿，然后邓禹叫"昏王！"一锤锣，"拿命来！"跟着是谭世秀先生一个加锣的软四击头，配合元寿老的甩发。这点儿看的是所有"太庙"中的最爱！这个甩发也不知道怎么玩儿的？说句时尚的话"太给力了！"其实仔细一看，就是两圈甩发，"一锤锣"之后，先右倾让出甩发，然后起"软四击头"，脚底下转圈，甩发多转一圈；在"软四击头"加的那一锣上，谭元寿先生用力把甩发甩到后面，正踩在锣上！这时候观众就都疯了，可堂的彩声啊！

这个"吊毛"谭先生也有绝的。只有他的吊毛翻过去之后，衣襟整整齐齐叠在上半身。不知道人家这个"叠褶"是怎么叠的。而且翻过去以后往前一蹭，感觉特别保险。不像看现在的其他演员那么揪心。在最后一句散板"众位皇兄等一等"中上高台——应该说这还是个上句，却一点没糟践，刚落音儿就被马武一砖拍了个抢背，尺寸完全都是抄着走的，怎么就那么整呢！可真叫一棵菜啊！谭元寿的刘秀、谭世秀的鼓、马崇仁的马武、燕守平、王鹤文的胡琴以及其他的文武场真如同一个人一样。

看了大半夜的录像，我疯了。哈哈。实在是太好了。我都没心思再去看别人的了，也不想按原计划品评他们的尾声谁对谁不对了。无所谓了。这样的艺术再难见到了。心中一阵惆怅。再难有这样的《打金砖》了。谭元寿这样水平的《定军山》《战太平》也再没有了。唱得好的也许还会有，身上这么漂亮，和文武场如此一棵菜，再难有了。唉，京剧啊，真是遗产了。愿老艺术家们身体健康！

下面请大家再看一篇笔者的老朋友、已故的《北京戏剧电影报》原主编杨晓雄于1980年发表在《中国戏剧》第2期上的文章《中国古典戏曲的〈马克白斯〉——看京剧〈打金砖〉》片段。

看了谭元寿的《打金砖》，真是过瘾。

这样唱做并重、文武俱备的好戏已绝迹舞台多年，又何况是在演员青黄不接的今天！

一段"孝三年改三月"固然唱得抑扬轻重分明，韵味十足，脍炙人口，就是那"文安邦武定国"的一段上场慢板也唱得更是从容、熨帖。更不用说"太庙"的导板、回龙、原板之间，还要摔打跌仆，"吊毛"，接"抢背"，连范儿连得多顺、多圆；"硬僵尸"尤见真功，没藏没掖，最后从高台上下来的"抢背"又狠又帅。跌摔之后，还要张口便唱，毫无气短声嘶之感，真真难煞谭元寿老先生了。

三十年来，这出戏演得不多。除了各种客观原因，戏本身的高难度也是重要原因，武生一般应付不了那么重的唱功，正工老生又往往经不起这一番折腾，所以，唱这出戏的多是老生而兼武生的演员，而且两行都要有真本事，敷衍是过不去的。

《打金砖》最早从梆子移植而来，开山者便是文武双全的李桂春（艺名小达子）。他是秦腔、梆子、京剧都精通的，从这出戏里也看得出来。

解放后，李少春、徐荣奎均唱过这出戏，但又各有千秋。李少春颇得乃父真传，功夫扎实。他文唱《空城计》，武唱《闹天宫》，兼能演那唱念做打、长靠、箭衣样样吃重的《战太平》。《打金砖》对别人可能是畏途，而这位艺术家却是如鱼得水。他那宗余的唱法，精湛的武功，时隔二十年，仍教人觉得历历在目声声在耳。比如，其抖如筛糠，双眼发直，厚底靴硬抢背平地拔起，在半空中画出一个弧形的动作，干净、利落，脆极了，也美极了。

对刘秀这位昏王，徐荣奎更不留情面。《打金砖》他用了一手绝技，从两层高桌上背朝观众，蹿出"僵尸"落地，把皇上摔得多狠！据说这手绝技是他在杭州附近钱塘江中练就的。他会游泳，练时站在船上往水里摔"僵尸"，直练到脑后不湿方罢。他还说："只要不震脑子，我就有办法，"可惜他后来被错划右派，销迹于舞台，此绝技阔别久矣！不知有无传人？倘若竟成绝响，就太可惜了。

李少春、徐荣奎演出此戏时，不过二十许人，血气方刚，嗓子正亮，身手正健。而谭元寿如今年已经六旬开外，毅然攀比高峰，其知难而进的精神更在他们当年之上。

……

下面请读者再看一篇曾经分别为梅兰芳、荀慧生、裘盛戎改编过《太真外传》《穆桂英挂帅》《红娘》《铡判官》《小放牛》等戏的著名女剧作家袁韵宜写的文章《看谭元寿的〈打金砖〉》片段：

末场"哭太庙"的表演很繁难。它要求演员为了"见"鬼而失常，在唱的同时既跌仆，又旋转，先"吊毛"后"僵尸"以及"抢背""甩发"，等等技巧，把京戏文武老生所具备的表演手段，全都调动起来。难怪行家们说当年李少春演《打金砖》是一绝，如今谭元寿是家学渊源、文武全才的谭派继承人，他的《打金砖》又深得李少春及其父李桂春的指点，他演的刘秀精彩至极。在唱的方面，他的韵味好、感染力强，耐听，尤其见功力的那几十句唱中的"改三年，为三月，改三月，为三日，改三日，为三时……"唱得真是声情并茂而有层次，节奏感强而又浑然一体，颇见其行腔用字之巧妙。他的人物造型凝重、文静，喜、怒含蓄有分寸，合乎身份，使人对刘秀似觉得其具有贤明之长，而易忽略他残忍和奸狡的另一面。我以为这正是演员最见功力的地方。

　　我们具体来谈谈谭元寿在此剧最后一场的精彩表演。当舞台上锣鼓催起震人的音律时，谭元寿急促上场，左遮右掩，在繁重的唱段中，接连"吊毛""抢背"，起得高，落得轻，恰似风扫落叶，一带而过，"硬僵尸"落地无声，袍襟自然盖面，不偏不倚，干净准确，引人入胜，达到炉火纯青的地步。最后一个"抢背"衣襟仍正覆盖脸上。动作轻盈，难度很大，纯熟、洗练、优美，观众看呆了，似乎一个因怕鬼索命，魂魄俱裂，肝胆皆吓破的刘秀活现了。这时，乍一两位冷静、清醒的观众报以掌声，接着全场为之轰动，继而响起雷鸣般的掌声，一阵又一阵……

　　我在想：一出好戏，除剧本外，更为重要的是好演员的唱念做打舞俱见功力才行，话剧还讲身份、念白、表演、动作、举卧，何况京戏？绝不能"戏不够，布景凑"，或"戏不够，群舞凑"。谭元寿的《打金砖》不正说明了这个道理吗，假如演员嗓子不顺，唱得无味道，甩发、抢背等等不帅，不脆，那将何以堪？！

　　之所以摘选了以上的网文和30年前两篇我的两位师友写的文章，实在是因为笔者笔拙，无法真实再现这出戏的演出之盛况，唯恐埋汰了元寿先生的精湛技艺。

　　每次提到这出戏，我心里就会出现令人难以忘怀的一幕：那就是当元寿先生冒着危险以五六十岁的年龄登台表演这出非常吃功夫的，又有很大风险的《打金砖》后，精神和体力消耗都非常大。我平生从没有见过观众如此震耳欲聋的喝彩、欢呼的场面。现场那火爆的情景足以说明元寿的艺术价值和艺术地位，从那一再谢幕的激动场面则更说明他在观众心中的地位。然而谢幕后回到后台卸装，看着他穿着一件汗水浸透的水衣子在后台落汗，坐在椅子上，人累得像一摊泥，懒得再说一句话。我的心里骤然一阵凄凉。而他的夫人捂着脸，似乎还处在刚才看戏的惊恐之中……又似乎在哭泣，不，我敢说他的夫人根本没有看，不是不想看，而是根本不敢看。他的夫人一边落泪，一边用热毛巾给元寿擦着汗水……他们一家走出剧场老远，又等了许久，才搭上一辆末班的公交车，回到位于东大桥的住所。这三十年前的一幕，我是永远也忘不了的。

事后，我问谭先生为什么要拼出老命演出如此危险、繁重的摔打戏呢？谭先生看着我，半天才说出一句话："前两年恢复老戏时的那股新鲜劲头过去了，观众现在要看真功夫的戏了，所以现在是不能糊弄观众了。前一段时间许多人都问我怎么现在不上座了呢，你总是那两出不疼不痒的戏能上座吗！现在才是较真的时候，再不拿出真本事来，不行啦。老说振兴，不豁出半斤八两来，这京剧能振兴吗？我们的祖上是京剧世家，我难道也跟着看京剧的热闹吗？那我不就白姓这个谭字啦吗？"

什么叫京剧人？什么叫京剧赤子之心？把京剧的命运看得胜过自己的生命，一出《打金砖》让笔者重新认识了面前的这位谭元寿。

三十八 古稀"吊毛"

20世纪90年代，元寿根据当时一位中央领导的提议，参加"京剧音配像工程"，前后共为他的曾祖父谭鑫培、祖父谭小培、师爷余叔岩、父亲谭富英、师父李少春的演出录音以及老唱片等配像近百部，为抢救和保护民族文化遗产做出了极为重要的贡献，留下了一份份无价之宝。由于他本身的深厚造诣、对艺术高度负责的精神，以及细致入微的工作态度，极受观众好评，也得到这位领导同志的信任和表彰。

其中最让人感动的就是1996年，元寿以近古稀之年为父亲谭富英的演出录音《问樵闹府·打棍出箱》配像。一听说要为这出戏配像，所有的同行马上就会想到一个问题，那就是这出戏中有一个翻吊毛的危险技巧。当然，这个技巧在他中青年时期几乎是家常便饭。正如他晚年腰病缠身，常年不愈，自己反省说的："我这一生演戏，十出戏中有八出都要摔僵尸，翻吊毛，走抢背，这腰能不受伤吗？"年轻时他总不以为然，晚年却要受尽折磨了。然而这次是让一个年近古稀的老人在舞台上翻吊毛，可以说历史上较为罕见。很多人出于对他的爱护和担忧，提出找替身或用其他动作替代。

元寿看大家都忙着找替身，好像非替身不可了。他始终也没有一个明确的表示，不说行，也不说不行。配像那天，他的学生张学治根据领导的安排也化好装，准备随时为老师当替身。录像导演也嘱咐说："元寿同志，翻吊毛时您一起范儿就行了，然后请学治替您走这个吊毛，您不用担心，我们一切准备就绪。"而元寿却悄悄地对录像师说："我麻烦你个事情，今天录像的时候千万不要停下来，一直录下去，我不说停，就请你不要停，到时候我会想办法来解决这个问题的。"

怎么解决呢？当他演到范仲禹奔往葛登云府的路上，唱完"擅抢民女理不端，甩开大步往前闯"两句散板，紧接着就按照他年轻时的演法，上前三步，左脚一蹬劲，整个身体腾空而起，接着一个前空翻，一个又高又帅的单腿吊毛再现于舞台。

此时，关注着元寿这个吊毛的领导、同行和工作人员一片愕然，如果不是因为录像需要安静，可以想象这个录像大厅必然是全场沸腾，一片掌声。当这一场录像结束后，舞台两侧和台下的人全都围了过来，有赞美的，有惊讶的，更有表示担心的。甚至有人着急地问他："老爷子，您这是要干什么？您不知道自己已经是古稀之年了吗，这要有个闪失可怎么办呢？"元寿答复大家说："我知道大家关心我的身体，不让我翻这个吊毛，可是我想我这是给我父亲配像，中央领导又那么重视，要我们尽忠尽孝，如果就这个吊毛还找一替身，既对不起领导，也对不起我父亲。更何况这出戏是我父亲手把手教给我的，付出了很多的心血，他老人家一再说，这出戏是咱们京剧的老生行非常重要的一出基础戏，它的表演、唱工都很重要，更重要的是身段，可以说这是一出京剧中少有的舞戏，也是谭、余派老生的必修课，无论如何我也要为这出戏配好像。"

元寿为什么如此高度重视这出戏呢？除了上面说的道理以外，关键是这出戏的历史渊源。原来京剧始于徽汉合流，这出《问樵闹府》在徽调、汉调中都有，而且流传甚广，由汉调演变的桂剧、湘剧等都将此剧列为看家的经典剧目，曲调也有相似之处，其中的"四平调"大体一致。早在道光四年（1824）在京就有演出此剧的记载，道光二十五年（1845）就有余三胜在京都演出的记录。如果说京剧是以故事演歌舞，很多剧目源于说唱艺术，那么这出戏多由舞蹈武术演化而来。所以这出戏可以列为最古老的京剧活化石之一，传承下来很有意义。特别是从余三胜亲传到谭鑫培，由谭鑫培亲传到余叔岩、谭小培，从余叔岩、谭小培亲传到谭富英，再从谭富英亲传到谭元寿，真正是口传心授，脉脉相传，今有此录像传世，确实意义重大。当然，这出戏的演出难度很大，演好了更不容易。

此剧演出一般均以问樵、闹府、打棍、出箱四段主要情节为主，又名《琼林宴》。其实原剧后面还有《黑驴告状》的大结局。即范仲禹的妻子被葛登云逼迫自尽而亡，灵柩寄停在寺庙中。山西瞿绅往京城收账中途换骑黑驴，被李保谋害。范仲禹妻子与瞿绅借尸还魂却互相错投尸身。黑驴知情到包拯面前告状，经照妖镜勘查后，换回身躯，并将葛登云、李保治罪。谭、余派须生均只演前面四节，足以表现世态炎凉和书生的迂腐与无知，给人以警醒。

元寿自科班出科以后，每到一地，必演唱此剧，笔者清楚记得，第一次看元寿这出戏是在20世纪60年代的一个下午，地点是前门外肉市的广和剧场，也就是他正在领衔北京京剧团"小团"演日场戏的时候。应该说这出戏在当时就是一出费力不讨好的戏，他不但经常贴演，而且总是全力以赴。当然，每次演出，都有知音识趣者品味戏文的高低长短。在感受"问樵"的急切心情、"闹府"的悲凉状态、"出箱"的落难之意境中，把观众步步引入剧中。作为"民国四公子"之一的张伯驹先生曾得余叔岩先生真传，多次演出此剧，其历史价值和艺术含金量更是无法估量的。

正如元寿所言，这出戏的关键是范仲禹的第一场戏"问樵"，整个一场戏就像在打一套太极拳，从范仲禹走向樵夫，因呼叫不应，以为樵夫是聋子，便上前要去"吓他一吓"。樵夫不知所措，以为自己遇到袭击，两个人一见面便厮打在一起，二人往里一盖两盖，又往外一盖两盖，速度极快。然后樵夫用斧子朝范仲禹一个埋头砍下再亮相，完全像武戏的手把子，表现出二人紧张的心情。当樵夫询问范仲禹要找的儿子"是胖子还是瘦子，是高子还是矮子"，元寿配合着做出忽而高大挺拔，忽而瘦小懦弱，忽而臃肿，忽而枯瘦的样子。接着又形容妻子是个女娘行，哭哭啼啼，同样做出妇人模样，形象生动而真切，亦让人如临其境。在樵夫向范仲禹说明葛登云的相府所在时，二人边念着"就在前面，八字粉墙，合脊门楼，两竖大旗杆，那就是贼的府门"的台词，二人一上一下地配合做着一高一矮的动作。樵夫念完，范仲禹再重复一遍，二人就再重复一遍动作。这一套动作，要求二人必须像武术中的推手，你高我低，你低我高，从念白、动作和锣经的劲头、速度、尺度都要配合得非常严密紧凑，完全一致才能好看、动人。所以说这出戏，一个是老生应工的斯文书生，一个是丑角应工的耄耋老朽，只这一场戏，就不亚于一出武生和武丑激烈开打的大武剧。

在"闹府"一场，元寿为表现范仲禹的急切心情，在急忙赶路的时候，首先走了一个摔倒、踢鞋的动作，接着又是一个吊毛。必须要说明，元寿在表现摔跤，鞋履飞起落在头上的时候，就是用双手把鞋履放在头上的。许多过去的报纸和文章都说当年谭鑫培、余叔岩、谭富英等老前辈都是把他当时穿的福字履提前倒穿，然后用脚尖踢到头顶的，为什么元寿不按老前辈的演法把鞋踢上头顶呢？事后笔者问起此事，元寿很郑重地说："我们演的是戏，戏字为虚戈而成，只要把范仲禹走路匆忙、跌跌撞撞的意思表达清楚就足矣了，真要踢鞋到头顶岂不是成了杂技戏法了吗？仅我所知，这出戏从余三胜先生演起，足有一百位唱老生的演员演出过此戏，到今天，没有一个人是真正用脚踢鞋到头顶的。这都是过去不懂戏又善于猎奇的小报记者编造的新闻而已。"

余叔岩的挚友孙养农所撰《余剧鳞爪》一文写到此事，他说："从前常听见人家说，谭鑫培唱这出戏（指《问樵闹府》）的时候，能把鞋踢到头顶上。我始终不明白，范仲禹戴的是高方巾，不是平顶，而且有棱的斜坡，如何能放鞋而不滑落呢？看过余叔岩先生演出，我才恍然大悟，原来并不像传闻那样神乎其神，而是一面挑起鞋来，然后两手就势把鞋一接，按在头上，要眼明手快，要台下人不及细看，鞋已经顶在头顶上了。"孙先生系亲眼得见，应该是最有说服力了。

在"闹府"一场，给笔者留下印象最深的是范仲禹与葛登云饮酒时元寿所唱"我本是一穷儒……"的一段二黄原板，虽然没有什么花腔，却唱出了范仲禹的满腹心事，苍凉沉郁，令人情伤心碎。特别是"棒打鸳鸯两离分"一句，"棒打"两字的上滑音如异峰突起，真似无情棍棒击打在观众的心头，"离分"两字的拖腔委婉缠绵，诉尽儿女情长，甚是凄凉。至于在书房"叹三更"时所唱的三段四平调，一段比一段快，一段比一段急，旋律一段比一段高亢，唱到"似风筝，断了那无情线，我那妻儿呀……"，真好似空谷鹤唳，巫峡猿啼，使观众进入孤单、凄惨、无助的意境。

在"打棍"后的"出箱"一场，由于葛登云对范仲禹的致命打击，使他的神经已经彻底崩溃，人事不知，胡言乱语，以至脱离了思念妻儿的苦海，在与二位专程给他报告高中状元喜讯的公差面前，既被人嬉笑，他又嬉笑公差，在自认二公差即为他的妻儿的玩闹嬉笑中，让观众笑出了无限哀伤，流下无比同情的泪水。看到这里，笔者确实被元寿扮演的范仲禹降服了。再看正在退场的全场观众，明明刚才还在笑，却再也笑不出来了，心情一个比一个沉重……

笔者不喜欢悲剧，更不喜欢这种类似荒诞的悲剧，可是笔者却很难忘掉元寿在20世纪60年代主演的这出荒诞悲剧，60多年过去了，却仍然历历在目。

不过，在看这出戏的时候，对于熟悉谭派艺术的戏迷来说，还是能够感受到元寿与他父亲谭富英的差距。就说这出戏的第一句散板"山前山后我俱找到"，谭富英这一"前"一"后"两个字都有一个"夯拉腔"，或称为"擞儿"，像从断线的项链中脱落下来的珍珠，非常的自然、流畅，凡是优秀的谭派、余派须生都必须掌握这一夯拉腔的唱法，但是谭富英的最是妙造自然，有兴趣的读者可以拿他这两个字与任何老生来比较着听，足以说明谭富英的功力之深厚。所以谭富英这句唱腔往往没有赢得观众鼓掌，却让人百听不厌。元寿这句唱腔则每唱必然获得观众的掌声，而且是满堂彩，然而却没有像谭富英那样给人留下回味的余地。所以笔者敬佩元寿，尤其是他总说自己不能与父辈相提并论，为此永不称艺术家，也更佩服他心里的那把尺子、那个坐标。

三十九 三学天霸

在京剧界，常听说某人学了多少出戏，却很少听说哪位演员为了演好一出戏而学过不止一遍。有一出戏元寿就学了三遍，还都是请来老师，认真系统地学，这到底是为什么呢？就说这出《连环套》，在他坐科的时候就跟王连平先生认真地学过，而且演过。他说自己确实偏爱武戏，在武戏中尤其偏爱黄天霸的戏，什么《大八蜡庙》《骆马湖》《恶虎村》都是他最喜欢演的戏，在诸多黄天霸的戏中他又更偏爱《连环套》。出科后，他和中华戏校的王金璐组织"共和班"，王先生也喜欢这出戏，而且是丁永利所教。丁先生是国剧宗师杨小楼的下串，就是给杨老板打把子专门打下手活的底包。因此他学会许多杨派戏的套路，从内容上说还是比较有准谱的，但是下串局限性也是不言而喻的。所以元寿就请金璐把杨派的《连环套》从头到尾地给他说了一遍，使他非常受益，但是又总感到只得其数而不得其术。

前面说到他在武汉为高盛麟师兄曾仗义执言，高先生一直挂念在心，一到北京就登门拜谢，从此老哥儿俩就成了酒友，三日一小宴，五日一大宴，总要喝上几两二锅头。因为谭元寿知道高盛麟是高庆奎的儿子，后与杨小楼先生的外孙女成婚，杨先生喜欢外孙女，自然教外孙女婿的时候格外用心，不藏不掖。而这位外孙女婿又是一个极其聪明、极其用功、天赋极佳的晚辈，故而深得杨小楼的真传。用李少春的话说："杨爷（小楼）身后第一人是孙毓堃，再说可就是盛麟先生了。"高先生知道元寿酷爱杨派的玩意儿，为报答师弟解救他于"牛棚"之恩，自然要拿出他姥爷的真传以报答元寿的真情，就问元寿最想学点儿什么，元寿也就毫不客气地向高先生请教了《连环套》。

高先生到底是得到过杨小楼的真传亲授，为元寿说戏时，不但是从头到尾、一点一滴地给他下卦，而且讲明每一动作的心理活动，说得特别细致。您想，头场"五把椅"，黄天霸对众位仁兄说："我等弃去绿林，自投施公案下以来，每逢拿强捕盗，除暴安良，俱是众位仁兄之功，如今官高极品，俱是大人提拔我等。"就这么几句台词，高先生首先给他说明，在施世纶升帐之前，为什么要安排这一场"五把椅"，也就是黄天霸、关泰、何路通、计全、朱光祖五个人坐下谈话的情节：一是为了说明他们五个人绿林出身，现"弃暗投明"，仍然是非常默契的兄弟。二是表明黄天霸背叛绿林，心甘情愿做皇家鹰犬的态度。所以在念以上这几句台词的时候，要有明确的交代。高先生说，在念到"如今已是官高极品"时，要双手端起腰间的玉带，腰里带动上身从左到右，微微晃一晃上身，表现出得意忘形、踌躇满志的样子。当听到朱光祖认为这一官半职是自己辛辛苦苦挣来的，同时也是自己的本事所得，甚至不认为是"大人的提拔"。这时的黄天霸一脸严肃，恭恭敬敬向前一拱手，虔诚地，甚至奴性十足地强调说："还是大人的提拔。"

高先生说，五个人这一段对白，看似闲谈，与御马被盗一事无关，真要如此，则完全可以删除。而实际上这正是全剧的戏眼，表明他的本色，至为关键。这几句念白点出了黄天霸拥护官府，热衷吃皇粮，从反抗朝廷的绿林英雄完全变成了皇家的鹰犬，为他后来寻找御马、捉拿窦尔敦的一言一行，找到了根据。为此，高先生逐字逐句地为元寿加工这几句念白的语气和劲头。

这出《连环套》的全名应该是《盗御马·连环套·盗双钩》。出自清末小说《施公案》，说的是河间府窦尔敦与黄三太比武，被黄三太暗器所伤，至连环套当了寨主。为报前仇，他盗走了梁九公的御马，栽赃于黄三太。因御马被盗，事关重大，朝廷震怒，传圣旨要黄三太之子黄天霸于三十日内搜捕盗马之人。黄天霸与他的手下兄弟关泰、何路通、计全、朱光祖商议，以镖客的身份押解到口外，恰遇连环套的贺氏兄弟截道，得知寨主即当年河间府比武受伤的窦尔敦，黄天霸遂以拜山为名，只身上山。经过一番叙谈，窦尔敦知其是仇人之子，天霸也知道窦尔敦就是盗马之人，便约定次日在山下比武。黄天霸之友朱光祖唯恐天霸比武有失，夜入山寨，盗走窦尔敦的兵器护手双钩，留下黄天霸的钢刀。比武时，朱光祖假说天霸夜间盗钩，因念及窦尔敦接其上山，送其下山的情义，没有将窦尔敦杀死，窦信以为真，遂感念天霸不杀之恩，交出御马并随天霸投案自首。

这个故事充分说明了清朝初年官府与绿林的关系，作为绿林出身又身居官府缉拿绿林"要犯"的官员，黄天霸知己知彼，八面玲珑，尤其擅长以绿林的义气为名，欺骗、缉拿、杀戮绿林兄弟以请功买好之能事。所以黄天霸满口仁义道德，却暗藏杀机，无恶不作且手段残忍，最具有欺骗性。但是作为表演艺术的舞台，黄天霸又是一个很有深度、性格复杂的角色。这就是元寿尤其喜爱这出戏的原因。

其实，这出戏说到底，是谭门本派的戏，从谭鑫培、俞菊笙到杨小楼、俞振庭，都为这出戏的不断修改、完善做出了努力。遗憾的是，元寿虽然经常陪同祖父和父亲观看杨小楼前辈的演出，但是那时年幼，记忆模糊。后至科班中师从王连平学演此剧，因年龄所限，理解肤浅，一直以为此剧扮相漂亮、表演帅气而已。后来看到俞、杨两派之高足孙毓堃前辈的演出，才知道这出戏的心理表演之复杂，意境之深邃，一举一动之奥妙。不过尽管多次观摩体会，却没有机会请教。自高先生从武汉移居京城，元寿总想请高先生赐教。不想，高先生返京后成了自己晚年的酒友，请其传授真经，也就水到渠成，终于了却了自己一大夙愿。

由于高先生逐字逐句地给元寿精雕细刻这出《连环套》，自然演出来面貌一新。例如黄天霸与施世纶接旨，面对皇上的圣旨，当然要表示高度重视，所以要恭恭敬敬地接旨，但是态度平和，因为是吉是凶，无从知晓。然而，当奉旨官巴永泰念道："……竟有大胆贼人夜入御马圈盗走御马，临行之时，留下书信一封。千岁大怒，命巴永泰连夜赶到海下，提调副将黄天霸，限期一月捉拿盗马之人。捉到盗马之人，将功折罪。若无盗马之人，彭朋、施世纶、天霸等一律问罪。旨意读罢，望诏谢恩。"黄天霸是越听越心虚，知道这又是绿林中的事情牵扯到了自己，甚至栽赃，但是这次惊动了朝廷，与以往大不相同，不由得浑身颤抖，尤其当圣旨中点了他的名字，自知是杀身大祸。在读旨的过程中，元寿虽然面朝里跪，却让观众从他的后背看到他浑身颤抖，那惊恐的内心表现得非常深刻，每演到此，总能赢得观众的掌声。当听到"天霸等"几个字时，他右手抬起，回首向观众打背躬，张嘴倒吸一口凉气，活现出一个皇家鹰犬贪生怕死的奴才嘴脸。就这一个回头的样子，真是把黄天霸的奴才本性演得活灵活现，入木三分。

这时，这个杀人如麻的叛逆之徒，感到末日来临，首先想到家中还有八旬老母，真是鸟之将死，其鸣也哀。可以说，后来笔者看元寿每演到这个地方，都感受到他把黄天霸表面镇定、内心恐惧的嘴脸刻画得真是入木三分。

当面见彭朋时，黄天霸有一个报门而进的细节，也是让人难忘。当他风风火火来到彭朋的府门，本以为多年效力于彭大人，在关键时刻总该得到这位上司的一些安慰，不料门官却是一付公事公办的语气呵斥他"你要仔细了！你要打点了！"使他更加惊恐，当他要报门时，朱光祖一拍他的肩膀，再一指他身上佩带的宝剑，让他深感后怕，因为佩带兵刃入室便有行刺之嫌，可遭极刑。这时元寿一看自己身上的宝剑，再用手一摸自己的脖子，立即显出慌乱之态。急忙卸下宝剑，交予朱光祖。然后两手放下马蹄袖，躬下身来，立即显现出"皇家鹰犬"的奴才本色。他这时报门的念白也是这出戏非常出彩的地方。一句"报，镇守海下，漕标副将，虚职总兵黄天霸——告进。"十八个字一气呵成，每念至此，字字响堂，总会赢得"可堂彩"。使戏迷立即联想到杨小楼在《长坂坡》中赵云的那句十个字的念白："主公且免惆怅，保重要紧！"不用说，这是杨小楼的经典念法，首先"报"字非常有力，接着下面"镇守海下，漕标副将，虚职总兵"十二个字要一口气喷出，中间不能停顿，又要抑扬顿挫，铿锵有力，紧接着念出"黄天霸"三个字，特别是这个"霸"字，似乎用力过猛，后面字尾的那个"啊"音都显出了十二分的力量，这时元寿暗偷一口气，再念最后"告进"二字，随着一个九十度大躬，奴相毕露，表示出自己对皇家的忠诚。然后毕恭毕敬地躬身前行，左右各有一个跪安，还要进三步退两步，这才能进入大堂，那种唯唯诺诺的样子与他在绿林中的飞扬跋扈形成了鲜明对照。

高先生特别提醒的是黄天霸在几次陡然变脸时的转变过程。如他举刀要杀连环套的大头目贺天龙时，朱光祖立即暗示他此人杀不得，而他也立即从凶恶之态变得满脸堆笑，要变得快，还要变得突然，才能表现出他的阴险和虚伪心理。再如他见到御马，马上心花怒放，同时涌上了贪婪之心，暗暗凑近御马，企图借试骑之机跨马而去。岂不知窦尔敦早有防备，在这千钧一发之际，要贺天龙将马带走，使他阴谋败露，陷入一时尴尬。元寿每次与景荣庆（扮演窦尔敦）合演此剧时，总是配合得非常缜密，恰如其分，几乎让观众有一时透不过气来的感觉。等到御马被牵走后，好像整个剧场绷紧的神经都得到了松弛。

接着是当窦尔敦知道他的宿敌黄三太已故，报仇无望，想殃及黄三太的满门大小时，元寿扮演的天霸，马上又变得和颜悦色，甚至低三下四地说："窦寨主，我想这人死不记仇，寨主何不宽宏大量，饶恕他的满门大小，就是三太爷九泉之下，也是感恩匪浅。"这时的黄天霸要表现的是他的另一面——猫哭老鼠，假慈悲。一改他前面剑拔弩张的姿态。这种姿态，在这场唇枪舌剑的口水战中似乎很不协调，却为他前后的强势姿态起到了有力的烘托作用。正是由于元寿这一时的虚与委蛇，更表现出黄天霸善变的本色。与义重如天的窦尔敦相比，让观众更清楚地看到这位表面道貌岸然的黄天霸城府之深。

笔者以为元寿对黄天霸最无情的揭露是对自己肝胆相照的朋友朱光祖的态度，特别是当朱光祖冒着生命危险，乘夜色前往连环套，用药酒迷糊住了窦尔敦，以黄天霸的名义盗取了双钩，并把钢刀插在窦尔敦的桌案之上，使次日的比武不战而胜。结果这一番苦心不但没有得到一个谢字和起码的理解，反而遭到黄天霸的怀疑、斥责，甚至认为朱光祖的所作所为居心叵测。直到朱光祖拿出窦尔敦的护手双钩，还要请计全辨认真伪，验证后说出"正是此物"，才承认朱光祖并非心怀二意，并拱手作揖给"朱仁兄"赔礼道歉。疑心之重，不在曹操之下。元寿先生演到这个程度，可谓深刻、细腻、逼真。

从各种记载来看，在元寿请高先生给他下卦前，他这出戏演出已不下百场，前面的演出记录表明，早在1951年，能够容纳三千多观众的上海天蟾舞台，他这出戏就已经是场场客满，几十年来始终保持着很高的上座率。然而他却渴望在许多小地方下大功夫，渴望高先生的点拨。当高先生告诉他，在最后一场，当窦尔敦已经表示认罪服法，交出御马，交换钢刀，又主动要求戴上刑具时，黄天霸有一个见不得人的动作，就是用眼神暗示朱光祖给窦尔敦戴上刑具，唯恐窦尔敦逃跑。这一以小人之心度君子之腹的苟且之举，凸显出黄天霸表面行侠仗义、光明磊落，实际行径猥琐、内心龌龊的两面嘴脸。对高先生这样一个小小的点拨，元寿真是茅塞顿开，甚至拨云见日，连呼："深刻，深刻呀！"

元寿向王连平、王金璐、高盛麟三位三学《连环套》的经过，足见元寿的虚心好学，而实际上，元寿还向茹富兰请教，私淑过孙毓堃、李少春等人，可以说觅得真经。不过元寿虽然学无常师，却有自己的消化与甄别之法。例如在黄天霸接旨后，到十里长亭与巴永泰会合时，有一个双方在马上见面，然后礼让巴永泰先行，黄天霸随之一个打马、回身、招呼弟兄前行的身段，同时在"四击头"的锣经中亮相。1961年高先生在北京与裘盛戎演出时，在这里用了一个反手打马，水平般的转身一周，然后踏腿回身亮相。引得现场掌声雷动，事后更是轰动京城京剧界，人人模仿，个个赞美。因为这是全剧中唯一一个展示武功技巧的动作，非常引人注目。可是元寿后来演出却是在右手打马后接一个抱马鞭，缓手亮骑马相。虽然也有掌声，却没有高先生演出时那么热烈。这是为什么呢？原来他一方面根据祖父和父亲的意见，按照曾祖谭鑫培和祖父谭小培的演法表演。另一方面是他认为，高先生亮的是矮相，如果他效仿的话，自己的火候和体形都不如高先生，会显得与黄天霸总兵大人的身份不相符，所以坚持亮一高相。掌声可以不要，角色的身份不能损害。当然，在做这个处理的时候，他认真地征求了高先生的意见，高先生说，他外祖父杨小楼也说过，他义父谭鑫培多亮高相，自己身高体阔，可亮矮相。这是因人因时而定的，应该灵活掌握。

由于元寿特别喜欢演出此剧，到他的晚年，已经汲取了众多名家精华的这出《连环套》演来真是炉火纯青，活灵活现，许多观众都赞美他是"活天霸"。

元寿在世时一直有一个遗憾。他说很多前辈告诉他，当年杨小楼演这出戏，在十里长亭与巴永泰在马上见礼时，有一个在行走中骗腿下马再上马的动作，是他曾祖父谭鑫培的亲传，据说非常深刻地表现出黄天霸见了上司那诚惶诚恐、卑躬屈膝的形象。他多次琢磨、试验，想添加这个动作，却总是不得其门而入，成为他艺术生涯中的一大憾事。

每次谭元寿演出此剧，还有一个让观众特别感兴趣的事情，谭元寿也从不敢忽视，就是黄天霸所穿的"龙箭衣"为曾祖谭鑫培当年在宫中演出时慈禧太后所赐，与他演出《失空斩》所赐之"朝珠"一样，显示着谭派艺术传承历史的悠久，至今仍然为观众所关注并津津乐道。

四十　六代黄忠

　　提到"英秀堂"谭家，就不能不说谭家的看家戏《定军山》。中国历史上拍摄的第一部电影就是由谭鑫培主演的京剧电影《定军山》；谭富英出科，到上海第一次挑班演出的打炮戏也是《定军山》（见上海京剧史展），并特意标注"一战成功"；从谭鑫培到谭正岩，六代人演出最多的戏也是《定军山》。百年来，《定军山》是谭派艺术的象征，确实倾注了谭家历代人的心血。

　　京剧《定军山》源自谭家的湖北同乡，汉调同行，谭鑫培在天津的磕头老师余三胜。既然京剧源于徽汉合流，那么汉调《定军山》也算是京剧的根。当然，在清宫的连台本戏《鼎峙春秋》中，也有"智激黄忠""计夺天荡""两军换将""黄忠斩渊"四折，与京剧的情节大体相同，但是清宫的《鼎峙春秋》唱的是昆腔，不是皮黄。为此，在戊戌之年，慈禧太后提议把清宫的四部连台本戏全部改成皮黄，结果，她只将40本《昭代箫韶》改到第七本，八国联军的炮火就已经打进了北京城，慈禧太后与光绪皇帝也就只能急忙西逃了。可见清宫本《鼎峙春秋》中的《黄忠斩渊》与今天京剧的《定军山》没有任何直接联系。

据京剧前辈们说，早年汉调《定军山》，黄忠和严颜两位老将军均由花脸应工，全勾"老脸"。后余三胜改为老生饰演，黄忠头戴帅盔，与严颜同时双起霸上场，然后各念上场对儿，黄忠是："老夫年高迈，颇有孙武才"；严颜则念："斩将如瓜滚，擒王列三台"。然后分别报名："姓黄名忠字汉升""姓严名颜字子威"。

谭鑫培认为这种演法与很多靠把老生戏雷同，遂把黄忠与严颜的"双起霸"取消。到诸葛亮派兵遣将时，黄忠直接阻令，在念完"得令，来也"后从下场门上场，以出其不意先声夺人。在黄忠表功、讨令后接严颜阻令，并由上场门登场。从而使黄忠、严颜的上场相对新颖、简洁而不落俗套。

由于谭鑫培脸形比较消瘦，他就把黄忠本来所戴的帅盔改为现打的软扎巾，扮相显得比较丰满、神气，颇得好评，引得他人纷纷效仿。以后除《伐东吴》的黄忠仍戴帅盔外，其他的黄忠戏也开始改为现打扎巾了。

关于这出戏的黄忠从下场门上场的问题，有的说关系着京剧舞台有左青龙、右白虎的说法，即上场门为青龙口，下场门为白虎口，黄忠与严颜双出场，一般主演都是从上场门出场，唯有这出戏黄忠的出场是下场门，叫作"白虎口出场"，动作全部都是反的，连拉的山膀都是反的。以上这种说法比较普遍，但是很难说出可信的道理来。在这个问题上元寿先生是从全剧的结构来分析的，例如全剧共23场戏，黄忠的场次就有13场，第一场上下两次，自然就有14个上场和14个下场，空手上场就有5次，其中两次是从上场门上台后唱西皮流水，就是这两次出场，一次是手提下甲，也就是演员常说的提靠拍子，到九龙口放靠拍子，拉山膀，起唱。第二次则是到九龙口，缓手转身面朝里，走半个圆场到正场，再拉山膀起唱，显然是为区别于上一场的出场。还有一次是与严颜同时提下甲上场，这五个上下场如果雷同，特别是第一场也是提下甲从上场门上场，这样的重复，就显得过于贫气了。

再如黄忠有三次拿着马鞭的上马动作，第一次是抬右腿上马，背马鞭，勒马，打马下。第二次就是与严颜分手，念完"老将军，你我一笑而别了哇，哈哈……"然后扔左手的靠拍子，掸髯口，抬左腿，跨右腿回身，往后单腿颠步，拱手，向后硬转身，打马下。整套动作一气呵成，这是元寿多次强调的全剧中难度最大的动作之一，而难就难在动作的一气呵成。第三次是唱完"在黄罗宝帐"的二六转快板后，采用比较普通的上马身段，因为观众后面还要听他接唱那句"我要把定军山一扫平"的嘎调唱腔，可见这三个上马动作也没有一个雷同的。

再例如第十五场，黄忠边唱快板边走"太极图"后，再接唱最后一句"十日之内取东川"，内行称为"接一句腿"。一般来说，都是在接唱最后一句以后就打马转身下场，可是元寿却在唱完最后一句，有一个跨腿、踢腿、转身勒马四击头亮相。按说，这场边唱边舞边跑圆场，十分吃力，却在下场时再加一个比较复杂的亮相，无论从剧情还是技巧方面都给人锦上添花的感觉，这样的安排既避免了形式的重复，又显示出演员的过硬功夫。可是在第二十场，黄忠唱完西皮流水接最后一句"到明天午时三刻要成功劳"，却没有转身下场，这是要表现黄忠运筹帷幄，思考明天如何走马换将，如何使用拖刀计的一套舞蹈动作，即戏班所谓"揉肚子"的整套程式。这就说明，同样是"接一条腿"的程式套路，也要有所区别，不能千篇一律。总之，京剧演员的表演最忌讳的就是雷同，使观众味同嚼蜡。这应该也是黄忠为什么第一场从下场门上场的根本原因。

从这14个上下场的不同处理中，说明这出戏的每一个细小的情节都设计得非常仔细而精巧，也是这出戏所以流传百年的真正原因。元寿作为谭派的重要传人非常重视这出戏的研究、学习和演出。在几十年的演出中，他并不因为这出戏是谭门本派的戏就故步自封，仍然坚持博采众长。比如他曾多次观摩李盛藻这出戏，认为李先生这出戏确有很多独到之处，尤其表演之细腻、帅气很值得学习。更为让人感动的是，在纪念他的曾祖谭鑫培诞辰150周年时，计划演出《定军山·阳平关》。这时家学渊源又曾经演出过无数场次的元寿先生因为听说京剧学者刘曾复曾经对余叔岩、王又宸、王荣山的演出比较熟悉，并有所研究，就要笔者带路，前往北京北三环花园北路的北医三院刘先生家中登门求教，对有些有争议的台词和武打套路进行了认真的咨询，尤其是对《阳平关》的开打、用什么武打套路，都仔细征求了刘先生的意见，并在后来的演出中进行了认真的改进。当时笔者作为旁观者，既惊讶于刘先生的博闻强记，更被元寿求知若渴的精神所深深感动。

不可否认，元寿先生这出戏学得最多的，一个是他的舅舅宋继亭，一个是他的父亲谭富英。在外人看来，一个演出过《长坂坡》、《挑华车》、全本《武松》、《金钱豹》、《智激美猴王》等大武戏的元寿先生来演《定军山》等同儿戏。其实不然，虽然在武功的基础上大有帮助，但是这是一出武老生戏，在武打和动作上的劲头却是完全不同的，而且最忌者就是把《定军山》演成了《长坂坡》，因为《长坂坡》中赵子龙是大武生，开打时要求的是勇猛，相对来说武打是"真打"，要有紧张、激烈的感觉。而《定军山》的武打是注重工架、姿势的优美，相对来说是写意式的，摆个样子，但是又要打出意境来。例如黄忠与夏侯渊见面的开打"剜萝卜"，双方都使大刀，你来我往，两把大刀舞起来如车轮飞动，让人眼花缭乱，实际上，两个人的两把大刀谁也没有碰到谁。元寿打起来确实给人以武打的气氛，舞动大刀的工架又非常优美、流畅，是一般老生演员很难做到的。不过你要认为这样的武打比武生的武打轻松，那可就大错特错了。因为这种注重工架的武打特别讲究节奏和手、眼、身、步的干净、协调，所以打起来更为吃力。现在笔者就带着读者一起来欣赏元寿这出《定军山》吧。

这出戏的第一场是诸葛亮以激将法起用古稀之年的黄忠和严颜去解葭萌关之围，故意声明要调三将军张飞前往出战，黄忠听到这一调遣，自然不服气，因此在幕后阻令而大喊："慢着！""黄忠，来也！"然后从下场门出场，元寿这个出场为表现黄忠不服老的精神，似乎是从后台冲出来的，给人生龙活虎的气势。但是亮相之后，我们就发现黄忠与赵云截然不同。武生讲究要挺胸、迭肚，两臂撑开，腿要高抬，以示英武之气，而黄忠的站姿是含胸贴背，两臂略撑，到台口拉开山膀，右手是拳，却不能攥紧，左手是掌，五个手指也不能撑足劲头，更不像武生那样五指向上跷起，而是要略显松弛。抬腿也不可过高，尽管老而弥坚，但终归是古稀之人。进辕门见礼后，诸葛亮说他不是张郃的对手时，黄忠显得激动，便在锣鼓中起叫头："军师呀！"然后表功说："末将年迈勇，血气贯长虹。杀人如削土，跨马走西东。两膀千斤力，能开铁胎弓。若论交锋事，还算老黄忠。"这几句念白，元寿边念边舞，虽显老态，又要极力逞强。最后高声念到"老黄忠"三字时，两手一托自己的雪白胡须，完全是一副人老心不老、一心逞刚强的样子。

诸葛亮接着用激将法说："帐下有一铁胎弓，你若拉得开，就命你前去。"下面元寿唱的是一段西皮二六转流水唱腔，一张嘴唱"师爷说话言太差，不由黄忠怒气发……"在这里我只想说，就这一句师爷的"爷"字，后面的拖腔用立音，就要显示出非凡的力度，唱到"怒气发"时，双手一托胡须，借唱"气"字时这个"一七辙"的唱腔，好像憋着一口气，表示自己内心的不忿。唱完二六，一喊"弓来！"再唱流水，连续唱三段流水，三次拉弓，当第三次拉弓时唱"三次开弓秋月样"时，元寿用了一个高腔，一副胜利者的姿态。这三段唱腔从头到尾满宫满调，神完气足，充分表现了黄忠不服老的精神。

最后自然是诸葛亮接受了黄忠和严颜的请求，命他们大战张郃。黄忠接令后，一句"事不宜迟把马跨"，这个"跨"急促收住后立即快速上马飞奔而去。在这个地方，元寿完全像他的父亲一样，唱得快，动作快，脚步也快，确实做到了"事不宜迟"。其实更为重要的是为了舞台节奏的紧凑。

在头场大帐之后，紧接着就是大战张郃，这场大战中，黄忠共有三次开打、两个大刀下场。元寿的大刀下场真是把大刀耍得上下飞舞，密不透风，而且有连续的大刀串腕的动作。有一次，曾经向余派须生王少楼学过《定军山》的张学津，在长安大戏院看到元寿以80岁高龄演出《定军山》，几个大刀串腕的动作仍然非常流畅自如，到后台即对元寿说："谭先生，您这么大岁数还敢用这个串腕的动作，而且这么帅，真是奇迹呀！没学过不知道，我在学校跟王少楼先生学过这出戏，平常练功来个串腕还能凑合，真要到舞台上，不管怎么练，每次来这个大刀串腕，我都特别紧张，所以一直不敢唱这出。您这个功夫真是过硬，我是真服您啦。黄忠70岁不服老，您都80岁了，我看您真是咱们京剧舞台上最老的老黄忠。"

学津此言不虚，相信凡是学过这出《定军山》的演员都会感同身受。

在大战张郃以后，刘备和诸葛亮为黄忠贺功，然后又以激将法命黄忠大战夏侯渊，夺取定军山。当刘备表示，黄忠大胜而归，他将迎接于十里之外，感动得黄忠这时用了一个脑后音，念出："臣，得令！"这个"令"字拖一个长音，高耸入云，力度十足，是谭派的特色，也是谭派声腔艺术之一绝。随后诸葛亮又补充一句说："将嘛，倒是一员虎将，可惜他老了。"黄忠遂在这种刺激中，激动地唱了一段西皮二六板唱腔，表示自己虎老雄心在。板式与前面大帐的二六完全一样，但是情绪更加激动，尺寸更加紧凑，唱法截然不同。例如前面唱的二六"师爷说话言太差"是从板上起，也就是强拍上起唱，而这段二六是从眼上起唱"在黄罗宝帐……"，尺寸也比前一段更快，尤其是二六板转快板后就更快了，表现出黄忠的情绪比大战张郃时更加激动。

紧接着一场，就是这出戏特色之一的"马趟子"。这一场共12句快板，不但要唱得字字铿锵有力，还都要手舞足蹈地加以配合，同时还要让观众感到要唱满台、跑满台，有老虎出山、蛟龙出海之势。这一场，对一般老生演员来说，实在有些力不从心。而谭富英、谭元寿父子却历来是从容不迫、游刃有余，充分地显示出他们功底的深厚。为什么一般演员从不敢动这出《定军山》呢？说到底，就是太吃功夫。观众不会知道，黄忠身上这一套所谓盔甲，也就是演员所披挂的大靠，仅四根靠旗加上下面的皮托就有15斤重，里面加上棉的胖袄和外面棉的靠肚子，下面穿上厚底靴，头上戴上像紧箍咒一样现打的扎巾，一般人就已经是寸步难行，更不用说上台表演了。所以要把这出戏唱得自如一些，不但要一天三遍功地苦练，没有5年的时间也是达不到的。我想这可能就是元寿在科班学习时怕挨打，出科以后却感谢科班的"打戏"，认识到打与不打的差距，以至到北京戏曲学校，对自己孙子正岩的老师恳求其在上课时增加严格的体罚。我们看看元寿的靠功和圆场功，再看看现在青年演员的靠功和圆场功，就会体会到元寿所以提倡"打戏"的苦衷了。因为现在要在戏曲学校中，特别是高等戏曲学府的研究生中找到一位具有谭先生那样功底的艺术人才，几乎比登天还难。

由于前辈艺术家的精心设计和巧妙安排，元寿从他老祖那里继承下来的这出戏，每一种相同的程式套路中却没有一场是雷同的，真是匠心独运且恰如其分。为了给读者留下欣赏的余地，我不想在此一一罗列。但是我特别想给大家介绍一下这出戏最后的一段西皮流水唱腔。唱词如下：

> 这一封书信来得巧，天助黄忠成功劳。
> 站立在营门三军叫，大小儿郎听根苗：
> 头通鼓，战饭造；二通鼓，紧战袍；
> 三通鼓，刀出鞘；四通鼓，把兵交。
> 向前个个俱有赏，退后难免吃一刀。
> 三军与爷归营号，到明天午时三刻要成功劳。

上文说这出谭派的《定军山》，上马的动作没有一个是雷同的。但是这最后的一段唱腔却走了一个偏锋，几乎每一句的落音都是一顺边，例如第二句的"成功劳"，第四句的"听根苗"，是完全一样的落音，尤其是下面的头通鼓、二通鼓、三通鼓、四通鼓，这四句的唱法也是一模一样。只是在唱后半句的"战饭造"和"紧战袍"时按谭、余派的"三才韵"一上一下、一平一仄加以分辨。平心而论，这种唱法在其他戏中很少见到，甚至是很忌讳的，但是这种反常做法，偶然为之，却反而让人耳目一新。

当我们看完这出谭派《定军山》的时候，也就同时欣赏了各种各样的出场方式和上马动作，欣赏了各式各样的大刀下场的耍法和各种各样的二六与流水唱腔。由于这出戏没有大段原板和慢板，虽然全剧达23场，仍然可以说是一出快节奏的中型靠把老生戏。节奏快，必然使剧情进展快，但是对唱、念、做、打、舞的展示往往造成忽略。特别是基本功略差的演员就很难把一个简短的大刀下场耍出光彩来。所以一般演员演出后，观众往往反映这出戏看了半天都是过场戏，没有什么看头。但是我们观看谭富英或谭元寿先生演来，每一个动作都交代得清清楚楚，光彩夺目，每段二六和流水都唱得韵味十足，给观众留下深刻的印象并广为传唱。所以说这样的戏，完全是事在人为，戏在人唱。谭元寿继承谭富英的艺术衣钵，在每一个细小的地方均下足功夫，经过多年舞台实践和反复地琢磨，终于把这出《定军山》唱成了自己的拿手戏。不愧为谭门之后。

元寿为什么能够把这出《定军山》唱得如此精致呢？在纪念谭富英百年诞辰演出中，年届九旬的京剧老人刘曾复观看了元寿的演出，说明了其中的原委。他说：

现在许多老生不大唱这个戏了，只有谭家六代坚持演出这个戏，足以说明这个戏很不好演，没有富裕的武功不能演，没有富裕的嗓子也不能演，唯有谭家都是文武兼备。这次我们看谭元寿的黄忠在舞台上，尽管已经78岁了，比历史上的黄忠还大8岁，可是一点儿不慌不乱，游刃有余。张学津也说谭元寿耍大刀下场时的串腕儿怎么那么帅。一方面是他嗓音好，一方面是他的武戏基础扎实，他的武生戏能演《挑华车》《长坂坡》《三岔口》《闹龙宫》《金钱豹》，也有武老生戏《南阳关》《战太平》的底子，再演《定军山·阳平关》能不好吗？

诚然，我们振兴京剧不缺一两出戏，《定军山》不演也可以是一位好老生，但是我认为这出戏说明了一个老生演员是否技艺全面。作为谭派老生是否合格？我坚持认为，一个谭派老生必须擅长七出戏，比如靠把戏《定军山》或《战太平》，折子戏《问樵闹府》或《搜孤救孤》，衰派老头戏《清风亭》或《三娘教子》，王帽戏《大登殿》或《上天台》，诸葛亮戏《失空斩》或《战北原》，箭衣戏《秦琼卖马》或《洗浮山》，武生戏《连环套》或《大八蜡庙》，当然他还有两出特有的看家戏，一是摔打戏《打金砖》，一是现代戏《沙家浜》，还没有看见有人能演过他的，更没有像他如此全面的。尽管有人说他不如老谭，他自己也说自己不能与他祖父和父亲相比，但是今天要找一个技艺如此全面的，一个下过如此苦功的，一个如此谦虚好学的演员，还是真难了。所以我说，学谭派，学老生，一定要学好这出《定军山》。

刘曾复对京剧《定军山》，对谭家历代艺术传人的客观评判，很值得我们深思。

四十一 "百岁"成钢

前面我们提到元寿1965年在上海连续演出44场《沙家浜》，他说当时最怕的一件事就是感冒。为什么呢？因为当时走遍全国，还找不到一个能够接替他演出"郭建光"这一角色的演员。

首先，这出戏的郭建光需要繁重的唱工。大段的二黄导板、碰板、慢板转原板唱腔，要唱得声情并茂，而且有一个翻高八度的高腔，试问当时的京剧界有几位武生演员能够胜任？同时，这出戏需要繁重的武打、翻扑功夫和优美的工架。集体走边后还要蹿上两张半高桌，即胡传魁家后院的院墙上再往下翻台蛮，以表示"越墙而过"，请问有几个老生演员能够胜任？再有就是他的功底、扮相、气质和资历。在"坚持"一场有一段"要学那泰山顶上一青松"的歌舞表演，在十几位新四军战士中间，也许就数他的个子矮，但是在集体的舞蹈动作中，唯有他显得出类拔萃，能以气势压台。在"奔袭"一场，那么多新四军战士在舞台上表现急行军的姿态，也许就数他的年纪最大，可是跑起圆场来，他的上半身纹丝不动，脚底下最显矫健敏捷，真正的大将风度，就更不要说身段优美、器宇轩昂、唱腔字正腔圆了。

常说京剧演员要文武兼备，有的老生演员可以翻几个小跟头，招招架架、花拳绣腿而已。有的武生演员能唱几句散板唱腔，不至于张不开嘴罢了。而元寿是真文真武，确实文武皆精，不同凡响。

他文戏中擅长衰派老生戏《桑园寄子》，那是真正花白胡子的衰派老生戏，他演得颤颤巍巍，步履蹒跚；他擅长唱工老生戏《二进宫》，从头唱到尾，几乎没有任何身段，全凭唱工一嗓定乾坤；他擅长做工老生戏《群英会》，"盗书"和"借箭"中以细腻、真切的表演揭示出鲁肃的做事严谨、为人憨厚的本性。例如在他模仿敌将蔡瑁、张允书写完与周瑜暗中勾结的信函后，装在信封之中，用糨糊封好，用手压平，用蜡烛烤干，然后再用手将刚封好的信封撕开，把信笺取出、展开、略看一遍再叠好，放回信封，夹在周瑜卧室的"水战"兵书中，以供曹营的说客蒋干盗取。当他完成这一套动作即将出门时，又突然想起自己做事不周，急忙返回，将蜡烛的烛台放回原来的位置，把椅披抻平，真是细致入微，煞有介事，让人信服。

他擅长靠把老生戏，在《战太平》中扮演花云，一出场，踩着"水底鱼"的锣经走出七步半，台步优美，节奏鲜明，一看可知其娴熟的程度，就更不用说后面的扎靠起霸和翻虎跳被擒等高难动作了。他与陈友谅对唱的快板如干板剁字，密不透风又字字珠玑。

他擅长表现角色的身份，例如在《失空斩》中，他扮演诸葛亮，这个角色不是王帽戏中的帝王，但有统帅之尊，没有蟒袍玉带，却可决胜千里。要体现出诸葛亮的身份就完全靠演员表演的沉稳和气度。大帐一场的大虎头引子，不怒自威。在城楼上唱的慢板和二六均张弛有度、韵味纯正，并唱出拥兵自重的气势。

他亦擅长长靠武生戏，在《长坂坡》中饰赵子龙，每一句念白都是纯正的武生气度，那句"主公且免惆怅，保重要紧"十个字，真是字字千钧，铿锵有力。每一套武打以及每一个枪下场中都表现得干净利索，勇猛非常，但是又不忙乱，体现出一个浑身是胆的古代儒将形象。他在《挑华车》中起霸、走边、大战、挑车、摔叉均不偷不减，所谓不同之处，就是在闹帐、观阵、挑车中的每一段曲牌都唱得满宫满调，表现了高宠出征前的英雄气概，非一般专职武生所能及。他曾坚持说，把闹帐的《泣颜回》唱出气势，后面的"走边""大战""挑车"才能演出应有的艺术效果。

他擅长短打武生戏，能演全本《武松》，从"打虎"到"别兄"，从"挑帘裁衣"到"杀嫂"，从"狮子楼"到"打店"，从"血溅鸳鸯楼"到"蜈蚣岭"，一出比一出激烈，一场比一场紧张。

他擅长并喜爱勾脸武生戏，从科班的《四平山》到演遍大江南北的《金钱豹》，从《水帘洞》的孙悟空戏耍十八般兵器到《智激美猴王》的坐椅子高台翻下，已经称得上全能演员。不过我们还是疏漏掉一个重要而特殊的角色，那就是红生的关公。在京剧界亦被称为"老爷戏"或"红脸戏"。这种戏，最讲究的就是工架的威和样，在谭元寿75岁那年，为塑造关云长叱咤风云的神奇形象，又一次次登门虚心求教于京剧关羽世家李洪春的哲嗣李金声。经过一番苦练加工，终于在北京的长安大戏院再次上演了关羽戏《汉津口》。一上场亮相威仪万方，可以说一举一动均在规范之中，一唱一念都体现出关老爷戏的特征与光彩。

综上所述，谭元寿饰演的每一个角色都有显著的区别，有的行当不同，有的扮相不同，有的重唱，有的重念，有的重做工，有的重武打，有的重舞蹈。平心而论，作为一名京剧演员，如果能演好一出戏，身怀"一招鲜"就足以吃遍天下，而元寿可谓面面俱到，以至走南闯北无往而不胜。

说了这些，足以说明元寿是一位技艺全能、文武兼备、昆乱不挡的好演员。应该承认，他是最全面继承他曾祖谭鑫培艺术衣钵之人。不过还有一个重要方面更是不能疏漏的，就是他的曾祖也没有涉及的艺术领域，即在《秋瑾传》中扮演的徐锡麟，在《青春之歌》中扮演的卢嘉川，在《草原烽火》中扮演的巴图，在《智擒惯匪座山雕》中扮演的少剑波，在《山城旭日》中扮演的许云峰。当然，尤其不可忽视的就是他在《沙家浜》中精雕细刻的郭建光。他在80年的舞台生涯中创造了不胜枚举、五光十色的光辉形象，而且他主演的每一出新排剧目，都赢得了可观的票房收入，为京剧的复兴立下了汗马功劳！

为了排演这些戏，他来到了内蒙古草原，来到了重庆的渣滓洞，来到了常熟的芦苇荡……他是那样认真地对待每一出戏。为了塑造好每个角色，他总是提前两个小时到后台，一向随和的他，在后台的"臭毛病"是那么多，例如演出前，不能吃饱，又要保证身体热能的需要，他总是在化装后吃两个煮鸡蛋；在演出的每一个空当，他总要趁观众不注意，偷偷地喝一口水，"饮场"的"陋习"他怎么也改不了，他说："有时就差那么一口水，这大段唱就无法圆满，为此提心吊胆，我就是不能让观众的钱白花。"为了在舞台上塑造出完美的艺术形象，平常大大咧咧的人，在后台却几乎镜子从不离手，就是在临上场的那一刻，在侧幕条后面候场的时候，他仍然要反复地照镜子，甚至在后台唱完一句导板，马上就该上场了，他还要到处找镜子，看看髯口戴得正不正，吊起的眉毛是否掉了下来。所以很多同行说他"毛病多"，他却坚持要"对观众负责"。许多观众也许还不知道，每次在后台勒盔头的时候，不是要先勒网子吗？别人都是勒一道，唯有谭家却要勒两道，据他的师叔王琴生说，这也就是谭派的特色，历代如此。元寿每次演出就是这样要求万无一失、完美无缺。

对艺术的完美追求，元寿可以说是不遗余力的，但是在规矩和传统方面，他又绝不越雷池一步。例如真正的京剧老生戏是不许走硬僵尸的，如《托兆碰碑》《问樵闹府》中的"僵尸"必须是软僵尸，他绝不会为了剧场效果，自己又擅长此道而任意为之。再如他在演出猴戏的时候，什么虎跳前蹦、踝子漫子等各种跟头都可以翻，但是他从不在《打金砖》上桌案后和《长坂坡》扑井时加翻倒叉虎等不该翻的跟头。尽管《打金砖》本身就是一出翻跌的功夫戏。他还坚持说，老生的吊毛应该是单腿吊毛。他也坚持"因循守旧"，从不走双腿吊毛。至于在《问樵闹府》中的范仲禹踢鞋，很多小报记者说他的曾祖、祖父和父亲如何踢得神奇，质疑他的功夫不到家。他说京剧不同于杂技，为什么要把一个简单的动作复杂化了呢？我从来也没有听祖父和父亲说过要在这个动作上做得如何神奇。而且这出戏是得父亲真传，希望大家不要被无聊的舆论所欺骗。至于说他的曾祖在《碰碑》碰死时念"卸甲又丢盔"时拿出如何的绝活儿，他认为那就更是无稽之谈了。

　　总之，唱戏有唱戏的规矩，虽然不能说破坏艺术的规矩就是对艺术的亵渎，但最后受损失的却是艺术本身。如现在搞什么集体耍水袖、集体耍髯口、集体耍甩发等纯技巧表演，都是很不严肃的。这与元寿老实做人、认真演戏的原则都是相违背的。

四十二　永不称家

　　前两年，有人得知谭元寿老师乔迁新居，提议大家一起去温居贺喜。这样，来自湖北、上海、天津等地的同好就由笔者带路前往谭府温居贺喜。

　　因为事先电话打过招呼，又都是老相识，谭先生的茶水早已备好，一杯一杯地送到每个人面前，大家说不用客气。谭先生还是说："咱们兄弟今天聚会很难得，按理说我年长几岁，你们远路而来，我是应该给弟兄们接风的。"这时我们一齐纠正说："我们跟您差着辈分，可不能称兄道弟，必须论爷们儿，师生相称。"谭先生则坚持说自己虚长几岁，只不过比你们多吃几年咸盐而已，实在不敢在你们面前称大辈儿。谈话就在这样融洽的气氛中开始了。首先听谭先生畅谈谭家的百年家事，我们听着都非常感兴趣。大家又都就自己关心的问题提问，不知不觉就是两个小时。

　　聊天中，大家就一些社会上关于谭家的传言请谭元寿以道其详。

　　首先就是关于谭、余两家的关系，因为有些早年的戏曲期刊都提到谭富英与余叔岩因"徽内与徽外"的问题而出现师生反目的问题。谭元寿说："这种言论我也听说过，在我们的家庭中确实经常听到或看到一些传闻，因为听多了，也就听之任之，不可能去与之计较。说实在的，一个演员总是难免让人评头论足。有的懂戏，说得头头是道；有的不懂戏，又要吃这碗饭，必然要写一些耸人听闻的奇谈怪论，以期引起新闻效应。你能跟这些人去争执吗？如果说谭某某跟某位记者争执起来，必然正中这位记者的圈套，所以我们只有睁一只眼，闭一只眼。"

谭元寿又说："你们如果相信我的话，我就说说我的亲身经历。我跟我的父亲共同生活了整整50年，我三岁那年就跟随先父到余先生家中去。一到余家，我就有一种串亲戚的感觉，对我们像自家人一样，那是非常融洽的。我也经常看到余先生到我家来。说句实在话，我父亲对余先生唱法的敬佩几乎超越了对我曾祖的敬佩，可以说完全到了顶礼膜拜的程度，余先生的十八张半唱片，他每天都要听，就真跟临摹法帖一样，学而时习之。

"不过，凡是拜师学艺都会遇到一个绕不开的坎。就是每学到一定程度总要先搭班，后挑班，长期不间歇地活跃在舞台上。无论搭班或挑班，一旦进入这个阶段，便从此身不由己。无论梅兰芳，还是程砚秋来约你演出，无论从艺术上还是从经济上的机遇来说，都是没有商量余地的，可谓机不可失，时不再来。当一个演员得到观众认可，也就再没有脱离舞台每天按部就班地脱产到老师家中学戏的时间了，这是所有搭班或挑班演员都无法避免的实际问题。后来家父听说当时在香港给孟小冬操琴的王瑞芝先生从香港回到上海，家父就又把王先生请到北京京剧团任职，聘请他为自己的专职琴师。其实内行都知道，因为王先生是余叔岩先生和孟小冬的琴师，他是想通过王先生继续深造余派艺术。一般来说，琴师是演员的随手，一切都要服从演员。可是家父对王瑞芝先生却敬如师尊，经常请王先生到家中来，请王先生上座，他坐在对面，像小学生一样跟王先生学习那段余先生晚年重新创作的《法场换子》的反二黄唱腔，就因为余先生教孟小冬的时候，王先生是唯一在场的见证人和伴奏者，他所教的这出戏，也可以说是余先生和孟小冬之外的第一范本。先父学习以后感到特别宝贵，唯恐失传，就在1971年，冒着极大的政治风险，在秘密的情况下特意录制下来，留给后人。可知他对余先生和余派艺术的崇敬态度。"

凡是他在家听唱片时，只要谭元寿一进他的房间，什么事都不谈，就告诉他，余先生这句唱腔怎么美，这个字怎么好听，让他好好听，就像发现什么重大新闻一样。所以谭元寿认为他父亲学余派是最为虔诚、最为踏实的真学。

在生活上，谭富英亦是一举一动都学余先生。他照相不多，但是他的每一张照片几乎都模仿余先生，例如他穿开氅的那张《战樊城》剧照，拿马鞭插令箭的那张《探母》的剧照，穿黑褶子戴高方巾的那张《问樵闹府》的剧照，以及他叼着烟斗的那张便装照，无不以余老师为样本儿。如果有客人来，他就会拿出以上照片问："像不像？"来人都知道谭富英这时的潜台词就是问你他像不像余三爷，所以都说他是"活脱的余三爷"，他一听就特别得意。可知谭先生对余老师就是这样奉若神明，走火入魔，且始终如一。

谭元寿说："说起孟小冬先生，我祖父和我父亲都非常敬佩她。我们两家也非常友好。1947年，孟先生在上海为'杜寿'最后一次演出《搜孤救孤》，当时我和先父都在现场为她捧场。同样，孟先生对先父也是非常友好，极为敬重，惺惺相惜，而不是像某些记者形容的多么高傲。1956年我和父亲到香港演出，孟先生不但亲临剧场看戏，而且专门设宴极尽地主之谊。1963年我再次到香港演出，孟先生又一次亲临剧场看了我的两出戏，一出是我主演的《失空斩》，一出是我和裘盛戎先生合演的《将相和》。后来孟先生还要单独与我合影，这对我都是很大的鼓舞。当然我们两家还有许多不为人知的交往，足以说明我们两家感情的深厚与真挚。至于说到对家父在艺术上的评价，仁者见仁，智者见智，这是大家的自由。我没有权利要求大家必须喜欢谭派艺术，也不想在这里解释什么，我只是告诉大家，先父对艺术是极为认真负责的。例如有人说他的唱词总是比别人少，有偷工减料的地方，我希望大家回忆一下他减少了哪几句唱词，再想想他减少的这些唱词对剧情有没有伤害，有没有合理的因素，是否是随意而为？特别是《将相和》的'挡道'，别人演都是三挡，而家父与裘盛戎先生演出却是两挡，他认为如果'三挡'于情于理，于人物形象均有损而无益，甚至使将相和好成为水中月镜中花。唯一的益处就是唱着过瘾，演着解气而已，实不可取。"

大家都感觉跟谭元寿聊天就像跟知己朋友一样，但是怕影响谭先生休息，就要告辞。谭元寿却说："我再耽误兄弟们一点儿时间，有一事拜托。"大家一听，立即安静下来，洗耳恭听。谭元寿很严肃地说："别人，我不敢说，就说我父亲，他在艺术上下了多大的功夫啊！他有多少出昆腔戏的基础，又得到余叔岩先生的多少真传，他在科班学的那么多戏都是余先生和我祖父给他重新下卦，二十几岁就与梅兰芳等四大名旦并挂头牌，30岁开始独自挑班，一直保持很高的票房纪录。特别是他有一条非常罕见的金嗓子，不只是又高又亮，而且运用自如，味道纯正。可我连他的九牛一毛也没有，让我跟我父亲平起平坐，也称为艺术家？这不跟骂我一样吗？咱们是多少年的兄弟了，我不能跟你们来虚的，希望你们答应我这个请求：把我这'艺术家'三个字去掉，让我也能睡个踏实觉。"

大家听谭元寿一说，遂异口同声："谭老，您真是太谦虚了。"

谭元寿连忙摆手说："这可不是我的谦虚，你们想，杨、梅、余这三位大贤，他们会多少戏，演过多少戏？每人都有几百出，这四大名旦会多少老戏，排演了多少新戏？现在舞台上的旦角戏几乎都是四大名旦创作的。当然后来君秋二哥也排演了一些戏，也都留下来了。现在我们不是都在吃他们的剩饭吗？过去那么多人挑班唱戏，没有二百出戏是没有资格挑班的。到我这一代，只会一百多出，不说演得好坏，仅这数量就差了一半。我后来在上海天蟾挑班，那多亏李宝櫆先生帮忙。现在我们的下一代，能会十几出就艺术家了，据说现在戏校毕业，都研究生了，也就两三出戏，现在国家讲传承，我们戏班讲替祖师爷传道，结果是戏越传越少，职称越评越高，演出质量越传越差，这样传下去，咱们的京剧可就传没了！"

元寿说到这里，似乎说不下去了。显然他很难过，吸了两口烟，接着说："这几年，我听着都是新闻。有时京剧院来通知，让我去排戏，我纳闷，排什么戏？一问，排《失空斩》，要不就排《甘露寺》。这种戏还用排吗？还有什么可以排练的吗？有的同行告诉我说，就是这么排，台上照样出错。过去从来不用排练，却从不出错，这到底是什么原因呢？我看，一个是不上心，没有把心放在舞台上。二是会的戏太少，不是有那么一句话，叫作'读书破万卷，下笔如有神'吗？如果你有一百出戏的基础，就能摸透咱们的戏理，找到每出戏起承转合的规律，一听什么戏，什么锣经，你就会知道自己怎么上台，怎么唱了。把场的先生一说'二龙出水'，一说'绕儿头会阵'，你就应该知道怎么上，怎么下，有什么可排练的呢？又怎么可能会出错呢？"

谭元寿接着说："现在排一出新戏，就都说好，在全国评第一，得金奖，其实任何一出新戏，从实际上来说，所谓'新戏'就是一座毛坯房，顶多是有个好的基础，就很不错了。没有几年的打磨，而且必须是在舞台上打磨，让观众反复品评、批准才行。刚排出来的戏，怎么能算好戏呢？就是样板戏还要十年磨一戏呢。杨小楼是国剧宗师，还要到上海向牛松山先生学习《林冲夜奔》，再反复修改，才逐渐编排出《野猪林》，梅兰芳先生一出《宇宙锋》真可谓活到老，演到老，改到老。余叔岩先生一出《法场换子》编排了新的唱腔，那真是把咱们的反二黄唱绝了。可是他本人还是不满意，他的琴师，也就是后来给我父亲操琴的王瑞芝先生就说，余先生对这段反二黄修改了不知多少遍，就是到临终前，仍然不让孟小冬公开演唱，唯恐误人子弟。现在排演一出戏太草率，甚至找外行来排演京剧。我学了几十年戏，都不敢说给别人排戏，他们连个'山膀'都不会拉，龙套怎么'站门'还没有闹清楚，就敢当京剧的导演，这可真是无知者无畏。结果必然是狗熊掰棒子，排一出，扔一出，这么多年又留下几出呀？"

确实，谭富英在舞台上表演的节奏比较快，您听他唱《空城计》的那段"二六"，真好像是信马由缰，为所欲为，处于完全的自由状态，其实板眼、尺寸都在他严格的掌控之中。称颂者认为是连贯、流畅，进入了自由王国，用内行的话说就是人拿住了板，而不解者就认为是潦草。因为我们看不到他在舞台上如何"认真地表演"，当观众刚刚看明白他要表达的意思时，他的戏就已经往下进行了。

说到这儿，我想起茹元俊曾问他的父亲茹富兰的一个问题：杨小楼《甘露寺》的赵云哪里演得好？茹富兰回答说："杨老板的戏不是哪里好，哪一个动作技巧好，也没有任何所谓的高难技巧，而是全好，一举一动都像赵云。特别是他那威武的气势，往刘备身边一站，就让你感到赵云对刘备的保护是多么保险。再如我们看《借东风》的电影，孙毓堃先生扮演的赵云只起半个霸，没有任何技巧性表演，但是当赵云为阻止追兵而搭弓射断东吴船只的蓬索时，那股威风煞气就足以让敌人胆战心惊，孙先生这个半霸就把赵云演活了，演出了赵云尽职尽责保护诸葛亮的威武之气和恪尽职守的精神态度。可是后来没有一个武生在演这个赵云的时候再起半个霸，都是一个整霸。没有一个人不增加高难技巧的，有的增加了十几个串翻身，观众掌声如雷。却也没有一个演员再获得'活赵云'的夸赞。因为孙先生演出了赵云的八面威风，后来的一些武生翻身好，技巧好，但不是赵云。当年那可是参加该片拍摄工作的萧长华、郝寿臣、马连良、谭富英、裘盛戎、袁世海联合推荐，并由叶盛兰与该片导演岑范在全剧组艺术家委托下，专程到孙毓堃先生家中特别邀请而来，如果说我是妄加评论，有当年的电影为证，并在上海从岑范那里得到当面认定。从另一个角度说，我们也可以说杨小楼、孙毓堃的赵云过于'潦草'吧？可是我相信你看过孙毓堃与马连良《借东风》的电影后也就很难指责说他潦草了。同样，谭富英也有电影《群英会》中的鲁肃为证，他确实没有某些演员那么'认真地卖弄'，让你鼓掌喝彩。但是他演出了鲁肃的憨厚老成，让你感觉自然而可信。所以说，谭富英从来不跟观众要彩声的。"

至于有人说，听谭富英，好听，但是听不够，不过瘾，这是什么原因？以笔者对谭派艺术的认知，可以坦率地说，这正是真正艺术家不同凡响之处。而且是现在的演员很难学会的。您想，如果谭富英让你听够了，还能叫谭富英吗？

四十三　绛帐解惑

　　晚年的元寿越来越着急的一件事情就是"替祖师爷传道"。他自称自己无能，不能为后人效仿，但是在他的身上，在他的"仓库"里有他祖父和父亲的亲传，还有李少春、茹富兰、高盛麟等许多高人留下的真经，他总说自己虽然一无所长，却有一些失败的教训，足以为后人所警戒，为此他设帐教学，解惑传艺，且有教无类。早在20世纪80年代，他就开始收徒张学治、祝宝光、宋光明等，20世纪90年代应邀到北京戏曲学校进行课堂教学，后又陆续收章晓申、徐尚宾、李达成、奚中路、崔英、姚宗文、戴和连和王平等为徒，又收各地酷爱京剧谭派艺术的名票康益春、王洪恩、王文贵、谢宝成、刘长顺等为徒。

　　当天津青年京剧团开展"百日集训"的时候，他应招入驻天津，与张君秋一起对该团的青年老生演员张克、王立军、马连生、卢松等开始了真传实授。他不但有求必应，而且发现哪个学生有什么问题就主动进行纠正。有人说张克是杨派弟子程正泰的学生，您不介意吗？元寿笑道："杨三爷是我舅舅，我和正泰是把兄弟，再加上武汉的关正明，当初我们是桃园三结义，都是同龄人。正泰、正明的学生，我有责任协助他们教学，于公于私，我都应该如此。把杨派艺术发扬光大，我更是义不容辞。"

为提携学生，在他演出《连环套》的时候，就让弟子王立军同时扮演黄天霸，一人一场，轮流登台。如他演出《定军山·阳平关》就与学生轮流演出黄忠，或者让学生扮演赵云。上海戏校的校长王梦云率领学生到北京演出，请谭先生为提携学生王珮瑜，祖孙同台演出《失空斩》，他竟欣然同意。北京戏校学生演出《大登殿》，为捧程派青衣学生郭玮，请他扮演薛平贵，也没有二话。有人说，王珮瑜、郭玮等戏校学生都是与他孙子一辈的学生，与他们同台演戏，是否有点儿掉价了呢？元寿说这可是咱们梨园行的传统。其实在这一点上，应该说他完全继承了他曾祖谭鑫培，谭鑫培曾主动陪着孙辈梅兰芳唱戏，元寿也是有求必应。凡有学生演出他的教学剧目，他必然事先帮助加工，演出时亲临后台把场，演出后一字一腔、一举一动进行总结和点拨。

江苏省淮阴市长荣京剧团的副团长姚宗文是老生演员，希望拜师谭先生，学习谭派艺术。当宋长荣替姚宗文向谭先生提出拜师的意愿时，谭元寿说，只要肯学，我就高兴，那么老远到北京来学习，很不容易，我只有一个要求，就是举行一个简单的拜师仪式，不要摆酒席，把钱留作路费，以后多到北京来学戏。后来果然由元寿亲自出面联络，在长安戏院的贵宾室举行了一个隆重而简朴的拜师仪式，就开始了师徒教学相长的新阶段。

笔者每次到元寿家拜访，最常见的是从天津专程到北京找元寿来学戏的王平。记得谭元寿在宣武门住的时候，二楼有一个很大的平台，也就是一楼门厅的房顶，有一百多平方米，遂成了元寿的专用教室。当时正由元寿给王平说《定军山》，每次排练前，元寿总要嘱咐王平记住，这出戏的黄忠在马上和马下不一样，在马下，走起来是70岁的老人，上马后就是日行千里的黄骠马在跑，脚底下多快都可以。同时要知道黄忠确实老了，但是他不服老。当时爷儿俩都穿着练功裤，每人手里都拿着一根比较长的棍子或替代马鞭，或替代大刀。老师不断地给王平说戏，不时做着示范。比如黄忠唱着"我主爷帐中将令传……"走着马趟子，在唱完最后一句"十日之内取东川"后，有一个四击头中踢腿、跨腿，转身亮相，在最后有个整体由里向外反身亮相动作，什么时候抖靠旗，哪一下落在哪一锣上，这个动作要用哪里的劲头，他都亲自反复示范，甚至上手去掰王平的左腿。就连街坊都说，这个老师真教，这个学生也真学，这师徒俩每天一身大汗呀……

不久，王平在北京东苑戏楼汇报演出《定军山》，元寿出面请各报刊记者来宣传他的学生。真是功夫不负有心人，这出戏的许多细微之处都被王平表现得非常准确。由于王平偏重于武生，大刀下场、马趟子和开打都没有任何问题，尤其是马趟子走得很开，如游龙一般满台飞舞。更为可喜的是，他的每一个动作都不再那么轻飘、敏捷，而是给人一种勇而不猛、略带滞涩的劲头，以表现出老黄忠的特质，与黄忠人老心不老的身份非常吻合，也就是说王平从武生开始向武老生转化了。其中的两段"二六"也唱得很细致，第一段节奏平稳，是说理式的，第二段高亢激越，越唱越气，是争辩式的。他也清晰地唱出了两种不同心情，唱出了其中的层次变化，而且每个擞音都唱得很自然，不事雕琢，这其中的功夫之难，只有您看到演出才能明白。

那天演出非常圆满，元寿也特别高兴，谢幕时一再说："朋友们，我请求大家，今后对我这个学生王平要多多捧场，有问题望不吝赐教，我谭元寿拜托了！"说完，元寿和王平一起给观众深鞠一躬。很多观众都受到深深的感染。

要说王平拜师谭元寿，也很不一般。原来王平的师父费世延是谭富英的入室弟子，曾是天津京剧院的头牌老生，又是元寿的师兄，正是由于费先生教导有方，王平的唱念做打都做到横平竖直，严格遵守余、谭两派的规范，所以元寿看到王平演戏就非常喜爱，他首先感谢费先生为谭派后继有人做出了重大贡献，也表示既然是自己家里的人，有什么需要他的地方，他谭元寿义不容辞。

不幸的是正在王平准备排演新戏《华子良》的时候，费先生因病逝世，元寿闻信很是伤心，又为王平失去这么好的老师而焦虑。就请天津书法家陈传武带话给王平，他愿意接续费先生的教学课程，以免王平在学习谭、余派的道路上半途而废。王平听到这个消息，认为能够师从谭元寿是高不可攀、做梦也不敢想的事情，就跟剧院领导做了汇报，然后和领导一起专程前往北京，到谭家提出正式拜师的要求。得到谭元寿应允后，便拟定了拜师的日期和程序。笔者记得当时谭元寿对这次收徒非常重视，还特意要笔者替他写了一个发言稿，特别强调提醒王平不要忘记费世延向王平传承谭派艺术时的一片苦心，要永远感激费老师。同时表示他将接续费世延的教学工作，把王平培育成才。

继《定军山》在北京成功演出之后，王平就又进入了排练现代戏《华子良》的工作，其实排演新戏，剧院安排了导演，与元寿的教学没有什么直接关系，从师徒关系来说，也没有参与的必要。可是谭元寿却认真阅读了剧本，以他成功地排演样板戏的经验，找王平谈出了自己的设想。到底是成功地排演过《草原烽火》《山城旭日》《智擒惯匪座山雕》《青春之歌》《沙家浜》等十几出现代戏的前辈，又有到重庆渣滓洞、白公馆体验过监狱生活和扮演许云峰的体验，积累了排演样板戏和大量现代戏的创作经验。所以听王平介绍了导演和他的设想后，元寿非常明确地指出："我们排演现代戏，或者新编历史戏都要注意，要在表现角色情感的同时发挥演员的创造能力，在唱、念、做、打、舞的方面充分地展示自己的技艺特长，千万不要只在剧情介绍和所谓的人物情感上下功夫，给人话剧加唱的感觉。我们不要搞那么多灯光布景，要知道灯光布景的缺失，往往正是我们演员展现京剧技艺的最好机会。"例如"华子良下山"一场，原来只是一个过场戏，元寿说，这正是表现华子良离开渣滓洞，呼吸到外面世界的新鲜空气、感慨万千的抒情机会，你挑着的扁担和筐子正好大做文章。当初旦角戏《阴阳河》就靠挑着两只木桶创造了十分精彩的技艺表演，你这两只筐子为什么不利用起来呢？再说，华子良是一个"疯子"，而且是装疯，我们的京剧有多少装疯的戏呀。例如梅兰芳的《宇宙锋》，尚小云的《失子惊疯》，荀慧生在《红楼二尤》表现尤二姐被逼疯，《问樵闹府》中范仲禹的惊疯，都是大做文章的好戏。华子良是千方百计地表现自己的疯癫，你正好借此机会做出许多反常的举动来。关于唱腔的设计，元寿一再嘱咐演员必须把唱腔放在第一位，一出没有能够流传唱腔的戏，是肯定活不长的。所以唱腔不要太新，要便于观众学唱。例如《沙家浜》的"朝霞映在阳澄湖上"，不就是《甘露寺》中的"深宫无处不飞花"嘛。"芦花放稻谷香岸柳成行"，不就是《野猪林》中的"柳荫下绿野间百鸟声喧"嘛。这样朗朗上口又耳熟能详的唱腔观众才会感到亲切，学起来更方便。当然，要唱出现代人的情感和共产党员的精神面貌，这可是要下大功夫的，而且是无形的功夫，以避免让观众一听就是照搬老戏或东拆西借的，那就失败了。现在《沙家浜》很少演出了，但是"朝霞映在阳澄湖上"、"风声紧"等唱段以及"智斗一场戏"却总挂在戏迷的嘴边，这才叫成功的艺术，且深入人心。

当然，元寿也给王平介绍了自己在重庆渣滓洞体验生活的一些收获，虽然当时拿演员当犯人的做法过于荒唐，可是这种切身感受也不是一点儿收获都没有的。他说，当时这些共产党员处境那么艰难，生命随时停止，却表现得如此坚定、乐观，真是不同凡人，歌颂这样的共产党员是我们义不容辞的责任。

经过元寿的一番启迪，王平不由得茅塞顿开。随后，经过他反复琢磨和精心设计，挑筐子下山唱高拨子的舞蹈和耍鞋的技艺等都成了这出戏的最大亮点。与时下大量"话剧化"的新京剧形成了鲜明对照，彩排以后得到强烈的反响，一致认为这才是突破样板戏的藩篱，以传统戏为坚实的基础而创作的一出好戏。为了把这出戏推向社会，推向全国，元寿破例打电话给某中央领导，请他在北京长安大戏院观看他的弟子王平主演的现代戏《华子良》。

看过戏，中央领导非常激动。他说，你们天津京剧院排演出这样的好戏非常及时，意义重大。这出戏既没有样板戏的痕迹，也不像那些话剧化大制作的新戏，具有很高的欣赏价值和教育意义，真正地做到了寓教于乐。正是我们最理想的新编剧目。谈话中，他对元寿说，你这个徒弟没有白收啊。王平当时就告诉领导说，谭元寿先生才是这出戏贡献最大的幕后英雄，许多点子都是谭先生提出来的。没有谭元寿的丰富经验和精心指导，这出戏绝不会是今天这个样子。

根据中央领导同志的建议和有关部门评议，天津京剧院的现代戏《华子良》被选为纪念中国共产党成立80周年的重点献礼剧目。在全国热演并广获好评。

元寿为了使王平能够得到进一步的提高，为他提供学习上的各种方便，希望王平加入研究生班继续深造。之后王平成为研究生班年纪最大的学生之一，也成为进出谭家最为频繁的学生之一。元寿对此特别高兴，说王平这个弟子是真踏实，这才像个学戏的样子。随后，王平又陆续向谭老师学习了《连环套》中的黄天霸、《群英会》中的鲁肃、《甘露寺》中的刘备，他看到先生在黄天霸报门时那几步台步，掸马蹄袖的动作，真是细致入微，活灵活现，更激发了他的学习热情。如果说两个人有争论的地方，那就是王平进京总免不了带点儿天津特产来，元寿为此很不高兴，几次劝说无效，有一次他真的火了，说："如果你再买东西来，以后你就不要再进我家的门了。"

王平感慨地说："现在上哪儿找这样的老先生去？"

2009年，王平在长安大戏院又与尚长荣先生联袂演出了《连环套》，当时，元寿要笔者陪他观看，他看得很仔细，看到"盗双钩"一场后，他又对笔者说："走，陪我到后台去给大家道个乏。"一到后台，元寿就连连拱手对后台的主演、配演，管理盔箱、大衣、二衣和三衣箱的师傅以及乐队的全体人员一一致谢、道乏。然后又在谢幕时登上舞台，向观众拱手致谢。不为别的，就因为这出戏是他的亲授，主演是他的徒弟，大家陪着他看他的徒弟演出，就有一份情谊，他有责任向大家和观众表示感谢。

您可能认为这是谭元寿老礼太多，可他认为这就是梨园家法，这就是戏班的规矩，没有规矩不成方圆。元寿就是遵循着这些老礼在京剧舞台上走过了将近90个年头，他不但要把谭派艺术传下去，传给他的儿子、孙子，传给他的徒弟，也要传给所有喜爱谭派艺术的后生晚辈。

话说当年谭元寿已近90岁高龄，深居简出，但是他仍然念念不忘把谭老那出《问樵闹府·打棍出箱》，进行修改并弥补全剧最后结局之缺憾再传承给后代，把从余三胜、谭鑫培、谭小培、余叔岩、谭富英、谭元寿等代代亲传的看家戏《问樵闹府·打棍出箱》传给王平。为此，这位老人在重病中，给天津的刘连群打电话，请他费心执笔弥补这一缺憾。其时，我等弟兄为这个问题费尽脑汁，每次修改后总感到很难与老本的风格协调一致，或者有些烦琐、牵强或蛇足之感。谭元寿与刘连群经多次商洽，才找到一个大家都比较认可的方案，即在情节上试用《范进中举》的结尾，汲取了一段老谭派戏《朱砂痣》中所唱的二黄顶板的唱腔风格，编创了一段新的二黄顶板唱腔，虽简短，却使全剧情节趋于圆满完整，尤其得到了病中的谭元寿的首肯。天津京剧院的谭派弟子王平与刘连群为在纪念谭鑫培诞辰170周年与谭富英诞辰111周年系列展演中，经过精心排练，终于将这出新修改的谭派老戏《问樵闹府·打棍出箱》，重新搬上了北京长安大戏院的舞台，受到新老戏迷的欢迎与肯定。特别是刘连群根据《朱砂痣》中一段唱腔改编、移植的这段二黄顶板唱词和唱腔虽简短但充满情感，又非常贴切，可以说恰如其分地保留了原剧的谭派风格。这段二黄顶板的唱词是：

二位恩公，受我范仲禹一拜！（跪拜）
（唱〔二黄顶板〕）
你们救我的妻救我的儿恩高义广，
谢你的恩、谢你的义，搭救我在这异乡。
我一家得团圆终生不忘，
感世间还有这古道侠肠。

尽管这段唱腔仅有四句，情节的改编也非常简单，却使全剧当即呈现出虎头、熊腰、豹尾的格局，解决了这出戏百年来有头无尾的大难题与增加"黑驴告状"又使剧情离奇或烦琐的弊病。不但可以告慰九泉之下的谭老、余三爷，也使重病中乘坐轮椅亲临剧场观看演出的谭元寿，在演出后激动地握住刘连群和王平的手连说："感谢你们又救活了一出老戏。"

四十四　继往开来

　　历数谭家七代，唯谭五爷小培先生目睹了其祖父谭志道、父亲谭鑫培、兄弟姐妹谭嘉善等、其二代谭富英等、三代谭元寿等，直至其四代重孙谭孝曾等六代人，这与谭小培和他的长辈均极力主张早婚早育、多子多福，从而使英秀堂兴旺百年有着直接关系。

　　几代人延续下来，这英秀堂与一般家庭相比，自然是人丁兴旺，在一百多年的京剧舞台上真可谓薪火相传。就说这第五代的谭元寿刚刚从富连成毕业，与谭家五爷交谊深厚的杜菊初先生就来请他与其养女杜近芳同演《红鬃烈马》，富连成的少班主叶三爷叶盛章组建全国第一个丑角领衔的戏班，则请他合演《藏珍楼》《翠屏山》等戏。不久，另一位少班主叶四爷叶盛兰又邀请他一起组建小生为主的剧团赴南京合作演出《群英会》等。接着，天津南市的几家戏园子亦来相约，他最崇拜的文武老生李少春也答应给他说戏，所以这时的谭元寿戏瘾正大，一心想好好唱几年戏再谈婚论嫁。但是父亲谭富英告诉他："你祖父现在最着急的是英秀堂的香火如何接续，他本人就想多见一代人，企盼着四世同堂，你就圆了你祖父的这个梦吧。"

谭元寿深知，祖父谭小培为恢复谭家祖业，历经磨难，重张"同庆社"大旗二十年来，可谓千辛万苦，功勋卓著，在大外廊营已经是一言九鼎。而他的父亲谭富英则是大孝格天，唯父命是从。他是长子长孙，只有绝对服从，毫无商量的余地。所以当刚刚18岁的谭元寿就与夫人王振荣结婚并于当年生下了长子孝曾，真好似谭家三代人一起中了头彩，阖家欢庆。

据谭孝曾说，他1949年出生，是共和国的同龄人，曾祖谭小培可以说是当时英秀堂的大当家，而谭孝曾作为谭小培第一位重孙，使66岁的谭五爷实现了梦寐以求的四世同堂，保证了谭家的薪火相传，极为得意。孝曾也就自然成了曾祖父的心头肉。

老人疼爱小辈儿，人之常情。所以当时从早到晚陪伴在谭五爷身边的只有他年龄最小的孙子谭寿昌。自从五爷在太庙后河滑冰摔伤后，这个寿昌就成了他出来进去的小拐棍，形影不离。又过了些日子，谭五爷慢慢地能走路了，他就让寿昌搀扶着他，坐上三轮车，或者去逛大栅栏，或者到李铁拐斜街的石头胡同去聆听他干女儿小彩舞的京韵大鼓《丑末寅初》或《伯牙摔琴》，或者是王佩臣的铁片大鼓，或者是小蘑菇的相声……

每一出门，谭五爷就一手领着亲孙子谭寿昌，一边向人炫耀似的说："这是我最小的亲孙子。"以示谭家人丁兴旺、儿女孝顺。后来寿昌上学了，他就又惦记着一个人，那就是他的重孙子谭孝曾。与共和国同龄的谭孝曾现在也已经是古稀之年了，但是他至今依然清晰地记得当年在曾祖父的呵护下受到的种种特殊待遇，幼年时跟着曾祖父逛大栅栏的情景，依然历历在目。

尽管现在很多老北京人，特别是梨园界同人都对大栅栏的商铺如数家珍。都知道"头顶马聚源、脚踩内联升、身穿八大祥、腰缠四大恒"是在大栅栏炫富的口头禅,但是很少有人知道,大栅栏其实本称廊坊四条,已经有五百多年的历史了。大栅栏东口粮食店街的"六必居"酱菜园门前那块牌匾,就传说是五百年前明朝奸相严嵩亲笔题写。再说同仁堂中药铺的乐十爷与谭老本是拜把子兄弟,每当谭五爷带着孝曾走进瑞蚨祥绸缎庄的大门时,里面就会有人高喊:"谭五爷到!"再看谭五爷领着孝曾一上台阶,瑞蚨祥的孟老板就会站在门口亲自迎接了。因为当年瑞蚨祥的老东家孟觐侯捧徐碧云竞选"五大名伶"的时候,谭五爷可是带着刚出科的谭富英亲自前往瑞蚨祥出资装修一新的中和戏院捧场助威的。所以,在这条街上没有哪一处不是对谭五爷给予贵宾待遇的。

在谭孝曾的记忆中,每当早晨起来,曾祖父如果没有重要的社会活动,就会领着他乘坐包月车,穿过观音寺街来到前门外的大栅栏畅游一番。在他3岁时,他的曾祖父还经常一手拄着拐杖,一手领着他外出,一路上几乎没有不认识谭五爷的,无论是买卖人还是附近邻居的梨园同行,都称呼他"谭老板"。这时,他就炫耀似的又开始把孝曾介绍给他们说:"看,这就是我的重孙子。"那时在北京城,四世同堂最让人羡慕,而谭五爷刚刚六十多岁就已经四世同堂了,可谓洪福齐天,所以一说这句话,他就特来劲儿。

孝曾印象最深的,是谭五爷领着他到大栅栏总是先奔东口路南的鼻烟专售店聚兴斋歇歇脚。在孝曾的幼时记忆中,那里有一个特别高的两层台阶,每层台阶都有近一尺高,对当时幼小的孝曾来说,每爬一层都是非常吃力的。

说起这个鼻烟专卖店,那可是当年梨园行的聚会沙龙。因为鼻烟有通窍醒神的功效,很为戏曲演员所喜爱。特别是谭鑫培,用慈禧太后御赐的古月轩鼻烟壶,装上聚兴斋的鼻烟可谓地道、讲究,很多梨园行的人都一一效仿。每当谭老到后台都要在化装前先洗鼻子，有的谭门弟子，尤其是谭派票友，并没有吸鼻烟的爱好，每到后台也都把洗鼻子当作演出前的重要准备程序，以此说明自己是"正宗"谭派。后来，聚兴斋改名天蕙斋，谭老亲自培育的杨小楼、梅兰芳、余叔岩"三大贤"作为常客，特意奉送"香妙心清"四字的牌匾给天蕙斋的老板杨运峰，悬挂于大堂。从此，这天蕙斋就几乎成了梨园沙龙。当年的杨、梅、余和谭小培、言菊朋、高庆奎、谭富英、金少山、王瑶卿、王凤卿、于连泉、丁永利、李洪春、刘砚芳等经常在这儿聚齐儿，简直就是天蕙斋的活招牌。就是今天，几乎没有哪个梨园行的老人不知道这天蕙斋的。

接着，谭五爷又带着谭孝曾来到老德记西药房和同仁堂中药铺巡视一圈。他喜欢研究医道，上哪儿都是到店堂的"贵宾室"，找柜上的经纪人品茶、聊天儿，了解一下行情和药品的采集与制作的情况，以便优中选优。最后再去门框胡同的小吃店，上那儿找他熟悉的伙计"白辈儿""马辈儿"等回民掌柜的，挑几样北京特色小吃如芸豆卷、脆麻花、豆汁、豆腐脑、爆肚、面茶等尝尝。吃完再挑一些豌豆黄、蜜汁排叉、糖耳朵、果子酪等小吃包好，带给他的老伴儿和儿孙们。接着，溜达到东鸿记茶庄买上几两高级茉莉香片。这一路上，谭五爷还要在中和、三庆、庆乐、同乐和广德楼以及前门大街路东的华乐、广和楼等老戏院子门口停一下，留意各个戏班的演出广告和各位同行的上座行情与戏码，虽然他一言不发，其实他每天都会在这种"社会调查"中发现各个戏班营业的实际问题，并盘算着如何为谭富英调剂一下演出的戏码和下一个台口以及演出档期等。当然，他也不会忘记到大观楼影院看看这座记录着谭老当年拍摄的全国第一部电影《定军山》首次放映的圣地。然后祖孙俩才回转观音寺街东口，坐上专门等在那里的包月车。谭五爷坐上座，孝曾则坐在脚踏板上的小板凳上，聆听着车夫不停地拨弄着的清脆车铃，高高兴兴回转英秀堂。

这一路，谭小培最得意的是向同行们显摆他的重孙子和"四世同堂"的大家庭，而谭孝曾得意的则是享受到谭氏大家族中的最高待遇。

当时，谭小培还与王瑶卿、萧长华等一起身兼中国戏校教授、北京艺培戏校董事会常务董事，社会活动多，每天当谭五爷外出后回家时，家人首先要把孝曾举到大门口迎接老祖宗，若看不见孝曾在门口迎接，这位谭五爷竟然闹脾气不下车。

老人们还记得，当年在大外廊营北面一侧原有一朱漆大门，如今这个大门已不复存在。南侧亦有两扇黑漆大门，上书10个隶体字"腰藏三尺剑，腹内五车书"的门联。这个大门除家中遇有婚丧嫁娶等大事外平时都是不开的，特别是有人病故，无论身份、年龄，就是十几岁的后生晚辈病故，英秀堂均特别重视，开启大门，以证"逝者为大"的道理。

谭家人还告诉笔者，这个朱漆大门在早年，北面正对过儿的就是梅兰芳祖父梅巧玲当年的老宅，当时因老梅先生曾变卖房产以资助谭志道、谭鑫培父子到京东办科班获得成功，每逢大年初一，谭鑫培总是第一个到梅家给梅老夫人拜年，所以谭、梅两家可谓通家之好，至今足有一百五十多年的历史了。

谭小培上承先祖谭志道、谭鑫培，后为谭富英组班演出，督促谭元寿这一代坐科学艺，又催促谭元寿结婚生子，实现了四世同堂，完成了谭老的遗愿，堪称英秀堂东山再起的第一功臣。完全可以说，没有谭五爷回迁英秀堂，就没有谭老昔日同庆社18年后的东山再起，更没有后来英秀堂的百年辉煌。

在纪念谭富英百年诞辰时，欧阳中石先生曾亲笔为谭富英题词："英秀堂谭代代香，荣膺众望焕门光，豫升公启中兴颂，承业开来信永昌。"然而，在谭富英、谭元寿、谭孝曾等谭门后代看来，这一切都应该归功于富有远见卓识，持家有方的谭小培先生。

孝曾少年时候看到，曾祖父遵循祖训治家，依然保留了每天早上向长辈请安的规矩。男性要单腿请跪安，女性则行双腿蹲安，每天早晨各家都要从他曾祖父的房间开始，再至祖父、父亲的房间依次请安。饭桌的规矩也十分讲究。如吃饭时，长辈不动筷，晚辈就不能动。不能剩饭，不能掉饭粒；吃饭不能吧唧嘴，不能露齿。晚辈吃完离席，则须挨个跟长辈请示："爷爷，偏您饭；爸爸，偏您饭……"要等长辈点头应允了才能离席。

后来，只要谭元寿的三弟谭喜寿等从宁夏回到北京，就是谭富英一家老小大团圆的好日子，作为大哥的谭元寿必然要召集他的弟弟妹妹及其子女几十口人欢聚一堂，畅谈各家的变化，互致美好祝愿。

谭孝曾不会忘记祖父谭富英在他事业刚起步的时候就叮嘱他"不要总想着手心朝上"，意思是不要索取，要多做贡献。他也亲眼看到谭小培胯部摔伤后病情恶化，仍然坚持为抗美援朝义演，捐献飞机大炮。后来再次义演时，因小培先生病重难以坚持，谭富英就主动到樱桃斜街南口路东的梨园新馆向沈玉斌会长要求替父亲义演《卖马》，表现出谭家历代的赤诚报国之心。我们看到谭富英在家中为谭元寿操琴吊嗓的那张照片上有一条横幅匾额悬挂墙上，写着"见义勇为"四字，就是谭家当年扶危济困、赈灾义演的佐证。我们还看到长江发大水时，谭元寿祖孙三代参加义演捐款……2003年"非典"时期，三代人又深入医院，冒着被传染的危险前往慰问医护人员，更可谓古道热肠，见义勇为。通过几代人的言传身教，热衷于慈善功德已扎根在谭家历代人心里，在京剧界亦是有口皆碑。

谭孝曾于1960年到1969年曾就学于北京市戏曲学校，由著名谭、余派须生王少楼、杨菊芬等教授老生戏，并师从诸连顺、徐元珊等武生名师学习茹派武生戏。

那么谭孝曾是怎么报考戏校的呢？又是如何遇到王少楼、杨菊芬这样优秀的谭、余派教师的呢？这又是一段让人不可思议的往事。

确实，谭门五代共事梨园，孝曾作为第六代报考戏曲学校应该是顺理成章的事情，更何况孝曾自幼跟着祖父谭富英、父亲谭元寿到戏园子演出时在后台玩耍。他甚至记得1951年到1953年的三年中，父亲谭元寿在上海天蟾舞台驻场演出，其中有一出由还珠楼主和李宝槐帮助谭元寿编创的三本大戏《岳飞传》，第一场就是演绎岳飞出生于河南省汤阴县，逢黄河水患，岳飞的母亲姚氏与岳飞凭借一水缸漂流到岸而躲过一灾，当时两岁的谭孝曾随母亲到上海看望因演出而两年没有回家的父亲，他就曾在戏中串演幼年的岳飞，在舞台上的大水中游泳（即在象征大水的跌宕起伏的活动彩绸中奔跑）。因此当年的谭孝曾即有"两龄童"之称，再加上他常年在后台观看剧团的演员吊嗓子、练功、排戏，无形中培养了一种责任感。他认为作为谭门后代，长大学戏演戏，接续谭氏香火是他义不容辞的责任。

然而当孝曾到了学戏的年龄，应该报考戏校的时候，祖父和父亲却都不闻不问。所以当1959年谭孝曾第一次报考北京戏曲学校，是在祖父和父亲都不知道的情况下，由凤云姑姑和保姆带着他去的。结果戏校老师说谭孝曾尚不到小学四年级，还不到报考戏校的年龄。只好等到1960年，11岁的谭孝曾又一次前往报考，才被允许进入考场。可是当戏校老师让他唱一段戏的时候，谭孝曾的回答竟然是只能唱歌，不会唱戏。老师一开始不相信，问了几遍，差点要把他问哭了。无奈，只好让他唱首歌，当时他就唱了一首流行的少年革命歌曲："嘿啦啦啦嘿啦啦啦，天空出彩霞，地上开红花……"

考场的老师虽然因为谭家后代不会唱戏感到蹊跷，但是，老师们还是看中了他的天赋条件，认为他像是具有很好质量的一张白纸，更便于老师启蒙，归工归路，而不会因家学与启蒙老师所教在戏路上产生冲突。其实，像谭孝曾这样出身于梨园大家之后而不会唱戏并不奇怪。无独有偶，第二年，李少春与侯玉兰的儿子李宝宝考戏校时也遇到了类似情况，也是唱了一首革命歌曲后才考入戏校的。如果知道内情的人都不会感到奇怪，因为京剧演员这碗饭，实在不是那么容易吃的。所以唱戏这一行，如果不是生活所迫，干一行爱一行者不多，当年李桂春为了培养儿子少春、幼春，在经济和精力上的投入也都是非同小可呀！

谭孝曾的祖父和父亲为什么没有像他们当年进科班时那样督促他报考戏校，传承谭派艺术，却反而不闻不问呢？后来谭孝曾也分析家里最初对他报考戏校的态度，他认为主要是长辈们切身体验到当年自己学戏、演戏都吃了太多的苦，而演出市场的竞争又极其激烈，甚至是残酷，尤怕造成强迫孩子学戏的心理压力，更不希望后辈再去遭受他们当初进入戏班后所遭受的皮肉之苦和筋骨之累。因为京剧演员学戏、演戏，实在不像外界特别是戏迷观众想象得那么轻松愉快，以为到处是观众的掌声，一举一动都会赢得大家羡慕的眼光……尤其是近几年，京剧界同行凡有子女要去报考戏校，常常听到同行之间诚恳地劝告说："别再把咱们的孩子往火坑里推了。"足见作为过来人，他们在学艺的道路上都充满了忌惮之心和切肤之痛。但是当祖父和父亲听说孝曾自己去戏校报考并已被录取时，又都非常欣慰孝曾有此继承谭家香火的志向和孝心。祖父谭富英特别认真地给孝曾打预防针，说："你要知道，学戏谈何容易，每一步都是逆水行舟，尽管我们谭家有许多优越条件，容易被人高看，但是这并不一定是好事，只能给你造成更大的精神压力。从你高祖到你父亲，我们四代人都是在'七年大狱'中打出来的，实在不堪回首，所以不希望你再去受苦受罪，但是你自愿报考戏校，自愿吃苦受累，说明你对薪传祖业的责任心，使我们很是欣慰。同时也希望你做好吃大苦受大罪的思想准备。"

说到北京戏校，谭富英先生对孝曾说，这个学校的校长郝寿臣是你高祖亲手提携起来的架子花脸，有"活曹操"之美誉，为人作艺都很正，尤其是北京戏校的王少楼当年就有"小余叔岩"之称，红极一时。杨菊芬早年与我一样，也是陈秀华的学生，同出一个师门，她红得也很早，在天津和北京享有盛名。当年他们大红大紫的时候，我还不行呢。谭富英这是告诉孝曾能够遇到王少楼、杨菊芬这样两位谭、余派的老师是非常幸运的。同时教孝曾武戏的诸连顺、徐元珊等也都是富连成的高才生，真正的杨派和茹派武生传人。祖父还告诉他，谭、余两派是不分家的，不存在门户之别，而他本人更是特别信奉余三爷的余派艺术，奉若神明。孝曾至今没有忘记祖父的反复叮嘱，即"学无常师，艺不家传。江河不择细流，泰山不弃细壤"的道理。总之，在谭富英看来，北京戏校的师资最为规范，所以很为孝曾自觉投身梨园报考戏校感到欣慰。

从此王少楼和杨菊芬两位老师真是一点一滴、循循善诱地启发、教导谭孝曾如何掌握唱腔与吐字发声、口形、气口的关系等，同时，每学完一出戏，还要告诉孝曾，回家之后唱给祖父听听，有什么地方不对，请谭先生指出来，千万不要客气……王少楼极为认真负责，甚至把自己缺点也讲给孝曾说："我有驼背的毛病，别学我，老生应该是含胸贴背，但不能驼背。"两位老师都患有严重的高血压，一边上课一边擦汗，一边吃着降压药。王老师在"文化大革命"中受迫害，至其病故后，孝曾才看到老师家里存有很多病假条，证明教学时老师的血压已高达二百多，几乎顶到头了。但王老师从来没有请过病假，一直用薄荷冰、凉毛巾在课堂上降血压，始终带病给学生上课。他们就是以如此言行、表率教会学生如何做人学艺的。

　　一般老师总是希望加快教学进度，下课时要学生尽快、尽可能多地复习功课。但是王少楼和杨菊芬却从不要求多和快，从不赶任务，例如一出《上天台》或《文昭关》杨菊芬就都教了整整一个学年，超出学校的教学规划整整一倍的时间。而且每教一段新的唱腔，临下课时，这两位先生总是特别严肃地告诫学生："今天我们学唱的这段新唱腔还没有完全准确掌握，千万不要一下课就去复习功课，万一不准确，唱走迹了，可就不容易纠正了。你们一定要等我说可以自己复习了再去复习，我们不怕慢，打基础就要扎实……"可见艺术的真伪、好坏往往就在这毫厘之间与一念之差。像张君秋的儿子学津、学海、学治；李少春的弟弟新春和儿子浩天、宝春，也都是他们开的蒙。后来马连良任校长，还特为孝曾奠定谭派艺术基础，单独为他开课，亲授了谭派老生的基础戏《问樵闹府》。其中的动作非常繁复，马连良校长每上一节课都要出一身汗。

　　京剧艺术讲究风格特色，不同流派或不同师承必有不同的唱法和演法，但是谭孝曾很早就发现，尽管他在学校学的戏路子与家里人，尤其与祖父和父亲的路子总有一些出入，但是家里从来不干涉他怎么唱。他问过祖父，他唱得对与错，怎么不给他纠正。祖父告诉他，每个演员在演唱时总会根据当时的环境与情绪在演唱行腔的力度上、用法上因时因地而异，这是很正常的。因此祖父总是强调要他尊重老师，打好基础。逢年过节，祖父都会提醒他去看望老师，给老师拜年。孝曾从戏校毕业后，祖父已然因病在家休养，他每次到祖父房间请安，祖父就给他讲自己学戏、演戏的往事。谭孝曾一度唱不上戏，很是失落，祖父就安慰他说，"有屁股不愁挨打""砖头瓦块还有翻个儿的时候，何况你们年轻人呢？"特别朴实的语言，给孝曾很多启迪与力量。祖父跟他聊起戏来常常一聊就是三四个小时，他始终笔直地站立在祖父面前聆听教诲，使他获益匪浅。

就在谭孝曾进中南海为毛主席演唱后不久，他就作为全班老生组第一名学生在北京西珠市口的民主剧场正式公演了《二进宫》一剧，获得观众的多次掌声和一致好评。

其实，出身于京剧世家的谭孝曾是一个很实在的人，从没有因为自己姓谭，出身梨园世家而有高人一等的感觉。尤其是进戏校学戏以后，他对自己的表现更是非常谨慎的。就是在京剧院领导调他到他父亲谭元寿为第一主演的京剧院一团，以便他传承谭派艺术的时候，他也从不以父子关系而搞任何特殊化。许多同事都记得，报到那天，谭元寿就对当时的团长和书记说："孝曾是我儿子，初来乍到，还是按咱们的老规矩，一视同仁，从跑龙套开始，以后你们看他能唱什么就安排什么，首先要观众认可，绝不能揠苗助长，搞特殊化。"当他与阎桂祥开始合演《四郎探母》《红鬃烈马》等大戏以后，孝曾也总是请老前辈或者同行给他择毛儿找错儿。每次他还都拿着自己演出的录音、录像回家多次回看，同时请父亲给他进行系统指导。客观地说，谭元寿对自己的儿子、孙子很少表扬，孝曾对自己的要求也是很严格的。难得父亲说一句"行，不错"，他就会激动得热泪盈眶，备受鼓舞。

欧阳中石后来曾评论谭孝曾的嗓音和唱腔，说他"清雅之至唱如其人。其唱虽然尚未臻于化境，但规范有法，开合适度，收放运转悉循谭氏家法。可以看出，孝曾内蕴极深，正在引而待发，俟得充分展示，亦是同辈中之佼佼者"。

谭孝曾15岁那年就曾一度借调到北京京剧团，在排演现代戏《杜鹃山》时扮演杜小山，与裘盛戎、赵燕侠、马连良、谭元寿、马长礼、李慕良等名家大师同台演出，可谓受益良多。后来全国普及样板戏《红灯记》，特别强调"样板"的权威性，不准走样，而谭孝曾得李少春、钱浩梁真传实授，是李玉和的B角，又是李少春先生重点培养的接班人。当年为在全国普及样板戏，全国各地剧团纷纷到北京学习《红灯记》中李玉和的表演，均由谭孝曾负责指导、把关。所以当时谭孝曾被称为全国京剧界"李玉和"的专职"样板教师"。无独有偶，数年后，谭孝曾的夫人阎桂祥又成为样板戏《杜鹃山》中柯湘的专职样板教师，为全国各个京剧团做着辅导"柯湘"的工作。

现代戏《沙家浜》是赵燕侠、谭元寿的代表作之一，后来因为毛主席认为这出戏应该加强唱腔和武打，谭元寿的唱腔和武打因此大幅度增加，不但唱念做打舞俱全，而且又都非常繁重，是很多传统剧目都难以比拟的，很多青年演员都望而生畏，唯谭元寿虽然年届不惑，竟然能够在上海连演44场，在200多年的京剧史上，一个角色的唱、念、做、打、舞如此全面而又极为繁重可谓史无前例。在戏校乃至毕业之后，谭孝曾也多次演过这出戏，他先期以扮演刁德一为主，后来全剧改为以武装斗争为主，他的父亲谭元寿扮演郭建光，改为全剧第一号人物，孝曾也就以演郭建光和刁德一为多。总之，谭孝曾一家与《沙家浜》，从艺术到生活上都有着非常密切的关系，同时还引发出一段"刁德一"与"阿庆嫂"的戏外情，轰动一时。

那时，谭孝曾和他当时的同学阎桂祥都在戏校等待毕业分配，有一次北京戏校和中央音乐学院师生联合演出了一台交响京剧《沙家浜》，谭孝曾演刁德一，阎桂祥演阿庆嫂，北京电视台（即后来的中央电视台）做了实况转播。当时的电视机还很不普及，一般家庭很难看到。不料正被孝曾的祖父谭富英在家看到电视转播，祖父看着电视异常兴奋地站起来说："哎，这个小阿庆嫂可真不错，今后要能当我的孙子媳妇就好啦！"他那么自言自语地一说，没想到引起当时陪同他看电视的一位戏校同学即孝曾的师哥关世振的关心，并对谭先生说，他很愿意为此事牵线搭桥。遂回校按谭富英先生的嘱托告诉阎桂祥，说谭老先生要请她到谭家做客。谭富英还挺有意思地跟关世振同学说："你就告诉这位小阿庆嫂，就说我要亲自给她说说戏。"

啊！谭富英要给一位戏校学生说戏？阎桂祥一听，激动得不得了，也没多想就直接来到了大外廊营的谭家大院。当然，与谭家从无交往的阎桂祥无论如何也想不到赫赫有名的谭富英先生要亲自给她与谭孝曾做媒，要阎桂祥做谭家的孙子媳妇。那天，谭富英一见阎桂祥就高兴地说："不错！扮相不错，嗓子不错，很会唱……"足足地夸了她一通。夸得阎桂祥云里雾里摸不着头脑。

孝曾祖父的屋里一般很少有人去，因为都知道谭富英爱看书，好静。那天阎桂祥的突然到来，引得家里人出来进去的络绎不绝，都是找个碴儿就往老爷子屋里跑，都想去看看谭老先生这个未来的孙子媳妇长得啥样儿。从谭家出来，阎桂祥才发现，谭老爷子夸了她半天，结果没有给她演出的戏指出任何问题，甚至一个字没提。

"相亲"后，谭富英又对阎桂祥说："过两天请你上家来吃饺子，快过年了嘛。"阎桂祥也没想那么多，过了两天真的就又来了。这一来二去，孝曾的祖父便挑明了说："我很喜欢你这个孩子，希望你能做我的孙子媳妇，你跟孝曾先交着朋友，不同意也没有关系，新社会了，婚姻自由嘛。"

那时，北京戏校的教育比较传统，似乎还有些封建。再加上前校长郝寿臣是虔诚的教徒，清规戒律很多。继任的校长马连良也强调演员要有半个老道的修行，当然他们的目的都是为了保护演员的身体和嗓子，以利于丹田气在唱念中的运用。所以在学校，男女生之间都是不随便说话的，自然很难私下约会，更何况谭孝曾性格腼腆内向，要不是祖父亲自出面张罗着，孝曾与阎桂祥真恐怕半年也说不上一句话。

今天我们回顾这件往事，真应该敬佩谭富英的开明与豁达。因为谭富英这一举动在一般家庭也许只是一件孤立的儿女婚事，但是对谭家来说却是一个具有历史意义的家庭革命。因为阎桂祥作为进入谭家第一个从艺的女性，这件事本身在英秀堂就是一次百年大变革，打破了谭家"男要接班，女不从艺"的百年家规。从这方面说，谭富英真是非常明智豁达，了不起。

其实谭富英在第一位夫人宋氏逝世以后曾经在天津与和他同台合作者，即当年"四大坤旦"之一的名角胡碧兰互相爱慕，他们合作时不分头牌、二牌，而是今天老生给旦角唱配角，第二天旦角给老生挎刀，二人互相帮衬得非常和谐愉快。有一次胡碧兰演出《玉堂春》，谭富英还破例为胡碧兰配演过二路老生应工的蓝袍刘秉义呢。两个人私下也互相表示了爱慕，但是就因为当时谭家的家规束缚，谭小培治家极严而难以遂愿。当谭富英的第二位夫人姜志昭病故后，与他同在余叔岩"范秀轩"学艺的师妹孟小冬与他在感情上、艺术上更是情投意合，他们互相爱慕，经常探讨余派艺术精髓，彼此交换学习心得，或者在一起请王瑞芝先生为他们吊嗓子。可以想象，这样一对余门高足精诚合作，对谭、余派艺术的贡献将是不可估量的啊！但是也正因为此事触犯了谭氏家规而被阻，以致成为谭富英与孟小冬的终身遗憾。所以后来，谭富英常遗憾地感叹："我当初差一点就把孟小冬给收了，我们真是志同道合，如果小冬师妹进入英秀堂，我们互相切磋，琢磨余派艺术该多好呀！"每说到这事，谭富英总是痛心疾首，无限惋惜。新中国成立后，谭富英、谭元寿父子每次赴香港演出，都专门去拜访了孟小冬，畅叙别情，切磋技艺，互赠礼品，如走亲戚一般。其实，谭富英还曾经认下了几位干女儿，有成就斐然的青年旦角演员，也有刚从上海戏校毕业的高才生，其本意想从中挑选一位儿媳妇。结果又是因为当家的谭五爷执意反对而好事难成。所以当谭富英促成谭孝曾与阎桂祥的婚事后，心情格外舒畅，他认为这对谭家来说实在是一次非同小可的大变革，也是他最为称心如意的事情。

一旦说起阎桂祥，谭孝曾就会像背书一样地说："我们桂祥是1959年考入戏校的，我们不同班，她是59班重点培育的尖子学生，什么《霸王别姬》《玉堂春》《望江亭》《红灯记》《沙家浜》等许多大戏都是她首排首演，很受观众的欢迎。"特别是张君秋亲授给她《望江亭》后，张先生还亲自来为她演出把场，当听她唱那段"南梆子"唱到"羞的我低下头手弄罗衫"一句时，虽然没有高腔，却唱出了谭记儿见到心上人时那心里的躁动，表面上羞答答的心绪，真是入木三分，节奏、劲头也都唱得很准确，当即赢得了一个意外的满堂彩。张君秋当时大为惊讶地说："这个姑娘在这个小地方竟然能赢得观众如此喝彩，我真是没想到。"所以她不但始终被学校列为重点培养的尖子人才，也始终受到张君秋先生的器重。

当时学校有一些重要演出，谭孝曾和阎桂祥都是特邀演员，往往一同参加演出，互相早有好感，只是没有挑明而已。

这次，由于祖父谭富英牵线搭桥，亲自交代了"任务"，他们才开始逐步培养感情。上学期间不敢公开谈恋爱，几乎一直处于秘密状态，至1968年二人先后毕业并离开学校，才开始了正式恋爱。本来计划1976年结婚，因他们要到唐山地震灾区慰问，到1978年才完成花烛。最大的遗憾就是为他们牵线搭桥的祖父谭富英在1977年3月23日不幸因病逝世，没有亲眼看到自己亲手促成这一桩好事最后的圆满结果。

自从交上了朋友，在生活上、艺术上，谭孝曾与阎桂祥开始互相交往，感觉非常美满。1969年，阎桂祥到北京郊区延庆县劳动锻炼，他们几乎是每天一封信。好像距离越远，感情越近，联系越密。他们经常挂在嘴边的话就是要永远感谢大媒人、他们最尊敬的祖父。

当谭孝曾与阎桂祥宣布建立恋爱关系后，谭富英也就当众郑重宣布从即日起取消谭家"男要接班，女不从艺"的家规。阎桂祥婚后多年来，总说一句话："如果没有老爷爷，就没有我今天的好丈夫，更没有今天的好儿子谭正岩。"而谭孝曾则在中央电视台所做的专题节目中郑重地说："我们谭家老少一致称赞阎桂祥不但是祖父最疼爱的孙媳，在谭家还是好女儿、好儿媳、好嫂子、好老师、好妻子、好母亲、好演员，更是好党员。"此言一出，立即赢得全场长时间的热烈掌声。

不久，传统戏开放，京剧院组织几位青年头牌旦角要合演全部《白蛇传》，而阎桂祥被安排在"合钵"一场，这原来是没有任何艺术特色的场次，无非是抱着孩子唱几个难舍难分的"哭头"的过场戏充数而已。有人告诉她，赵燕侠先生在"合钵"一场中，与田汉、李慕良独创了一段徽调二黄"小乖乖"的唱段，非常精彩别致，保证一唱而红，但是难度比较大。阎桂祥一听就前往拜见赵老师，而赵老师没有任何犹豫，一句一句地亲授给阎桂祥，结果一经演出便取得了极其轰动的效果。从此，赵燕侠也对阎桂祥厚爱有加，不但正式收她为徒，还亲自给她排演了全部《白蛇传》和《荀灌娘》、《拾玉镯》、《盘夫索夫》等一出又一出赵派经典大戏，还亲自带着她到美国的二十多个城市举办商演，出色地完成了任务，受到高度好评，并取得令人振奋的票房收入，给当时很不景气的国内京剧市场注入了一针强心剂。回国后，谭孝曾与阎桂祥开始同台合作，陆续演出了《四郎探母》《龙凤呈祥》《红鬃烈马》《朱痕记》《花木兰》《荀灌娘》《盘夫索夫》等戏，充分显示出他们的艺术实力。不久，阎桂祥荣获了中国戏剧梅花奖，谭孝曾则荣获了美国林肯艺术中心颁发的亚洲艺术家终身成就奖。

就在谭孝曾、阎桂祥争取一切演出机会，以提高自己表演艺术水平的时候，赵燕侠、谭元寿以及袁世海、张学津等奉上级领导的指示，开始组成了承包实验团，到东北三省和河北、河南、江苏、浙江、福建、湖北、湖南、四川、重庆巡回演出。尽管艺术、经济双丰收，但是某位领导还是强行中断演出。在当时，属于京剧元老级的大艺术家赵燕侠、谭元寿、袁世海、张学津、杜近芳等那么多老艺术家尚无用武之地，甚至被迫提前退休，更何况谭孝曾、阎桂祥和谭正岩等后生晚辈呢？

显然在这种环境下，京剧要达到祖辈创造的那种辉煌境界是很难实现的。但是谭孝曾始终没有放弃自己所坚持的祖业，唱不上戏，就自己在家用伴奏带吊嗓子，在家练功，在家压腿，甚至去KTV歌厅专挑京剧唱。孝曾心里永远记着爷爷的遗训：是金子总会发光。用现在流行的一句话说就是，机会总是留给有准备的人。

考验的机会，终于让孝曾等来了。2000年在天津举行的花脸专场，大轴是孝曾，与邓沐玮合作《将相和》。此次演出，孝曾把储藏多年的艺术能量完全发挥出来，在观众中引起了爆炸般的轰动。这次演出被观众公认为是谭门第六代兴起的标志。当晚演出结束，观众拥向台口，请孝曾签名，时间长达20多分钟。孝曾一炮而红，使当时在场的时任中宣部领导合不拢嘴，说道："没有想到我们京剧也有如此炽热的盛况，孝曾功不可没。"从此，中央电视台《空中剧院》栏目每次有重大活动或演出，都要请谭孝曾参加，20多年来没有例外过。孝曾因此开始走上大器晚成的辉煌之路。

接下来是2004年谭派艺术展演，孝曾拿出了谭派名作《桑园寄子》。这出戏是老生戏里唱念做舞极难的一出好戏，就因难度极大已几近失传。此次展演，观众都以期待的心情拭目以待。孝曾早就向父亲学会了这出戏，这次展演孝曾完全按照老祖宗谭鑫培和祖父谭富英、父亲谭元寿的唱法演唱，满宫满调再加上大段念白和繁重的身段，得到了观众报以的一次次热浪般的掌声。这里不得不说一下，这出戏有了谭孝曾夫人阎桂祥的加盟而变得更加精彩，夫唱妇随，相得益彰，为全剧增色不少。此次演出征服了观众，也夯实了孝曾在京剧界的艺术地位。中央电视台进行直播，全国戏迷观众都看到了谭孝曾的演出。在艺术上突飞猛进的提高和发展，使得他演出不断，从过去无戏可唱到后来平均一年要参加200场在全国各地以及世界各国的演出，极大地增强了谭孝曾在社会上和京剧界的影响力。孝曾被选举为第十、十一、十二届全国政协委员，现任全国政协京昆室副主任。孝曾靠着自己的实力，被北京京剧院推举为九大头牌之首。2014年习近平总书记主持召开文艺工作座谈会，谭孝曾荣幸地参加了这次具有历史意义的会议。当天，孝曾回家向父亲谭元寿汇报此事，谭元寿说这不仅是谭家的荣誉，更是京剧艺术的荣耀。

随着岁月的推移，如今的谭孝曾已经作为老艺术家被推举为现在北京京剧院"九大头牌"之首。阎桂祥也开始以其艺术前辈的资历设绛帐为梅派、张派、赵派等流派收徒传艺。这时他们才发现戏曲艺术需要不断地在舞台上磨炼技艺、积累经验，若只满足于坐在书斋里看视频、听录音，是根本无法成才的。谭孝曾与阎桂祥在多年前就开始分别给热爱谭派老生艺术或张派、赵派旦角艺术的学生课徒传艺，最近几年又有全国各地的青年演员集体向他们拜师学艺，他们很高兴地接受了这些学生的拜师礼。但是很快就发现这些学生在专业方面和他们想象的有很大差距。仅仅教一个唱段，难度并不是特别大，毕竟学生们也是专业艺术院校毕业，有点儿基础了，想给他们说点有深度的戏或者在唱法上有所提高，结果学生一张嘴就跟刚入行似的，这让他们很费解。京剧的吐字、归韵、收音都是极为规范的，而且是重要基础，而这些高校毕业的孩子连这些基本规范都还不懂，甚至闻所未闻，这使孝曾尤为焦虑。为此，他给每个学生以一对一的方式各自连上了五天课，一天三个小时，结果一个唱段都没能教下来，这使他愕然、焦虑、手足无措。

他觉得这也不能埋怨孩子们，只能说他们原来的老师没有严格要求学生对基本功的练习，更多的是采用现代媒体对学生进行电化教学，也就是完全依赖所谓的"录老师"，很少口传心授，一对一地教学，当然解决不了吐字行腔等微妙细节中出现的问题。他按着当年王少楼先生的做法，教一段新的唱腔要反复示范，再一点一点地剖析、纠正。下课前，他还要像当年王少楼先生那样再三嘱咐学生：不要急于复习课堂上所学的功课，必须在课堂上巩固以后再去复习。再三向学生说明录音机等各种电化教育是无法代替口传心授的，如果有拿不准的地方一定要直接找老师咨询。现在的戏曲教育中专、大专加一起十年，但是好苗子也没几个，这是为什么呢？其实这就是缺乏如今大力提倡的所谓工匠精神。因为我们跟录音机所学的只是个形式上的数量和表面的旋律与音符，而无法学到内涵的韵味与劲头。例如，有的唱腔要用"拔"的劲头，有的腔要用蜻蜓点水的手法，而其中"拔"和"点"的劲头力度要多大却是只可意会无法言传的，更是"录老师"的最大短板。为此，他只能带着学生在实践中一遍一遍地去摸索、去体会，然后在试听中加以甄别与检验。

让人略感欣慰的是，在2017年纪念谭鑫培诞辰170周年、谭富英诞辰111周年的系列展演活动中，孝曾因父亲年老身体欠佳，接过指挥和策划的重任，准备了11场演出，这在所有流派演出中是从来没有过的。孝曾就是想做一次调查和考评，看看如今谭派艺术在观众心中的地位和影响如何。谭家历来不主张送戏票，认为观众凭自己喜好去售票处购票，这才真实；骗自己，假繁荣，是对不起祖宗的。在策划时，孝曾苦思冥想这11场戏该怎么演。在征求了师兄弟和自己徒弟的意见后，谭孝曾做出了大胆的尝试，让每一个谭派艺术传人各演一场，再加上合作演出，自己演两场，正岩演两场，这样能让观众看到谭派艺术后继有人、桃李天下的局面。孝曾对自己提高了艺术难度，此次纪念活动中除了开幕式上的表演外，还选择了两出几乎失传的骨子老戏，也是谭派的代表作，这就是与正岩合演的《摘缨会》和《朱砂痣》。此外，这次活动中还推出了正岩的《鼎盛春秋》，王平的《问樵闹府·打棍出箱》，张克、韩胜存的《珠帘寨》，王立军的《翠屏山》，奚中路的《恶虎村》，马连生的《桑园会》，卢松的《举鼎观画》，还有孝曾徒弟们的两场折子戏。

此次演出一经宣传就超出所有人的预期，11场几乎场场爆满。特别是第一天开幕式的票，更是早早售空，因为开幕式除谭派弟子参加外，还特邀了尚长荣、叶少兰、刘长瑜、陈少云加盟，同时北京京剧院九大头牌——谭孝曾、赵葆秀、王蓉蓉、杜镇杰、朱强、李宏图、迟小秋、张慧芳、胡文阁全部披挂上阵出席演出，谭元寿压轴上台，带领所有谭派弟子演唱《定军山》。此次演出，谭元寿虽年近90高龄，却精神饱满，满宫满调，把此次纪念演出开幕推向最高潮。这次演出也是谭元寿最后一次登台演出。此次演出非常成功，孝曾整合心思，一边排练一边深化改编。孝曾也已经是年近70的人了，但在台上台下发挥出惊人的能量。此次纪念活动在社会上引起了极大轰动，中央电视台为此次活动录制了5台节目向全国播放。孝曾感动地对媒体说："通过此次演出证实，京剧谭派艺术正是因为有了文化自信，才坚持和坚守了150多年。11场演出不但延续了谭派艺术在京剧舞台上的生命力，在观众心中深深扎下了根，而且为京剧艺术在新时代的传承和发展奠定了良好基础。我们一定坚持文化自信，不忘使命，永远坚持和坚守，将这一国粹艺术代代传下去。"

近年来，孝曾马不停蹄，参加了北京举行的交响乐京剧《大运河》的演出并在全国巡演，同时还参加了儿子正岩《许云峰》的创作排练。在国家艺术基金的支持下，着手培养谭派艺术的接班人才，让人更加期待。孝曾于2021年光荣加入了中国共产党，至此，谭家有四代人是中共党员。

许多京剧世家都有一个特殊现象，老子不当面给儿子说戏，谭门三代同行又同堂，可是从来没有见过父亲当面给儿子上课。谭孝曾也承认，他们祖孙三代几乎没有面对面教过戏，在京剧历史上也没有世家的老子教儿子的，都是进科班、戏校求学。就说当年丑角大王王长林一身绝技，弟子无数，是一位教学的"好老"，真正的一代宗师，很多著名演员都出自他的门下，可是他却从来不给演丑角的儿子王福山说戏，后来收了叶盛章、高盛虹等科班学生为徒孙，他就总是在教完叶盛章后，再指定叶盛章教给他的儿子王福山。不过，叶盛章还要称呼王福山为师父。典型的徒弟教师父。可以说梨园行都是如此，说重了，磨不开面儿，说深不是，说浅也不对。好像给别人讲课行，教儿子就容易简单粗暴，但是又舍不得打。元寿以前要给孝曾说戏，也总让孝曾拿录音机来，他关上门冲录音机说，录完了让儿子拿回去听。真可谓医不自治，艺不家传。

2003年后，谭家祖孙三代开始同演《定军山》，黄忠的角色三人演，前面是正岩，中间是孝曾，后面是谭元寿。《定军山》对谭家来说是吉利戏，别名《一战成功》，所以经常演。中国第一部无声电影《定军山》就是高祖谭鑫培主演的，为纪念中国电影100周年而拍摄的影片《定军山》，又是谭元寿扮演谭鑫培。2017年6月谭孝曾也拍了一部电影故事片《定军山》，自己扮演高祖谭鑫培，是中国戏曲学院的学生编剧导演的，反响不错，他们要拿到大学生电影节参赛。2005年春节联欢晚会，谭家爷儿仨同台演诸葛亮。中央电视台"空中剧院"，他们爷儿仨同台演黄忠。这种祖孙三代同台传、帮、带的形式很新颖，也很受观众欢迎。早年，为支援抗美援朝，谭小培、谭富英、谭元寿三代人就同台演过《群英会·借东风》，这也是谭家独有的演出方式，不愧为薪传七代的梨园世家，也是一段彪炳千秋的梨园佳话。

四十五 英秀满堂

自湖广谭门志道（1808—1887）下海从艺，并于清咸丰三年（1853）携子谭鑫培北上京、津，取经深造，谭鑫培上承余三胜、程长庚、卢胜奎、王九龄等前辈，又得孙春恒先生启迪，使徽汉合流为京腔大戏。被梁启超誉为"四海之一人"。他五闯京东，六下江南，入宫承应二十载，挑班"同庆社"创演百戏于京、津、沪、冀，流传至今，这些剧目已成为全国各省市京剧院团日常营业演出的看家资本，延续已二百年。

众所周知，老谭先生重女轻男，其长女即由老谭亲自做主，许配上海艺员联谊会会长夏奎章之子文武老生夏月润为妻，并赠以可观之妆奁。夏氏兄弟到北京接亲，老谭亲自传授夏月润各种谭派文武大戏，又多次引领夏月润进宫为慈禧、光绪演出于皇宫内院，均获好评。

老谭之二女儿翠珍，因谭老不肯轻易许人，后得知著名老生王又宸丧偶，又因王又宸嗓音出众、能戏极多、红遍南北，前途不可限量，遂让翠珍为之续弦，同时不但主动为王又宸亲传谭派艺术之秘籍，并将自己几乎全部积蓄作为陪嫁，以保证女儿几代衣食无忧。他对翠珍说，王又宸有一条金钱嗓子，我死后十年，他一定可以超越我，这是我长期以来为你物色的可以托付之人。后王又宸与谭翠珍育有一子四女，子士英，即为著名武生。

作为谭门贵婿的王又宸，自得老泰山之真传，一时间越发大红大紫于北京、天津、上海、武汉等地，他以老谭亲传之《连营寨》《清风亭》《盗魂铃》《托兆碰碑》等戏风靡一时，无人能及；在上海则兼演海派戏《诸葛亮招亲》《三搜卧龙岗》等，完全如老岳父之预料，红遍大江南北，炙手可热。1938年春节，他应新开张的天津中国大戏院之邀请，按合同从大年初一演出到正月十六。受到天津观众热烈捧场，又加演三天，且日夜不辍，营业大好，到正月十八日，剧院经理才答应王又宸与王士英父子离津返京。在火车上，王又宸对儿子说，天津观众实在太热情，这次演出就好像脱了我一层皮，我实在招架不住了。尽管说话时情绪比较平稳，但是已经是有气无力了。当晚王又宸回到北京的家中，半夜就感到呼吸不畅，请名医董子鹤出马抢救至正月二十四日，终因不治而撒手人寰。尤其让人难以接受的是，自1937年应邀在北京新开张的长安大戏院开台演出的谭门义子、国剧宗师杨小楼也在长安大戏院开台首演后，又连续应邀为长安大戏院热场演出了整整一年，其他戏院也乘机极力邀请年迈多病的杨小楼频频演出，因此过于劳累，竟与谭家的姑爷王又宸在同年同月魂归道山。英秀堂连失文、武两员大将，而京剧舞台更痛失泰山北斗，全国京剧界均为之哀悼，倍感凄凉。

老谭长子谭嘉善，先承父业工文武老生；后任喜庆、久和、同庆各戏班领班；在宫中有他与其父谭鑫培合演《打渔杀家》时饰旦角应工之萧桂英的记载；后因其弟妹众多，家务繁重，母亲年迈多病，遂脱离舞台，协助母亲料理家务。嘉善有一女二子，其女配夫梆子演员李继才，生子为著名老生演员李世琦，生女嫁著名花脸裘盛戎。为此在裘盛戎挑班"戎社"时，因花脸主演剧目匮乏，无法独自挑班，遂前往英秀堂，口称谭富英为舅舅，以求合作，后来共组"太平京剧社"而大红大紫。谭嘉善的长子豫仁之长女谭曼华嫁著名武生钱富川；次子豫礼，工京剧武生。富川子贵元在北京戏校长期担任京剧史论工作。直到退休。

谭鑫培次子谭嘉瑞，戏班人官称"谭二"，先学武丑，后改琴师，早年曾为其父谭鑫培伴奏并灌有《托兆碰碑》《捉放曹》《桑园寄子》《乌盆记》《四郎探母》《战太平》《庆顶珠》等唱片，加上梅雨田、李五为之伴奏的《卖马》和《洪羊洞》两张唱片留世，此七张半唱片可称早期京剧须生唱腔艺术之最高典范。

后谭五爷小培赎回英秀堂的老宅院，特邀谭嘉瑞等各家回迁老宅。谭嘉瑞长子豫德工京剧老生，早年也曾由其祖父谭鑫培安排向陈秀华学戏，先唱二、三路老生，后因身体原因为堂弟谭富英管理服装，因其终身未娶，随谭五爷回迁大外廊营一号后，一直单独居住在东院北屋，直到"文化大革命"中病逝。谭嘉瑞之长女淑诚嫁著名文武老生、余叔岩弟子吴彦衡（原名吴少衡，即早年"余门三少"之一、乃名旦吴彩霞之子）为妻。三女谭凤英，嫁名武生吴润衡（即吴彦衡之弟）为妻；次子谭豫武，由其五叔谭小培亲自送进富连成科班世字科，排名世英，工文武花脸，出科后曾在堂兄谭富英的同庆社和张君秋剧团、部队文工团、中国京剧院、宁夏京剧团演出，不但文武兼工，又能在场面（即乐队）中兼工京胡、月琴、打击乐等。其长子谭韵扬，坐科富连成韵字科工武花脸，次子谭韵龙，后任戏剧导演；三子谭少英，继承父业，工文武花脸，虽成长于宁夏京剧团，但颇为勤奋刻苦，成绩显著；多次随团赴亚欧各国演出，为国剧增光；1997年曾专程进京参加中宣部、文化部在长安大戏院举办的纪念谭鑫培诞辰150周年盛大纪念演出，与谭元寿联袂演出《连环套》，扮演窦尔敦。后因其首创并主演《人鬼鉴》一戏，不但要表演与"跳判"一样繁难的工架戏，甚至在最后还要从三张桌的高空中以后空翻一跃而下，使中央电视台评委一致称奇，从而获得全国电视京剧大赛一等奖，为全国京剧界所瞩目。身为大赛评委的堂兄谭元寿毫不犹豫地给出99分的最高分，更是骄傲地说："我今天可是举贤不避亲了。小弟在那么艰苦的宁夏京剧团能练得如此一身功夫，获得如此成就，真比我自己获奖还要高兴啊！"谭嘉瑞之四女谭淑英，嫁著名花脸艺术家郭元汾为妻，郭元汾曾一度与谭富英同台合作《大探二》等戏，为全国难得的优秀花脸演员，口碑甚佳，只是英年早逝，极为遗憾。

三子谭嘉祥，字芸荃。工青衣花旦，后改小生。共生四子二女。长子谭豫义，工京剧武生；次子谭豫智，工京剧场面；三子谭豫信，工京剧武生；四子谭豫章，坐科富连成盛字科，工武老生，艺名谭盛英，曾与谭世英在富连成科班同台演出《珠帘寨》，亦红极一时，并有科班时罕见的合演之剧照存世。可知此谭家二位"科里红"如何了得。

四子谭嘉荣，工京剧文武老生，娶妻钱宝峰之女。

五子谭嘉宾，即谭小培。其长子谭豫升，即谭富英，工须生，承袭祖父之同庆社衣钵和演出班底及其剧目，遂使英秀堂东山再起，一脉相承而大受欢迎。育四子三女：长子谭寿颐，艺名谭元寿，工京剧文武老生；次子谭寿峰，艺名谭韵寿，为中国京剧院著名丑行演员；三子谭寿永，艺名谭喜寿，坐科荣春社喜字科，工武生，既能与长兄元寿一样演出《三岔口》剧中武生应工的任堂惠，也可以在《雁荡山》中跟头翻城而过。在《奇袭白虎团》中，他从两张半高桌的"山峦"上跟头翻下，且落地无声；四子谭寿昌，在北方昆曲剧院和中国评剧院担任乐队伴奏。五爷次女秀英嫁叶世长，生女红珠，工武旦，多次出国演出，为国增光；后嫁同窗、北京京剧院原院长石宏图；子金援为俞、杨两派大武生孙毓堃之爱徒，身手矫健敏捷，刻苦用功，如今已年过七旬，在新世纪之京剧电影《群英会》中扮演赵云，再现当年俞、杨两派大武生传人孙毓堃之神韵，极为难得。长女静英嫁大武生杨盛春，有子杨少春、杨铁柱、杨铁虎等均继承祖业，工武生，女杨铁珠工武旦，先后均为北京京剧团当家武生、武旦，辅佐马、谭、张、裘、赵五大头牌，均为不可或缺之辅弼精英。

六子谭嘉乐，工美术，虽早逝，但是其过继之子豫智却是京剧场面（乐队）上的好手，甚至还带起了他的长子世秀、次子世安、三子世强，分别在司鼓、大锣、铙钹等打击乐方面开拓出不凡的艺术特色。谭世秀很早就成为谭富英与后来的裘、马、张、赵等五大头牌的首席鼓师，中国京剧院与北京京剧团两大阵营联袂演出的大型经典剧目《赤壁之战》中，鼓师也非谭世秀莫属。二弟世安尤精大锣，被各乐器行聘为"锣音鉴定师"，三弟世强则为铙钹手，更为各地乐器制造厂商及各剧团登门求教，聘为锣、钹制造顾问。而且他们兄弟三人在舞台上改革或创造的新锣经效果出人意料，在为裘盛戎先生演奏出场时的"四击头""一锤锣""脆头"等锣经更是不同凡响，尤为戏迷们所津津乐道，可谓妙不可言。在纪念谭富英先生90周年诞辰的演出活动中，安排谭孝曾演唱《铡美案》中的陈世美，鉴于谭孝曾每次演唱与包拯的那段对唱时总是不大得力，他请鼓师谭世秀给点劲儿。谭世秀说："行，你就这样唱，有我在，保证你这句'不白唱'。"果然，谭孝曾一句"明公说话言太偏"唱到最后一个字，只见谭世秀尺寸一撒，再一加力，嗒、嗒两梆子就使谭孝曾的唱腔力度立即凸显出来，全场报以炸锅似的喝彩声。从此也使谭孝曾找到了演唱的窍门，以后更是百战不殆。难怪界内人士说，这谭家人台上台下都是好角。要是组成一个"谭家班"那还了得！

再说这谭世秀生有两子四女，均未从业梨园。但是其长子谭长友有女名谭娜，自幼酷爱京剧旦角艺术，1992年考入北京戏曲学校，师从巴金陵、张学敏、阎桂祥、王志怡、于玉蘅、李毓芳和昆曲前辈大师马祥麟以及梅兰芳的琴师姜凤山等人，学得一身扎实本领。毕业后进入北京京剧院梅兰芳京剧团，多次主演《天女散花》《霸王别姬》《贵妃醉酒》《廉锦枫》《坐宫》等剧目，并随团赴加拿大、澳大利亚、日本、爱尔兰、西班牙、德国、马耳他等国及中国港澳台地区访问演出，受到广泛称赞。谭娜在与谭正岩合演的《长坂坡》和《截江夺斗》等戏中，分饰糜夫人和孙尚香，兄妹二人配合默契，情节生动，均博得好评。北方昆曲艺术泰斗马祥麟尤为喜欢谭娜的表演，每逢假日，马祥麟便自带茶水到谭家上门传授《思凡》《游园惊梦》等昆腔戏的表演身段，既奠定了她四功五法的坚实基础，又丰富了谭娜的表演手段，使她的演唱、舞蹈身段更加富于韵律感，表演也越发细腻优美而脱俗。后经祖父谭世秀介绍，得以正式拜师梅葆玖，现为梅兰芳京剧团主要旦角演员。

谭世秀长女谭婉华所生女儿因自幼酷爱京剧艺术，便随母姓，取名谭晓令。1990年，谭晓令考入北京戏曲学校，师从孙振泉、王玉敏、李鸣岩、赵葆秀、刘莉莉、杨韵清等学习京剧老旦艺术。多年来学演了《望儿楼》《李逵探母》《钓金龟》《罢宴》《清风亭》《四郎探母》等戏。1997年，谭晓令考入中国戏曲学院表演系，拜师李金泉、王晶华，在国内外多次主演《杨门女将》等大戏。在文化部举办的优秀青年评比展演中，以《八珍汤》一剧，荣获二等奖。

谭小羽是谭世秀女儿谭秋平的女儿，因为她亲眼看过谭元寿、谭孝曾等前辈的表演，非常喜欢谭派老生艺术，很小就进入少儿业余京剧团学艺，立志继承谭派须生艺术。1993年，谭小羽报考北京戏曲学校，学校破例录取她学习谭、余派老生。师从张庆良、杨汝震等老师，学演了《托兆碰碑》《借东风》《捉放曹》《武家坡》《坐宫》《法门寺》《断密涧》等戏。王士英先生（王又宸之子）也曾为谭小羽亲自授课说戏、练功。后入中国戏曲学院大专班学习深造。现为北京京剧院难得的女老生演员，主演了《将相和》《大探二》《捉放曹》等戏。

谭家到了第七代，不仅增加了新一代谭派文武须生，还有了谭门第一位女老旦演员，出现了第一位女老生，并在梅葆玖麾下涌现出一位出身于英秀堂的梅派青衣。他们奋发努力，为振兴京剧艺术陆续做出了显著的贡献。带头破除谭家"男要接班，女不从艺"这一家规的谭富英地下有知，该是何等欣慰呀！

曾有人推荐高大帅气的谭正岩去当模特。他们问谭正岩："你真喜欢京剧吗？"这时略带腼腆的谭正岩就会说："我要不姓谭，恐怕早就走猫步去了。虽然我从小就立志学习京剧，但是真正认识京剧却是在考入戏校之后。我和京剧是'先结婚，后恋爱'，当我切身感受到京剧的伟大时，我就决心以身相许了。"

1997年，谭正岩毕业于北京市戏曲学校，又入中国戏曲学院继续深造。在近年来的学习和演出实践中，他边演武生戏，边学老生戏。并且和祖父谭元寿、父亲谭孝曾多次在长安大戏院同台演出《定军山·阳平关》《失空斩》等大戏，颇获好评。演出中，他切身感受到作为谭门第七代传人的责任之重大，感慨地说："继承和发扬谭派艺术，不能是一句空话。现在演一场戏不容易，所以我演出一场，就要赢得一场的观众，给观众留下好印象。"

谭家历来人缘好，所以谭正岩得到许多前辈的鼓励与提携，如先后与梅葆玖爷爷合演过《坐宫》，与景荣庆爷爷合演过《失空斩》《阳平关》，与尚长荣爷爷合演过《华容道》《阳平关》等戏。

正岩除了参加剧团的演出以及有时和祖父、父亲同台演出外，谭元寿还要按照所订计划，给他按谭门本派的规范传授《失空斩》《战太平》等戏。谭正岩也意识到，继承谭派艺术不仅仅是单纯地继承祖辈的传统演法，而且要深入理解京剧艺术的神髓，不能停留在一招一式上。

谭元寿传教谭正岩时，既正面鼓励，又严格执教，他说："唱戏最怕心浮气躁，他又年轻，老夸他对他没有好处。可是又不能不夸，不能让他失去兴趣和斗志，那就得小火慢慢煨着。让他脚踏实地，稳扎稳打。"可喜的是，随着阅历的积累和勤奋好学，师长们的关怀与呵护，谭正岩在舞台上日益成熟，且文武兼备，颇见起色，令人欣喜。

谭门第七代嫡传谭正岩，身背祖上六代人的光环，压力之大可想而知，甚至不被人理解，总拿他与天祖谭鑫培、曾祖谭富英、祖父谭元寿比。这种比法本身无恶意，但似乎不太适合，因为时代、环境、本人条件等都有很大的不同。谭正岩所处的是一个信息化、多元化的时代，各种外来文化争奇斗艳，谭正岩一个小伙子长得如此帅气，走在街上回头率极高，但他却默默坚守着京剧舞台背后的清苦、孤独、压力和无法诉说的委屈，坚持着京剧艺术的那份传统，坚守着文化传承的那份责任，用实际行动告慰着祖宗，告慰着观众。

内行外行都知道，如今京剧舞台最缺少的是文武老生。一出《定军山·阳平关》，就足以说明了一个演员的实力，而谭正岩不但能演这出戏，还突破了祖上的演法。他是前演黄忠，后演赵云。扮演黄忠要连唱带打已属不易，再改扮赵云要像纯武生那样大开打更是难上加难。一出《定军山·阳平关》这样演下来，对任何一个文武老生来说都是难到极限的戏。正岩一次又一次前演黄忠后演赵云地圆满完成了这出戏，受到观众的一致认可。正岩这种亦文亦武的特点也经常在舞台上得以展示。他前面唱一折《将相和》后面一出《战马超》，前面一出《小商河》后面一出《空城计》，或者干脆就是全部《长坂坡·汉津口》。以上这些亦文亦武的戏都能拿下来无疑就是一个合格的好角儿了，因此北京京剧院将谭正岩推举为该院中青年领军人物。观众也在渐渐地改变看法，他们深知正岩现在嗓子跟当年的"小叫天"相比总欠一点点，但他们欣赏正岩的才能，坚信只要假以时日，正岩通过努力，一定会有大红大紫的一天。

有人说笑话，说京剧祖师爷跟谭家是亲戚，不然怎么谭家辈辈都是好角儿。这虽说是笑话，但说明谭家祖祖辈辈靠实力、靠真功夫出名。谭家家风好，品德忠厚，从不弄虚作假，一句话：台上见。正岩秉承着好家风、好品德，用行动来证明自己，任人评说。2019年，谭元寿就与孝曾、正岩商议，在2021年建党百年之际拿一出现代戏向党献礼。元寿先生提议，为了节省创作时间，就在自己20世纪80年代与马长礼、张学津、高宝贤一起排演的《红岩》基础上加以修改，一定是一出好戏。经北京京剧院领导研究和艺术家们的论证，决定将《红岩》改编成《许云峰》，由谭正岩担当主要角色。《许云峰》特邀杜镇杰、朱强两位好角儿担当绿叶陪衬谭正岩完成此戏。《许云峰》一经上演，受到专家观众的一致好评，正岩也迈上了一个新台阶。元寿先生看过演出后提议，应充分发挥武戏底子好的特长，增加许云峰受刑的戏份，通过吊毛、僵尸、蹉步等舞台表演强化剧情冲突，以更好地表现剧中人物。这一提议经院领导和专家论证后被充分吸收。丰富、充实后的《许云峰》在建党百年之际隆重上演，中央电视台《空中剧院》给予录播，播出后受到全国戏迷的热烈欢迎。

谭正岩从14岁在北京戏曲学校就凭一出《八大锤》红遍港台和北京、上海、天津，至今也已20多年。正岩说自己有一颗登顶的心，他始终在坚守，在坚持，在努力，一步一个脚印。正岩秉承了祖辈的忠厚老实，服从领导的安排，演主角认真，演配角同样认真，不计较名次排位，不计报酬，主动帮助别人，谁有困难他都帮，善做公益事业，无偿捐助孤儿院，组织大家义演为有病的同志捐款。由于正岩良好的人品和出色的艺术表现，组织发展他加入了中国共产党。现在，他又成为国家培养高级艺术人才的对象。

通过不断努力，谭正岩获得了中央电视台青年演员大奖赛老生组第一名，2008年毕业于第四届中国京剧优秀青年演员研究班。正岩还有很长的路要走，越往上越不好走，只要正岩坚持，一定会像祖辈一样再攀高峰。谭鑫培40多岁才大红大紫，谭元寿40多岁后大红大紫，正岩也正40岁，内行外行都期待正岩今后不断地带给观众惊喜，取得更辉煌的成就。更可喜的是，谭正岩也有了儿子。谭门第八代的出生，给谭派艺术乃至中国京剧带来无限遐想和希望，这就是不忘初心，百年八代，薪火相传，英秀堂谭，为国尽忠，为家尽孝，为民服务，永继辉煌！

从谭鑫培这一代算起，第二代8个儿子就有6个人从艺；第三代的11个孙辈中就有8个人从艺；第四代的17个曾孙辈中就有10个人从艺；第五代的20位玄孙辈中就有5个人从艺；第六代来孙辈中有3个人从艺。谭家各代中已经有37个人投身于京剧的传承和发展。

著名戏剧家吴祖光生前看到谭门兴旺，特别是看到谭正岩认真作艺、谦虚做人，欣慰地说："可喜谭门有后，祖德薪传，待我谢天谢地。"

然而，就在这时，由于京剧演出市场不景气，许多京剧同行心灰意冷，定居海外。一位旅居加拿大友人来京，也曾正式邀请谭孝曾、阎桂祥夫妇带儿子正岩定居四季如春的温哥华，并确保衣食无忧。万事俱备只欠东风，只等孝曾点头了。孝曾这才小心翼翼地向父亲通报了此事。父亲当时没有说话，但是从此他的脸上再无笑容，整天喝闷酒，沉默寡言，就这样过了整整一个月……

然而，孝曾不愧是孝曾，果然孝字当先，不忘曾祖之遗愿。他权衡利弊，小声跟父亲说："爸，您放心吧，我们哪里也不去了，就跟您一起守着咱家这一亩三分地（即指京剧舞台）了，我知道，京剧是咱们家的根，先祖的遗志呀！"

元寿听后，又沉默了许久才说："孝曾，一会儿你们别走了，咱们爷儿俩今天喝二两吧。"

……

这就是百年英秀堂：七代薪传，难忘初心。

附录一　谭鑫培陵墓重修记

　　今年是京剧宗师谭鑫培主演中国第一部电影《定军山》100周年，国家邮政局为此发行了谭鑫培扮演老英雄黄忠形象为主题的特种纪念邮票；明年是京剧四大须生之一的谭富英百年诞辰，有关纪念活动正在积极筹备之中；当今京剧首席老生、谭门第五代传人谭元寿也已经在京剧舞台上度过了整整70个春秋，第七代传人谭正岩在刚刚结束的CCTV全国青年京剧演员大赛中又获得老生组第一名，就在这时又传来一个重要消息：坐落在北京门头沟区燕山山脚下的谭鑫培陵墓经过5个多月的精心修复后于近日正式竣工。尽管谭元寿先生曾经上书北京市政府，坚持不铺张、不扰民的原则，使谭鑫培的陵墓由原来的12亩地主动提出缩小到不足1亩地，由于设计得体，格调高雅，显得格外庄重肃穆。由时已93岁高龄的谭门弟子王琴生书写的梁启超诗句："四海一人谭鑫培，声名廿纪轰如雷"铭刻在陵园石门的两侧；墓碑中间"谭鑫培墓"金光闪闪的大字令人肃然起敬。

　　就在今年立冬的前一天，来自全国各地的京剧名宿王琴生、刘曾复、欧阳中石、杜近芳、叶少兰、杨春霞、李崇善等和中国京剧院院长吴江、赵书诚；北京戏曲艺术职业学院名誉院长孙毓敏和全国优秀京剧演员研究生班的师生代表共200多人一大早就会聚在谭鑫培大师的墓前，举行了隆重的祭扫仪式。谭元寿、谭孝曾、谭正岩三代谭派艺术传人这一天的心情更是异常激动。

在祭扫仪式上，79岁的谭元寿先生告诉大家，他的曾祖谭鑫培在88年前卧病在床，就是被军阀陆荣廷逼上了绝路。至今，我们谭门七代共事梨园，不过略尽绵薄之力，毛泽东、刘少奇、周恩来和江泽民等中央领导同志就给予无微不至的关照和崇高的荣誉。最近，胡锦涛、温家宝同志或请人传话，或派人到家中看望，或者亲笔写信向他表示亲切慰问，并对他70年的舞台生活表示真诚的祝贺。今天北京市委常委、宣传部长蔡赴朝又代表北京市委书记刘淇、市长王岐山参加曾祖陵墓的祭扫仪式，这充分说明了党和政府对祖国传统的民族文化的重视，也体现了党和国家对谭家百年梨园世家的关注和爱护。

在祭扫仪式上，北京市领导代表北京市委、市政府发表了讲话，他首先称颂谭鑫培老前辈为祖国戏曲艺术的泰山北斗，一代宗师，他的功德与业绩将永垂史册；优秀京剧演员研究生班和谭门弟子的代表王平和青年京剧演员于魁智都在致辞中对谭鑫培大师在京剧艺术发展史上承前启后的重大贡献给予高度评价，他们说，谭鑫培是京剧表演艺术承前启后的一代宗师，曾被梅兰芳誉为中国戏曲表演体系的总代表。他一改前人实大声宏"喊似雷"的唱法，遂使京剧声腔于遒劲中见柔美，从而引领了各行当的唱念做打全新大变革；使京剧艺术成为举世珍爱之国剧。是他亲手培育了杨小楼、梅兰芳、余叔岩三位前贤，为京剧承前启后，奠定百年繁荣之根基做出了杰出贡献。是他主演了中国的第一部电影，灌制了中国的第一批胶木唱片，创立了"无生不谭"的崭新局面。我们刚刚走过的20世纪的京剧历史更准确地验证了梁启超先生的惊叹："四海一人谭鑫培，声名廿纪轰如雷"。让我们沿着谭鑫培开创的皮黄艺术道路把京剧引向复兴，引向辉煌。

修葺后的谭鑫培陵墓占地四周建有围墙，穿过写着"国剧宗师"四个大字的石门就可以瞻仰到高台上耸立的墓碑和坟冢。墓碑的正面是金光闪闪的六个大字：曾祖谭鑫培墓，下款是一行小字：曾孙谭元寿重立；墓碑的背面是由京剧界前辈王琴生、刘曾复和他们的学生和宝堂共同撰写的碑文，记述了墓主人的四大功德。就在陵园围墙内的左侧还有一通旧碑，不论是碑文还是石碑本身都有一段故事，说明了谭鑫培墓的来龙去脉，始末根由。

奇人谭鑫培

谭鑫培在京剧的历史上做出了杰出的贡献，且不说别的，就是今天我们在舞台上看到的《失空斩》《托兆碰碑》《四郎探母》《汾河湾》《桑园寄子》等一百多出经常上演的，可以长期稳定地获得真正票房收入以维持剧院演员生活的演出剧目就都是他老人家的心血，一百多年了，照演不误，动一字便走味儿。他四十多岁进皇宫演戏，骄横一世的慈禧一直到死，都是"无谭不欢"。并有狄楚青的竹枝词"满城争说叫天儿，国家兴亡谁管得"的记载，他六次到上海献艺，也对后世产生了无法磨灭的影响。他的后人，一百多年来一直活跃在京剧舞台上，七代献身京剧艺术，开创了中国戏曲的一个纪录。

名声如雷贯耳的谭鑫培生前身后有许多传奇故事，彰显了他高尚的艺德和人品。杨小楼的父亲杨月楼当年在三庆徽班跟谭鑫培是竞争对手，但是杨老钦佩谭鑫培的人品，临终前把谭鑫培请到身边，将自己的独子杨小楼托付给谭鑫培，谭收小楼为义子。视如己出，排名

"嘉训"精心栽培。杨小楼的代表作《挑华车》《铁笼山》《恶虎村》等都经谭鑫培的亲授。谭鑫培有7个儿子，加上义子杨小楼共八子二女。《杨家将》中的杨老令公有"七狼八虎"，也是7个儿子一个义子。谭鑫培酷爱《托兆碰碑》这出戏，但他轻易不唱，每唱必触景伤情。要问谭老的艺术造诣有多么深厚，现在已经没有人可以现身说法了，但是有一次，慈禧太后请英国公使听谭鑫培的戏。他唱了一段《乌盆记》中刘世昌的冤魂哭诉的反调。慈禧问公使感觉如何？公使说没听明白，但从他悲怆的唱腔中，感觉到一个幽灵在哭泣。由此可窥谭的艺术之一斑。据说那桐当时的身份相当首相之位，一次求谭演双出，谭鑫培跟他开玩笑：可以，但你得行跪拜礼。想不到那桐居然真给他跪下了，弄得他只好照演双出。谭老跟康有为、梁启超是朋友，袁世凯为复辟帝制，曾强令谭老演出劝进戏《新安天会》，谭鑫培就是不从，逼得袁世凯下令罚谭老禁演一年。1917年，北洋政府临时大总统黎元洪为笼络广东督军陆荣廷，在那桐的那家花园（今北京东城金鱼胡同东口路北）举办堂会，强令谭鑫培出场，他抱病唱了《洪羊洞》中的"病房"一场，使其病情加重，一个月以后便离开了人世。谭鑫培的逝世震动了京城，他的葬礼相当隆重，据当时的报纸记载，出殡那天，万人空巷，无数百姓为戏曲界的一代宗师送行，场面空前浩大。谭家的祖坟在永外的蒲黄榆。按说那里才是他的安息之地，可是他却被安葬在门头沟的永定河畔。原来在他活着的时候，就已经选好了墓地。

慷慨解囊修寺庙，住持舍地建墓园

以上的收入都救助了穷人或捐给了寺庙。受他布施的寺庙还有少林寺等。清末少林寺曾着过一把大火，烧毁殿堂数十间，谭老为重修少林寺，捐赠和筹集了5万两白银。当然，受谭老施舍较多的还是京城的寺庙，其中以潭柘寺和戒台寺最多。

早年间，戏班在数伏时节都要歇伏。每逢这时候，谭鑫培便到戒台寺避暑，同时跟老方丈学佛念经。1915年，妙老人的弟子、戒台寺住持达文和尚为谭鑫培修建了一座墓园。在谭鑫培生活的年代，他的声望比现在的大牌歌星影星可高多了。您想二十多年的"内廷供奉"，他在宫里演出，哪一回能空着手出来？就是他的女儿出嫁，慈禧都要"随份子"呢。别的不说，慈禧赏一个"红包"，也许就够一个人吃一辈子的。但是，他有钱归有钱，并没给家人留下什么产业。他的老宅在虎坊桥大外廊营胡同，当年一家几十口子人都住在那儿，他除了爱玩蛐蛐儿，好抽两口儿，别无嗜好。据他的后人说，老爷子死后，留下一屋子蛐蛐罐。您会问了，那他挣的钱都哪儿去了？原来他手里的钱大都捐给了寺庙。因为他是一位皈依佛门的居士。他信佛，不但积德行善，遇有天灾人祸，他或出钱捐助，或带领同行搞赈灾义演，从没有拒绝过，而且为修寺庙慷慨解囊。当年普陀寺的和尚为印《大藏经》来到京城化缘。和尚奔波劳碌，缘没化到，反在北京病倒。忧虑之时，有人跟他提起谭鑫培。和尚有心一试，便到大外廊营英秀堂找到了谭老。他听后，安排和尚在自己家里住下，又借进宫给慈禧演戏之机，向慈禧说起这事儿。慈禧遂下令内务府拨款，为普陀寺刻印了一套完整的《大藏经》。普陀寺的住持和众僧为感激谭老，特地刻碑记述此事。1915年，谭鑫培第六次下江南，专程到普陀寺拜佛还愿，曾见《大藏经》和记事碑保存尚好。

据戒台寺保留的资料记载，谭鑫培在光绪二十年（1894）春，在戒台寺住持盛老和尚的座下求受五支净戒。由于谭老颇谙佛理，人们尊称他为谭居士。他受戒后，多次捐款修建寺内殿堂。正是由于谭老与戒台寺有这种特殊关系，妙老人根据他对戒台寺的贡献，愿拿出属于戒台寺的茶棚地（地产）12亩为谭老的永驻之所，即现在的栗园庄英秀堂墓地。当时，这一带是地处永定河边的小平原，墓园坐北朝南，依山近水，风水极佳。12亩地，面积不小，达文和尚在园内种植了一百棵松柏树，并在墓园四周立有青石石桩，上刻"英秀堂·立"，至今界石可见。1917年，谭鑫培去世后，便安葬在这里。墓为土丘，墓前立有石碑，上刻谭鑫培与戒台寺交往的事迹以及该寺为他修墓的经过。栗园庄的一位老住户说，他儿时经常到墓园玩，墓园很大，树木茂密。但是经过近90年的世事沧桑，特别是经历了"文化大革命"，墓园日渐荒凉和颓败，附近盖了许多民房，渐成村落。20世纪90年代，谭家后人来此凭吊先祖时，看到墓地杂草丛生，仅存十几棵松树和杨树。墓前原有的石碑也不见了。此情此景，谭家的后人能不为之伤感吗？于是，才有后来寻碑和修墓的故事。

政府出资百姓护碑

1997年，谭鑫培诞辰150周年，首都的戏曲界举办了一系列纪念活动。纪念当然不只是说说谭鑫培的艺术成就，有人提出不能让一代宗师的墓地荒着，应该重修。作为"谭派"掌门人的谭元寿先生，早就想重修曾祖的墓地。便积极筹集了一笔钱，谁知，谭家有力筹款，却无权用钱，不知不觉这笔钱就没有了，只好搁置。斗转星移，2004年，谭元寿先生年近八旬，如再不张罗这事，唯恐愧对先祖。因为重修谭鑫培墓地，不仅是谭家的事，也是中国戏曲界的一件大事。他经过深思熟虑，给北京市政府的有关领导写了一封信。遂引起市政府的高度重视，当时的王岐山市长亲自批示，拨专款修墓，并委托副市长孙安民和市文物局长梅宁华操办此事。谭先生说，原来墓园的面积很大，有12亩地，但现在墓地周围已成村落，住着30多户人家，完全按原貌恢复，要花很多经费。先祖生前信佛，以善为本，我们后人的想法是把墓地修好，但千万别扰民。谭氏后人的想法，让市领导和区领导深为感动，很快拿出墓地的重修方案，并且于今年5月开始动工。谭家后人为了不给政府添麻烦，自筹资金，为先祖立碑，设供案，并对墓地做了绿化。

再说1915年谭鑫培墓地的坟茔前所立的一块石碑。这石碑印证了修墓的历史经过，具有一定的文物价值。但是人们在墓地却没有找到这块石碑。它上哪儿去了呢？原来谭鑫培墓在"文化大革命"时，遭遇了红卫兵的一次洗劫。当时"造反有理"的红卫兵大破"四旧"，来到谭鑫培墓，把墓碑推倒不说，还要拿镐动锹刨坟挖墓。据当地的一位老人回忆，这些红卫兵刨了十几锹，只见几条大蛇盘在一起，吐着舌头向他们示威。村里的老人对他们说，你们别再刨了，再动镐动锹，将来要遭报应的。这些红卫兵怕被蛇咬，也怕遭报应，悻悻而去。谭鑫培的墓这才被保住。村里有个老人叫李朝金，怕红卫兵再来把碑砸坏，在夜深人静之时，找了两个小伙子，悄悄把被推倒的墓碑，拉到自家的院里，用苫布盖上。老人临终前，把亲家儿子周长有和媳妇贾文玉叫到身边，嘱咐他俩一定要保护好这块碑，留给谭家后人。

周长有夫妇，当时一个79岁，一个77岁。周是木城涧煤矿的退休工人。据他说，李朝金早已去世。他死后，周氏夫妇怕石碑丢了，便把石碑拉到自家院门口。一天，附近的一个村民家里盖房，相中了这块石碑，找了一辆车，偷着把碑拉走，偏巧被周长有的孙女看见，她急忙跑回家告诉了爷爷奶奶。老两口急了，赶紧去追，那位村民舍不得放下，说这碑扔在你家门口也没用，你们干吗这么上心？周说，这是谭家老祖宗的碑，谁也不能动。这个村民见老两口要跟他玩命，只好把碑撂下了。老两口把碑拉回来。怕再让人偷，他们把碑藏在了窗根底下，上面堆放杂物掩盖。老人说，我们没文化，碑上的字一个也不认识，但听亲家公李朝金说这是谭家的，还是文物，所以绝对不能让它在我们老两口这儿给毁了。十多年来，为护碑，老两口夜不安寝，经常是一有动静就出去。所以石碑历经整整100年保存完好，老两口一家护碑功不可没。就在陵墓重修竣工后，谭元寿率领全家子女到曾祖的墓前举行家祭，事后又专程率领全家到周长有家看望并表示诚谢。临别时，谭先生握着周老夫妇的手久久不愿意松开，一再说，以后咱们就是亲戚了，可要常来常往啊！